SHIYONG KOUCAIXUE

实用口才学

（修订版）

莫非 著

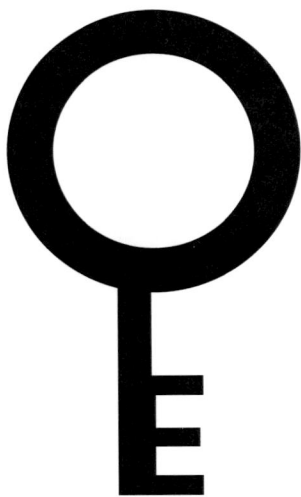

暨南大学出版社
JINAN UNIVERSITY PRESS

中国·广州

图书在版编目（CIP）数据

实用口才学/莫非著. —修订版. —广州：暨南大学出版社，2008.3（2025.8 重印）

ISBN 978 - 7 - 81029 - 907 - 7

Ⅰ.①实…　Ⅱ.①莫…　Ⅲ.①口才学　Ⅳ.①H019

中国版本图书馆 CIP 数据核字（2000）第 14093 号

实用口才学（修订版）
SHIYONG KOUCAIXUE（XIUDING BAN）
著　者：莫　非

···

出 版 人：阳　翼
责任编辑：李　战　张学颖
责任校对：曾红明
责任印制：周一丹　郑玉婷

出版发行：暨南大学出版社（511434）
电　　话：总编室（8620）31105261
　　　　　营销部（8620）37331682　37331689
传　　真：（8620）31105289（办公室）　37331684（营销部）
网　　址：http：//www.jnupress.com
排　　版：暨南大学出版社照排中心
印　　刷：广州方迪数字印刷有限公司
开　　本：787mm×960mm　1/16
印　　张：22.75
字　　数：433 千
版　　次：2000 年 5 月第 1 版　2008 年 3 月修订版
印　　次：2025 年 8 月第 14 次
定　　价：45.00 元

（暨大版图书如有印装质量问题，请与出版社总编室联系调换）

内容提要

　　能说会道、善言巧辩是人不可缺少的才能，也是当今社会人们的迫切需要。在现实生活中，人人都离不开社会交际，而社会交际最重要的手段，就是这种才能和需要的体现。

　　本书从现代社会交际的需要出发，根据作者多年教学的实践，在实用的原则指导下，系统地阐明了实用口才的基础理论、适用范围、实施条件、运思策略、表达艺术、操作技巧、能力训练等等。本书可作为大中专院校公关、文秘、师范、商贸、法律、管理、旅游、中文、外事、新闻等专业的教学用书，也可为相关行业从业人员提供参考；同时，还是普通公民从事社交、提高口才水平的入门指导书。

目　录

第一章 导 论

　　人在现实生活中离不开交往。交往主要借助的媒介是语言。在语言媒介中，口头语言——口头上交际使用的语言，又远比书面语言使用的频率高、涉及的范围广；既方便，又灵活。因而越来越为人们所重视。但是，并非所有人都能很好地掌握它、运用它。能够很好地掌握运用口头语言，是一种才能，也就是我们所说的口才。口才不能先天产生，也不能轻易获得，它有自己的逻辑结构、发展规律。只有充分认识它、掌握它，才能很好地运用于社会日常交往。因此，建立实用口才的科学体系并对其进行研究，是我们面临的一大课题。

第一节　实用口才学的研究对象

一、实用口才的含义

要认识实用口才，先得认识口才。口才，就是口头语言表达的才能。口才这个词，远在两千多年前的周朝时期就已有所见。据孔丘门人所撰的《孔子家语·七十二弟子解》称："宰予，字子我，鲁人，有口才著名。"可见在那个时候人们就已经重视口语表达的才能了。口才有时也写作"口材"。宋朝王明清《挥尘后录·十》有载："周望，字仲弼，蔡州人，有口材，好谈兵。"这里又提出了口才的表现形式——谈的问题。谈，就是说话或讨论，包括了发言、会话、演讲、谈判、论辩、询问，以及讲课、导游、主持、审判、推销、答问、作报告等方面在内的各种言语交际活动。实用有两层意思，一是实际使用的，二是有实际使用价值的。就是说，实用口才所要研究的，是口才的实际使用以及它的实际使用价值，即所谓为用而学，学以致用。

由此，我们可以从学科体系的角度，给实用口才下一个较为完善、确切的定义：实用口才，就是人们在一定的社交目的支配下，根据特定的时间、环境，运用准确、恰当的口头语言表情达意，以取得有实际价值的交际效果的才能。

从这个定义出发，只有实用的才是我们所要研究的；而非实用的，哪怕再好，也不是我们所要研究的。比如一个人只能独自关在一间小屋内，对着墙壁口吐莲花、妙语如珠，而一到实际场合则钳口结舌或者信口雌黄，这虽然也是一种口才，但无实用价值，我们不视其为实用口才。

二、实用口才的特点

从实用口才的定义，我们可以归纳出如下特点：

（一）鲜明的目的性

任何行为都有目的。口语表达是在人的思维支配下的行为方式，由于"实用"的驱使，其目的性表现得特别鲜明。

所谓目的性，就是说话者的主观意图。俗话说："看什么人，说什么话；到什么山，唱什么歌。"其所揭示的，就是说话者所要表达的目的性。

任何人在开口说话前，其思维总是要有所活动的：能不能说、为什么要说、说给谁听、起什么作用、产生什么效果、自己将怎样应对，如此等等。一个思维正常的人，绝不会毫无目的地乱开口。即使是信口雌黄，也是有目的的。而且，实用口才也绝不是口语表达者个人的私事。你不开口则已，只要一开口，就要影响别人的思维和行为，就会产生社会效果。哪怕别人并未听清或听懂，这种影响都是一种客观存在。鲁迅先生在他的小说《肥皂》中写了这么一件事：四铭先生上街买肥皂，因过于挑剔，不仅惹得店里伙计不快，而且另外三个买东西的学生也附和着嘲笑他。其中一个眼睛看着他，说了句洋话——阿尔特肤尔。四铭先生虽听不懂，但心里却堵得慌；回到家里，忍无可忍，打鸡骂狗，愤怒不已，非要儿子给他查那是一句什么话不可，闹得全家久久不得安宁。可见一句口语影响之大。

至于平时我们经常听到的"我是直肠子，有口无心"之类，不过是自己在目的的支配下一时说漏了嘴或产生了始料未及的效果而作的自我开脱罢了。有道是"锣鼓听声，听话听音"，只要你一开口，别人自然会思虑你的目的性。因此，鲜明的目的性正是实用口才重要的特征之一。

在一般情况下，实用口才的目的是单一的。某个时间、某个场合、对某个人，说什么样的话，目的相当明确；只要获得了期望的效果，目的就达到了。但有时说话者的目的会有非单一性，呈现双重甚至多重目的的现象。如成语"一箭双雕"、"一石数鸟"所指的那样。这又涉及实用口才的技巧性问题，我们将在以后的章节加以细述。

（二）明显的综合性

实用口才是一种综合艺术。这种综合体现在三个方面：

1. 心与口的综合

任何一句口语的表达，都离不开心理的支配。实用口才则表现为心理与口语的完美结合，达到言为心声的境界——有什么样的心理，就有什么样的口语。《红楼梦》中的刘姥姥，不过是一个目不识丁的乡下老妇，却颇具实用口才。她曾三次进贾府，而三次的口语表达都不同。这就是心理支配的结果。

有时也会出现心口不一、言不由衷的情况，但不能因此而否认心与口统一的原则。这在很大程度上是口语表达者出于某种需要而采取的策略。比如你去医院探视一位身患绝症、行将逝去的病人，你只能说："安心养病，很快就会好起来的。"至于那种不动脑筋、口无遮拦的乱说，只能是没有与心理结合的生理反应，不能认为是实用口才。

心与口的综合，还表现在当一个人为着某种交际目的要想开口之时，其心理必然有所活动：该不该开口？怎样开口？开口会产生什么效果？只有经过一番思索之后，才会启动言辞的阀门，以口将它表达出来。

2．各种能力的综合

从表面上看，实用口才似乎只是一种口语表达的才能，但在事实上，这种才能是人的许多方面的能力综合的结果。如思想水平、思维态势、认识程度、生活阅历、处世之道、应变应急、知识储备、天赋禀性、表达技巧等等。一个人会说话，有实用口才，就是说他在这些方面有积累，积累愈丰厚，反映愈强烈。反之，一个没有这些积累或积累甚少的人，其口语表达的能力必然低下，是谈不上什么实用口才的。

3．表达方式的综合

实用口才在运用中，不仅仅是言辞的声音传递，还包括表达者在表达时的情感、神态、动作、音量、语调等等。这些因素综合在一起，共同传递表达者发布的信息。不妨区分一下如下表达：

他怒不可遏地大喝："把门关上！"

他微笑着叮嘱："把门关上。"

他皱着眉头不解地说："把门关上？"

这些表达在言辞上都是相同的，但由于表达者的情感、神态、动作、音量、语调不同，所传递出来的信息就是完全不同的。因此，对信息的接受者来说，要能准确地领会、把握信息发布者的意图，不可不注意其表达方式的综合性。既要洗耳恭听，又要察言观色，努力将信息发布者的种种表达捕捉住。同样，对信息发布者来说，要使自己的意图能够有效地传递给接受者，在进行口语表达的时候，一定要注意表达方式的综合性，既要使言辞清晰、明确，又要辅以一定的手段。仅靠单一的言辞传递，是很难达到交际目的的。

有时，在信息传递中，甚至连言辞都会显得不那么重要了。这对发布者和接受者来说，都如此。《肥皂》中，四铭先生对那个学生所发出的"阿尔特肤尔"这一言辞并不懂得，不可能获得其信息的内涵。但是，他却注意到了那学生在发出这一言辞时，"眼睛看着我，他们就都笑起来了"。这些信息使他得出"可见一定是一句坏话"的结论。于是他命令他的儿子去查字典："你只要在'坏话类'里去查去！"这里，四铭先生获得的信息，不在言辞本身，而在那学生的神态、动作。设若没有这种神态、动作，四铭先生就绝不会有所反应。可见表达方式的综合在实用口才中并非可有可无。

（三）突出的个性化

个性是在一定的社会条件和教育影响下形成的一个人的比较固定的特性。实用口才所表现的个性要求，就是什么人说什么话——每一个人说的话，都要符合他的性别、身份、地位、年龄、职业、经历、教养、气质、习惯、情趣、心理，让人听其言而知其性。同是梁山好汉中的鲁莽汉子，武松、李逵、鲁智深三人的口语就相当不同。

从性别上说吧，男性与女性就很有差别。热恋中的一对青年，表达同样的意思而口语却完全相反。男的对女的说："你真美，我爱你。"而女的则对男的说："丑样儿，我恨你。"惊呼时，男的会喊："啊!"女的则会叫："妈!"

就是相同职业的人，因其具体工作内容的不同，就同一个问题也会以不同的极富个性的口语来表达。有一则趣闻说，一中学大龄而无对象的男教师较多，某年分配来一位年轻貌美又无对象的女教师，于是这些男教师纷纷出击。教物理的向她求爱说："你是阴极，我是阳极，我们相靠，就能产生爱情的火花。"教化学的向她求爱说： "你是氢 H，我是氧 O，我们结合，便是水 H_2O。"教数学的向她求爱说："你是正数，我是负数，我们都是有理数，该是天生的一对啊！"教政治的向她求爱说："你是存在，我是意识，根据唯物论的原理，存在决定意识，我愿永远做你忠实的奴隶。"对这些均赋个性的口语表达，女教师都未动心，她注意到了另一位富有更加突出的个性色彩的语文教师的口语表达："你是天上的月，我是那月旁的星；你是山中的树，我是那树上的藤；你是池中的水，我是那水上的浮萍！"这种表达，形象、生动而又贴切、得体地揭示了语文教师永远倾心、爱慕、忠实于女教师的心迹，是前面那几位带有职业病气息的教师的表达所不及的。于是她接受了语文教师的求爱。

个性化的口语，既表现在所表达的内容上，也表现在表达者在表达时爱用的句式、词汇、语调、色彩上。鲁迅小说《孔乙己》中的孔乙己，"对人说话，总是满口之乎者也，叫人半懂不懂的"。《祝福》中的祥林嫂，逢人老是这句话："我真傻，真的。"从他们的口语表达，不难看出他们的身份、地位与境遇。

一般说来，口语表达是表达者思想感情、性格特征的直接体现。《阿Q正传》中的阿Q绝对说不出孔乙己的话，《故乡》中的杨二嫂绝对道不出祥林嫂的情。一个春风得意的人，说话不可能忧伤哀怨；一个豁达爽朗的人，说话不可能支支吾吾。这就是其个性的体现。

当然，现实生活中确有故意掩饰其思想感情与性格特征而作口语表达的人。但这不是其个性的体现，而是一种说话的策略。对于接受者来说，只要稍加留意，即可识别。

因此，认识实用口才的这种突出的个性化特点，无论对于表达者还是接受者来说，都是很重要的。

5

（四）很强的实用性

从实用口才的含义，已经知道它并不同于单纯的口语表达。实用口才从现实的交际需要出发，着眼于日常生活、学习、工作等方面的实际使用。它不是为了展示自己的才能而表达，也不是为了取悦受众而施展。人们可以用它交流思想、沟通关系、传递信息、校正谬误、廓清视听、指导行止。它给予人的，主要不是美的享受，而是实际的内在蕴涵。在很多情况下，它甚至谈不上美。如唐传奇《柳毅传》载，儒生柳毅为受难的龙女送信给龙王洞庭君。龙王之弟钱唐君得知侄女不幸之事后，前去报了仇。兄弟有如下对话：

（洞庭）君曰："所杀几何？"（钱唐君）曰："六十万。""伤稼乎？"曰："八百里。""无情郎安在？"曰："食之矣。"不仅无美可言，简直令人毛骨悚然。可是其信息传递的目的却完全达到了。这就是它的实用性。

实用口才正是基于其实用性的特点，在人们的社会交往中是无处不用的，因而越来越受到社会的重视。就如中小学语文教材的改革，即可见一斑。

我国中小学语文教育，自新中国成立以来，长期存在重知识、轻实用的现象。1997年10月经国家审定的由语文教育家张志公主持编写的一套九年义务教育初中语文教材，改变了这种现象。这套教材充分重视知识对读、写、听、说的先导作用，并使读、写、听、说密切结合生活、学习、工作的实际需要，尤其突出了说话训练，以提高学生语言交际的能力。比如第一册有"自我介绍"、"交谈"，第二册有"打招呼"、"会拒绝"，第三册有"贵在真诚"、"重视交际的初始阶段"，第四册有"说话要谦虚"、"学一点幽默"，第五册有"论辩"、"采访"。这些无不体现出实用口才的实用性。并且，按照张志公先生的要求，经过两年或稍长一点时间的训练，要让初中学生达到"出口成章"这一目标。就是说，站起来就能说出一段完整的话，表达一个完整的意思；稍作准备，就能说出一段较复杂的话，完整地表达出较复杂的意思。[①]

在现代生活中，由于节奏日渐加快以及通信技术的飞速发展，人们更倾心于以口语表达的方式来进行交际活动。如过去惯用的书信、贺卡，就逐步被电话所取代。它不仅方便快捷，而且由于是彼此间的直接言语交流，可以见机而发和见机而答，这就更有助于交际目的的实现。随着社会的不断发展，实用口才的实用性将表现得越来越明显。

---

① 见《中国教育报》1998年4月10日宋祥瑞文。

三、实用口才学的性质

在对实用口才有了初步的认识之后，这里便提出了一个实用口才学的问题。

实用口才学是在实用口才的基础上建立起来的。没有实用口才，也就无所谓实用口才学，但二者并不是同一回事。实用口才，是人们为了实现交际目的而产生的一种行为；实用口才学，则是总结实用口才表达经验，分析实用口才发展规律，研究实用口才涉及对象，探讨实用口才培养训练，指导实用口才运作活动的一门学科。这门学科具有下列性质：

（一）口语基础性

任何一门学科都有其赖以生存的基础。实用口才学生存的基础是口语，也就是人们在日常交际中使用的口头语言。口头语言是语言的一个分支，它既不同于用文字写下来的语言——书面语言，更不同于经过加工的书面语言——文学语言，而是一种用嘴说的语言或用耳听的语言。

这种语言的特点：一是具有声音和意义的结合。无论说者还是听者，都是从声音和意义的结合出发的，离开了任何一个因素，都不能达到交际的目的。二是不稳固，一发即逝。说者一经表达，就完了；听者听没听到、听没听懂，他是无能为力的，至于交际效果，就存在很大的或然性。三是在词汇和语法的运用上，不很规范，显得较为宽松。颠倒、重复、残缺、含混的现象时有发生。四是随机性、突发性较强。说者往往不能从容组织起承转合，听者也往往不能从容考虑说者的逻辑结构。这种语言现象奠定了实用口才学的基础。

因此，我们不能以书面语言抑或文学语言的理论来要求实用口才学。在对实用口才学进行研究和探讨时，要充分认识它的口语基础性，要结合具体的人、具体的事、具体的环境、具体的时间、具体的对象来进行。

（二）多科综合性

实用口才学不是一门孤立的学科，而是多学科的综合。它涉及传播学、写作学、语言学、公共关系学、交际学、社会学、伦理学、心理学、逻辑学、管理学、行为学等多门学科。它以这些学科的理论为营养，与它们在内涵和外延上边缘交叉、渗透综合。

例如，以信息传递为重要职能和手段的实用口才学，与传播学的职能和手段相同，它们都有传递者和接受者。实用口才学的口语表达，也并非随心所欲，也有一个规范性和技巧性问题，而书面语言在这方面起了很好的指导作

7

用。因此，写作学中的运思、主题、感知、角度、组合、提炼、手法、选技等等，又为实用口才学奠定了基础。实用口才学所表现的口语表达，不是单纯的言辞展示，而是一种心理活动的反应，表达什么、怎样表达、效果如何，表达者都要经过一番思考，这就涉及心理学的问题。口语表达是一种语言运用，用什么样的语言来实现人际交往的目的，离不开对语言学的借鉴。在什么样的环境对什么样的人作什么样的口语表达，这又与交际学、管理学有关。而口语表达技巧的高低，又与公共关系学、逻辑学有联系。

另外，如果实用口才在运用中针对的是具体的门类或具体的人，其多科综合性表现就更加明显。如推销员，应涉及市场营销学、推销学、贸易学；律师，应涉及法学、犯罪心理学；教师，应涉及教育学、心理学；主持人，应涉及传播学、交际学，等等。

（三）学科独立性

实用口才学作为一门边缘学科，虽然与诸多学科有关联，但它绝不是这些学科的分支。它在与诸多学科相互渗透综合的过程中，博采众长，广泛吸收，从而形成自己独特的规律和研究对象，以一门独立的学科地位呈现在人们面前。

例如，实用口才学与传播学都以信息传递为重要职能和手段。但实用口才学立足于口语表达，信息传递者是人；而传播学的立足点就很宽泛，信息传递者也不限于人，可以自我传播、人际传播、组织传播、大众传播。传播要涉及传播载体，如电视、电台、网络、报纸、杂志、黑板、书信等；而实用口才学则无须这些因素。实用口才学与语言学都要研究语言，但语言学是关于语言的理论知识，重在语音、语义、词汇、词源、语法、修辞、文字等方面的理论探讨；而实用口才学则是关于口头语言的实际运用，重在口语表达方面的研究。管理学是对管理的职能、原则、组织、行为等方面的概括和总结；而实用口才学则贯穿于这些方面的始终，是这些方面的外在表现的研究。公共关系学是研究公关职能、组织、对象、程序的学科；当然，它也要研究公关人员，也要触及公关人员的口语表达问题。但这些是从公关人员的基本素质角度出发的，是对公关人员的一种要求。至于口语表达的深层内涵，则是实用口才学的任务。因此，客观现实赋予了实用口才学独立学科的地位。

四、实用口才学的研究对象

实用口才学是在实用口才运用的实践中诞生、成长的。它的研究对象，是人们在交际实务领域中运用口语表达自己思想、目的的各种现象。由于实用口才运用广泛，因而实用口才学研究的范围也相当广泛。可以说，一切为了交际的目的而进行的口语表达，以及与口语表达有关的行为、活动，都属于实用口才学研究的范畴。具体来说，涉及如下方面：实用口才产生的社会历史条件及其发展；实用口才的功能（包括对社会组织的作用和对个人的作用）；实用口才的基本表达方式和表达的原则；实用口才表达的思维方式和艺术技巧；实用口才的实施主体（包括主体的基本条件和控场艺术）；实用口才的实施客体（包括客体应具备的条件和反馈方式）；实用口才的实施环境（包括直接环境和间接环境）；实用口才的语言风格；实用口才运用的辅助手段（包括形体语和附加语）；实用口才与信息；实用口才的训练（包括基础训练和能力训练）；实用口才的基本运用（包括社交、演讲、谈判、论辩等）；实用口才的职业运用，如教师、律师、导游、主持人、推销员、司法人员等。

以上是从大的方面说的，事实上还要更宽泛一些。

第二节　实用口才的历史概述

一、实用口才产生的社会历史条件

实用口才并非天然形成，它的产生是一定的社会历史条件促成的。

20世纪初，国外一些学者曾经竭力宣扬一种观点：人类最初的交际并非口语，而是"手势语"。人们交谈不是用口，而是用手——以手做出各种姿势来达到交流的目的。他们认为，这种手势语被人们用来交谈持续了100万年到150万年之后，才被有声语言所代替。这种观点显然违反了唯物主义关于劳动创造语言的学说。

人类从形成的时候起，在共同的劳动中为了协调步调、统一行为，就产生了彼此需要沟通的愿望，以便顺利从事各项活动。这种愿望一开始实施，就是口头语言。

我们知道，口头语言是声音和意义相结合的产物，要使其有产生的可能，需要有足够的声音材料和意义要素。而劳动促进了人类发音器官的改进和思维的产生，这就使声音材料和意义要素成为可能。经过长时间的磨合、实践，于是逐渐产生了互相交流的口语。这正如恩格斯所说："劳动的发展必然促使社会成员更紧密地互相结合起来，因为它使互相帮助和共同协作的场合增多了，并且使每个人都清楚地意识到这种共同协作的好处。一句话，这些正在形成中的人，已经到了彼此间有些什么非说不可的地步了。"① 因此，"语言是从劳动中并和劳动一起产生出来的，这是唯一正确的解释"。②口语是人们在社会生活中彼此交际的必然产物，而以口语作为表达手段的实用口才，当然也就不能例外了。

人类社会中，文字大约是在奴隶社会的初期伴随着国家的出现而出现的。文字出现之前，人类已经存在了若干万年，那时的交流，当然只能是口语。交际状况及效果，因无文字记载，我们也无从查考。但有了文字之后，人们交流的重要手段仍然是口语。一方面，限于条件，文字无法为大多数人所掌握；另一方面，口语必然比文字方便、迅速、直接。这就为人们提出了提高口语表达能力的要求，以便更好地实现交流的目的。为此，人们在交际中便有意无意地注意到自己说话和别人说话的时间、场合、对象、语境、方式、技巧、效果等问题，从中揣摸、总结、提高，于是产生了"口才"的概念。我国许许多多的成语就是这一概念的反映。如口角生风、口若悬河、口谐辞给、粲花立论、咳唾成珠、妙语解颐、谈言微中、咸中肯綮、一言九鼎、巧发奇中、伶牙俐齿、能言巧辩、应对如流、舌辩滔滔、喙长三尺、一坐之胜、妙语如珠、言近旨远、一针见血、一语破的、巧舌如簧、滔滔不绝等等。它们所揭示的，既说明人们为了社会交往而重视口才，又说明口才运用于社会交往应产生良好的效果，应当有价值。可见，人们的社会交往呼唤着实用口才的诞生；交往愈是频繁，愈是需要实用口才。

口才应当实用，应当产生于人们的社会交往需求之中，为现实生活服务。我国自有文字起，即有记载。《周易·系辞上》就有："言出乎身，加乎民。"《周易·系辞下》则有："将叛者其辞惭，中心疑者其辞技，吉人之辞寡，躁人之辞多，诬善之人其辞游，失其守者其辞屈。"《诗经·小雅·巧言》谴责那种浅薄自大、毫无用处的言辞："蛇蛇硕言，出自口矣，巧言如簧，颜之厚矣。"孔子在这方面的主张是最鲜明突出的，他提出："夫人不言，言必有中。"（《论语·先进》）他认为："君子于其言，无所苟而已矣。"（《论语·子路》）他提醒人们："可与言而不与之言，失人；不可与言而与之言，失言。"（《论语·卫灵公》）他还指出，说话要看时机，看环境，看对象，要察言观色而后才说："言未及之而言，谓之躁（性急）；言及之而不言，谓之隐（隐瞒）；未见颜色而言，谓之瞽（瞎眼）。"（《论语·卫灵公》）他主张："君子耻其言而过其行。"（《论语·宪问》）此后，孟子、老子、墨子、庄子、荀子

①② 《自然辩证法》，见《马克思恩格斯选集》（第三卷），人民出版社1974年版，第511页。

等人都继承和发展了孔子的观点，为实用口才的发展与完善作出了积极的努力。如孟子：“言近而指远者，善言也。”（《孟子·尽心下》）老子：“言有宗（宗旨），事有君（中心）。”（《老子》第七十章）墨子：“言无务为多而务为智，无务为文而务为察。”（《墨子·修身》）庄子：“婴儿生无石师（大师）而能言，与能言者处也。”（《庄子·外物》）荀子：“君子言有坛宇（界线）。”（《荀子·儒效》）他们的这些主张进一步说明，实用口才产生的历史条件是社会实际交往的需要；没有这种需要，就不会有实用口才的诞生和发展。

二、我国实用口才的历史走向

自有人类以来，就有了实用口才。我国古代的文献、典籍记述了实用口才在我国的历史走向。

（一）上古时期

口语最早实用的记载，见于甲骨卜辞。罗振玉《殷墟书契菁华》第二片即有：“沚戓告曰：‘土方正（征）于我东啚（鄙），𢦏（灾）二邑；𢀛方亦牧我西啚（鄙）田。’”其真实含义我们虽不能完全知晓，但先人将它刻于甲骨，可见口语已经有了实际的交往需要。之后，在我国第一部政论文集《尚书》中，这种口语的实际运用就记载颇丰了。《尚书》原有百篇，经秦始皇焚书之后，仅留存28篇，其中很大一部分为“誓”。誓，也就是今天所说的讲话稿、演讲词。如《甘誓》，是夏启与有扈氏在甘这个地方展开大战时，夏启的战前动员讲话；《汤誓》是商汤起兵讨伐夏桀时，对军士作的鼓动演说。另一篇称为《盘庚》的，则是商朝第19个君主盘庚出于政治、军事、经济等方面的考虑，欲将都城自黄河以北迁于殷地，因臣民不愿迁徙而作的三次讲话。其言之谆谆，其情之切切，有理有据，结构严谨，形象比喻富于文采，极有说服力，终使迁都告成。这反映出那时就已十分重视实用口才了。

《周书》是继《尚书》之后的又一重要典籍，其《大诰》，是周公代周成王对叛乱的武庚、管叔和蔡叔的训诫。其言虽短，但措辞严厉、振聋发聩、一针见血，实用性很强。另一篇《多士》，是周公灭殷后，对殷遗民的讲话。在讲话中，周公宣布了对遗民的安抚政策。还有一篇《无逸》，是周成王年少，周公以摄政辅佐，他担心成王安于荒淫享乐，于是与成王进行了一次长谈。他谈话的主旨是告诫成王应以勤于国事的先王为榜样，以荒淫的昏君为鉴戒，不要贪图安逸享受（即“无逸”）。这次谈话总结了历史经验教训，对成王提出了殷切的期望；既是对成王的教诲，又是自己忠心的表露，说服力非常强。这表明那时实用口才已经发展到相当水平。成王果不负期望，其为政期内，“民和睦，颂声兴"。

（二）春秋战国时期

这是一个实用口才大展示、大发展的时期。这个时期，由于生产力迅速发展，政治风云变幻激荡，人们的思想异常活跃；百花齐放，百家争鸣，演讲、游说、论辩、驳难、劝谏、讲学、论道，都达登峰造极之地步。晏子之顺利使楚，甘罗之十二岁为上卿，蔺相如之完璧归赵，唐雎之不辱使命，宋玉之辩诬，都在于他们出类拔萃的口才。尤其是那些专门以口才为能事的策士，凭着三寸不烂之舌，游说天下，朝为布衣，暮为卿相。主张合纵的苏秦，甚至得挂六国相印。他的同学和对手——主张连横的张仪，游说楚国时被打得半死，妻子责备他说："你如不读书游说，会有此辱吗？"他竟问妻子："你看我的舌头还在不在？"妻子说："舌头还在。"张仪则大喜说："足矣！"他认为只要舌头在，就会有口才，有口才，这就足够了。果然，他担任了秦相，并游说诸侯联秦以拒他国。秦后来之所以能够灭六国而统一天下，不能不记下他的这份舌头功劳。从这件事也可看出在那个时期人们对实用口才的高度重视。

在这一时期中，实用口才展现最烈的除了诸子（孔子、孟子、庄子、墨子、老子、荀子、惠子、晏子等）外，还有韩非、邓析、公孙龙、宰我、子贡、淳于髡、召公、邹忌、触龙、子产、庄辛、曹刿等人。孔子的口才，在《论语》中已充分展现；孟子的口才，也多见于《梁惠王章句》、《滕文公章句》等中。他们的劝谏、答难、论道，令人折服。而庄子、墨子、惠子则是论辩的高手。他们论辩起来，引喻连譬，左右逢源，步步进逼，丝毫不让，竭力展示其口才的功力。

其他人口才的典型展现，在《淳于髡谏齐勿伐魏》、《召公谏厉王弭谤》、《邹忌讽齐王纳谏》、《触龙说赵太后》、《子产坏晋馆垣》、《庄辛说楚庄王》、《曹刿论战》等篇中均有详尽、生动的记载。

这个时期，实用口才有一个显著特点——设喻、类比。为了增强说服力，使自己的见解容易被别人理解、信服，表达者往往采用打比方、借形象事物譬喻抽象事理的手法，收到了非常明显的效果。如孟子以"揠苗助长"之事，申述自己反对急于求成的主张；韩非子以"守株待兔"之事，批评那种墨守成规、不知变通的思想；庄子以"鹓雏"自喻，以"鸱"喻惠子，以"腐鼠"喻相位，揭露惠子以小人之心度君子之腹之举；邹忌以妾、客、妻对自己的态度劝喻齐威王；陈轸以"画蛇添足"之事劝喻楚将昭阳毋攻齐；冯谖以"狡兔三窟"之事劝喻孟尝君眼光应开阔；江一以"狐假虎威"之事提醒楚宣王正确对待名将昭奚恤；庄辛以"见兔顾犬、亡羊补牢"之事，劝喻楚襄王改弦更张、振作治国等等。这些来自现实生活中的实例，一方面体现了表达者注重口才的实用性观点，另一方面也表现出他们高超的口才运用技巧。

应当提到的是，在这个时期还有了口才培养学习的举措。典型的是教育家孔子，他招收弟子三千，对他们进行四种教育：德行、言语、政治、文学。言语就是口才，他在这方面的教学中有一套系统的见解：何时说、怎样说、说多少、对谁说、说的效果。比如："朝，与下大夫言，侃侃如也；与上大夫言，訚訚如也。君在，踧踖如也，与与如也。"（《论语·乡党》第十）"可与言而不与之言，失人；不可与言而与之言，失言。知者不失人，亦不失言。"（《论语·卫灵公》第十五）在他的七十二贤人中，就有口才很好的弟子，《论语·先进》第十一有这样的记载："德行：颜渊、闵子骞、冉伯牛、仲弓。言语：宰我、子贡。政事：冉有、季路。文学：子游、子夏。"《孟子·公孙丑章句上》也说："宰我、子贡，善为说辞。"并举证了他们善为说辞的例子。可以看出，那时培养口语表达人才已经为社会所重了。

（三）秦汉至清末时期

秦统一中国后，统治者高度集权，不准"妖言以乱黔首"。加上焚书坑儒等措施，"有言其处者，罪死"，口才受到了很大的限制。到了汉代，又实行"罢黜百家，独尊儒术"的政策。以后，封建专制统治日益加强，一言不慎即可遭罪，祸从口出使人不寒而栗。因此，口才的发展进一步被制约。在客观上，文字的普及率也日渐提高，造纸术、印刷术的发明推广，使人们更倾向于书写、撰文，口语表达比起前两个时期来要逊色得多。

但就是在这样的条件下，实用口才也仍在运作、发展：

秦始皇三十四年，君臣大宴于咸阳宫，淳于越等人以"师古"为名，提出要分封诸侯，不能再实行郡县制。始皇要群臣讨论。一时间，廷议纷争，相持不下。最后，丞相李斯力排众议，指出淳于越等人，"不师今而学古，以非当世，惑乱黔首"，"语皆道古以害今，饰虚言以乱实"；"各以其私学议之，入则心非，出者巷议，非主以为名，异趣以为高，率群下以造谤"。（《史记·秦始皇本纪》）始皇终于醒悟，支持了李斯之说。由是结束这场大论辩。

汉高祖刘邦攻破秦都咸阳后，在灞上召集当地父老豪杰讲话，与他们"约法三章"："杀人者死，伤人及盗抵罪。余悉除去秦法，诸吏人皆案堵如故。凡吾所以来，为父老除害，非有所侵暴，无恐！"（《史记·高祖本纪》）这是一次成功的演讲，对安定民心起了重大作用。

汉昭帝始元六年，在长安召开了一次盐铁会议。围绕着盐铁是否应该由国家来经营的问题，展开了一场异常激烈的大辩论。以桑弘羊为代表的一派与贤

13

良、文学面对面地交锋。桑弘羊密切结合现实斗争，从国家利益出发，旁征博引，上下勾连，以高超的论辩技巧把对手驳得体无完肤、狼狈不堪。这场大辩论，双方交锋之多，实为罕见。据统计，桑弘羊一方发言133次，文学、贤良等人发言148次。在这次会议上，桑弘羊除力驳对手外，还有一段精彩的总结性发言，详尽阐述了自己抗击匈奴、改革进取的主张。[①] 盐铁大辩论充分说明实用口才在那时已经发展到一个新的高峰。

两晋南北朝盛行清谈，能说会道为人所重。南朝宋人刘义庆在其《世说新语》中，专列"言语"一门，记载汉末到东晋士族的言谈。所谈内容五花八门，无所不及；形式有演讲、论辩、会话、交涉、答疑等。并且，言谈讲究技巧，往往只言片语即可表现人物性格，揭示问题主旨，驳倒对手诘难，甚至连小孩子也巧舌如簧。

唐初，太宗皇帝鉴于"隋炀帝暴虐，臣下钳口，卒令不闻其过，遂至灭亡"的教训，要臣下"每看事有不利于人，必须极言规谏"。因此，诤臣、谏语迭出。最有名的是魏征。他曾就两百多件事劝谏太宗，而且都为太宗采纳；有时也难免得罪太宗，几遭大祸，但终因其善言得免。太宗把他视为自己明得失的一面镜子。唐代还有一种"论讲"的口才，由于佛教盛行，无论僧、俗，论经讲义风靡全国。

宋代由于城市经济的发达，市民阶层的兴盛，使城镇的"说话"成为一种职业，产生了一大批说话人。他们说讲历史、演绎现实、编排故事，滔滔不绝，绘声绘色，深受群众喜爱。北宋中期直至南宋，由于北方各少数民族政权的不断入侵、袭扰，在口才方面突出的表现是谈判、交涉。如仁宗时，契丹向宋朝强行索割关南之地，朝廷派富弼出使契丹；富弼面对强权，以犀利言辞向契丹王指陈利害，力驳契丹的无理要求，保全了国土，并使契丹数十年不敢南侵。

明代兴讲学之风。王阳明、李贽、王夫之，不仅是著名的学者，积极宣传自己的思想学术观点，而且以善辩见长。在这个时期，由于朱元璋的爱好，人们以联语作为应酬交际手段也很盛行。相传朱元璋微服游多宝寺，步入大殿，见幢幡上尽写多宝如来佛号，随口自语道："寺名多宝，有许多多宝如来。"身旁学士江怀素脱口便答："国号大明，无更大大明皇帝。"合成联语。似这种口才，较为突出的是解缙，民间有许多关于他在这方面的口才的传说。

清继承明的讲学之风，李颙、毛奇龄、戴震、方苞都是各立门派的讲学大师。清后期出现的太平天国运动，更是一场实用口才的大会演。洪秀全创立

_14_

---

① 见桓宽：《盐铁论》。

"拜上帝会"后,与冯云山、杨秀清、洪仁玕等人到处进行传教活动,向广大贫苦的工人、农民宣传反对封建压迫和民族压迫的教义,听众又口口相传,使太平天国的革命思想得以深入人心,终致爆发金田起义。甲午战争后,日本逼签《马关条约》的消息传回国内,康有为等一批爱国志士在街头大力宣讲"拒和、迁都、变法"的主张,后又到上海、湖南、广东、天津等地大力宣传维新思想。谭嗣同、唐才常在长沙创立南学会,每七天集会一次,每次都有上千人听讲。在此期间,以康有为、梁启超、严复为代表的维新派与以张之洞为主角的洋务派围绕中国的前途展开了一场大论辩。维新派力主变法,打动光绪皇帝后,康有为又被邀到总理衙门,再次同李鸿章、荣禄等进行更深、更细的辩论。其主张虽遭李、荣等坚决反对,但终使皇帝认同,而有"百日维新"的局面。以后,又出现以"反清灭洋"和"扶清灭洋"为政治纲领的义和团运动。他们借讲道诵经的形式,宣传反帝反封建思想,彼此口口相传,团众遍及山东、河北、河南以及北京、天津。义和团失败,会社又出现,各会社首领都是鼓动家、演说家。如兴中会的孙中山、梁慕光,华兴会的黄兴、陈天华,光复会的吴春阳,日知会的曹亚伯,20世纪支那社的田桐等。

(四)近现代时期

辛亥革命以后,由于民主运动的高涨,以口才著称的社会活动家层出不穷。

孙中山先生在国内宣传革命,后又出洋,在欧美、日本等地继续宣传、鼓动。他出任中华民国临时大总统时的就职演说慷慨激昂、催人奋进,鼓动性极强。并且,在演说中他还表明自己光明磊落的心迹:"至专制政府既倒,国内无变乱,民国卓立于世界,为列邦所公认,斯时文当解临时大总统之职。"[1]此外,他还在上海召集国民党员开会,针对党员中存在的一些问题,语重心长地讲道:"胜败之数未能逆料,设一旦军心互解,民气消沉,当此千钧一发之时,则冒锋镝,捐肝脑为前驱,以争其最后者,舍吾党其谁?"[2]为国家大计,他让位给袁世凯,为防止袁破坏革命,他同袁进行了多次交涉、谈判、论辩。袁窃国后,他发表过多次讨袁宣言。反袁失败后,国民党人大都意志消沉,孙中山以其超群的鼓动、宣传才能到处发表演讲,鼓舞革命士气,坚定革命信心。

"五四"运动前夕,康有为沦为封建余孽代言人,他到处鼓吹封建主义的

---

① 《辛亥革命资料》(第八册),第8页。
② 邹鲁:《中国国民党史稿》(第二册),第80页。

纲常名教，反对民主共和，诋毁自由平等。陈独秀代表新文化运动与其展开了针锋相对的论辩；他提出的新思想、新道德、新信仰的主张为"五四"运动的群众性大演讲、大声讨准备了条件。以后，在中共早期革命活动中，他竭力宣传新文化，宣传马克思主义，其非凡口才得以充分展现。如1921年1月31日，他在广东女界联合会作的题为"妇女问题与社会主义"的讲演，在详述中国妇女受"三从主义"束缚的事实之后，指出其反动、虚伪，号召妇女摆脱其束缚，走社会主义的独立、自主的道路。

1919年的"五四"运动也是一次实用口才的大展示。爱国学生组织的演讲团在北京街头，在长辛店等工人区，挥泪演讲，号召人们奋起救国，要求严惩卖国贼。这极大地鼓动起人们的革命激情；听众情绪激昂，义愤填膺。之后，天津、保定、上海、南京、湖南、武汉、广东、广西、福建、山西、陕西、浙江、江西、四川、东三省等地的学生也纷纷起来响应，在街头演讲，在民众中进行广泛的宣传、鼓动。

1921年中国共产党诞生后，她的领导人都充分利用口才这一武器从事革命活动。

毛泽东在出席党的第一次全国代表大会以后回到湖南，通过中共湘区委员会多次组织讲演会，对群众进行马克思主义思想教育。他还创办了自修大学的补习学校，亲自给学员宣讲马克思主义的基本知识。他还同湖南赵恒惕军阀政府及赵本人进行当面的说理斗争，争取到了工人集会、结社、罢工的权利。之后，他在广州创办农民运动讲习所，经常在讲习所上课、作报告。在以后的革命活动中，他的口才日益发展。现收入《毛泽东选集》中的许多文章，都是他口才的记录。这已为人们所熟知。

周恩来在法国勤工俭学期间，经常奔走于巴黎和柏林之间，组织报告会，向中国留学生和华工、华侨进行形势教育，宣传中共的主张。同时对当时颇为流行的社会改良主义和无政府主义等错误思潮进行严厉批判。他每星期六和星期日都到巴黎近郊的大学区、工厂区、勤工俭学学生集中地的小咖啡馆演说，揭露国家主义派反人民的真面目。回国后，他在担任黄埔军校政治部主任时，除讲课、作报告外，还经常与学生交谈。在以后的革命生涯中，他的口才多有表现。现收入《周恩来选集》中的许多篇章，都是他的演讲、报告、讲话、发言、谈话、答问等的真实记录。

在近代时期，著名的宣传、演说家还有李大钊、蔡元培、胡适、彭湃、廖仲恺、闻一多、郭沫若等。这里，尤其要提出的是鲁迅。作为革命文化的旗手，除著作丰硕外，宣传、演说活动也十分频繁。现收入《鲁迅全集》中的许多篇章都是他在全国各地作的演讲。

现代，在我们党和国家的领导人中，也有不少在口才方面表现出高水平的人。如陈毅、陈云、邓小平、江泽民、朱镕基等，他们不仅有很高的演讲、谈话、谈判、答问等才能，而且语言幽默风趣、机智睿达，交际效果很好。

三、世界实用口才的历史走向

同我国一样，实用口才也在全世界不同国家不同民族中诞生、发展。

远在公元前25世纪，即我国上古的"五帝"时期，人类历史文明古国埃及、印度、希腊、巴比伦就有实用口才的运用。埃及人普塔霍特在那时就提出了应当怎样说话的问题并见诸文字。这是国外最早关于口才的记载。公元前24世纪，两河流域最古老的奴隶制国家之一———乌玛，征服了乌鲁克、乌尔等国，其首脑卢伽尔·扎吉西自豪地说：他"使乌鲁克在喜悦里发光，使乌尔的头像牡牛的头那样抬到天上"。[①] 这可以看出，在那个时期人们在口语表达中就已经运用了修辞手法，也就是说，注意了口才的问题。

公元前20世纪埃及第十二王朝的一份纸草书记载着黑拉克列欧城王面对叛乱时，对他的臣民作的训谕："把大群（的人）捆绑起来，并且消灭从他们发出的火焰。不要支持怀有敌意（的人），因为他贫穷……他是敌人！"[②] 这可以说是一次较为完整的演说。公元前13世纪埃及出现的两部文献《伊浦味箴言》和《聂非尔箴言》记录着奴隶主日常训示其子弟、臣下如何统治人民的教喻，也就是我们现在所说的"日常谈话录"。可见那时对口语表达的重视。

公元前10世纪，居住在巴勒斯坦一带的希伯来人就相当流行向神灵祷告。他们广泛宣讲至高无上的上帝耶和华以及"十诫"的教义，竭力贬抑地方神。为使宣讲深入人心，他们非常注意表达技巧。

从公元前11世纪到公元前8世纪被称为希腊历史上的"荷马时代"。这个时代所产生的彪炳史册的《荷马史诗》，是古代希腊人民口头流传的民间歌谣。它对人物性格的描绘和对故事情节的叙述，用语简练、形象生动，足见当时口语表达的技巧已经发展到一个相当高的水平。在这个时期，还诞生了享誉世界的口头文学希腊神话传说。其想象力的丰富，充分说明了传说者们口语表达能力的高超。

公元前6世纪，波斯出了一个名叫萨拉苏什特拉的以口才著称的先知。他有许多智慧的言语和格言记录在《阿维斯塔》这本书中，遂使这本闪现着口才光辉的书被称为古代波斯人的圣经。萨拉苏什特拉到处传播他的教义，在希

_17_

① 见《世界通史》（上古部分），人民出版社1973年版，第78页。

② 《黑拉克列欧城王训谕》，见《世界通史》（上古部分），人民出版社1973年版，第53页。

腊他被称为琐罗亚斯德，由于他的不懈宣讲，他的教义很快传向四面八方，使得琐罗亚斯德这个称号远比他的原名更为响亮、著名。后来，他在一次宣讲宗教的战役中死去，但他已成为波斯的宗教信仰。

公元前7世纪至公元前6世纪，在地中海沿岸、小亚细亚西岸、巴尔干半岛和意大利半岛建立起许多奴隶制城邦国家。代表不同阶层利益的思想家不断展开争论，内容涉及政治、伦理、法律、宗教、哲学等领域。其论辩之风，不亚于我国春秋战国时期的百家争鸣。并且，他们的论辩并不停留在简单的说明或陈述上，而是进行详尽的推理、论证，于是又掀起演说之风。继而人们开始研究演说术、雄辩术、诡辩术。代表人物有：

赫拉克利特。他坚持宣传朴素唯物主义，强调事物的运动性、发展性。他认为："思想最大的优点、智慧，就在于说出真理，并且按照自然行事，听自然的话。""可以看见、听见和学习的东西，是我最喜欢的。"①

巴门尼德。与赫拉克利特直接对立，他强调事物的不变性、不动性。他认为："人们既不能认识非存在，也不能把它说出来。""要用你的理智来解决纷争的辩论。"②

芝诺。他不仅追随老师巴门尼德，而且在论辩中使用了诡辩的手法，让人无法理解，也无法反驳。如他所说："如果有许多的事物，那么这些事物必然同时既是小的又是大的；小会小到没有，大会大到无穷。"③

德谟克利特。他是著名教育家、唯物主义者，强调世界是物质的、运动的，宇宙是无限的、永恒的。他认为："有两种形式的认识：真理性的认识和暗昧的认识。属于后者的是视觉、听觉、嗅觉、味觉和触觉。"④

公元前5世纪，出生在尼泊尔的释迦牟尼成佛后，四处游方传教，前后达40余年。他死后，教徒又口口相传，使佛教很快在辽阔的亚洲地域传播。

发生在公元前5世纪中叶的希波战争，促成了社会经济的繁荣和民主政治的发展，使得哲人迭出，学派纷呈，演说、论辩之风大为兴盛。最为引人注意的是兴起于这个时期的诡辩学派，代表人物有罗塔哥拉、苏格拉底、柏拉图、亚里士多德。他们不仅擅长诡辩，而且致力于论辩术、演讲术的教学与研究。

到柏拉图的学生亚里士多德时，实用口才又有了新的发展。他的《工具论》和《修辞学》，系统、全面地研究、阐述了实用口才关于适用环境、表达

---

① 《古希腊罗马哲学》，三联书店1957年版，第26页。
② 《古希腊罗马哲学》，三联书店1957年版，第31页。
③ 《古希腊罗马哲学》，三联书店1957年版，第60页。
④ 《古希腊罗马哲学》，三联书店1957年版，第106页。

方式、表达技巧、言语风格、听众心理等方面的理论，明确划分出实用口才中的"说话的人"、"所说的话"和"听话的人"三个概念。其《论辩篇》和《辩谬篇》还提出了著名的证明的推理、辩证的推理、强辩的推理、误谬的推理和启导的论证、辩证的论证、检查的论证、强辩的论证。这是他对实用口才的发展作出的杰出贡献。

在这段时期内，古希腊出现了一批杰出的口才学者和教育家。如伯里克利有一篇《在阵亡将士国葬典礼上的演说》，虽然较长，却是那时最有影响的演说。黑格尔在他的《历史哲学》中对此作了高度评价："那位最有修养、最纯正、最高尚的政治家伯里克利的演说……宣布了他们的民族所奉行的格言，也就是形成他们自己的人格的格言。"另外，高尔吉亚和普罗泰戈拉除了以独特的演说风格著称于世外，他们还巡游各地，广收门徒，系统地传授讲演术、论辩术。

在实用口才发展的道路上，古罗马也树立起一座座丰碑。在公元前 2 世纪至公元 2 世纪这段历史时期涌现出西塞罗、昆体良、盖伦、阿普里乌、亚历山大等一大批口才学家。以雄辩著称的西塞罗不仅享誉罗马，而且名满世界；他的《雄辩家》是他雄辩理论与实践的总结。昆体良主持研究口才学 20 余年，在罗马创办口才学校，除在巨著《修辞规范》中专列"雄辩术"、"演讲术"外，还专著《演讲学原理》。在他们研究和实践的基础上，到公元 5 世纪，卡佩拉在他的《撒底里贡》中详尽地论述了说话的方式、演说的主旨、论辩的技巧以及语词表达的手段等问题。

在中世纪，实用口才基本上是继承前人。如意大利的托马斯、法国的盖利克、西班牙的彼得、德国的阿尔伯特等。阿拉伯的阿尔法拉则提出了口才与思维的关系问题，思维要借助于语言。他认为，应当认真研究如何正确地运用语言来表达思想。这个时期在实用口才方面的斗士是法国的罗吉尔·培根。他到处发表演说，大声疾呼，批判宗教，揭露僧侣甚至教皇的丑事，认为教会成为欺骗与谎言的渊源。以后，教会以"妖言惑众"的罪名监禁了他 14 年。

到了近代和现代，由于社会的发展、科学的进步，在人们日益频繁的交际中，实用口才也有了全面的开拓，进入一个大繁荣时期。口才学家、口才能手灿若星云，研究机构、办学层次、培训方式五花八门，社团、刊物、专著层出不穷。像拿破仑、亚当斯、黑格尔、华盛顿、林肯、马克思、恩格斯、普列汉诺夫、列宁、斯大林、丘吉尔、莫洛托夫、季米特洛夫、戴高乐、铁托、狄更斯、雨果、马克·吐温、罗素、赫胥黎、李卜克内西、海明威等，都可堪称实用口才的高手。

第三节　实用口才的功能

一、对社会的作用

实用口才的表达离不开社会。表达的时间、环境、方式，要受社会形态的制约；表达的效果，要由社会反应来检验和决定。因而，实用口才同社会有着密不可分的关系，对社会存在和发展起着重大作用。尤其是在已进入对话、协商的当今社会，更是如此。

（一）政治风云中举足轻重

社会离不开政治风云的洗礼。古今中外的执政者和有识之士，历来看重口语表达的重要作用。

我国很早就有这方面的文字记述。《周易·系辞上》就说："乱之所生也，则言语以为阶。"认为制造混乱可以借言语为媒介。孔子就明确指出，"一言而兴邦"、"一言而丧邦"（《论语·子路》）。管子则认为，"一言得而天下服，一言定而天下听"（《管子·内业》）。刘向说得更具体："百行之本，一言也。一言而适，可以却敌；一言而得，可以保国。"（《说苑·谈丛》）他把说话当成百行之本，这是非常有见地的。

纵观历史，横看现实，成功的政治家无不以自己突出的口才取胜。他们机敏睿智、伶牙俐齿、巧发奇中、一言九鼎。为维护国家、民族的利益，或游说，或劝谏，或答辩，或谈判，或演讲，或辩论，均以口才导航政治风云，左右形势演变。叱奸佞于朝堂，醒群众于街衢；化干戈为玉帛，挽狂澜于既倒。

战国时，秦国吞并了韩、魏这两个大国之后，接着企图染指小国安陵。安陵君派唐雎到秦国交涉，同专横、凶残、贪婪的秦王进行了一场殊死的唇枪舌剑之战；痛斥了秦王的无理要求，打击了秦王的嚣张气焰，维护了国家的领土和主权。汉末，诸葛亮对刘备的"隆中对"，一席话将天下三分，奠定了蜀汉的基业；他后来又巧言游说江东，劝说了孙权与刘备联手共同抗击强大的曹操。明末李自成起义，他每到一处都以"均田免粮之说相煽诱"，其部下李岩等人还编出谣谚广为宣传："吃他娘，穿他娘，吃着不尽有闯王，不当差、不纳粮，开开大门迎闯王。""朝求升，暮求合，近日贫汉难存活，早早开门迎闯王，管教大小都欢悦。"① 这些口号、谣谚有力地推动了农民革命的发展，使农民军不断壮大，以急风暴雨之势从陕西经山西直捣北京，逼死崇祯皇帝，

---

① 翦伯赞：《中国史纲要》（第三册），人民出版社 1979 年版，第 243、244 页。

明遂亡。近代爆发的"五四"运动和"一二·九"运动，爱国学生为了国家、民族的存亡，走上街头，挥泪演讲，极大地调动起全国人民的革命热情，深刻地揭露了汉奸卖国贼丧权辱国的卑劣行径，有力地挫败了帝国主义和反动派的阴谋。1936年西安事变发生后，中共代表周恩来于12月24日到西安与蒋介石进行面对面谈判，使蒋接受了中共的政治主张。至此，国内纷纷扬扬、动荡不定的政治局势得以稳定。罗马共和国的执政官恺撒被布鲁特斯派刺杀身亡，名列罗马共和国"后三头"之首的安东尼站在恺撒的尸身旁发表了《灾难，你已来临》的演说。尽管他一再声称自己"只是有话直说"、"不善言辞"、"又不善雄辩，所以不可能激励大家的情绪"。[①] 可是他的这一演说却煽动起国人为恺撒报仇的怒潮，从此造成共和国的长期混乱，直至覆灭。美国南北战争中，南方奴隶主驱使奴隶为自己卖命。为了粉碎南方奴隶主分裂国家的企图，瓦解其武装力量，林肯总统及时在内阁会议上发表了《解放黑奴宣言》，他向奴隶们庄严宣告："从1863年1月1日这一天起永远获得自由！"[②] 两天后，他又站在白宫阳台上向群众演讲，重申这一宣言。他深信，这可以"换取这个国家未来的幸福和繁荣昌盛"。[③]果然，宣言发布之后，奴隶纷纷倒戈、逃亡，南北形势发生巨变，很快，林肯领导的北方军获得了彻底的胜利。

这些无不显示出言辞在政治风云中的极大威力。

正因为如此，历来统治者都力图引导人们的舆论，希望人们说的话有利于自己的统治，有利于国家、社会，而不要损害自己的统治，损害国家和社会。

我国最早的典籍《尚书·尧典》中有这样一段记载："帝曰：龙，朕疾谗说殄行，震惊朕师；命汝作纳言，夙夜出纳朕命，惟允！"（舜帝对他的部下龙说，我痛恨说坏话、做坏事，那会惊扰我的百姓；命令你做纳言官，早晚传达我的命令、收集对我的意见，一定要认真公正！）他设纳言官的目的，就是要规范人们的言语，杜绝坏话。

周厉王是一个无道的暴虐之君，国人实在忍受不了，便议论纷纷，甚至谴责怒骂。厉王找来卫巫，让他监视国人，不准他们乱说话，违者一律杀之。于是国人再不敢说话，路上相遇，只是彼此用眼睛看看而已。厉王竟自鸣得意地说："我能够制止国人讲话了。"不让讲话，这怎么行呢？"人之所以为人者，言也。人而不能言，何以为人！"[④] 国人有愤怒而不能宣泄，愤怒必然越积越深，危害会更大。召公清楚地看到了这一点，尖锐地向厉王指出："是障之

21

---

① 见莎士比亚：《恺撒大帝》。
②③ 《林肯传》，第265页。
④ 《春秋谷梁传·僖公二十二年》。

也。防民之口，甚于防川。川壅而溃，伤人必多；民亦如是。是故为川者决之使导，为民者宣之使言。"① 召公是很有口才的，他从维护周朝统治的利益出发进行劝谏，比喻贴切，说理透彻。遗憾的是，忠言逆耳，厉王没有听从劝告，被愤怒的国人造了反、赶出了国门。

比起来，身为郑国相国的子产就很高明。据《左传·襄公三十一年》记载：郑国老百姓经常聚集在乡中的学校议论国政、发表见解、批评执政者。当地官员提出干脆毁掉乡校以绝议论。而子产却予以制止，他说："老百姓议论执政的好坏，他们认为好的，我就实行；他们认为不好的，我就改正。这是我的老师啊。"由于子产让老百姓讲话、讲心里话，他从中了解到人民的呼声，吸取了好的建议，使郑国这个小国在群雄的剧烈争斗中能长期生存。

"文革"中，林彪、"四人帮"滥施淫威，不让人民讲话，动辄以"右派言论"、"反动"、"恶毒攻击"、"含沙射影"等大扣帽子，游斗、禁闭、坐牢甚至杀头，造成万马齐喑、人人自危的可悲局面。但是，防民之口，甚于防川。1976年清明前后，数百万民众自发聚集首都天安门，以悼念周恩来总理的名义，对林彪、"四人帮"作了愤怒的声讨。他们慷慨发表演讲，诵读诗词曲联，点燃了全国人民心中早已蕴蓄的怒火。这次行动，为粉碎"四人帮"作了必要的舆论准备。

（二）军事争战中突显威力

古希腊年迈国王退位时，对即将登上宝座的儿子说："舌头就是一把利剑，演讲比打仗更有威力。"我国的孙子也说过："故善用兵者，屈人之兵而非战，拔人之城而非攻也，毁人之国而非久也，必以全争于天下，故兵不顿而利可全，此谋攻之法也。"② 在军事争战中，善于用兵的将帅，是可以不靠双方刀兵相交就能取胜的，孙子把这种行为称为谋攻——谋划进攻，就是以谋取胜。他认为，不战而使敌人屈服，这是好中之好的谋略。而实用口才，正可以不战而屈人之兵。正如刘勰所说："一人之辩，重于九鼎之宝；三寸之舌，强于百万之师。"③

战争是政治的继续和表现。战场上，敌对双方都以挫败对方为目的。双方力量的强弱当然是不可忽视的条件，但在很多情况下，并非强大的一方就能取胜。对于弱方来说，尤其需要实施口才的谋攻。

---

① 《国语·召公谏厉王弭谤》。
② 《孙子兵法·谋攻》，中华书局1981年版，第24页。
③ 《文心雕龙·论说》。

诸葛亮可算是我国历史上最善于以口才谋攻之人。《三国演义》中有许多关于他以口才制胜的故事。其中以第九十三回"姜伯约归降孔明 武乡侯骂死王朗"最为典型。诸葛亮率师北伐，在渭河边与魏国大都督曹真的大军相遇。曹军中有一位素以舌辩著称的司徒王朗，他自请上前线下说辞，劝降诸葛亮。在两军对峙的阵前，王朗摇唇鼓舌，引经据典，包罗万象，口若悬河；满以为诸葛亮听了这一席话，会"倒戈卸甲，以礼来降"。不想，诸葛亮随机应之，在言明了自己北伐之因，分析了天下形势之后，话锋一转，直指王朗："吾素知汝所行：世居东海之滨，初举孝廉入仕；理合匡君辅国，安汉兴刘；何期反助逆贼，同谋篡位！罪恶深重，天地不容！天下之人，愿食汝肉！……皓首匹夫！苍髯老贼！汝即日将归于九泉之下，何面目见二十四帝乎！"王朗听罢，气满胸膛，大叫一声，撞死于马下。曹军受挫，军无斗志而致大败。对此，后人有诗赞诸葛亮说："兵马出西秦，雄才敌万人。轻摇三寸舌，骂死老奸臣。"

尽管这是经过加工的文人之作，但以口才制胜，可见一斑。

就是历史事实，在我国亦数不胜数。春秋时，强大的秦晋两国联合进攻弱小的郑国。在敌军兵临城下，郑国危在旦夕之时，郑大夫烛之武只身缒城而下，往见秦穆公。他以其卓越的口才对秦穆公分析形势，陈说利害，终使其心动而撤兵，从而瓦解了秦晋联盟，使郑转危为安。

在军事争战中以口才谋攻而制胜，也多见于世界各国战史。

公元前218年，位于现在北非突尼斯的迦太基奴隶主阶级的军事统帅汉尼拔，眼看地中海地区的另一强国罗马不断逼进，他不甘受辱，出兵与罗马较量。势力强大的罗马根本不把汉尼拔放在眼里，集结数万大军准备一举歼灭之。但汉尼拔却出其不意地远征绕过罗马军阵地，率领6 000精兵翻越阿尔卑斯山，突然出现在山南的波河平原上。汉尼拔指着眼前坚固的罗马城堡，慷慨激昂、义无反顾地对他的士兵发表了即兴演讲——《我们在这场战争中是主动者》。在这番演讲鼓舞下，迦太基士兵一鼓作气，一战破城。罗马执政官弗拉米尼闻讯率大军赶来援救，又遭士气旺盛的迦太基军伏击，几乎全军覆没，弗拉米尼也阵亡，罗马全国震动，已处于覆灭边缘。从此，15年之内不敢与迦太基作战。

第二次世界大战中，德军节节胜利，在占据了苏联大片领土后，为彻底打败苏联，于1941年10月下旬集中77个师的优势兵力，从西、北、南三面包围苏联首都莫斯科，扬言10日内攻克。临危不惧的莫斯科军民奋勇抵抗，11月7日这天照例在红场隆重举行"十月革命"庆祝活动。苏军最高统帅斯大林以大无畏的雄伟气魄，威严地屹立在红场列宁陵墓上，检阅红军队伍，并发表了气壮山河、振奋人心的演说，极大地鼓舞了军民的斗志，坚定了誓死保卫首都的决心。结果，历时月余，希特勒先后撤换了 30 多名高级指挥官，甚至自任总司令，不仅未能突破莫斯科防线，而且在损失 50 多万人后反后退 300 公里，德军"不可战胜"的神话从此打破。

1998 年 2 月，美国、英国因伊拉克阻挠联合国武器核查，便在海湾地区集结重兵，准备对伊实施军事打击。伊拉克也不示弱，全民皆兵，每天进行战备训练，扬言必将重创入侵者。虽经国际社会多方努力，均告失败。战争一触即发，全世界都捏着一把汗。这时，联合国秘书长科菲·安南亲赴伊拉克首都巴格达，与伊拉克领导人进行反复谈判，终于达成协议，一场箭在弦上的战争得以避免。

（三）经济活动中一言九鼎

1998 年 3 月，刚刚就任中华人民共和国国务院总理的朱镕基在记者招待会上郑重承诺："人民币不贬值。"就这么一句话，对深受金融风暴的困扰，一直动荡不安的亚洲经济形势起了很大的稳定作用。

1998 年 4 月，在英国伦敦召开的第二届亚欧会议上，日本首相桥本龙太郎于第一轮发言中谈到，日本经济遇到了第二次世界大战以来最严重的困难。当天，日本东京交易所日经指数大幅度下降。两天后，桥本首相在第二轮发言中又谈到，日本经济虽然遇到了困难，但并未到崩溃的边缘，现正在复苏，前景看好。当天，东京日经指数又大幅度上升。

经济活动与社会组织、与人，都是密不可分的，必然涉及口才的问题。从大处上讲，一个国家的工农业生产、商贸往来；从小处上说，一个人的衣食住行，都需要人们恰当的口语表达。会表达，经济活动就顺利；不会表达，经济活动就受阻。我国在历史上不太重视经济活动，尤其是商贸。仅对经商者，就留下了诸如"无商不奸"、"巧说少信"等说法。连大诗人白居易也在他那脍炙人口的名篇《琵琶行》中说，原先年轻貌美的琵琶女，现在却"门前冷落车马稀，老大嫁作商人妇"。然而，我国自古以来对商人的口才却很看重。请看先人造这"商"字：一屋檐下铺面里的人有八张口，这就是"商"！可见经济活动不讲口才不行。

鉴于"士不言通货财"的训诫，我国典籍中关于经济活动的内容甚少。但由于经济活动的客观存在，不言又不行。因此，亦有不少哲人有过些许促进经济发展、规范经济活动的言辞。如《国语·周语上》就提出："夫利，百物之所生也，天地之所载也，而或专之，其害多矣。"《左传·昭公十年》则强调："义，利之本也。"这实际上指出了经济活动应遵循的原则：从事经济活动，不讲利当然不行，但见利而忘义，一切向钱看，就有误了。就是反对人们谈讲经商营利的荀子，也言："不利而利之，不如利而后利之之利也。"① 意思是说，不给百姓利益，而却要从百姓那里获取利益，不如给百姓利益而后再从百姓那里获取利益更为有利。管子讲得更明白些："治国之道，必先富民。民富则易治也，民贫则难治也。"② 这些言辞，都是很有眼光的辩证见解，对我国历代的经济活动都起了重要的指导作用。

1934年1月，毛泽东在江西瑞金召开的第二次全国工农代表大会上作《我们的经济政策》的演讲，除详尽阐述红区以农业生产为第一位的经济政策外，还强调了经济贸易的问题；具体还谈到市场营销中的市场占领、产销对路。这对当时重农轻商的经济活动是一个很好的引导。1942年，由于日寇的野蛮进攻和国民党的包围封锁，解放区的经济发生极大困难。究竟怎样渡过难关，前景如何，党内外都有许多疑虑。为此，毛泽东于1942年12月在陕甘宁边区高级干部会议上作了《抗日时期的经济问题和财政问题》的讲话，要求全党努力领导人民发展农业生产和其他生产，号召机关、学校、部队尽可能实现生产自给，从而掀起轰轰烈烈的解放区大生产运动，粉碎了日寇的进攻和国民党的封锁。1945年1月，他还在陕甘宁边区劳模大会上发表了《必须学会做经济工作》的演讲，指出我们就要攻入城市、收复失地，过去的思想、方法已不适应，要学会做经济工作。于是一个讲经济、学经济的热潮在边区兴起，为以后夺取城市、收复失地，在思想上、实践上、干部上都准备了条件。

作为中国改革开放总设计师的邓小平，他的每一次谈话，哪怕只言片语，都会在中国的经济活动中掀起巨大的波澜，甚至波及世界。如1982年10月14日在同国家计委负责人的谈话中，言简意赅地指出："农业的发展一靠政策，二靠科学。"1992年初，他视察南方，沿途就中国的改革开放、经济建设发表了许多谈话，如解放生产力问题、市场经济问题、"三资"企业问题、"两手抓"问题、发展速度问题等。这对中国后来建立市场经济体制、大力引进外资、高速发展经济、严厉打击经济犯罪都起了奠基的作用。

实用口才在企业形象宣传、商贸谈判、产品推销、技术引进等经济活动中的突出表现，比比皆是。可以说，这类活动，凡是成功的，无不与实用口才的运用有关。比如，1951年我国为发展航空工业，派重工业部部长何长工率团赴莫斯科。何长工与苏联外交部部长维辛斯基的数轮谈判，二机部四局副局长油江与苏联航空工业部对外联络司司长德沃连钦科的反复谈判，二机部部长赵

25

① 《荀子·富》。
② 《管子·治国》。

尔陆与苏联航空工业部部长捷明杰夫的多次谈判，都是艰苦卓绝、斗智斗勇的较量。谈判中，他们充分展示自己的口才，既表达了我们希望帮助的愿望，又坚持了自力更生的立场，维护了国家、民族的尊严。

（四）外交公关中排难解纷

国家之间、团体之间、企业之间、组织之间，会有形形色色的交往，这些交往在许多情况下是由代表它们的人以口语表达的形式来实现的。善表达者，对友好的双方来说，能沟通彼此的联系、增强彼此的友谊、消除彼此的隔阂、化解彼此的矛盾；对敌对的双方来说，可以表明自己的立场、维护自己的权益、震慑对手的野心、麻痹对手的意志、诱导对手的言行。因此说，它是国家、团体、企业、组织进行外交和公关活动排难解纷的融合剂。

我国春秋战国时期那些朝秦暮楚的策士，就是这种融合剂的充分体现。他们为了某国某时的需要，出使外国进行游说，今天联合此国对付彼国，明天又联合彼国对付此国。这之中，以战国时主张合纵的苏秦与主张连横的张仪最为典型。

苏秦从鬼谷子那里毕业后，出游数年，一无所获。对他的以口舌为业，亲人无不耻笑，可他却痴心不改。先游说周显王——弗信；再游说秦惠王——弗用；又游说赵相奉阳君——弗悦。于是转而向燕，但等了一年多才得见燕文侯。在他苦口婆心地劝说下，燕文侯多少动了一点愿意合纵的心，但国小势弱，起不了多大作用。总算有了点结果，苏秦再至赵，设身处地地为赵王分析天下形势，指出赵是东方最强大的国家，决不可坐等西方秦国的吞并，东方六国应当联合起来一致对秦，这才可以自保，可以成就霸业。终于说动了赵王，愿意牵头抗秦。之后，苏秦又同样以为该国长治久安计，鼓动唇舌，连番说动韩、魏、齐、楚，"于是六国纵合而并力焉。苏秦为纵约长，并相六国"。使"秦兵不敢窥函谷关十五年"。[①] 六国之所以能够结成联盟共同抗秦，根本原因就在于苏秦在其穿梭外交中出色的公关实用口才。比如他每到一国都使用了这类言辞："窃为君计"、"此臣之所以为君患也"、"臣窃为大臣羞之"、"臣窃为大王耻之"。又拉、又打、又吓、又激，而且还要让这些国君感到：我完全是为了您和您的国家啊！

与苏秦作对的，是他的同学张仪。他担任秦相，推出的连横主张，就是要拆散苏秦的合纵，让西秦东出，吞并六国。他利用六国之间不可避免地存在的一些矛盾，挑拨离间、拉拢收买、恐吓威胁，终于拆散了合纵；然后远交近

---

① 司马迁：《史记·苏秦列传》。

攻，各个击破，最后秦得以胜利，统一了天下。张仪的成功，靠的也是其在穿梭外交中出色的公关实用口才。比如被他第一个拆散的魏国吧。明明想攻取魏国，却趁魏与齐发生边界摩擦之时，跑到魏国对魏王说：您国小势弱，又没有山川险要阻挡，四周都是强国，人家要吞并您是很容易的。您虽然加入合纵，有什么用呢？亲兄弟尚且争夺钱财呢。您东边那强大的齐国不是刚刚打败韩国的申差，斩首8万，而又在观津把你们打败吗？秦现在为您担忧的是另外两个更强大的楚国和韩国，"为大王计，莫如事秦。事秦则楚、韩必不敢动；无楚、韩之患，则大王高枕而卧，国必无忧矣"①。接下来，他对苏秦的合纵说大肆攻击、诋毁了一番之后，又指天誓日地说："积羽沉舟，群轻折轴，众口铄金，积毁销骨，故愿大王审定计议。"②一副忠贞诚挚的样子。果然，魏背合纵之约而事秦。结果呢？"秦攻魏，取曲沃。"③之后，其他各国也都被张仪一一说动而最终散合纵之约。六国的灭亡，可以说是与张仪的能说会道不无关系的。春秋战国时期外交公关的口才运用，在《战国策》、《左传》等中多有记载。如《左传·僖公二十六年》中的"展僖犒师"。强齐攻打弱鲁，鲁派展僖往见齐孝公。面对侵略者，展僖的第一句话却这样说："我国国君听说您亲自出动大驾，将要光临我国，所以派下臣来犒劳您的左右。"傲慢的齐孝公问他："我大军压境，鲁国人害怕吗？"展僖回答道："小人才害怕，君子不会害怕。"齐孝公不解，展僖从容说道："齐、鲁两国先君，都是周王室的得力大臣，共同辅佐成王。成王慰劳他们，赐给他们盟约，说：'世世代代的子孙不要互相侵犯伤害！'盟约现在藏在盟府里，由太师掌管着。当年齐桓公就是照盟约处事的，现在您继位，大家都说您一定会继承齐桓公的功业，一定不会做小人。因此我国连聚众防守都不敢。所以君子就不会害怕。"展僖慷慨陈词、大义凛然，反倒将了齐孝公一军。齐孝公只好撤军。还有《左传·僖公三十二年》的"秦晋殽之战"，《礼记·檀弓下》的"公子重耳对秦客"，《国语·越语上》的"勾践灭吴"，《战国策·齐策》的"赵威后问齐使"、"晏子使楚"，等等。以后，又如苏武出使匈奴、张骞出使西域、文天祥出使元军、郑和七次下西洋……这些都是出色的口才外交事件。

现代社会，国家、团体、企业、组织间的交往日渐频繁，外交公关中的口才运用就屡见不鲜了。周总理就是以外交口才著称于世。1955年4月他率团出席在印度尼西亚万隆召开的亚非会议。会上，伊拉克代表团团长贾马利大肆诬蔑共产主义，一些国家则直接攻击中国会搞渗透和颠覆活动。会议宗旨一下被扭转。轮到周恩来发言时，他丢开事先准备好的发言稿，针对现场形势即兴

①②③　司马迁：《史记·张仪列传》。

发言，第一句话就是："中国代表团是来求团结而不是来吵架的。"既表明了立场又扭转了气氛。接着直言不讳地指出中国信仰共产主义，但并不要求别国也信仰，中国是为求同而来，不是为立异而来，我们中间完全有求同的基础。他态度真诚，口气温和，几句话便吸引住了听众，使之纷纷露出满意的笑容。他在阐述了中国的外交政策后，提高声音说："16万万亚非人民期待着我们的会议成功。全世界愿意和平的国家和人民期待着我们的会议能与扩大和平区域和建立集体和平有所贡献。让我们亚非国家团结起来，为亚非会议的成功努力吧！"① 全场爆发起经久不息的雷鸣般的掌声。在1972年美国总统尼克松访华时，为中美联合公报的产生，周恩来与美国国家安全事务助理基辛格进行了针锋相对、唇枪舌剑的较量。在原则问题上，他毫厘不让；在枝节问题上，他主动协商。从北京谈到上海，最终在尼克松上飞机回国的前一刻达成共识。基辛格后来回忆周恩来时，还特别提到：他是我所遇到的最善于谈判的人。

二、对个人的作用

当今有句十分流行的口号："缺什么都不要缺口才。"对一个人来说，这确是至理名言。21世纪的"四个一工程"也这样说："一支写作笔，一副好口才，一身棒英语，一双键盘手。"实用口才是靠具体的人来体现的，会不会体现，体现的效果如何，对个人来说，也是至关重要的。俗话说："一言既出，驷马难追。"它所产生的作用，只能由社会来检验。大体上说，可以分为这样几个方面：

（一）思想交流的工具

一个人的思想装在自己的脑子里，究竟怎么样，别人无从知道；一个人要禁锢自己的思想，也不可能。人的思想需要表达，需要与别人交流。这样，别人才知道你，你才知道别人。交流的方式当然可以是文字、表情、手势、动作等，但更多的、更普遍的、作用更大的，则是口语。无怪民谚会认为："与君一席话，胜读十年书。"管子说："心司虑，虑必顺言，言得谓之知。"他指出，心主管思想，思想由言语来表达，表达出来别人就知道了，这就是思想交流了。生活在社会中的人，思想是千差万别、错综复杂的，对人、对事、对问题的认识，不可能都完美、正确。通过口语这一工具，便可以与别人切磋、沟通、交换意见，在不断的修正中，获得正确的认识。这样，自己的思想就会进步，境界就会提高。另外，通过口语的工具作用，个人的喜、怒、哀、乐，也

---

① 转引自潘强恩：《善辩奇辩诡辩》。

可以得到排解、宣泄，既可净化自己的心灵，又可增进与他人的友谊，消除人际隔阂。

我国春秋战国时期的百家争鸣，各种流派、各种思想主要是靠口语来表达的。在这些表达中，人们才知道了儒家、道家、法家、墨家各家，就是在他们的互相探讨、辩论中，我们才认识了各种学派的精髓。

齐国的淳于髡是个很有本事的人，邹忌当了相国，他很不服气，想来想去，便主动上门找邹忌交流思想：

淳于髡说："我有个志向，愿在相国面前披露，不知可否？"

邹忌说："只管讲来，我洗耳恭听。"

淳于髡说："儿离不开娘，妻离不开夫。"

邹忌说："你的意思我明白了，我不敢离开君王一步。"

淳于髡说："削棘木为车轴，再涂上一层猪油，特别滑溜而且坚固耐用。如果把它安在方眼里，那么就会运转不灵。"

邹忌说："承蒙您的教诲，我不敢不顺着人情去做事。"

淳于髡说："弓干虽用胶粘住，有时也会脱节；众多的河流奔向海洋，最终要汇在一起。"

邹忌说："是的，我不敢不亲附万民。"

淳于髡说："狐狸皮袄虽破，不能用黄狗皮去补漏洞。"

邹忌说："您说得很对，在择用贤才的时候，不能让那些不怎么样的人混在其间。"

淳于髡说："车的辐条和车葫芦头如果分寸不合，就不能成为一辆车；琴瑟的弦如果不分粗细缓急，就不能奏出悦耳的音律。"

邹忌说："我恭敬承命，今后一定要修明法令来监督那些贪官污吏，使他们不得危害百姓。"

淳于髡再也无话可说，再三拜谢而退。出来后即对人说："我暗示相国五条微言大义，他都逐条应答如流，确是高才，我望尘莫及啊！"这次思想交流，除可看出他们彼此的口才外，对他们双方来说，都是很有意义的。对淳于髡来说，通过交流，他从不服到服，到恭敬；对邹忌来说，通过交流，他知道了群众的意见，虚心采纳以施政，使齐国富强。

历朝历代留给我们那些耳熟能详的劝谏、讽喻之词，有些虽还谈不上平等的思想交流，但对听者来说，能引起其思想的波动，交流也可以说已经实现了。如"邹忌讽齐王纳谏"、"召公谏厉王弭谤"、"魏征死谏唐太宗"、"钱唐死谏朱元璋"等等。

列宁是一个善于接触群众、经常与群众进行思想交流的人。苏联历史学家、党的活动家普·凯尔任采夫的《列宁传》记载了这么一段：1921年，列宁来到高尔基城的一个小乡村，"列宁走进了草房……然后他开始和农民谈话。他们先是像朋友间那样风趣地谈日常琐事。当他们已经这样打趣了半小时左右时，当他们把那些话题诸如粮食巡逻队、跑单帮的和投机商人谈完了的时候——他们在列宁面前拿这些事情说笑，列宁听了他们叙述的这些欺骗行为也笑。这一切，作为题材，对他都是有用的——这时，伊里奇就站起来开始清楚地用通俗的语言把新经济政策告诉给农民。农民用心听，他们之所以倾听，是因为他们看到这个人确是为他们开辟了一个新的未来、一个幸福的生活"。列宁在同农民的思想交流中，一方面了解了农民的要求、希望；另一方面，把新经济政策传递给了农民，调动起农民的革命积极性。

（二）信息获取的媒介

任何人都需要获取信息。获取的媒介当然有多种，但最简捷、方便、迅速的，还是口语的传递。从效果上说，口语传递往往比其他形式要好。因为它有一种现场交流感，更能引起人的注意与重视。这种口语传递，无论是哪种形式——演讲、报告、谈话、答问、论辩、谈判、推销、劝募，都无不蕴涵着信息。其发布者借助口语的媒介将它传送到接受者的耳朵里，接受者便可从中了解情况、认识事物、获得知识、确定态度，并且，这种信息的传递，无论是有意的还是无意的，你都可能获取。比如你径直走在街头，兜售商品的小贩在那里高声吆喝，你无意去听它，可它仍要传入你的耳际，也许你就在这无意中认识了某种事物，获得了某种知识。有意的信息获取，借口语为媒介的，像听报告、听演讲、听讲座、听课等，它则要求信息的接受者主动地聆听，以获得自己所希望获得的信息。

1936年6月，美国记者埃德加·斯诺脑子里装着诸如南京与延安究竟谁是谁非、国共两党的基本争论究竟是什么、中国共产党人究竟是什么样的人、中国共产主义运动的军事和政治前景如何等"一些未获解答的问题"，冒着生命危险来到陕甘宁边区。通过与周恩来、贺龙、彭德怀、朱德，特别是毛泽东的多次交谈，他获取他所希望得到的信息，他的疑问全部得以解答，并写成文章向全世界报道。后来他将这些文章写成《红星照耀中国》一书。比如他最为关心的一个问题——中国共产党人今天的基本政策是什么？对于这个问题，他已经同中共其他领导人作了多次谈话，但他希望得到毛泽东本人的明确回答。在毛泽东居住的窑洞里，他获取了这样的信息："今天中国人民的根本问题是抵抗日本帝国主义。我们苏维埃政策决定于这一斗争。日本军阀希望征服全中国，使中国人民成为他们殖民地的奴隶。反抗日本侵略的斗争，反抗日本经济和军事征服的斗争——这就是在分析苏维埃政策时必须记住的主要任务。"① 于是他释然了。

1998年4月3日，朱镕基总理在出席伦敦召开的第二届亚欧会议期间，与英国首相布莱尔会晤了90分钟。据法国《论坛报》报道："唐宁街10号首相府的发言人说，托尼·布莱尔聚精会神地听朱先生向他详细说明了他的雄心勃勃的改革计划，首相听得都入神了。"日本《东京新闻》对此则报道说："应布莱尔首相的要求，朱镕基总理热诚地介绍了中国改革的情况，而且还不时掺杂着英语进行说明。会晤结束后，布莱尔感慨地说：'非常佩服朱总理的实践经验。'"这说明，布莱尔希望在与朱镕基的会晤中，获取他所希望获取的信息，他得到了满意的结果。

（三）自我保护的武器

人在社会生活中难免会受到来自社会方方面面对自己身心、权益的伤害、指责等。对此，如果不甘受辱、受屈，你总要伸张正义，讨个说法，以保护自己。而在很多情况下，你是无法以其他形式来达到自我保护的目的的，最靠得住的是自己的嘴。只要能够说话，就一定要说，抓住时间、寻找机会以口才辩诬、申述、宣传，进行自我保护。

司马光在他的《资治通鉴》中记录了这么一件事："上尝谓敬德曰：'人或言卿反，何也？'对曰：'臣反是实，臣从陛下，征发四方，身经百战。今之存者，皆锋镝之余也。天下已定，乃更疑问反乎？'因解衣投地，出其瘢痍，上为之流涕，曰：'卿复服，朕不疑卿，故语卿，何更恨邪？"在封建王朝，往往是"飞鸟尽，良弓藏；狡兔死，走狗烹"。君王猜疑、不信任功臣之事时有发生。唐太宗猜疑尉迟敬德，好在他还能直接去问，这就使尉迟有了自辩的可能。尉迟的自辩是很高明的——抽象肯定，具体否定。你皇帝说我反，我就先承认我反，然后举证说，自己忠心耿耿追随皇上南征北战，好不容易在敌人刀锋箭镞下活了下来，现天下平定了反倒会谋反吗？并脱掉衣服，让皇上看累累伤痕。这才打消了皇上的猜疑。

柳宗元的《童区寄传》也为我们讲述了一个孩子以口才自保的生动故事：11岁的放牛孩子区寄被两个人贩子劫持，他趁其中一个外出联系买主，而另一个醉卧之时将其杀死逃出。外出的一个正好回来，见状，要杀他。他说："做两个主人的奴仆，哪有做一个的好？他待我不好，我才杀了他；你如好好待我，我就听你的。"这个人贩子一想，觉得有道理，卖了孩子可以独得赃

31

① 埃德加·斯诺：《西行漫记》，三联书店1979年版，第75页。

款，便将孩子捆好带到集市。半夜，区寄靠着炉火烧断绳子，并将熟睡的人贩子杀死，然后大叫。惊动了整个集市后，区寄大声说："我是区家的孩子，不要抓我做奴仆。两个人贩子绑架了我，我把他们都杀了，请把这事向官府报告。"官吏得知后，表扬了他，将他送回了家乡。区寄的口才表现了他的不畏强暴、机智勇敢，也有效地保护了自己。

1933 年 2 月 27 日，希特勒党徒焚烧当时的德国国会大厦，却嫁祸于共产党人。在对共产党人的大肆逮捕中，当时恰在德国的保加利亚共产党总书记季米特洛夫也被逮捕。在莱比锡的审判法庭上，季米特洛夫义正词严地反驳敌人的陷害，寸步不让地为自己辩护，无情地揭露敌人的阴谋，弄得敌人狼狈不堪，丑态百出。由于他成功的自我辩护，法庭不得不宣布无罪释放。

1953 年 7 月，古巴革命领袖卡斯特罗率队攻打蒙卡达兵营失败被捕，10 月 16 日他在审判他的法庭上作了题为"历史将宣判我无罪"的长篇辩护，观点鲜明、内容翔实，使审判者无言以对。结果卡斯特罗反从被告变成了原告。他结尾的那句"历史将宣判我无罪"，数十年来一直成为人们交口称颂并效仿的自我辩护的名句。

有时，口才在表面上虽未能最终保护自己，但它却使人们明白了忠奸、是非，这在客观上起到了自我保护的作用。古今中外那些仁人志士，为了国家、民族，为了真理、正义而献身者，就是如此。岳飞遭秦桧陷害，万俟卨审讯他："国家有何亏负于你，你们父子却要伙同张宪共同造反？"岳飞怒发冲冠，朗声大叫："对天盟誓：我绝对无负于国家。你们既是主持国法的人，切不应当陷害忠良。你们如果要把我诬枉致死，我到冥府也要与你们对质不休！"万俟卨厉声喝道："无心造反？你游天竺寺时在壁上留题'寒门何载富贵'，这是什么意思？"岳飞长叹一声，也高声喊道："吾现时才知道已落入国贼秦桧之手，使我为国忠心一切都休，一切都成了犯罪！"① 说罢闭上眼睛，任狱卒严刑拷打不再开口，直至被杀害。岳飞虽未能以口才自保，却青史留名，万代永芳！

1928 年 3 月，在广州红花岗畔的刑场上，周文雍、陈铁军这两个年轻革命者面对敌人的枪口从容不迫地举行了结婚典礼。妻子陈铁军紧紧依偎着丈夫周文雍，满怀激情，高声向群众说："亲爱的同胞们！姐妹们！我们的血就要洒在这里了。为了革命，为了民众的解放，为了共产主义的伟大事业而牺牲，同胞们啊，我们一点也不觉得遗憾！……让反动派的枪声，来作为我们结婚的

---

① 《岳侯传》，见《三朝北盟会编》（卷二〇七）。

礼炮吧!"① 他们虽然牺牲了,却把那扑不灭的火种留给了后人。

（四）被人了解的纽带

人的口语表达能力,是一个人思维本领、认识水平、知识底蕴等的综合表现。在很多情况下,社会、组织对一个人的认识、了解,以及人与人之间的认识、了解,都是通过人的口语表达来实现的。孔子曾说:"始吾于人也,听其言而信其行;今吾于人也,听其言而观其行。"(《论语·公冶长》)他看人,首先还是要"听其言"。一个人思想怎样、水平如何,听他说话、同他谈话,就可得知。当然,检验、衡量一个人思想、才能、学识的渠道是多种多样的,但那需要时间、条件。在组织、个人需要尽快认识、了解他希望认识、了解的人时,听其说话、同其谈话,则是最直接、有效的手段。所谓"一见如故"、"相见恨晚",也是在"谈"了之后才有的感受。当今社会唯才是举,各类学校的毕业生、下岗分流人员、外出打工者、工作调动者要求职,要为人所用,一般均要进行面试。面试的主要形式就是听其谈话或同其谈话,以从中获得对求职、求用者的认识、了解。因此,实用口才事实上成为用人者与求职、求用者之间形成关系与否的纽带。

子路、颜渊都是孔子最得意的门生,孔子要了解他的学生,就是要他们自说:"何不各人说说自己的志向?"子路便说:"我愿意把车马、衣服、皮裘和朋友共同穿用,直到破烂,我没有丝毫怨恨。"颜渊则说:"我愿意不夸张自己的好处,也不表白自己的功劳。"而子路、颜渊要认识老师,也是如此:"希望听到您的志向。"孔子说道:"老者安之,朋友信之,少者怀之。"② 有一次,子路、曾皙、冉有、公西华陪着孔子坐,孔子说:"平常你们总说'不了解我呀!'假若有人要了解你们,那你们怎么办呢?"四位学生争先恐后地打开话匣子,滔滔不绝地讲起来。待子路、冉有、公西华走后,曾皙特地留下来问老师:"他们三位的话怎么样?"孔子说:"也不过是各人说说自己的志向罢了。"曾皙又问:"那您为什么对子路微笑呢?"孔子说:"为国以礼,其言不让,是故哂之。"③ 在孔子看来,治理国家要讲点礼让,可子路的话一点也不谦逊,所以要笑笑他。孔子对四位学生的了解,就是从他们各自的谈话中得知的,因此,他对每一位学生都作出了评价。如他针对公西华所说"自己本领有限,只能做一个小司仪者"而评价说:"公西华如果只能做个小司仪者,

33

---

① 齐怀:《刑场上的婚礼》,见《全日制十年制学校高中语文课本》(第一册)。
② 《论语·公冶长》。
③ 《论语·先进》。

谁能够做大司仪者呢?"

奇才韩信不为楚王项羽所用,千里迢迢入蜀投奔汉王刘邦;因未得与刘邦言,也不得重用,只做了个管理粮食的小官。他又逃跑,被丞相萧何追回,力荐给刘邦,刘邦无奈,只好召见他:"丞相数言将军,将军何以教寡人计策?"韩信终于有了一吐胸中经纶的机会。他向刘邦分析了楚汉之间的形势优劣,指出刘邦虽弱,但具备战胜项羽的条件,言之凿凿,头头是道。"于是汉王大喜,自以为得信晚。"① 遂拜为大将,言听计从,终于成就了汉朝大业。

一代绘画宗师徐悲鸿,1916 年 21 岁时报考震旦大学,校长召见新生,他的谈吐给校长留下了深刻印象,特加勉励,后给予诸多帮助。1920 年他留学法国,在一次茶话会上被介绍给法国当代最大的画家达仰·布佛莱。久慕达仰大名的徐悲鸿当即说道:"先生!我很盼望能得到您的教诲。"一句话便让达仰感到这个中国青年的诚恳朴实,立即将自己画室的地址给了徐悲鸿,嘱咐他每个星期天的早晨到自己的画室来。在第一个星期天,徐悲鸿去见达仰,同达仰谈起了自己的追求和信心,达仰非常喜欢他所说的一切,竟忘记自己已届 68 岁的高龄而开心地同徐悲鸿谈起 50 余年来的往事。由于达仰的教导,徐悲鸿的学识、画技得到了很大提高。

徐悲鸿不仅自己以口才获得了别人对他的认识,而且也善于从别人的口才中认识别人。1931 年,名满天下的大师徐悲鸿到南昌,闻讯找他、求教于他的人络绎不绝。当时,处于困境的画家傅抱石失业在家,得知后也赶去旅店拜见徐悲鸿。宾客满座的徐悲鸿同他简单交谈一两句后即约他晚上再来。当晚,徐悲鸿同他促膝交谈,像对待一位老朋友一样。在交谈中,傅抱石横溢的才华使徐悲鸿惊叹不已。之后,徐悲鸿找到对自己慕名已久的江西省主席熊式辉,竭力向他推荐傅抱石,希望他送傅抱石这样难得的人才去日本留学深造。傅抱石后来成为画坛大师是与徐悲鸿的识才推荐分不开的。

---

① 司马迁:《史记·淮阴侯列传》。

第二章　实用口才表达的原则和方式

　　表达是一种表现手段。实用口才只有经过表达才能实现，这对发送者和接受者来说都是如此。发送者有什么想法，有什么目的，如果不明确表达出来，那么想法只是空想，目的就会落空。接受者要知道对方的意图，要作出什么反应，也只有在对方明确表达出来之后才能确定，并且自己的反应也要明确表达出来，才能与发送者形成沟通、交流。但是，作为口才，表达也不是随心所欲地去表现，好的表达应当通过恰当的方式、遵循一定的原则才能得以正确地、充分地表现，才能与对方沟通、交流，实现交际的目的。

第一节　表达的原则（上）

一、立足交往

表达，不仅讲究智商，而且讲究情商。情商，就是要会交往。

有人认为：嘴巴长在我身上，我要怎么说就怎么说。这从单纯的个人角度上说，当然没错。但实用口才不是单纯的个人行为，它的起点是实用。无论单向的表达，还是双向的表达，它都要与人打交道。因此，它要求发送者首先要立足于人际交往这个大前提。与人际交往无关的表达，不要发送，否则，便是废话。同样，与人际交往有害的表达，也不要发送，否则，便是瞎话。废话和瞎话，都不是实用口才。

立足交往，有如下几个方面：

（一）客观

客观，就是按照事物或问题的本来面目去认识、去反映，而不是从发送者自己的立场出发去表达。通俗地说，客观就是实事求是地发表意见。

发送者由于自身的种种原因，对某一事物必然会有自己的认识和看法。这种认识和看法，很可能与他人有别，甚至完全相反。从人的思想意识角度说，这当然是正常的，也是允许的，但从实用口才的角度说，这就不符合要求。实用口才运用的目的，是获得人际交往的效果，客观则是获得交际效果的前提。没有这个前提，就失去了交际的意义。而且，交往在事实上也无法进行，因为发送者的言辞不是客观的，接受者就会产生戒备、抵御，要么虚与委蛇，敷衍应付；要么夺词辩论，据理力争；要么缄口不言，退而避之。发送者希望以言辞与接受者沟通、交流的目的，也就落空了。

按照客观的原则要求，发送者不管自己对某一事物、某一问题有何种认识和看法，最起码不能违反事物、问题的本来面目。是白，不能说成是黑；是进步，不能称之为反动。硬要颠倒黑白，混淆是非，那不是实用口才。现实生活中，不实事求是，昧着良心说话的人是有的，但那只是他为了自己的私利，信口说说而已，在本质上无法与接受者沟通、交流，不能实现交际的目的。

邓小平是一个非常讲究客观的人。他在建国后曾经被打倒过两次，"文革"中惨遭迫害，被斥为全国"第二号走资派"，全国批判。他复出后，接受意大利记者奥琳埃娜·法拉奇的采访。当问到如何评价毛主席时，他说："我们要对毛主席一生的功过作客观的评价。我们将肯定毛主席的功绩是第一位的，他的错误是第二位的。"① 当问到周恩来时，他肯定了周恩来在人民心目中的地位，同时指出："也说了好多违心的话，做了好多违心的事。但人民原谅他。"② 功过分清，客观公正。当问到长期以来一直被中国人视为洪水猛兽的资本主义是否都是坏的时，他肯定了资本主义要比封建主义优越，指出有些东西，如科学、技术、管理是值得学习的。当问到一直在中国羞于启齿的个人利益是否承认时，他肯定地回答："承认。"

对发送者来说，客观的原则不仅适用于对事物、问题的认识和看法，也适用于对自己的评价。在实际交往中，常常会有涉及发送者自己需要评价自己的情况。从社会现实说，这是比较困难的，评价高了，会给接受者以骄傲、狂妄、不谦虚、自吹自擂的感觉，影响交际效果。评价低了，不仅自己心理不平衡，而且还会让接受者看轻自己，也会影响交际效果。最好的办法只有客观，不高也不低，自己是一个什么状况，就是什么状况，说出来，让接受者去鉴定。

邓小平也面对过评价自己的问题。法拉奇就问过他："你对自己怎么评价？"他说："我自己能够对半开就不错了。但有一点可以讲，我一生问心无愧。你一定要记下我的话，我是犯了不少错误的，包括毛泽东同志犯的有些错误，我也有份，只是可以说，也是好心犯的错误。"③ 邓小平虽然从未担任过中共中央主席，但他在同中央几位负责同志谈话时指出："任何一个领导集体都要有一个核心，没有核心的领导是靠不住的。第一代领导集体的核心是毛主席。……第二代实际上我是核心。"④ 他的表达就是客观的体现。可见客观的原则，于人、于己都是需要的。

（二）真实

真实，就是不隐瞒、不臆造，怎么想就怎么说。真实与客观是密切联系的，都以事实为基础，但它们又有区别。客观，是指事物本来是什么，你就反映什么，着眼点是事物，发送者是被动的反映者。真实的着眼点是发送者自己的思想意识，发送者本身就是主动的表达者。他所表达的，是他内心所想的，即"言为心声"，而不是心口不一或口是心非。简单地说，真实也就是说真话，表真情，达真意。

在人际交往中，真实是赢得人心的法宝，是交际获得成功的保证。爱因斯

---

① 《邓小平文选》，人民出版社 1983 年版，第 306 页。

② 《邓小平文选》，人民出版社 1983 年版，第 307 页。

③ 《邓小平文选》，人民出版社 1983 年版，第 312 页。

④ 《邓小平文选》（第三卷），人民出版社 1993 年版，第 310 页。

坦历来拒绝别人采访他或为他画像。一次，一位画家请求为他画像，他一口拒绝："不、不、不，我没有时间！"画家说："但是我需要靠这幅画所得的钱啊！"爱因斯坦被他的真情打动，"噢，那就是另一回事了。我可以坐下来让你画"。

　　一个不说真话的人，在事实上是不能与人沟通、交流的。即使在一时间可能获得某种交际效果，但最终还是要付出代价的。这正如林肯所说："你能在所有的时候欺瞒某些人，也能在某些时候欺瞒所有的人，但你不能在所有时候欺瞒所有的人。"①中国的孩子们都熟知的《狼来了》的故事，也是一个很好的说明。在世界历史上，决定不可一世的拿破仑帝国崩溃命运的，是1812年拿破仑在侵俄战争中的惨败。而指挥在数量上远不如拿破仑军的俄国军队，一举击溃拿破仑大军的，就是在俄国以真实、真情赢得人心的库图佐夫。卡捷琳娜公主曾问他，究竟靠什么魅力团聚着社交界如云的朋友，他回答说："真实、真情和真诚。"

　　然而，在现实生活中，说真话，讲真实又不是任何人在任何情况下都能办到的，特别是交际环境不正常时，更是如此。"文革"中，说真话，表真情，达真意者往往祸从口出，轻者遭批判斗争，重者下狱送命，以致造成普遍违心说假话的社会现象。林彪甚至荒唐地总结说："不说假话办不成大事。"但惯说假话的林彪最终落得了可耻下场。

　　应当指出的是，在交际环境不正常时，也有敢冒风险而讲真实的。浙江电视台拍摄的8集电视连续剧《马寅初》中有一首主题歌叫做《真话歌》："上有天，下有地，太阳东，月亮西。真人说真话，良心不可欺。"这是讲真实的马寅初先生的写照。他在建国前就因说真话而遭国民党特务威吓、追捕。建国后，1957年又在人民代表大会上公开提出"新人口论"，主张计划生育而被严厉批判，撤职罢官。在批判会上，他不仅拒不检讨，而且还据理力争，坚持"真人说真话，良心不可欺"。

　　真实有时需要历史的检验。有的话，可能在当时不被认为是真实的，但经过一定时期历史风云的震荡，其真实性就会被社会所认识。

　　口语表达必须坚持真实的原则，但并不等于说，任何时候，任何人所说的话都必须是真实的。有时完全真实，反倒会影响人际交往。比如对于一个正在憧憬未来美好生活且又感情脆弱的人，医生突然诊断出他患了不治之症，将不久于人世，亲朋获知这一信息，就不应当对他说真话，而要隐瞒真情，甚至编造出一些美言丽辞来安慰他。表面看来，这确实违背真实的原则，但从实际交

---

① 《林肯传》，第98页。

往需要来说，这又是合情合理的、必需的。因为言辞表达的最终目的是实现与接受者的沟通、交流。处于这种情况下，真实的言辞不但不能实现沟通、交流，而且还可能造成接受者的精神崩溃，于是只有不说真话才是上策。

有时，发送者受某种环境的制约，在进行言辞表达时，也可能在"真实"上打一些折扣。应当说，这是一种说话的策略，与我们所强调的真实性原则是有区别的。

（三）诚信

诚信，就是诚挚、信用。它要求发送者所表达的言辞是诚恳、真挚而又有信用的。

诚信自古以来是人们言语交往的准则。《周易·中孚·象辞》就有"信及豚鱼"的记载，哪怕是对猪、对鱼那样微贱的动物都要讲诚信。庄子也说过："至信辟金。"① 他认为，最大的诚信是不需要用金玉来作为信物的。孔子也主张"轻千乘之国，而重一言之信"②。关于诚信的成语，随手便可举出一长串，如心虔志诚、诚心诚意、开诚布公等，还有俗谚中的"一言既出，驷马难追"、"以诚语人，人亦诚应"。这些确是人际交往中的至理名言。发送者如果能够以诚信对待接受者，就会联络感情，赢得信赖，加强沟通，直至化解矛盾。而花口巧舌、哗众取宠、夸夸其谈、浮泛聒噪、口惠而实不至，只会令人反感，失去信任，使其沟通交流的愿望落空。

长期担任周恩来总理英语翻译的冀朝铸认为，周总理说话历来都是最诚信的。冀回忆说：他自1957年结婚后，历7年都没有孩子。周总理一方面请专家给他全面检查；一方面安慰他说："小冀啊！你没有孩子，我也没有孩子，咱们一起干革命！"冀朝铸感动得热泪盈眶。在冀朝铸为周总理担任17年翻译后的一天，周总理不无诚信地对他说："小冀，不能一辈子当翻译啊！40岁的年纪是转行的时候了！"并要他去外语学院物色接班的人才。在1973年，冀朝铸担任了中国驻美国联络处的对内参赞。临赴任前，周总理在请韩叙、冀朝铸共进午餐时说："你们也有白头发了……"③ 周总理的话尽管都不多，却强烈地让人感受到他的诚信。

（四）尊重

尊重指的就是发送者所表达的言辞要能尊敬、重视接受者以及与接受者有

---

① 《庄子·庚桑楚》。
② 《孔子家语·好生》。
③ 以上均见《冀朝铸外交生涯中的周恩来》，载《翠苑·大纪实》。

关的人，不能侮辱、歧视、损害接受者及与之有关的人。

实用口才是一种双向沟通、交流。即使接受者只是被动地听发送者表达，如听演讲、听讲课、听报告、被批判、被审讯，他虽不能当场以口应付，但感情、心理是会产生反应的。你不尊重他（即便是罪犯，也有人格的尊严），他就不可能与你形成沟通、交流，你所希望获得的交际效果，也就不能实现，你的发送就成了无效发送。更何况，在很多场合，发送者都是需要接受者的合作才能实现目的的，如提问、审讯、对话、谈判、咨询等等。你不尊重他，他怎么会与你合作呢？

《礼记·表记》中说"君子不失于人"，就是要求人们在说话的时候给别人以尊重。即使与人绝交，还要求"不出恶声"。是以，汉代徐干专著《贵言》提出："君子必贵其言，贵其言则尊其身，尊其身则重其道，重其道所以立其教。"晋之葛洪也说："伤人之语，有剑戟之痛。"[1] 事物都是相辅相成的，尊重别人，也就是尊重自己。俗话说，你敬我一尺，我敬你一丈，就是此理。你不尊重别人，别人也不会尊重你，结果下来，对彼此都不好。正如明朝的冯梦龙所言"侮人还自侮，说人还自说"[2]。

尊重原则的把握不仅是言辞表达的要求，而且体现着发送者的品格修养。九十高龄的文艺界老前辈夏衍临终前感到十分难受，身边的秘书说："我去叫大夫。"正待秘书开门欲出时，夏衍艰难地说："不是叫，是请。"随后便昏迷过去，再也没有醒来。[3] 想不到这一句简短的尊重言辞，成了他的临终遗言。他之所以在这个时候还注意尊重的原则，要纠正秘书的失误，这是他一贯养成的作风。他历来说话都是如此。这充分体现了他的高风亮节，也使人们更加敬重这位老前辈。

在人际交往中，尊重的言辞有如和煦的春风，撩拨得人心暖，发送者也往往因此获得回报。

尊重可以有很多表现形式，比如：尊称——阁下、足下、师傅、先生、女士、夫人、小姐、老人家、某老、某总；敬语——请、敬请、劳驾、打扰、添麻烦、贵姓、您好、对不起、谢谢、奉还、承蒙关照、令尊、府上、指正、大作；谦辞——寒舍、拙作、陋见、粗浅、敝处、小铺、学弟、后学、拜望、请教。还有祝贺、吊唁、慰问、恳托等方面都多有表现。

此外，回避也是一种尊重。接受者不愿听或忌讳的言辞，要力求避免

---

① 《抱朴子·疾谬》。

② 《警世通言·李谪仙醉草吓蛮书》。

③ 《党建文汇》1997年第8期。

涉及。

尊重的原则，在下级对上级、学生对老师、孩子对父母这些方面，是容易做得到的。但倒过来，就不那么容易了。因为他们彼此间分明存在着一种身份地位的不平等，稍不注意，就会表现出不尊重的色彩。

二、区分对象

任何发送者的表达，都希望对接受者产生作用，但在社会交往中，并非任何表达，都能对所有接受者产生作用。

由于接受者在民族、地域、性别、年龄、职业、文化、修养、阅历、性格等方面存在着差别，因而对发送者的言辞表达就会产生不同的认识和理解。同一句话，你可能听得懂，他就可能听不懂；同一个意思，你可能领会为好，他就可能领会为坏。在这里，检验发送者表达效果的，是他的接受对象。因此，对发送者来说，要想使自己的言辞表达收到效果，就必须区分接受对象，根据不同的接受者和接受者的不同情况而施以不同的表达。成语"因人而异"，俗谚"看什么人说什么话"，指的就是这个道理。

春秋时郑国刑名学者邓析还专门写了一篇谈辩说形式的《转辞》，主张"依类辩故"。他明确指出："夫言之术，与智者言，依于博；与博者言，依于辩；与辩者言，依于要；与贵者言，依于势；与富者言，依于豪；与贫者言，依于利；与勇者言，依于敢；与愚者言，依于说。"他的意思就是：在辩、说的时候，要区分不同对象和对象的不同情况而采用不同的表达形式。他还告诫发送者，"非所宜言勿言……以避其厄"。可见区分对象对表达的重要。

著名作家丁玲有一部反映我国建国前解放区土改斗争的长篇小说《太阳照在桑干河上》，其中有一个土改工作组组长文采。此人嗓音清亮，谈笑风生，做过大学教授，学问很是渊博，应当说是一个演讲的好手。他到暖水屯后，决定对村民作一次演讲，以发动他们积极投入土改斗争中。盼望已久的农民们都想好好听听工作组组长对大家都不熟悉的土改，究竟是个什么说法，很早就挤满了小学堂。见听众热情，文采兴致也很高，便拉开嗓门讲了起来，从古到今，从国内到国外，口若悬河，滔滔不绝。自掌灯开始，迄雄鸡三唱，还意犹未尽。下面的听众呢？大多梦了周公；要不是大门口有民兵持枪守候，恐怕早已逃得一干二净。有干部悄悄提醒文采：天快亮了，群众还得下地干活。他这才带着遗憾，宣布散会。嘴里还不断沾沾自喜说："详尽，透辟！"这一整夜，工作组组长到底讲了些啥？谁也说不出来。有人总算还记得一句："猴子会变人！"自然，发动群众的愿望完全落空了。

看似演讲高手的文采，为啥演讲会失败？原因就在于他不区分对象而盲目表达。他的演讲，如果是在大学里针对学生，可能倒不失"所宜"。但当时，他的对象是渴望翻身的农民。对这些农民来说，他们最关心的是党的土改方针、政策；最急于知道的是本村土改的方法；最记挂的是粮食的分配、负担的摊派；最不放心的是还没有向地主算账。然而，这些都被文采忽略而未予以表达，其失败理所当然。

虽然文采只是一个塑造的人物，但在现实生活中，这种不紧扣接受对象，不区分对象的不同情况而盲目表达的现象并不鲜见。特别是一些领导在群众性场合的应景讲话，在哪里都是空话、套话，不仅达不到效果，而且往往引起听众的反感。这种表达，也不是我们所说的实用口才。

1863年11月19日，林肯在美国葛底斯堡国家公墓落成典礼上的演说，之所以被誉为"演说无价之宝"，就在于这一演说是紧扣听众而发的。

区分接受对象可以从许多方面着手，主要有地域、性别、身份、教养等。

（一）地域

地域指的是接受对象所处的地理位置，包括国别、省别、族别等。不同的地域会有不同的地域文化，彼此在认识、观念、习惯、风俗上都有区别，对发送者言辞的接受，就会有所不同。发送者在进行言辞表达时，应当认清接受对象的地域性，才会产生交际的效果。

《尹文子·大道》讲了这么一件事：郑国人把未经加工处理的玉叫做"璞"，东周人把还没有腌制成干的老鼠叫做"璞"。郑国的一个商人在东周做买卖，一个东周人问他："你要不要买璞？"郑国商人说："我正想买。"于是东周人从怀里掏出一只老鼠递上。郑国商人赶快辞谢不要。东周人在作言辞表达时，没有认清其接受对象是郑国人，所以买卖不能成功。

地域不同而对言辞接受有不同的要求，在世界上的表现大体有：

欧洲人不喜欢听涉及自己的政治倾向、宗教信仰、年龄状况（女性更重）、家庭私事、行动去向等问题的话；忌讳数字"13"和"星期五"；朝鲜、韩国、日本人忌讳别人说"4"；阿拉伯人喜欢听"星期五"；泰国人喜欢听"9"；新加坡人不爱听"7"，反感别人对自己说"恭喜发财"，忌讳谈论关于猪的话题；菲律宾人不愿谈论政治、宗教及腐化问题；俄罗斯人喜欢听尊称、敬语、谦辞，倾心于"女士优先"的话题；赞比亚人爱听尊称，最好加上职务和头衔；扎伊尔人喜欢听随和、爽快、恭维的话；突尼斯人喜欢别人在各种场合同自己打招呼，而且问候得越长、越久、越具体越好。

在中国各地的表现大体有：

香港人爱听吉祥话，涉及福、禄、寿的都很喜欢，乐于别人随时随地对他说"恭喜发财"。喜欢"3"、"6"、"8"等数字。忌讳别人打听自己的家庭住址、工资收入、年龄状况。忌讳语也较多,如"炒饭"、"炒菜",有解雇、开除之嫌,听之不吉利;"猪舌"有蚀本之嫌,改叫"猪利";"丝瓜"有输光之嫌,改叫"胜瓜"。澳门人喜欢别人说话干脆,直截了当,不爱听转弯抹角、吞吞吐吐的话语。维吾尔族人谈话以长为先,亲友见面互道问好语。蒙古族人喜爱白色,爱谈与白色有关的话题,高兴别人以白来祝福;最厌恶黑色,忌讳别人谈论与黑有关的话题。彝族人忌讳背后议论别人的短处,特别是别人的生理缺陷。锡伯族人崇拜保佑家室、人丁的神灵"喜利妈妈"和保佑牲畜的神灵"海尔堪";忌讳直呼长辈的名字,忌讳在家说不吉利的话。赫哲族人崇拜火神,不准别人说不利于火的话,若需用水浇灭火时,要说:"请火神爷把脚挪一挪。"

因地域不同而产生的表达差别,甚至在同一个民族、同一个省区的不同位置,也有表现。比如都是汉族,居于大陆者与居于台湾者对同一个概念的表达与接受就不一样:接班人—传人,计划生育—家庭计划,大学新生—新鲜人,好莱坞—荷里活,撒切尔—柴契尔,新西兰—纽西兰,立体声—身历声,表演—作秀,渔民—讨海人……又如同是贵州人,对西红柿,贵阳人叫毛辣角,遵义人叫番茄,兴义人叫酸果,独山人叫毛秀才。发送者如果不区分这些地域上的差别,交际目的就难以实现。有些严重的差异,如不分清,甚至还会对发送者产生严重的后果。

(二) 性别

性别不同,对言辞的接受也有差别。俄罗斯有一句谚语说:"男人靠眼睛来爱,女人靠耳朵来爱。"这就指出性别对于接受是有影响的。无论是言辞涉及的内容,还是言辞发送的程度,都如此。

在现实生活的社交场合、会议间隙、公益活动中,人们在礼节性地互致问候之后,往往喜欢三个一群、五个一伙地聚在一起交谈。而这三个、五个的,又总是按性别组合的——男士与男士侃,女士与女士谈。我们注意到这样一种情况:男士的话题大而广,女士的话题小而狭。一般说来,男士爱谈的是时事、政治、法律、体育、文化、社会问题、经济动向等;而女士爱谈的则是服饰、孩子、丈夫、日常经济、消费心得、风流艳闻等等。这就为发送者提供了一种内容选择,努力使自己的言辞吻合接受者性别的需求。

在对发送者言辞接受的程度上,一般说来,男士较能承受率直、干脆、粗放、量重的话语,而女士则喜欢委婉、轻柔、细腻、量轻的话语。这就为发送者提供了一种表达方式与程度的选择。

在通常情况下，发送者如果是男士，而接受者又并非自己的妻子、恋人或关系很密切的姊妹，那么言辞就应当严格把握分寸，在内容上、方式上都要充分注意女性的接受特点。一些可以向男士说的话，就不一定能向女士说；一些可以向男士使用的表达方式，就不一定可以用之于女士。

对男性，说得随便一些、重一些、粗放一些，甚至偶尔带点骂词、脏语，也无多大关系；但对女性就不能这样，并且涉及性、爱的话题，要力求回避。尤其是男女之间的个别谈话，以及开玩笑、逗趣之时，就更要注意区别使用适宜的言辞。

（三）身份

身份包括接受对象在社会上的地位和职业。身份不同，对言辞的接受也不同。如前文所举例中文采对农民的演讲，他就是没有认清农民的身份而盲目表达。因此，发送者在言辞表达时，是应当区分接受者的身份的。

一般来说，对一个下岗职工，不宜宣讲什么敬业爱岗；对一个中小学生，不应该谈什么计划生育；对一个炼钢工人，更不要去介绍什么栽秧技术。一个学术会议，与会者都是专家、教授，如果你仅仅是一个刚入门的初学者，却在会上夸夸其谈，那就不恰当；一个领导办公会，与会者都是领导，如果你仅仅是一个工作人员，却在那里颐指气使，那就不应该。

1998 年 5 月 4 日，江泽民主席在庆祝北大建校 100 周年大会上的讲话，就非常注意接受对象的身份。听讲话的是北京大学以及其他高等院校的师生代表，而且主要是学生。他的讲话就紧扣青年学生的身份，谈与他们有关的事和他们关心的事。

区分身份而发言，这在日常生活中也是很重要的。比如一位年轻人路遇长者、前辈，他打招呼说："嗨，老兄，哪去？"这就未尊重接受者的身份。同样，一个小孩子过生日，作为其父母的同事、朋友被邀去做客，他致祝词说："衷心祝你健康长寿！"这就不适合接受者的身份。对你的直接上司，你直呼"老张"、"老王"或其姓名，就不适宜；对从事任何职业的人都一概称之为"师傅"，也属不当。

（四）教养

教养是指接受对象的一般文化和品德。其中包括文化程度、知识积累、生活阅历、涵养气度等。教养层次不同，对发送者言辞的接受程度也不同。有些话说出来，甲听得懂，理解得了；乙就可能听不懂，理解不了。发送者在进行言辞表达时，要认清自己的接受对象教养如何，盲目表达不仅达不到交际目

44

的，甚至弄巧成拙、贻笑大方。

在现实交往中，从我国现阶段国情看，对接受对象教养的认清，更多的还是文化程度不高、知识欠丰富者。发送者面对这样的接受对象，或一时尚不能确定其教养程度时，所表达的言辞，应力求通俗化、大众化；那种故作深沉、掉书袋的做法，是不可取的。

第二节 表达的原则（下）

一、区分场合

场合，指的是发送者赖以进行言辞表达的时间和地点。发送者的言辞表达，不是在任何时间、任何地点都可以随心所欲地进行的，必须加以选择。俗话说，"到什么山唱什么歌"，就是这个道理。同一句话，在这个时间、这个地点，可以说；但在那个时间、那个地点，就不一定可以说。不可以说而说了，就可能影响交际效果，甚至出乱子。

一般说来，在非正式、非公开场合，如家人、夫妻、密友之间的私人交谈，街坊邻里茶余饭后的品茗闲聊，三朋四友酒席宴上的横扯竖侃，师生同事邂逅相遇的问候致意，可以随便一些，轻松一些，措辞不必那么讲究，即或出点格也无妨。而在正式、公开场合，如作报告、演讲、谈判、辩论、会议发言、答记者问、主持节目、讲课，以及外事活动等情况下，就应严肃、认真，尽量选准语词，把握分寸，绝不可信口开河，胡言乱语。特别是有身份、有地位、有影响的人，在这种场合更要注意。

对言辞的选择，并无固定，全由发送者依据当时的情况而定。而要选择得恰当，首先要对场合作一下区分。

场合有不该说的场合与该说的场合之分。

（一）不该说的场合

一个人在与他人的交往中，言语交锋是少不了的。有一副好口才，能言善辩，应对如流，确实能够展示自己的风度、才干，获得交往的预期效果。

但是，在许多场合，好口才却并不能派上用场，甚至还会产生副作用，而于交往不利。这时，如果缄口不言——闭着嘴巴不说话，反倒更利于与人打交道，更能收到交往的预期效果。这就是不该说的场合。宋代词人黄升在他的《鹧鸪天》词中这样说："风流不在谈锋盛，袖手无言味正长。"这是不无道理的。

庄子曾经说过："大辩不言。""至人之用心若镜，不将不迎，应而不藏，故能胜物而不伤。"意思就是：最有口才的人，恰恰善于闭着嘴巴不说话。其心里像镜子一样明亮，虽然清晰地映照着事物，却任事物来去而不加以迎送。因此能够自若地应接事物而不劳心神，最终战胜事物自己却无任何损伤。

这就清楚地告诉我们：人际交往的效果，是不能仅以"言"与"不言"来衡量的。司马迁也说，"桃李不言，下自成蹊"。看来"不言"确实能够收到好效果。

"言"与"不言"，表面看来，是两个互为矛盾的概念，实质上，二者有一个共同的目的——为了获得理想的交往效果。但从人的接受心理来看，"不言"却能收到"言"所不能收到的特殊效果。

"不言"，不是不会言，而是会言而不言。它是为了某种需要而有意为之的行为。事实上，它是一种更好的表达。

人与人之间的交往，不管是哪一种"言"——聊天、座谈、辩论、询问、质疑、谈判、发言、讲课等，对言者来讲，都是以声音这一物质形式对听者施加刺激。这种刺激被听者感知以后，会迅速产生理解的反射，继而作出决断，促成自己应对的行为，即所谓"兵来将挡，水来土掩"。于是，俗话中就有了"锣鼓听声，听话听音"之说。

反过来，交往之中如果本该言者却偏偏不言，这就等于把自己的内心世界完全掩藏起来，让听者觉得你高深莫测，也就无从产生理解的反射。并且还会让听者在心理上造成一种无形的压力，引起一系列的猜测：对方是默认、赞许、同情、反对、胆怯、恐惧、轻视、尊重、怀疑、动摇、铁心、抗拒？由于对方的不言，自己什么都不得而知，于是引起自身的不安与惶恐，导致自信的丧失，情绪的低落，斗志的锐减。

是以，老子才有"大辩若讷"的看法。他认为，越是善言，就越要让人感到不善言，这才是高明之处。孔子向他请教，他也这样告诫之："良贾深藏若虚，君子盛德容貌若愚。"① 因此，孔夫子也有了"君子讷于言"的认识。

"不言"确是人际交往中言语运用的一件法宝。那么，在哪些情况下应当不言呢？

一是在对方提出无理要求而又迫不及待之时；二是面对无休止的纠缠之时；三是面对挑衅之时；四是面对狂躁、震怒之时；五是当下属或孩子有小过错，且又有所醒悟之时；六是当听众精力分散、窃窃私语之时；七是不速之客来访，久坐不去，而自己又无时间与之闲侃之时；八是对问题不便明确表态之时；九是向别人请教之时；十是听到有人指责、批评自己之时。

① 《史记·老子韩非列传》。

（二）该说的场合

该说的场合就是言语交际者在某个时间、地点、对象面前，可以说、应当说。

这种场合需要把握的是究竟应该怎样说。如果说得不好——深了、浅了、重了、轻了、庄了、谐了、喜了、忧了，都会影响交际效果。比如：结婚、过生日、乔迁、庆功、表彰、剪彩等场合，表达只能是愉悦、欢快、祝贺、颂扬性的；奔丧、吊唁、追悼等场合，表达只能是沉痛、悲哀、忧戚、肃穆性的；探病、问安、拜望等场合，表达只能是宽慰、祝愿、企望、渴仰性的；群众集会，表达只能是庄重、严肃性的；私人交谈，表达只能是轻松、随和性的。

对该说的场合的选择，有两种情况：

1．被动适应

被动适应有两层意思，一层是发送者原来所想象、认定的场合突然发生变化，那么原来所准备要表达的言辞就不能再表达，只好根据变化后的场合重新组织一套言辞予以表达。比如你事前约定去拜访某人，准备同他私下交换一些看法或表明自己的一些意见。可你到后，却发现已有他人捷足先登，且正与你所要拜访的某人谈得很投机。这种情况下，你只能改变初衷，被动适应眼下的场合。如果捷足先登者是你也认识的，不妨加入，一起谈些对哪一方来说都适宜的话语；如果不认识，且先登者又无立即告辞之意，你可随便找一两句无关紧要的话说说，然后主动告辞，另待时机。又如你原准备去参加一个群众大会，发表讲话，可去后只到了几个人，而话又不能不讲，原来准备的集体讲话也就不能再用，只好改为座谈形式，其分量、程度、语气，都应与集会讲话有所不同。

被动适应的另一层意思是：发送者本来就没有想说的意思，可现场情况逼得你不能不说，如果不说，盛情难却，不好下台；如果不说，自己或自己组织的权益、名誉就要遭受损害；如果不说，正义不能伸张，邪恶不能压制。又如你在某个地点突然听到有人正在肆无忌惮地造谣、诽谤你或你的亲人、你的组织，你就不能不予以反驳。这些，都表现为被动适应。

被动适应由于发送者事前并无思想准备，因此表达必须灵活机动，完全依据当时、当地的情况而决定所发言辞。

2．主动适应

主动适应就是发送者事前知道自己所表达言辞的场合是一个什么样的状况，在心里有了一些准备之后，在发送现场按照自己的思路作出表达。这种表达由于是有备而发，因此比被动适应容易掌握。而且在内容、方式、技巧上，较之被动适应也要胜过一筹。一般说来，它的交际效果也应比被动适应要好。

战国时，秦攻赵，赵求救于齐。齐提出要以执政的赵太后的小儿子长安君为人质，才能发兵，赵太后不肯。大臣们竭力劝说均无效。赵太后还发怒说，有再说要长安君去做人质的，她就吐他一脸口水。左师触龙完全知晓在这种场合下再劝说的后果，但他却偏要去劝说，而且居然劝说成功，这就是主动适应的结果。

主动适应要获得理想的效果，当然要讲究表达的技巧。触龙成功的秘诀就在于他不是以劝说者的姿态出现，不直接涉及以长安君为人质之事。他先从久未看望太后，心里十分记挂入手，然后谈到饮食起居。待太后放松戒备，态度好转后，又要求太后让自己的小儿子进宫当卫士，由此引出爱护子女的话题。引起太后兴趣后，这才点出长安君的问题，最终使赵太后醒悟，愉快地让长安君去齐国作了人质。触龙曲折迂回，层层深入的劝说技巧，为主动适应者提供了很好的借鉴。

有时主动适应需要发送者的勇气和胆识。因为发送的场合在某些情况下可能存在对自己不利的因素，而发送者又不能不主动适应。

被动适应与主动适应并不是截然分开的，它们有区别又有联系，并且往往交叉融合，我中有你，你中有我。被动适应虽然发送者从整体格局上看，是被动地作出表达，可是在被动适应展开以后，究竟如何去适应，又表现为发送者的主动行为了。

二、合乎规矩

言辞表达虽然是发送者自己的事，但也不是说发送者可以不按规矩随便发送。干任何事都要遵守一定的规矩。常言道：没有规矩，不成方圆。说话也完全如此。发送者如果认为嘴巴长在自己身上，想怎么说就怎么说，这在内容上当然是允许的，但在形式上就会带来很多麻烦。接受者要么听不懂，要么不理解，甚至产生误解，你的交际目的何从实现？

言辞表达不依规矩给自己带来的麻烦、造成的恶果，屡见不鲜。《尹文子·大道》中就有这么一件事：

齐国一个姓黄的老汉有两个天姿国色的女儿。黄老汉非常谦虚，每当别人问起他的女儿，他都说："丑死啰，不知怎么嫁得出去呀！"那时姑娘很少出门，人们只能听黄老汉传递的信息。于是一传十，十传百，你添油，我加醋，很快全国都知道他的两个女儿是出奇的丑八怪。这就使得两个女儿都过了出嫁的年龄而全国皆无人问聘。拖了许久，还是卫国一个实在娶不到老婆的老光棍冒冒失失地娶了大女儿去，这才发觉黄老汉原来是谦虚过分了。经老光棍解说，别人才知道真相，于是纷纷争聘小女儿。

黄老汉的表达不依规矩，明明是美，他要说成是丑，不仅影响了交际的效果，而且害了自己的女儿，教训不可谓不深。

言辞表达合乎规矩的原则可以涉及以下若干方面：

（一）逻辑要求

逻辑指的是人类思维活动的规律和形式，是人表达思想的必要工具。发送者在以言辞进行交际的时候，必须遵守逻辑的要求，才能达到目的。并且，衡量一个人言辞表达能力的高低，也常常以其是否符合逻辑来判断。

逻辑的要求是：

首先，同一律的要求。

同一律指的是在同一思维过程中，所运用的同一个概念、同一个判断，在含义上必须保持同一。它要求发送者在同一时间、同一方面、同一条件下、同一个思维过程中，所表达言辞的意义，必须始终一致，既不能任意变换，也不能随便转移。

违反同一律要求的言辞表达，主要表现在四个方面：

①混淆概念。概念是借助言辞反映客观事物本质属性的思维形式。混淆概念，就是把本来不是相同的概念当成相同的概念来使用。或者是把同一个概念在不同的含义下混同使用。如一个学生砸坏了教室的玻璃窗，老师批评他不爱护人民财产，要他赔偿。他说："人民财产，人民都有份，我是人民，我砸烂的是我那一份，我赔给谁？"该学生将"人民"这个概念在集合意义上的使用同在非集合意义上的使用混同起来了。"人民"是所有人的集合体，其性质是不为它的组成分子（即每一个具体的人）所具有的。

②偷换概念。就是明知故犯，故意拿不同的概念来换掉原来确定的概念，以造成混乱。如某建筑工人上班忘戴安全帽，安检员不准他进入施工现场。他指着围栏门上挂着的一个牌子说："我是按规定才不戴安全帽来上班的。你看，这不写着'非工作人员不得入内'吗？安全帽当然是'非工作人员'，我怎么能够戴着它入内呢？"这里，"非工作人员"的概念就是被该工人偷换了的。

③背离主题。主题指的是说话的中心意思。背离主题就是本来说的是这件事、这个问题，但说着说着，话题竟跑到另一个上面去了，出现前后不一的情况。英国大主教威尔勃福斯在科学协会作反对达尔文进化论的长篇演说，当说得最起劲时，突然攻击起支持达尔文学说的赫胥黎来："赫胥黎教授就坐在我旁边，他是想等我一坐下就把我撕成碎片，因为照他的信仰，人是由猿变的

嘛！不过我倒要问问：这个猴子子孙的资格，到底是从祖母那里得来的，还是从祖父那里得来的呢？"大主教的人身攻击就完全是背离主题的。这叫做前言不搭后语。

④转移论题。论题指的是真实性需要证明的话题。转移论题，就是故意把本要涉及的话题转换成其他，以解除尴尬或逃避诘难。如孟子问齐宣王："一个外出者把家人托付给朋友照顾，但他回来时，家人却在挨饿受冻。对这样的人该怎么办？"齐宣王说："和他绝交。"孟子又问："管刑罚的官吏不能管理他的下级，又该怎么办？"齐宣王说："撤掉他。"孟子又问："一个国家的政治搞得很不好，又该怎么办？"齐宣王东张西望，一下把话题扯到别处去了。

其次，矛盾律的要求。

矛盾律指的是在同一个思维过程中，任何一个思想不能互相冲突，不能既肯定又否定。它要求发送者在同一时间、同一方面、同一条件下，对同一对象不能作出两个互相矛盾或互相反对的判断。

违反矛盾律要求的言辞表达，主要表现在四个方面：

①概念的自相矛盾。就是说，发送者用概念反映客观事物时，前后所表达的是互相矛盾的。

②判断的自相矛盾。判断是借助言辞来对事物、情况作出断定的思维形式。判断的自相矛盾就是说发送者所作出的断定前后是自相矛盾的。

③思维体系的自相矛盾。就是说，发送者还不是两句话前后矛盾的问题，其整个思想都是矛盾的，其所有言辞都充满了矛盾的因素。

④言行的自相矛盾。这就是指说的是一套，做的又是与说的相矛盾的一套，即所谓言行不一的现象。现实生活中，这种现象是非常普遍的，尤其是那些心术不正的人，他们为达到某种不可告人的目的，往往假以美言、说得很好听，以此蒙骗听者，然后再施以丑行。因此对那种夸夸其谈，自我标榜、高自标置的表达，应提高警惕。

再次，排中律的要求。

排中律指的是在同一个思维过程中，两个互相矛盾的论断必有一个是真的，不会同时都是假的。它要求发送者在同一时间、同一方面、同一条件下，对同一对象所产生的两个互相矛盾的判断，必须明确选择，肯定其一，绝不能含糊其辞，模棱两可。

违反排中律的言辞表达，主要表现在两个方面：

①含糊其辞。含糊其辞就是故意把话说得不清楚、不明白，含含混混，让听者不得要领或无从深究。如《宋史·岳飞传》中所载：岳飞被害后，"韩世忠不平，诣桧诘其实，桧曰：'飞子云与张宪书虽不明，其事体，莫须有。'

世忠曰:'莫须有'三字,何以服天下乎?"秦桧杀害了岳飞,面对质问,无以作答,只好含糊其辞地搪塞。"莫须有"就是一个让人莫名其妙的表达。

②模棱两可。模棱两可又称模棱两不可,就是对同一事物或问题互相矛盾的两个方面,都认为可以或不可以。如某人有个知心朋友是律师,一天他偶遇一直在外奔波劳碌的律师朋友,对他说道:"嗨,你成天穷忙些啥?其实我看哪,律师这工作,不能说它没用,但也不能说它有用。要是被告真有罪,你再为他怎么辩,他还是有罪;要是被告本身就无罪,你还为他辩什么呢?"此话就是模棱两不可的表现。律师工作要么有用,要么无用,此人对两方面都认为不可,因而是错误的。

(二) 语言要求

语言包括三要素:语音、语法、词汇。语言要求即指语言三要素必须合乎规范。发送者在以言辞进行交际时,必须遵守语言规范的要求,否则会造成表达的混乱,影响、损害实际效果。平时我们讲某某人说话不知所云、语无伦次,指的就是词不达意,或不合语法。

我国是一个多民族国家,各个民族都有自己言辞表达的语言要求。作为实用口才,各个民族在实际交往中当然可以按自己的语言要求进行言辞表达。但是,我国政府明确规定,国家通用语为占中华民族人口绝大多数的汉族共同语。因此,现代汉语语言规范是实用口才必须遵守的。

语言的要求有:

首先,语音清晰准确。语音是指言辞的声音,就是发送者发送出来的言辞,让接受者听来是个什么样的声音。国家提倡讲普通话,但在实际交往中,人们在同一地域,还是习惯以本地域的方言作为联系、沟通、交流的手段。只有在离开本地域,或其他地域的人来到本地域时,彼此交往一般才使用普通话。但不管使用哪种语言,都要求发音清晰、准确。

清晰就是清楚、明白。发送者要表达什么,必须是不含混、不模糊,清清楚楚,明明白白地说出来,让接受者一听就明,一听就懂。这样,表达才有作用,交际的目的才能实现。

要做到语音的清晰,可以从四个方面努力:

第一,与非本方言区的接受者交谈,最好不要用方言。

我国地域辽阔,方言千差万别。如果都属北方方言区域的人,交流基本没有问题,而其他区域就有些麻烦。像长沙、南昌、上海、广州、福州、宁波等城市以及这些城市所在的省份的人,与外区域的人交谈就大成问题。比如用普通话说"你看这是什么",上海话则成了"侬窥窥逮个司撒莫资",福州话则成了"女看最筛先闹"。不仅语音完全不同，连用词也有很大差别，这叫外地人如何明白。

第二，不要使用旧读。

实用口才立足于人际交往，不是研究、探讨古代汉语的音韵学。语音在漫长的社会发展中有很多变化，如果在日常交往中硬要根据考证将某个字、某个词发为某种音，是既不现实，又没必要的。

比如成语叶公好龙，是人们经常说到的。按照古代汉语的读法，叶不能读为 yè（业）而要读为 shè（社）。要是现在口语表达中坚持读 shè 音，绝大多数听者是莫名其妙的。唐朝大诗人李白，在当时，其名"白"，读为 bó（驳）；而现在，就只能读为 bái 了。据说清代学者顾炎武研究古音："天"，要读为"汀"（tīng），"明"要读为"萌"（méng），"了"要读为"哉"（zāi）。一天他住在朋友家，清早迟迟不起，朋友便敲门喊道："汀萌哉！汀萌哉！"连喊数声他竟不知究竟。还是朋友提醒他，这是按照他主张的古读音来发音的，弄得顾炎武大窘。自己主张的，连自己都听不懂，别人怎么能懂呢？

第三，遇到容易产生歧义的读音，应予以适当解释。

比如贵阳人没有撮口呼 ü，凡需发撮口呼的，都发为齐齿呼 i。如"雨"（yǔ）读为"yǐ"（以），"鱼"（yú）读为"yí"（仪）。贵阳人说"我上街买 yí"，外地人真不知是买啥玩意儿。贵州思南人分不清"前"（qián）与"情"（qíng）、"建"（jiàn）与"进"（jìn）、"军"（jūn）与"娟"（juān）等等。一次，一位年纪不轻的思南籍女士介绍身边一男士说："这是我的情夫。"其同事吃惊不小：世风竟开化到如此地步！许久才弄明白，是她早已离婚了的前夫。像这类不清晰的语音，如不适当补充、解释，是非常影响交际效果的。

第四，话尽量说得慢一些，特别是关键字词的发音，说快了、急了，容易产生声音共振而使语音含混，让人听不清楚，或产生误听。

准确包含两层意思：一是发音准确。口语表达不像书面表达那样可以依据写出来的字词去理解意义，接受者对发送者表达的意思，只能从听到的声音获得。如果发音不准确，接受者就很难，甚至不可能理解言语的意思。

当然，由于汉字太多，任何人都不敢保证不读错字音。但是，对一些日常交际中随时运用的，以及涉及自己行业的字的语音，是不能读错的。尤其是文化层次较高的人，就更不应该了。平时个别交谈还好一些，要是面对公众讲话，就会贻笑大方，影响形象。

要做到语音的准确，可以从三个方面努力：

第一，把握不准的字音，尽量避免使用。

汉语中多字一义、多词一义的现象很普遍，在口语表达时，涉及自己把握不准的发音，可以用另外的字、词代替，或者直接以它的解释义来表达。比如"尴尬"（gāngà），有些人将其读为"jiānjiè"（监介），发送者要是拿不准，而在讲话中又涉及这个意思时，就可以改成"神色（态度）很不自然"。

第二，对一些字形有某些相似的字，或由某个通俗字参与组合的字，要区分清楚。

如某先生与朋友清早进公园，欲登园中观景楼观景。刚要进楼，见墙上有人作《登楼赋》一篇张贴于楼门。此先生误将"赋"看成"贼"，慌忙调头对朋友说："赶快走，不能上去，楼上有贼。"经朋友细辨，方知有错。

第三，对一些有异读音的字，要分清使用场合。

如"校"。在与学校有关的场合，读"xiào"（笑）：校风、校友、校园、校徽、夜校等，而在与订正有关的场合，都读"jiào"（较）：校对、校样、校正、校阅、校准。校场（操演、比武的场地）也读"jiào"。其他比较普遍的，像行（háng）业、树行（hàng）、道行（héng）、行（xíng）动，同是一个"行"字，就有四个不同读音。

准确的另一层意思是：字词句，在意义上是无误的。现代汉语中，一词多义、多词一义的现象虽很普遍，但在一定的语境中，其意义应当是确定的一个。准确性，就是要求发送者所用的字、词，在意义上是最恰当、最合适的。

其次，遣词造句规范。遣词造句的规范，指的是发送者的言辞表达，要遵守现代汉语中关于词汇、语句的组合及运用的法则。

词汇的规范，就是词汇各种要素的标准化。语句的规范，就是构成语句各要素彼此组合的标准化。其中包括词性准确、搭配恰当、成分完整，不多余、不杂糅、不错乱等。

遣词造句中的规范，在书面语言中，我国历来十分讲究。如卢延让有"吟安一个字，捻断数茎须"；贾岛有"二句三年得，一吟双泪流"；杜甫有"为人性僻耽佳句，语不惊人死不休"；顾文炜有"为求一字稳，耐得半宵寒"。这些精神当然是可贵的，值得我们学习。但是，实用口才是一种口头语言的表达，与书面语言是有很大不同的。它无须在词汇、句子的选择上过多地精雕细琢，只要遵守运用的法则，做到"辞达而已矣"即可。

要做到遣词造句的规范，可以从以下四个方面努力：

第一，分清词性、词义。词性是指词的属性。词义是指词的意义，它是客观现实在人们意识中的评价或反映。像"好"与"坏"，是两种截然不同的意义。好——优点多的、友爱、和睦、健康、高尚；坏——缺点多的、恶劣、低下、差、有害、无用。词义不分清，表达就会出差错。

第二，把握语句成分。构成语句的成分有主语、谓语、宾语、定语、状语、补语。前三种是基本成分，犹如树之主干，后三种是修饰成分，犹如树之枝叶。表达一个词句，一要做到基本成分完整，二要掌握各个成分的作用。否则表达就是不规范的，难以获得交际效果。

第三，不生造滥用。生造，是指发送者按照自己的意愿杜撰、编造出谁也不懂的语词。虽然语词在人民群众的交际实践中不断丰富、发展，但它的产生应有一定社会基础，必须经过一段时间的运用，为交际区域的群众所接受才行，绝不是任何人都可以随便生造的。像这几年出现的"打的"、"打工"、"撮一顿"、"大款"、"倒爷"等已被人们熟悉，用于言辞交际当然可以。但如有人说："我来迟了，实有抱惭。"其"抱惭"就是生造。何不用通俗的"抱歉"或"抱愧"呢？

滥用，是指不顾词性、词义，单纯为了追求表达效果而随意铺排，不该用时用了，或该用在这个位置而用到那个位置上了。

第四，不矫揉造作，故弄玄虚。故意玩弄叫人捉摸不透的辞藻，是不利于交际的。如一位乡村教师晚间被蝎子蜇了一下，便叫道："贤妻，迅燃银灯，吾为毒虫所蜇也！"其妻没什么文化，问道："你说啥？我听不懂。"教师痛极，这才改口说道："快点灯来，我被蝎子蜇着了！"

我们强调遣词造句的规范化，并非是要表达者按照一个模式来发送自己的言辞。一个意思，可以有多种表达方式，不管用哪种方式，只要"辞达"便可。

另外，遣词造句的规范化也不排除在实际的言辞表达中，发送者可以根据当时的语境省略掉某些成分。比如两位熟人偶尔相遇，一个问："吃了吗？"一个答："吃了。"彼此都有省略。如果按照规范化的要求，问话应当是："你吃过饭了吗？"答话应当是："我吃过饭了。"但那样反倒显得别扭。

（三）习惯要求

习惯要求指的是言辞表达要合乎人们交际的习惯。前面讲到，言辞表达要遵守逻辑要求和语言规范。但是，在实际的交往中，有时只遵守逻辑要求和语言要求而忽略人们交际的习惯，也是难以达到交际目的的，甚至还会产生意想不到的后果。因此，言辞表达还应当遵守习惯要求。

习惯是人们在长期的社会生活中逐渐形成的规矩、风尚，有些虽然从逻辑或语法的角度看并不规范，但既然已经在长期社会生活中形成，就应当按约定俗成的原则来处理。在言辞表达中同样发挥应有的作用，达到交际的目的。比如"打"，其词义一为用手或器具撞击物体——打人、打鼓；一为发生与人交涉的行为——打官司、打交道；一为制造——打毛衣、打镰刀，等等。但

"打的"、"打工"、"打瞌睡"、"打酱油"、"打折扣"、"打圆场"之"打"，就无上述意义。使用这些词汇时，只能是约定俗成，大家都按习惯办。还有像"打扫卫生"、"救火"、"养病"、"恢复疲劳"之类，也属此种情况。

由于民族、地域、信仰等差别，习惯要求也不是一致的。表达者需要入乡随俗，使自己的言辞合于接受对象的习惯。

当今国际交往频繁，出国定居、学习、工作、旅行的人越来越多。在与异国、异族人进行言辞交往时，都应注意表达的习惯要求问题，否则就会出差错、闹笑话。

一个美国人应邀参加一个中国人的婚礼。他看到新娘很漂亮，便按美国人的习惯，老老实实地向新郎赞美说："你妻子真漂亮！"新郎基于中国人好谦虚的习惯，连忙说："哪里，哪里。"美国人傻了眼，他想："怎么？还非得具体指明哪里漂亮吗？"于是，他仔细想想说："眼睛。"见新郎不解地盯着自己，他又赶紧补充说："还有鼻子、嘴唇、眉毛、头发……"双方都按自己的习惯在表达，而忽视了接受者的习惯要求，当然要闹笑话了。

第三节　表达的言辞方式（上）

一、叙说

（一）叙说的含义及认识

叙说是实现交际目的的最基本、最常见的一种表达方式。它是发送者对事件的发生、发展，对问题的出现、变化，对人物的经历、行为的交代和介绍。通过这种交代，接受者才能了解事件的来龙去脉和问题的原始要终；通过这种介绍，接受者才能认识人物的身份地位、学识教养、思想状况、工作能力、兴趣爱好等等。

例如：孔子的"吾十有五而志于学，三十而立，四十而不惑，五十而知天命，六十而耳顺，七十而从心所欲，不逾矩"，[①] 就是他对自己的经历的叙说；他的"伯夷、叔齐不念旧恶，怨是用希"，[②] 就是他对别人行为的叙说。

由此可见，叙说的形式是多样的：它可以是发送者向接受者介绍自己的经历、行为，也可以是发送者向接受者介绍别人的经历、行为；它可以是发送者向接受者交代社会上发生的事件、出现的问题，也可以是发送者向接受者交代

---

① 《论语·为政》。
② 《论语·里仁》。

自己遇到的事件、感知的问题。

（二）叙说的类型

叙说分为详叙和略叙两类。详叙就是对所说的人、事、问题作细致周详的交代、介绍。略叙就是对所叙说的人、事、问题只作简略的轮廓交代、介绍。

作为发送者，应当详叙、略叙都能运用，最好二者兼而有之。一味地详叙，一是自己受累，二是听者厌烦；一味地略叙，一是有时会词不达意，二是听者会以为你口讷而造成对你的轻视。至于何时该详，何时该略，这要看当时的对象和环境。如果对象对你的叙说很感兴趣，或者是明确提出要求，而你又有时间的话，你不妨详叙；如果对象并未明确提出，或者对你涉及的人、事、问题并无多大兴趣，你就只能略叙；还有，即使彼此双方都有兴趣，但时间紧迫，形势逼人，也容不得你慢条斯理地详叙，只能简明扼要地略叙了。

（三）叙说的要求

不管是详叙还是略叙，都要求叙说者条理分明、头绪清楚，要让接受者听了你的叙说之后，有一个清晰的认识，能够产生你所期待的效果。

这里需要注意的是，详叙并非翻来覆去，滔滔不绝。一件事，本来三句话就可叙说清楚的，你却用了五句、八句，甚至五句、八句之后听者仍未得其要领，那不叫详叙，而叫啰唆。

在较长的口语表达中，运用叙说时，切忌平铺直叙，其详略处理应恰当。重要的、非如此不足以使听者明了的，就要详；次要的、一提听者便明了的，就要略。这样的叙说，有张有弛，听者才不会感觉枯燥无味，才把握得住主旨。

（四）叙说的方法

为使叙说清楚明白、有条有理，发送时应当有一个顺序，哪句先说，哪句后说，要作安排。如果不讲顺序，乱讲一气，听者就摸不着头脑，你交际的目的也就达不到了。

1. 顺叙

顺叙，就是按照事件发生、发展、结局，问题出现、变化、后果，人物诞生、成长、死亡这一自然时间次序进行叙说。这是叙说中最基本、最常见的方法。

2. 倒叙

倒叙，就是把事件的结局、问题的后果或其中最突出的片段先说出来，然后再按自然时间次序讲说它的发生、发展及变化过程。对人物，就是把他经历、行为中的最突出处先说出来，然后再说这个最突出处的始末。运用倒叙能够吸引接受者注意，产生更好的交际效果。

3. 插叙

插叙，就是在按自然时间次序交代事件、问题或介绍人物的过程中，暂时中断一下原来的叙说，而插进一些与原叙说有关的事件、问题或人物，这些插进的内容叙说完后，再接着原来的叙说继续下去。插叙的运用，可以起到补充、说明的作用，便于接受者更好地领会发送者叙说的内容。

4. 引叙

引叙，就是发送者在对事件、问题、人物的叙说过程中，为了增强表达效果，又引用、转述别人说过的话而构成的一种新的叙说。由于它的运用，可以使自己的叙说更富感染力，因此所引用或转述的话，应当有一定的代表性或说服力。

二、描述

（一）描述的含义及认识

描述，就是以生动形象的言辞，表示自己对客观事物的看法。通过这种表示，接受者可以获得鲜明的印象和深刻的感受，产生如临其境、如闻其声、如见其人的感觉。

在通常情况下，描述与叙说是结合起来运用的，二者相辅相成。描述的独立运用一般只在较短的口语表达中出现，而对于较长的口语表达，如演讲、报告、发言、辩护等，则非与叙说结合不可。否则成了文学作品的朗诵，那就不是实用口才的问题了。

描述与叙说虽然有着密切的联系，但二者毕竟是两个不同的概念，它们是有区别的。比如说，丈夫下班回家比往常晚些，妻子略有微词，他便可能就同一原因作出两种不同的表达。

其一：街上太挤了。

其二：嗨，那街，车淌水似的不停，人摩肩接踵，就跟那蚂蚁一样，密密麻麻，真是寸步难行哪！

第一种表达是叙说，它只粗略地交代出一个事实。妻子只能得到概括的、综合的、平淡的认识，对丈夫的晚回家，不会产生多大的谅解。而第二种表达则是描述。它以具体的、形象的言辞来表现事实，妻子获得的感觉是具体的、鲜明的、生动的，就较容易谅解丈夫。

57

（二）描述的对象

1. 人物

实用口才是在人际交往中实现的，因此对人物的描述，是描述的一个重要对象。

人物描述，就是发送者以描述的方法表示自己对接受者、对其他人，以及对自己的感知、认识、评价。

人物描述包括人物的肖像、言辞、行动、心理四个方面。

肖像，就是人物的五官长相以及身材、神情、姿态、服饰等。如斯诺想会见久闻大名的朱德，他向别人打听，"大家都告诉我：朱德貌不惊人——一个沉默谦虚、说话轻声、有点饱经沧桑的人，眼睛很大（眼光非常和蔼），身材不高，但很结实，胳膊和双腿都像铁打的一样。他已年过半百，也许已有五十三四岁，究竟多大，谁也不知道"①。

言辞，就是人物所说的话及其语气、声态。如林肯年轻时的伙伴比尔·格林回忆起林肯时说："他讲起笑话来，简直会使人笑破肚皮。我还从来没见过一个真正的滑稽演员，而林肯肯定算得上一个。"②

行动，就是人物的行为、动作。如列宁的行动，高尔布诺夫回忆说："来访者一进门，他便指着桌旁的软垫圈椅请他坐下。他自己则坐在桌旁的一张硬背圈椅上。他轻轻地移近来访者，带着机智的、友谊的微笑开始谈话，并且亲切地注视着他。"③

心理，就是人物内心的想法、感触、情绪、意识等。如对马克思的心理，保尔·拉法格回忆说："马克思吸烟吸得很厉害，'《资本论》甚至将不够偿付我写作它时所吸的雪茄烟烟钱，'有一次他对我这样说。"④

对人物的心理描述，有时还借助人物肖像、言辞、行动或者外界环境来表现、烘托。这种情况可叫做间接心理描述。

2. 事物

人是在客观世界中生活的，客观世界中必然存在的事件、物体、现象也必然会在人的知觉中产生反应。事物描述，就是发送者以描述的方式对客观世界中的事件、物体、现象表达自己的感觉。

---

① 《西行漫记》，第 313 页。

② 《林肯传》，第 60 页。

③ 《列宁传》，第 283、284 页。

④ 《回忆马克思恩格斯》，第 3 页。

事物描述涉及的面很广，其运用也很普遍，凡可施展口才的地方、时间都能进行。

由于事物描述形象生动，容易产生表达效果，有口才者无不喜欢运用。毛泽东在报告、演讲、谈话中就十分擅长对事物进行描述，往往信手拈来，脱口而出。1934 年 1 月，他在江西瑞金召开的第二次全国工农代表大会上发言说："国民党现在实行他们的堡垒政策，大筑其乌龟壳，以为这是他们的铜墙铁壁。"

3. 景物

景物指的是人赖以生存的自然环境、社会环境和场面。景物描述，就是发送者以描述的方法对自然环境、社会环境和场面表示自己的感受。

自然环境包括一切自然的因素，如宇宙天地、日月星辰、风霜雨雪、时令季节、山川河湖、城市乡村、田园屋舍等等。社会环境指的是特定的时代背景以及人们生活的外在条件。如历史状况、阶级关系、居室陈设、格调气氛等等。

场面是特定时间和环境内的以人物活动为中心的总体生活画面。如庭审、行刑、谈判、舞会、游行、比赛、劳动、战斗等等。在这些生活画面中，都离不开人的活动以及事件的开展。因此，场面与人物、事物、环境是有联系的，它是人物活动的场所，事物存在的条件。但不同的是，对事物、环境的描述，一般说来是静态的，而对场面的描述，主要是动态的。它要体现出人物与人物、人物与事物、人物与环境之间相互发生关系而构成的一种动态的画面。人物的思想、性格，通过场面来渲染、烘托，从而丰富发送者表达的内涵，增强接受者的理解。

59

（三）描述的要求

叙说只是客观事实的交代、介绍，描述则由于发送者的身份、职业、教养、年龄、兴趣以及所处环境、所站角度的不同，而有不同的表现形式与表现程度。因此，发送者在进行描述时应当遵守以下要求：

1. 描述的目的要明确

实用口才不是要嘴皮子，不是摆花架子，需要描述才描述，不该描述而描述会给接受者以矫揉造作、故弄玄虚的感觉，从而影响交际的效果。在需要描述而描述时，也不能为描述而描述，必须明确描述的目的，紧紧围绕交际的中心，为自己发送的主旨服务。

2. 描述要自然贴切

描述当然融合着发送者的感情因素，但这种因素应当是自然的、贴切的。

它应当符合描述对象的基本状况，帮助接受者更好地认识人物、事物、景物。公式化、客套化或随心所欲、漫无边际的描述，只会影响交际的效果，甚至适得其反。

3. 描述要突出特点

无论对人物、事物，还是景物，发送者要加以描述，都是难以把可供描述的地方全都加以表现的。为使描述能够帮助接受者更好地认识、理解描述对象，就必须抓住描述对象最突出的特点，全力地去表现它。这样才能使被描述的人物、事物、景物在接受者心中留下深刻的印象，产生强烈的感觉。泛泛而谈、人云亦云难以获得交际的效果。至于什么是描述对象最突出的特点，则要由发送者凭自己的认识去捕捉。

（四）描述的方法

描述对象的多样性与情况的复杂性决定了描述方法上的多样性。但从总体上可以分为：

1. 直接描述与间接描述

直接描述与间接描述，是从描述角度的不同来划分的。

直接描述又叫正面描述，是发送者对描述对象进行直接的描述。这种描述，是发送者观察、感受到的是什么，就直截了当地说出来。这种方法用得相当普遍，无论描述任何对象都可以，它是描述中最基本的方法。

间接描述又叫侧面描述，它不是发送者对描述对象进行直接的描述，而是通过与之有联系的其他人、其他事、其他物、其他景的描述，或者是别人评价，来达到描述自己的对象的目的。这种方法习惯上叫烘托。所谓指桑骂槐、意在言外等，实际上就是这种方法的运用。

间接描述，有时是发送者为了造成特殊的表达效果而有意为之的；有时则是因为受表达的环境条件限制，而不得不为之的。这也是出于实际目的的需要。

2. 细致描述与简朴描述

细致描述与简朴描述，是从描述详略的不同来划分的。

细致描述，就是发送者对描述对象的某些突出方面进行精细、周密的描述。对这种描述，发送者往往倾其全力，调动各种技巧和手段，如对比、类比、比拟、夸张、借代、摹状等，淋漓尽致地表现描述对象的状况，给接受者以极其鲜明、生动的印象。

简朴描述则不同。虽然它也要把握描述对象的特点，但对这些特点，不讲求精细、周密，少调动技巧、手段，不修饰或少修饰，只是简单地、质朴地予以勾勒，给接受者一个大体的轮廓。有时，这种描述与叙说已无多大区别。像

"今天街上热闹极了"、"他是一个矮胖子"、"满山绿油油的"等等。

第四节 表达的言辞方式（下）

一、抒情

（一）抒情的含义及认识

抒情，就是抒发和表露发送者的感情。

人在社会交往中，对各种人、各种事和各种问题必然产生体验的反应。这种反应，就是感情的反应，包括喜、怒、哀、乐、爱、憎、惧、愁等等。《毛诗序》说："情动于中而形于言。"发送者把交际中的感情反应用言辞吐露出来，就构成实用口才的抒情了。

抒情一方面是发送者为了抒发和表露自己的感情，另一方面也是为了打动、感染接受者，使接受者在思想上产生共鸣，从而实现彼此交际的目的。唐代诗人白居易认为："感人心者，莫先乎情。"[①] 宋代学者许梅屋也有"情味于人最浓处，梦魂犹觉鬓边香"[②] 的感触。《祝福》中的祥林嫂失去了儿子很悲惨，见了四婶后连连说："我真傻，真的……"本来四婶并不想雇她，"待到听完她自己的话，眼圈就有些红了"，于是将她留下。

抒情作用的大小，在很大程度上取决于发送者自身感情的因素。发送者的感情愈强烈、真挚，就越能打动接受者，愈能在接受者心灵上产生共鸣。

（二）抒情的要求

1．感情真挚

抒情应当是发送者在彼时、彼景的真实情感的自然流露。唐代李翱有言，"情不自情，因性而情"[③]。就是说，情不是凭空产生的，也不是人为制造的，而是因人内心被客观事物所触动才自然流露出来的。只有这种感情，才能打动激励接受者。如故作多情，无病呻吟，言不由衷，虚情假意，不仅不能唤起接受者的共鸣，反而使接受者反感生厌，那还有什么好的交际效果可言？

2．情趣健康

健康的情趣，就是能登大雅之堂的、能被普遍接受并唤起共鸣的感情。那

---

① 《与元九书》。
② 《茉莉》。
③ 《复性书》。

种消极颓废、庸俗低级的感情，绝不能在大众场合抒发、表露。实用口才在大多情况下不是夫妻之间或亲密无间的朋友之间的私下交谈，它面对的是众多的接受者，因此抒发、表露的感情应当是健康的，应当是能鼓舞人、启迪人、感染人的。这里应当说明的是，牢骚、震怒、呵斥、争吵、诟骂时的感情抒发、表露，不应当视为情趣不健康。它是发送者彼时真挚感情的流露。在某种意义上说，也是可以鼓舞人、启迪人、感染人的。

3. 服从需要

抒情不是可以随时祭起的法宝。亚里士多德说："只有在适当的时候，对适当的事物，对适当的人，在适当的动机下，以适当的方式发生的感情，才是适度的、最好的感情。"[①] 在人际交往中，只有被人、事、景所触动，需要有所表示，而此时情又正好在心中涌动，如鲠在喉，不吐不快之时，才予以抒发、表露。就是说，何时抒情、对谁抒情、抒什么样的情，不能全凭自己的兴致，要看交际的内容是否需要。如果不顾需要，动辄抒情，这种情就是游离无依的空泛矫情。

（三）抒情的方法

根据发送者在抒情时是否借助其他表达方式，区别为直接抒情和间接抒情两种方法。

1. 直接抒情

直接抒情，就是发送者在抒发、表露自己的感情时，不借助其他表达方式，直接倾泻胸中的激情，也就是人们常说的"直抒胸臆"。这种抒情，无遮无掩，酣畅淋漓，往往能够强烈、有力地感染接受者。

直接抒情常常利用呼告、判断、感叹、反复、设问、反问等修辞手段来表现发送者的感情体验，增强口语交际的效果。直接抒情作为一种实用口才的表达方式，与单纯地、抽象地吐露感情是不同的。它需要发送者在一定的环境下，受一定条件的诱导，经过必要的思想酝酿和感情铺垫，而后顺势喷发出来，自然、和谐，否则成了空喊口号、歇斯底里。

2. 间接抒情

间接抒情，就是借助叙说、描述、议论等表达方式，间接地抒发、表露自己的感情。也就是让自己的感情依附在具体的人、具体的事、具体的景、具体的理中显现出来。这种抒情不像直接抒情那样外露，显得委婉含蓄，需要接受者去体味、思索。

---

① 《尼科马科斯伦理学》。

第一，借助叙说抒情。

借助叙说抒情，就是发送者通过对某一具体的人物、事件、问题的叙说来抒发、表露自己的感情。它与一般的叙说是不同的。一般的叙说，要求发送者对人物的经历、行为，对事件的发生、发展，对问题的出现、变化，要作出完整的交代和介绍，要让接受者清楚地认识、了解其始末。而借助叙说抒情，仅仅是将叙说的人物、事件、问题作为一种赖以抒情的媒介，不求其完整、清晰，只有一个轮廓或一个大概的交代、介绍，更多的是发送者的感情抒发。

第二，借助描述抒情。

借助描述抒情，就是发送者通过对人物、事物、景物的描述来抒发、表露自己的感情。

在通过对人物的描述来抒情时，由于人物描述有肖像、言辞、行动、心理之分，因此这种抒情也应当依据不同的描述而进行。

在通过对事件的描述来抒情时，要注意选择那些生动感人的事件。事件感人，本身就具备了打动人心的先决条件，再融入发送者自己的感情，接受者听后，就不能不产生强烈的思想共鸣。

在通过对景物的描述来抒情时，有这么几种情况：触景生情、借景抒情、寓情于景、因情生景。无论是何种，都要求发送者注意情与景的融合，使二者成为一个有机的整体，不可情景两张皮，各吹各的号，各拉各的调。为使情与景很好地交融，发送者还应对景物进行适当的选择，力求让景物成为引发情感的诱因。这样的抒情可以避免生涩别扭，显得更加和谐、自然。

第三，借助议论抒情。

借助议论抒情，就是发送者通过对客观事物进行议论来抒发、表露自己的感情。因此人们又把它叫做寓情于理。

议论，是下面将要讲到的另外一种表达方式。借助议论抒情，同作为一种独立的表达方式的议论是不同的。作为表达方式的议论需要充足的论据和严密的论证，而借助议论抒情的本质是抒情，其议论仅仅是发送者借了这种形式来表现自己对客观事物的判断和评价。它往往只是一个简单明晰的观点、看法，不需要有论据，也不用去证明，发送者将其吐露出来，是为了达到表露自己情感的目的。

借助议论抒情，可以是在议论中饱蘸发送者的思想感情，就是说，其议论也就是抒情；也可以是在叙说人物、事件、问题之后，再以抒情的口吻进行议论，从而帮助接受者更好地认识、理解自己叙说的内涵，起到画龙点睛的作用。

间接抒情的运用范围虽然很广，也能够产生独特的抒情效果，但并不是说

63

它就可以随意滥用。它与直接抒情一样，都要服从交际的需要，即彼时、彼地、彼情非抒情不可，或者可以抒情，才抒情；不该抒情时，就不要勉强或故意抒情，采用其他表达方式，可能交际效果会更好。

二、议论

（一）议论的含义及认识

议论，就是发送者对客观事物进行评论，以表明自己的观点和态度。它与借助议论抒情根本的不同在于，它不能只有一个结论式的判断和评价。为使接受者明白、认识自己的观点和表态，它必须通过摆事实、讲道理的过程，努力使结论得以成立。

议论在实用口才的运用中也是很广泛的，除了可以帮助叙说、描述、抒情等表达方式增强交际效果外，它在独立表现时，因其明确表达了发送者的见解、主张，又富于逻辑力量与哲理性，所以常常被用于申述观点、明辨曲直、检验是非、决定取舍等场合。其体现为演讲、报告、谈判、论辩等形式。

（二）议论的要素

一般说来，一个完整的议论包括论点、论据和论证三个部分，通常称为议论三要素。

1. 论点

论点，又叫论断、观点，是发送者对所论述的事物、问题提出的主张、看法和表示的态度。它要告诉接受者的是："我要证实什么。"它明确表示发送者赞成什么，反对什么，肯定什么，否定什么。在整个论述过程中，它占主导地位，对其他两个要素——论据和论证——起统率、支配、限制作用。就是说，有什么样的论点，就应当有什么样的论据和论证。

由于论点在议论中的重要作用，因此发送者在提出论点时要注意它的正确与鲜明。

论点正确，就是说发送者所提出的主张、见解，表明的态度，应该是客观的、实事求是的。这种论点才站得住脚，才有可能让接受者认识或认同。如果论点不正确，是错误的或片面的，那就打动、说服不了别人，而且自己也很难站住脚跟。即使运用论据、论证，也都会显得苍白无力。

论点鲜明，就是说发送者赞成、反对或肯定、否定，都应明白、突出，不能含混模糊，要让接受者一听就清清楚楚。

论点鲜明不是从它在一个议论中所处的位置来说的。一开始就提出论点，这当然可能鲜明，但有时论点是在发送者议论结束时才提出的，有时论点又是发送者在议论的中间提出的。因此，衡量论点的是否鲜明是不能从提出的时间先后断定的。

简短的议论只需要一个论点，而较长的议论，如长篇报告、演讲、发言、谈话，就不止一个论点。它除了这次报告、演讲、发言、谈话有一个中心论点外，在每一个部分、每一个阶段，还应各有自己的分论点。分论点是中心论点派生出来的，要为中心论点服务，受中心论点统率。从这点上说，分论点又是中心论点的论据；分论点的提出，为的是更好地证明中心论点。

2. 论据

论据，就是发送者用来证实论点的理由和根据。它要告诉接受者的是："我用什么来证实。"

论据是议论的基础，任何一个论点都需要有论据来证实才能成立，才具有说服力。没有论据，论点则成了无源之水、无本之木。

由于论据的基础地位，因而发送者在运用论据时要力求可靠、充足。

论据可靠，就是说发送者用来证实自己论点的理由和根据，是确凿的、真实的，没有虚假，没有编造。这种论据一经发送，接受者不得不相信、认可。如果论据不可靠，自己首先就会心虚，无论如何也难以自圆其说，那就谈不上说服别人了。

论据充足，就是说发送者用来证实自己论点的理由和根据是足够的、充分的，而非一鳞半爪、一丝一毫。这种论据，是完全能够满足证实论点的需要的。如果论据不充足，自己在证实的过程中就会左支右绌，捉襟见肘。

论据又可分为事实论据和理论论据两种。

事实论据，就是用古今中外存在的各种具体事实或数据作为论据。这种论据有较强的说服力，俗话说"事实胜于雄辩"，即是此理。我们说论据要"摆事实、讲道理"，事实论据也就是摆事实。

理论论据，就是引用理论观点作为论据。它包括马列主义原理、定律、公理、格言、谚语、成语、名人名著言论，以及党和国家在不同时期的方针、政策等等。俗话说"有理走遍天下"，这种论据由于具有权威性，只要正确运用，其论辩力量是很强的，往往可以起到以一当十的作用。

3. 论证

论证，就是发送者运用论据来证实自己论点的过程和方法。它要告诉接受者的是："我怎样进行证实。"

在一个议论中，发送者的论点和论据都是具体的，接受者一听，就可以明确予以指出，哪句是论点，哪句是论据。而论证却是抽象的，它不是明确的表

65

现，接受者只有在认真完全听取发送者的议论之后，才能够明白发送者是怎样进行证实的，用了什么方法，过程如何。因此，发送者在论证的时候，要使论点和论据有机结合，努力揭示论据与论点之间必然的逻辑联系。从这个意义上说，论证是沟通论点与论据之间的桥梁。桥梁架设得好，议论才会缜密，才会有说服力量。

由于论证的桥梁作用，因而发送者在进行论证时，要有严格的逻辑性，用论点统率论据，用论据证实论点，防止论据不能证实论点的现象发生。

（三）议论的种类

1. 立论

立论，又叫证明，是发送者就一定的客观事物从正面阐述自己的观点和态度，说明它是正确的。它的着眼点是"立"。

立论在人际交往中运用较为普遍。为使交际有效果，发送者在立论时应注意选择论题。论题也就是说话的话题，是发送者传递的信息所涉及的对象。对论题不加选择就叽里呱啦议论一番，就是空发议论或无效议论，于交际是没有用处的。

选择论题虽要因时、因地、因人、因事而异，但总的说来，应选择那些为接受者关心的、社会需要作出回答的或有意义的问题作为论题。

2. 驳论

驳论，又叫反驳，是发送者驳斥别人的观点。方法是证实对方的主张、见解、态度是错误的，从而树立起自己正确的论点。它的着眼点是"驳"。

驳论可从三个方面入手：

一是驳论点——设法证实其论点是错误的；二是驳论据——设法证实其论据是虚假的；三是驳论证——设法证实其论据与论点之间无必然逻辑联系。这三方面，最重要的是驳论点，论点站不住脚，一切都是空的。而驳论据和驳论证，最终目的还是为了驳倒论点。论据虚假，论点就不能成立；论证悖谬，论点也不能成立。

立论和驳论并不是截然划分的。发送者在证实自己正确的论点之时，可能要驳斥别人的错误论点；在驳斥别人错误论点之时，也要树立自己正确的论点。因此，立论中可能有驳论的因素，驳论中也可能有立论的因素。我们的划分，仅仅是从议论时的侧重面而言的。

第五节 表达的思维方式

一、思维的含义和认识

思维是人在感知的基础上产生和发展起来的对客观现实的间接、概括的反映，是人的一种分析、综合、判断、推理的认识活动过程。

思维的概括，是借助于词、借助于言语来实现的。如果没有一定说出的、听到的词或言语，那么，由个别事物概括出来的一般东西，就失去了存在的物质依靠。所以，马克思说："语言是思维的直接现实。"[1] 在言辞表达中，由发送者说出而由接受者听到的词或言语，是发送者思维的载体和物质外壳，它是发送者思维活动的直接反映，是受思维活动支配的。"言为心声"，这里的"心"，指的就是思维活动。因此，一个人言辞表达能力的高低，交际目的成功与否，首先决定于他的思维能力。思维能力强的，言辞表达能力就强；反之，则弱。

实用口才的载体是口头语言，它的传递、交流和发生作用，一般说来不像书面语言那样，可以慢慢想、慢慢写、慢慢改，而往往是随时随地、事到临头需要表达。表达什么、怎样表达，这就是思维的问题了。如果思维能力弱——迟钝、迂狭、紊乱，就不可能组织行之有效的言辞予以应付。要么张口结舌、信口雌黄，要么语无伦次、不着边际。如果思维能力强——敏捷、机巧、广阔、缜密，就能迅速组织起恰如其分的言辞予以应对。诸葛亮能够在江东舌战群儒，林肯能够在葛底斯堡激励人心，周恩来能够在西安圆满调停，江泽民能够在北大措置裕如，都得力于他们出类拔萃的思维能力。

二、思维的方式

思维能力有强弱之分，这并未否认人的思维能力。凡是正常的人，都能思维。但是，并非"能"思维的人，都"会"思维。因为思维有一个方式问题。对同样的事物或问题，不同的人会有不同的思维方式，就是同一个人，在不同的时间和空间，对同样的事物或问题，也会有不同的思维方式。在现实生活中，我们经常可以碰到有的人对一些显而易见、泾渭分明的事物或问题，会以一种超乎寻常、让人不解的言辞来表达，这就是其思维不按常规走向而选择另一种方式的表现。这种思维上的多样性，就构成我们所要说的思维的不同方式。

_67_

---

[1] 《马克思恩格斯全集》（第三卷），人民出版社 1960 年版，第 525 页。

（一）形象思维

形象思维又称艺术思维，指的是发送者在进行思维活动时，不运用概念、判断和推理，而始终不脱离具体的形象，把具体形象作为思维的材料。它以丰富的表象积累为基础，通过对表象的加工、改造，发送出生动的、形象的、有趣的言辞，使其产生具体可感的效果，达到感染、说服接受者的目的。

形象思维的方式，不能认为只体现在叙说、描述性的言辞表达中，在其他方面，诸如抒情性、议论性的表达中，也可充分体现。

发送者在进行形象思维时，主要靠两种手段：

1. 想象

想象就是在原来感知事物的基础上，对已有表象进行分析、综合、加工，创造出新的甚至不存在的新形象的心理过程。

想象并非凭空产生。亚里士多德说："记忆和想象属于心灵的同一部分。一切可以想象的东西，本质上都是记忆里的东西。"[①] 从这个意义上说，想象不过是发送者将自己的记忆调动起来，概括已知的，推测未知的，补充不足的而已。一个生活阅历丰富、知识积累厚重的人，想象必然优美、生动。

2. 联想

联想是一种以表象为基础的、由此及彼的思维活动。它的特点是由一事物想到另一事物。联想必须具备两个条件：一是要有丰富的表象储备，二是表象与表象之间要有因果、类似、相反等内在与外在联系。

联想是发送者拓展思维的手段，但也可以调动接受者的记忆表象，为接受者再造想象和创造想象提供条件，促使其与自己形成共振。可以说，联想为发送者和接受者提供了一片共享的具体形象的天地。

联想有如下几种形式：

第一，类似联想。

类似联想是指事物之间在性质、形态上有某些类似而引发的联想。

比如1930年，毛泽东为反对红军中的教条主义思想写了篇叫做《调查工作》的文章。但因严酷的战争环境，这篇文章遗失了。毛泽东为此耿耿于怀。1961年1月，毛泽东的秘书田家英终于在几经周折后在中央政治研究室找到了这篇文章。当他将其呈送给毛泽东时，毛颇有感触地说："失散多年的孩子终于找回来了。"[②]

---

① 《罗伯古典丛书》，第157页。
② 《党建文汇》1997年第8期，第27页。

　　这话就是他盼望找到他早年写的这篇文章，如同盼望找到失散的孩子一样而引发的联想。盼文章与盼孩子，在心情上有类似之处，所以联想得以引发。

　　第二，关系联想。

　　关系联想是指因事物之间存在着某种关系，自然由此联想到彼。

　　比如1982年1月13日，邓小平在中央政治局讨论中央机构精简问题会议上说："中央直属机关不是拆大庙，但小庙多得很嘛。还有每个庙的菩萨也太多，很有文章可做的，不要以为没有好多油水。"①

　　机构臃肿重叠、人浮于事，与庙宇多、菩萨多，这二者之间共同存在着摆设做样子的弊端，因此邓小平在谈到精简机构、压缩人员时，自然会引发庙宇和菩萨的联想。

　　第三，反向联想。

　　反向联想是指从此事物联想到与其相反的另一事物。

　　比如1959年2月下旬，在郑州召开的中共中央政治局扩大会议上，毛泽东说："等价交换在社会主义时期是一个不能违反的经济法则，违反了它就是剥夺农民；无偿占有别人的劳动成果，是剥夺农民，是不义之财。人民公社是半路插进来的干老子。老子怎么能剥夺儿子呢？这是我们所不许可的。"②

　　毛泽东在讲等价交换时，联想到它的反面——不等价交换的人民公社，是老子剥夺儿子。这一对比联想，给人以深刻印象。

　　第四，接近联想。

　　接近联想是指事物之间在时间或空间上相接近而引发的联想。

　　时间上相接近而引发的联想。例如，鲁迅是1936年10月19日在上海逝世的，到1946年10月19日，周恩来在上海鲁迅逝世10周年纪念会上讲话时，便引发了联想："鲁迅先生逝世那年也在谈判，到今天足足谈了十年了，还不能为中国人民谈出一点和平，我个人也很难过。"③

　　空间上相接近而引发的联想。例如，1965年5月25日，毛泽东重上井冈山，他对汪东兴等人说："我离开井冈山已经38年了。这次旧地重游，回忆起38年前的这段历史，心情总是非常激动的。为了创建这块革命根据地，不少革命先烈牺牲了自己的生命。"④

69

---

　　①　《邓小平文选》（1975—1982），人民出版社1983年版，第353页。

　　②　《跃进之后的反思》，载《翠苑·大纪实》。

　　③　《周恩来选集》（上卷），人民出版社1980年版，第240页。

　　④　《汪东兴日记》，第22页。

（二）抽象思维

抽象思维是与形象思维相对应的一种思维方式。它不是借助形象来直接、具体地反映事物，而是借助概念、判断、推理等逻辑手段对事物、问题进行间接的、概括的反映。因此它又叫逻辑思维。虽然它反映事物、问题，也要从感性认识出发，但它舍弃了客观事物、问题的个别、偶然现象，通过科学的抽象，对全部感性材料加以改造制作，使感性认识上升为理性认识。

抽象思维与形象思维虽是两种截然不同的思维方式，但在发送者的言辞表达中，二者是不能截然分开的，它们有着密切的联系。形象思维只有在一定的抽象思维的基础上才能形成；而抽象思维又是贯穿于形象思维始终的，它常常要依靠形象思维来体现其意图。

抽象思维在实际运用中需要以下几种手段：

第一，分析与综合。分析，是把事物、问题的整体分解为各个部分、各个方面、各个环节、各个因素的思维过程。它是抽象思维能力构成的最基本的要素。在抽象思维过程中，只有通过分析，发送者才能深刻认识事物、问题，接受者才能认识、领悟其见解。

综合，是把事物、问题的各个部分、各个方面、各个环节、各个因素联系起来的思维过程。它与分析正好相反。

分析与综合，虽然着眼的是两个相反的方面，但二者并非截然对立的两极，它们互相联系，密不可分。分析是综合的基础，没有分析，就不能综合；综合是分析的归结，没有综合，分析就不能正确进行。

分析与综合运用较为广泛，凡以议论这一基本方式出现的表达，诸如演讲、报告、发言、谈话、论辩等，都常常用到。在实践中，可从事物、问题的本质联系上，个性和共性的相互关系上，质和量统一的观点上，绝对性与相对性相互统一的观点上入手。

第二，归纳与演绎。这个问题将在"实用口才的表达艺术"一章的"逻辑艺术"中详尽解说。这里只简单提一下。

归纳是从个别到一般，演绎是从一般到个别。它们是抽象思维的重要手段。有时，形象思维也需要它们。

第三，抽象与概括。抽象，是排除事物、问题的个别的、偶然的、现象的因素，抽取出一般的、必然的、本质的因素。

概括，是把抽象出来的事物、问题的一般的、必然的、本质的因素归结在一起。

抽象与概括，是一个问题的两个方面：先有抽象，后有概括；没有抽象，也就没有概括。

　　1965 年 5 月，毛泽东重上井冈山，26 日在与陪同人员谈到博物馆、纪念碑时，他忆及当年在井冈山的战斗和工作，忆及为革命牺牲的无数先烈，如方志敏等之后，他接着说："现在，我们胜利了，要更好地建设社会主义中国，更好地建设社会主义的井冈山。"

　　这段表达，就是抽象与概括的运用。他先是抽象：排除当年井冈山斗争中若干个别的人，以及工作、战斗、流血、牺牲这些现象，抽取出"要为中国人民的解放……"这样一个一般的、必然的、本质的因素。然后概括：将抽象出来的因素归结为一个结论———要更好地建设井冈山。

（三）灵感思维

　　灵感思维是创造心理学上的一种特殊思维方式。它是发送者在进入言辞表达的角色时，由于事物、问题的偶然启发、触动，思绪豁然贯通，涌动如潮，由此产生对事物、问题的认识、评价。

　　灵感思维之所以在启发、触动中引发，是由于发送者过去的积累、阅历和思索。只不过当时没有获得萌发的契机罢了。而一旦有了这样的契机，思维被启发、被触动，原有的积累、阅历、思索就犹如打开的煤气灶，只要有一颗小火星挨近，就会呼地燃起熊熊大火。因此，没有生活体验、缺乏阅历、知识浅陋、思想简单的发送者，是难以萌生灵感思维的。

　　灵感思维的特点主要表现在两个方面：

　　1. 突发性

　　面对发送场合（尤其是被动适应的场合），发送者有时会感到一时间无从开口。正在思虑如何开口、开口后又怎样进行下去之时，突然获得一种契机，心灵被某一因素触动，霎时茅塞顿开，思维出乎意料地畅通，发出中肯恰当的、滔滔不绝的言辞。

　　2. 偶然性

　　它不是由发送者把握、主导的思维活动，而是完全被动地等待触动心灵的契机到来后才产生的思维活动。并且，这种契机不是必然到来的，也不是周期出现的，而是一种非常偶然的爆发。

（四）直感思维

　　直感思维是指发送者依靠自己对事物、问题的直接感觉来进行思维。它的特点是直观性、具体性。就是说，发送者在现场通过眼、耳、鼻、舌、身等感觉器官所获得的是什么感觉，就从这个感觉出发而表达出自己的认识和见解。

直感思维与灵感思维不同。灵感思维是由于某种契机的启发、触动，使心灵受到撞击而引发的，它事实上是发送者平时积累、阅历和思索的再现。而直感思维则完全是发送现场当时的具体感觉，可以不需要过去的积累、阅历与思索。

直感思维也不像抽象思维那样，要依靠概念、判断、推理等手段进行分析综合、归纳演绎和抽象概括，而全凭自己当时的感觉作出结论。因此，这种思维方式带有较多的或然性因素，也就是有可能如此而不一定如此。

在实际运用中，为了尽可能地减少直感思维的或然性，可与其他思维方式结合进行。过于自信的直感思维，容易陷入主观、盲目的泥坑中。

三、思维的态势

态势即形态、姿势。由于发送者自身的素质不同、所处的场合不同，对事物、问题的观察角度和认识深浅也不同。在进行思维的时候，便会以不同的态势出现。这里介绍几种常见的态势：

1. 正向思维

正向思维就是按照事物、问题的正常发展方向或人们观察、认识事物、问题的正常方向展开思维。

这种思维是一种最基本的态势。它直来直去，不拐弯，不抹角，丁是丁，卯是卯，完全按部就班、循规蹈矩。其所发言辞符合一般接受者的心理，认为"是这么回事"、"就是如此"；接受者既容易听清，又容易理解。但它难以启迪接受者的心灵，往往是"你怎么说，我怎么听"，很少产生思索效应。

2. 逆向思维

逆向思维又叫反向思维。它与正向思维相反：它不是按事物、问题发展的正常方向或人们观察、认识事物、问题的正常方向进行思维，而是从它们的反方向去展开思维。

这种思维态势由于不依成法，不按常规，出人意料，往往能收到独特效果，容易启迪接受者的心灵，引起深思。

3. 侧向思维

侧向思维就是不着眼于事物、问题的主流而着眼于支流，抓住一些看似无关的信息材料来发现问题，或展开新的联想。

本来，看问题要看主流，抓矛盾要抓主要矛盾。但在实际的言语交往中，有时撇开主流去抓支流，效果可能会更好。长江中含泥沙的量越来越大，如果只在江中修建一些拦泥沙的设施，是永远解决不了问题的。如果设法消除或减少每一条支流带下的泥沙，问题也就解决了。侧向思维的作用就在这里。

侧向思维在言辞上表现为迂回含蓄、言此意彼、影射暗示、声东击西。出于交际的需要，在某些场合，这样表达是更有好处的。

4．旁通思维

旁通思维就是摆脱思考的方向，完全跳出事物、问题的情景之外，从另外的、其他的渠道和角度来对待事物，处理问题。

《孙子兵法》有云："善出奇者，无穷如天地。"这种思维态势突破了思维逻辑圈子的限制，出奇制胜，效果非常明显。

战国时，魏国攻打赵国，赵国向齐国求救，齐派田忌率兵往救。田忌准备直接到赵国与魏军作战，军师孙膑对他说："现在魏国以精兵强将攻打赵国，老弱都在国内，你不如率军直扑魏都大梁，占据它的交通要道，冲击它没设防的地方，魏军一定要丢下赵国而赶回来救自己。这样，既解除了赵国的危困，又疲劳了魏军。"田忌听从了他的主张，魏军果然匆匆赶回，齐军以逸待劳，将其打得大败。这就是有名的三十六计中的"围魏救赵"之计。

孙膑的主张就是旁通思维的体现。要救赵却南辕北辙，根本不去理睬正在赵国肆虐的魏军，反倒跑到远离魏军的魏国去，获得的效果比直接去救赵更好。

旁通思维常产生于"此路不通"或"此路不便"之后，换一条路走，可能就通了，就便了。

旁通思维与侧向思维有某些相似之处，如都不走正常思维的方向，但它们明显的不同是：侧向思维并不脱离事物、问题框定的范畴，讲的仍然是这件事，只是从侧面迂回达到目的罢了。而旁通思维则要脱离事物、问题框定的范畴，去讲与之无关的、另外的东西。

5．模糊思维

模糊就是不清楚、不分明、不确定。客观事物是复杂的，思维不能在任何时候都以一种清楚、明白、确定的模式展开，往往呈现随机性和不确定性。这种思维态势就是模糊思维。

模糊思维所表达的言辞，既不是非好即坏、非此即彼的简单化，也不是凝固看待事物的机械化，而是随机应变。

按照表达基本原则的要求，说话应当清楚、明白、确定，但是在实际的人际交往中，有时只能以模糊思维发送模糊的言辞。倘若不模糊，反倒不妙。

1990 年伊拉克入侵科威特，酿成海湾危机。11 月 28 日，我国外交部部长钱其琛离京赴美，出席联合国讨论海湾危机问题的会议。登机前，各国记者围住他，有记者问道："中国是否就安理会授权对伊拉克使用武力的决议投赞成票?"钱其琛回答:"中国一贯的立场是主张和平解决海湾问题,避免使用武力,避免采取战争的行动。"记者又问:"那么您是说中国将投票否决那项决议吗?"钱其琛回答:"我没有这样说。"记者又追问:"那么中国将会弃权吗?"钱其琛回答:"我想我投票以后你们就知道了。"①

钱其琛的回答,全是在模糊思维支配下的表达。因为当时中国的态度需要保密,对记者的追问既不能不答,也不便以"无可奉告"之类的外交辞令打发,运用模糊思维的语言再好不过。

①《人民日报》1990年11月29日。

第三章　实用口才的表达艺术

　　实用口才虽然强调实用，但其支撑点毕竟是口才。没有口才，也就无所谓实用。口才是发送者的一种口头表达言辞的才能。这种才能体现着发送者掌握运用言辞的艺术。而艺术，指的是富有创造性的方式、方法。表达艺术佳，即所谓会说话，交际的目的就容易达到或很好地达到；表达艺术差，即所谓不会说话，交际的目的就不能达到或难以达到。因此，发送者不应当忽视表达的艺术；而应研究它，掌握它，使其很好地为自己的交际目的服务。

第一节　逻辑艺术（上）

在第二章第二节"合乎规矩"中，谈到言辞表达要遵守逻辑的要求，这显然是应当的。但是，由于发送者、接受者在原因、目的、时间、空间等方面的千差万别和错综复杂，有时又必须巧妙地应用逻辑要求来满足言辞交流的实际需要，甚至故意违反逻辑要求而造成某种特殊的言辞效果，以更好地达到交际的目的。

一、概念

（一）概念的含义及认识

1960 年中国接连发生大灾荒，毛泽东节衣缩食，7 个月不吃肉，身体健康受到影响。周恩来多次劝他吃点肉，均遭拒绝。宋庆龄从上海带来一网兜螃蟹送到毛泽东那里，毛泽东说："我说过，人民生活不好转，我决不吃肉！"宋庆龄说："这不是肉，这是螃蟹！"毛泽东无奈，只好收下。

这里就提出了一个概念的问题。

什么是概念呢？概念是反映客观事物本质及范围的思维形式。从客观事物抽象出概念，需要言辞；将概念表示出来，也需要言辞。言辞表达应当承认概念的确定性，以一定的言辞表达一定的概念。

按照概念的含义，有事物才会有概念。但概念又不是等同于事物的。在一定的条件和一定的场合，概念原来确定的意义可能发生转换。比如"油"，其本来意义在《现代汉语词典》解释为："动植物体内所含的液态脂肪或矿产的碳氢化合物的混合液体。"可"酱油"并非用酱熬制成的油；"这个人油得很"，并非这个人身上沾满了油。再如"老者"，本意为"年老的男子"，可贵阳人口中的"老者"，有时指"父亲"，有时则指"丈夫"，而他们可能都不是"年老的"。因此，言辞表达又要承认概念的灵活性，以恰当的言辞表达恰当的概念。

基于这种认识，在实际交往中，人们可以利用概念与事物、概念与言辞之间的这种关系，选择或者故意运用某些言辞造成特殊的表达，以获得更为理想的交际效果。

（二）概念用言辞表达的方法

1. 不同的概念用相同的言辞表达

戊戌政变中，谭嗣同（字复生）惨遭杀害，与其一同从事变法活动的康有为闻讯后，仰天长叹："复生，不复生矣！有为，安有为哉？"其"复生"与"有为"，在各句中虽然是相同的言辞，却是不同的概念。"复生"的前一个概念，指的是谭嗣同这个人；后一个概念，指的是"生命的复活"这件事。"有为"的前一个概念，指的是康有为自己；后一个概念，指的是"有所作为"这个问题。

由于不同的概念能够用相同的言辞来表达，发送者可以借此获得特定的效果：

①自我解嘲。一位教师在课堂上不慎带出一个口语："妈的！"旋即他便意识到了自己的不当。于是笑道："'妈的'这个词不一定是骂人的脏话，它有好几个意思：骂人，当然是一个，但还有鄙视、气愤之意，另外，还可以表示佩服、赞叹、喜欢。我刚才所要表达的，就是后面几个意思。"学生们都笑了。

②自我辩护。有人向楚王敬献了一种长生不老药，传达官捧着药走向楚王。一位侍卫随口问道："可以吃吗？"传达官回答道："可以吃。"侍卫一把抢过药来吞下肚去。楚王大怒，命令将侍卫处死。侍卫申辩说："我吃那药时明明问过传达官'可以吃吗'，他说'可以吃'我才吃的。因此，罪不在我，而在传达官。况且，别人献的是不死之药，我吃了药而被处死，这药岂不成了送死之药？大王处死我这个无罪之人，只能证明献药人欺骗了您。"楚王只好赦免了他。

③开玩笑及讽喻。清代，贵州才子周渔璜在京为官，有年回乡省亲，在家乡父老摆设的酒宴上，其幼时塾师对他说："鼻孔子，眼珠子，珠子高于孔子？"他随即应口而答："眉先生，胡后生，后生长过先生！"塾师言辞中的两个"孔子"，概念不同：前一个是鼻孔，后一个是人——孔夫子。周渔璜言辞中的"先生"和"后生"，前后所用，均为不同概念：前面指的是生长时间的先后，后面指的是学生和老师。彼此在酒宴上运用，显得气氛更加活跃。

④戏弄、惩治对手。维吾尔族的智慧人物阿凡提开了个理发店，可阿訇每次来理发都不给钱。这天，阿訇又来了。阿凡提在给他刮脸时问道："胡子要不要？"阿訇回答说："要！"阿凡提一刀将他的胡子割下来递给他："要就拿去吧！"阿訇大怒，阿凡提说："不是你自己说'要'吗？"阿訇气得干瞪眼。这时，阿凡提又问他："眉毛要不要？"阿訇赶紧说："不要！不要！"阿凡提嗖嗖两刀刮下阿訇的眉毛，顺手扔到地上："不要，那就丢地上吧！"阿訇气得要死，可又没有办法。两次都上了当，从此再不敢白上阿凡提的理发店了。

2. 相同的概念用不同的言辞表达

李老汉小名叫李老九，但又最忌讳别人当面说"九"字、发"九"音。

有一天，他不在家，家里只有刚过门的新媳妇。邻村的两位朋友想打趣一下新媳妇，便对他说："我是东村刘老九，他是西村孙老九。今天我们包了一笼韭菜饺，打了一壶老烧酒，特来邀请李老九，三人同饮开心酒，祝愿友谊永长久。"句句不离"九"音，要新媳妇如实转告公公。李老汉回家后，媳妇便告诉他："东村有个刘三三，西村有个孙四五。包了一笼香叶饺，打了一壶老白干，请您去喝连盅数。祝福友谊延终古。"新媳妇既如实地转达了朋友的意思，又回避了"九"的发音。她采用的就是用不同的言辞表达相同的概念的方法。

由于相同的概念可以用不同的言辞来表达，发送者便能借此获得独特的交际效果：

第一，减少重复，丰富语汇。

丈夫看了一场精彩的篮球赛回来，向同是篮球迷的妻子描述道："真是精彩极了！在终场前5分钟，梦雪队8号一个远程砸眼命中，12号飞身勾篮得手，9号快速冲刺进网，6号侧身装筐又添两分。一下反败为胜！"其中的"砸眼命中"、"勾篮得手"、"冲刺进网"、"侧身装筐"，虽是不同的言辞，但表达的都是"球进了篮网"这样一个概念，显得活泼、形象。如果都用相同言辞，就呆板无味了。

第二，避免忌讳，便于接受。

某先生死了妻子，其许久不见的熟人偶然碰见他，如果说："听说你老婆死啦？用不着太难过。"某先生听了，心里会很不是滋味。如果改成："听说夫人不幸？请节哀自重。"某先生听了，就容易接受。现实生活中，一个落后的人，你说他"落后"，他就不舒服，但你说他"后进"，他就感到还差不多。同样，一个人脾气不好，你也不能直接这样对他说，如改为"你的个性较强"，他就认可了。

第三，防止误听，传递准确。

某先生接到在外地工作的朋友出差到本市后打来的电话："我住在云杉饭店101号房，请来一晤。"他将"101"听为"707"，跑去找了半天，费尽周折才找到。如果那位朋友将"101"换为另一种表达——"幺洞幺"，某先生就不会听错了。为了防止这种误听，民航、铁路、水运、传呼、话务等部门，都往往采取以另一种言辞来表达某些易于含混的概念的做法。如将"727"发送为"拐两拐"。

第四，委婉含蓄，迂回前进。

大学即将毕业的女儿回家告诉父亲："我们班一个条件很不错的女生，爱上了年龄比她大十多岁的老师。"父亲说："这有什么稀奇。"女儿问："那么，你不反对这个女生的选择啰?"父亲答:"我怎么会反对呢?"女儿便说:"那个女生就是我。"女儿就是以"一个条件很不错的女生"这一言辞,来表达"我自己"这一概念的。如果她直说"我爱上了年龄比我大十多岁的老师"就很可能立即招致父亲的反对,而换了一种说法,至少可以在一定程度上制约父亲的反对。

(三) 注意言辞表达中的概念

利用言辞与概念的关系,可以获得表达的艺术效果,但也并不是说,表达者可以随心所欲地以言辞支配、主宰概念。在讲求概念的艺术时,对概念的某些方面加以注意,既可避免误用,又可提高表达的艺术效果。

1. 明确概念的内涵与外延

内涵指的是概念所反映的客观事物的本质属性,外延指的是概念所反映的客观事物的范围。在表达时,应予以明确,否则会出差错。

某小学老师在对学生进行思想品德教育时,讲到"给予胜于接受"。一个学生即抢着说:"是的,我爸爸在工作中总是努力给予别人,竭力避免接受。"老师说:"太好了,向你爸爸学习。他是干什么工作的?"学生说:"拳击运动员。"这里,学生对"给予"和"接受"的内涵与外延都未能明确,所以造成笑话。

2. 区分概念的种类

概念有单独与普遍、集合与非集合、相对与绝对、正与负之分,不能混同。在表达时应区分开来。

某人父亲去世,他上班后,一同事对他说:"真对不起,这次你父亲去世我都抽不开身去看看,下次一定去。"此人听后怒不可遏。因为同事将"父亲去世"这一单独概念当成普遍概念来用了。

3. 认识概念之间的相互关系

概念之间存在着同一、交叉、属种、矛盾、反对、并列等关系,在表达时要认识清楚,不能混淆。

阿凡提焖好一盘抓饭,从门外洗手回来后,见一只狗在门边舔嘴,疑心饭被狗吃过,便去请教大毛拉。大毛拉说:"书上有记载,饭离狗40尺远,也会沾上狗气。这饭不能吃。"说罢贪婪地吞了一口口水。阿凡提看在眼里,便说:"真是太可惜了,我本来是想请您去一道吃的。"大毛拉一听,赶忙说:"等等,你说的是什么样的狗?"阿凡提答:"是只癞狗。"大毛拉叫道:"哎呀,这饭是可以吃的。因为书上说的是'狗',而并没有说'癞狗'。"阿凡提大笑。狗"和"癞狗"是本质属性相同而具属种关系的两个概念,"狗"是属概念,"癞狗"是种概念。大毛拉将"癞狗"排除在"狗"之外,当然要遭讥笑了。

4. 把握概念的定义和划分

定义是明确概念的内涵，划分是明确概念的外延。表达时应予以把握，否则要出差错。

父亲从老师那里得知自己上小学二年级的儿子上课时未完成课堂作业，便问儿子："你们班上谁最懒?"儿子答："不知道。"父亲启发他："想想，当所有同学都在认真做作业时，是谁东张西望不做作业?"儿子马上说："老师。"儿子的回答，就未能把握概念的划分。父亲问话中"你们班上"指的是"同学"这个母项，而儿子的回答则超出了母项规定的范围。

5. 掌握概念的概括与限制

概括是减少概念的内涵而扩大概念的外延，限制是增加概念的内涵而缩小概念的外延。二者在表达时都要吃准，不能含混。

隋文帝杨坚素爱仁德贤惠的长子杨勇，而不喜欢浪荡凶残的次子杨广，立意传位于杨勇。后杨坚病重，弥留之际对侍臣说："速召我儿。"觊觎帝位已久的杨广早与侍臣串通，侍臣得旨，便召杨广至榻前受命，杨坚此时已无能为力了。杨广遂得继位，成为隋炀帝。造成这一错误的原因，就是杨坚的"速召我儿"概括过分，外延扩大到无所指。杨坚有儿甚多，既可是杨勇，也可是杨广，还可是其他。如果他对"我儿"这一概念加以限制，使外延缩小为"我大儿"或"我儿杨勇"，就不会有此后果了。

二、判断

(一) 判断的含义及认识

判断是对事物有所断定的一种思维形式。

在现实生活中，人认识了事物，产生了反映这些事物的概念之后，就要运用概念并通过言辞作出各种判断。判断是言辞的思想内容，言辞是判断的表现形式。如西晋清谈家王戎幼时与一群孩子嬉戏，当他们发现路边一李树结满了果实时，孩子们都争相前去摘取，唯独王戎坐着不动。有人问他何故?他说："树在道边而多子，必苦李也。"果然，他的判断不错。

判断有真假之分。凡如实地反映客观事物情况的判断，就是真判断，如王戎的判断。而没有如实反映客观事物情况的判断，就是假判断。如战国时的名家公孙龙，他坚持认为"白马非马"。一次他骑一匹白马要出关，关吏根据当时的法令不准马出关，他说："此乃白马，而非马也。"关吏当然不听他这一判断。因为他的判断将白马排除在马之外了，未能如实反映客观事物的情况，这就是一个假判断。实用口才要求发送者在进行判断时，要尊重客观事实，作出真实的判断。

但是，实用口才着眼于实用，从现实的交际角度出发，有时又不能完全排除假判断。在某些场合，假判断可能比真判断更富于表达艺术，能产生更理想的交际效果。

齐国的晏子出使楚国，楚王为了侮辱他，故意捆绑一个人从他面前走过，然后对他说："这是个齐国人，犯了偷盗罪。你们齐国人是不是有偷盗的习惯？"晏子说："桔生淮南则为桔，生于淮北则为枳。它们只是叶子相像，果子的味道却完全不同，这是因为水土不同。现在，老百姓生长在齐国不偷盗，一到楚国就偷盗，恐怕是楚国的水土使老百姓习惯于偷盗吧？"晏子的判断就是假判断。桔和枳，本来就是两个不同的品种，淮南的桔树不可能到了淮北就变成了枳树。然而晏子用于此，却起到了很好的驳斥、奚落楚王的作用。这是晏子运用判断的高明之处。

（二）判断用言辞表达的方法

1. 相同的言辞表达不同的判断

汉语中存在着一语双关的现象，一句话说出来，可能是这个意思，也可能是那个意思。如某教师匆匆走在校园的路上，一熟人问他："干啥去？"他回答："我上课去。"其中就包含了两种意思：一是我去给学生上课，二是我去听某老师讲课。在实际交往中，发送者出于某种原因，对某些事物、问题不便明确表达一定的判断，或者为了获得特殊的效果，故意不明确表达一定的判断，便可运用相同言辞表达不同判断的方法，言于此而意在彼，从而实现交际的目的。

①挖苦嘲讽。某乡村小学向学生乱收费，凡送礼给校长的，均得减免。一天一位家长捉了两只肥鸡送给校长，校长故作姿态说："我要是收下你的鸡，我又没精力去喂养它，岂不会饿死了？我要是不收下，你一番好意送来，岂不有失礼节？这叫我咋办呢？"家长说："请校长务必收下。朱夫子不是说过，'饿死事小，失节事大'吗？"

②戏谑逗趣。盛夏，一对师生远足郊外。老师年已四十而未婚娶，学生贪玩不爱学习。二人走过一片竹林，老师指着竹子说："旧竹先生，新竹后生；后生怎比先生高节？"学生知道老师借题发挥在批评自己。一会儿走过一块西瓜地，学生指着西瓜，仿照老师口吻说："西瓜小子，冬瓜大子，大子不如小子多仁。"老师明白学生在对自己平时的过于严厉提出批评。这时，他们已走到江边，望着江上摇荡的帆船，老师说："摇破彩舟，一片帆，都因浪荡。"

学生悟出老师是在暗示自己放荡不羁而使老师心烦。他们信步走进江边小庙，望着龛上燃尽的蜡烛，学生觉得也应提醒一下老师，年纪不饶人了，不要再挑了："烧残银烛，两行泪，只为风流。"师生二人所说，表面上似乎都是对眼前所见的客观事实作出判断，而实际上都含有另一层意思，彼此都不明示，形成一种有趣的戏谑。

③应付敷衍。某公司欠外债较多，这天，来了不少讨债人。公司的所有椅子都被坐满了，还有一个人站在门边。被三角债搅得焦头烂额的经理无计可施，给大家说了一大堆好话，可谁也不肯离去。这时，公司一职员走到门边，悄悄对站在门边那个讨债人说："请你明天早点来。"那人大喜，以为明天要先还自己的钱，于是对大家说："看来今天确实是讨不到了，不如我们先回去，明天再来吧。"大家觉得也是，便散去。第二天一早，还不到上班时间，那人就赶到公司来了，正好遇见昨天那位职员，便说："怎么样？今天我来得最早，该还给我了吧！"那职员说："经理昨晚出差去了。昨天我叫你早点来，是见你站在门边没椅子坐，今天早点来不是有椅子坐了吗？"那人气得不行，但又没法指责职员。

④谐音达意。一对夫妇为求某乡干部给开张证明外出打工，特意提了一只大公鸡去，丈夫在前，妻子提鸡在后。乡干部打着官腔说："这证明嘛，不是随便开的；你们外出的条件不够……"妻子赶紧站上前来，将大公鸡送到他面前，他又接着话茬说："……谁还够呀？好，我马上给你们开！"拿到证明后，丈夫对乡干部说："我们外出后，希望你不要听信那些无稽（鸡）之谈，千万要见机（鸡）行事啊！"

2. 用不同言辞表达相同判断

汉语中又存在多句一义的现象，同一个意思，可以这样说，也可以那样说。比如要表达"他非常高兴"这样一个判断，就可用这些言辞：他笑容满面、他兴奋极了、他眼里闪着欢愉的光、他心花怒放、他欢快地跳跃着……由于言语交际的环境和对象的不同，有时，用某种言辞表达某一意义有所不便或效果不佳，就可以改换另一种言辞来表达同样的判断。在交际中，发送者可以根据当时的情景，从众多言辞中选择更为恰当的，以收到独特的效果。

①婉曲回避。孙山和一同乡之子同去应考，孙山被录取为最末一名，同乡之子则未考上。孙山先行回家，那位同乡急忙赶来问他儿子考上没有。孙山便仿欧阳修《踏莎行》中"平芜尽处是春山，行人更在春山外"句式，对他说："解名尽处是孙山，贤郎更在孙山外。"宋时，因乡试第一名叫"解元"，所以乡试也叫"解试"。"解名"就是"解试"录取的名次、名单。孙山没有直接告诉他儿子未考上的事实，而换了一种不使他难堪受窘的说法。

②幽默诙谐。1963年12月26日是毛泽东70岁生日。这天，工作人员朱仲丽向他祝贺时，调皮地说："请给一碗长寿面吃呀，祝您长寿！"毛泽东爽快地说："好，我请你吃一个大烧饼！"见朱仲丽不解，他又笑着说："烧饼不是'〇'吗？等于零。"接着，毛泽东谈了他不主张做寿的看法。这里，毛泽东就用了一种幽默诙谐的言辞来表达他的判断。

③调侃捉弄。在宋代，"鸟"是骂人的话，如《水浒传》中李逵、鲁智深等骂人，均不离此字。苏东坡与佛印和尚是好朋友，二人常开玩笑。一天，苏东坡想捉弄佛印，便对他说："古人作诗，常常把'僧'与'鸟'相对，比如'鸟宿池边树，僧敲月下门'。"佛印当然明白苏东坡之意，便答道："今天，我这个'僧'，正好与你相对而坐！"佛印也是变换另一种言辞，把苏东坡给捉弄了。

④回击挑衅。一位美国记者采访周恩来，见周的桌上放着一支美国产的派克钢笔，便不怀好意地挑衅道："请问总理阁下，中国一贯视美国为头号敌人，你一个堂堂的中国总理，为什么连钢笔都要用我们美国的呢？"周恩来一笑，说："谈到这支钢笔，话就长了。这是一位朝鲜朋友抗美战利品，作为礼物赠送给我的。我觉得有意义，就收了这支贵国的钢笔。"周恩来以另外的言辞表达了"你们美国侵略朝鲜，却是中朝人民的手下败将"这样一个判断。

3. 用疑问言辞表达确定判断

含有疑问的言辞，一般都是不表达判断的。例如，你听懂了吗？他是谁？你到哪去？什么是实用口才？为啥不理我？这些言辞，只是提出了问题，而并未断定什么——既未肯定，也未否定。所以，它们不表达判断。

但是，在实际的言语交往中，发送者却可以借用含有疑问的言辞来表达自己的判断。这种借用，是一种故意行为，是无疑而问。之所以要问，是表达艺术的需要，是为了获得更理想的表达效果。

根据发送时目的的不同，用疑问言辞表达判断分为两种形式：

第一，设问。设问是为了引起接受者的注意和思考，故意设置问题来表达某种判断。它有三种情况：

一是自问自答。它的疑问不是目的，目的在于引出自己的回答。其判断不在疑问的言辞之中，而在之后。如1942年10月7日，陈云在延安军事干部上的讲话，在谈到有的人不愿意别人说自己的短，而喜欢说别人的短时，他说："什么东西在作怪？面子、地位。请教别人，是否丢脸？并不丢脸。"①

二是问而不答。它虽然提出了疑问，但这种疑问是无须回答而接受者自然

83

① 《陈云文集》（1926—1949），第192页。

明白的。它的不答，不等于没有答案，而是用不着答罢了。如 1989 年 12 月 26 日，邓小平会见泰国总理差猜，讲到西方国家对中国实行制裁时说："他们使用经济手段，也使用政治手段，如高级官员不接触。这个东西对中国有什么影响？"①

三是问了之后，又经过分析、论证，然后才以结论作答。如 1949 年 12 月 23 日，周恩来对参加全国农业会议、钢铁会议、航务会议人员的讲话。他先提出问题："全国财经计划是根据什么观点、什么理由制定的呢？"然后从承受负担、恢复生产、开源节流、掌握政策四个方面进行分析阐述，得出答案。②

第二，反问。反问是为了加重语气、增添感情色彩，故意运用疑问言辞来表达判断。它与设问不同的是：设问需要有答案，反问不需要有答案，答案就在反问之中。它有两种情况：

一是用否定的疑问言辞表达肯定的判断。如 1989 年 9 月 4 日，邓小平同几位中央负责同志谈话时说："五十年代，广大党员和人民讲理想，讲纪律，讲为人民服务，爱党、爱国家、爱社会主义，这样的社会风气和道德面貌不是很好吗？三年困难时期，党和人民不是团结奋斗，渡过了难关吗？"③

二是用肯定的疑问言辞表达否定的判断。如 1945 年 4 月 24 日，毛泽东在"七大"所作政治报告中，讲到国民党要召开"国民大会"，但人民不能参加选举时说："在这种情况下，哪里来的国民代表？哪里来的'国民大会'？……如果这个会开成了，势必闹到全国人民群起反对，请问我们的反人民的英雄们如何下台？"④

4. 用否定言辞表达肯定判断

肯定和否定是互相对立的，二者形同水火，肯定就不能否定，否定就不能肯定。但是，有时为了加强语气，强调某种因素，发送者可以用否定言辞来表达肯定判断。例如，"不信我赢不了你"，表达的是"我一定赢得了你"，"不获全胜决不收兵"，表达的是"只有获得全胜才收兵"。

美国作家马克·吐温的长篇小说《镀金时代》发表后，国会中一些议员提出诘难。马克·吐温异常愤怒，不禁骂道："美国国会中有些议员是狗娘子养的。"国会议员大为恼火，要找他算账。于是他便对记者发表谈话："前些

① 《邓小平文选》（第三卷），第 329 页。
② 《周恩来选集》（下卷），第 3～7 页。
③ 《邓小平文选》（第三卷），第 318 页。
④ 《毛泽东选集》（一卷本），第 969 页。

天我说'有些国会议员是狗娘子养的',经再三考虑,觉得此言不妥,现修改为:'美国国会中有些议员不是狗娘子养的。'"虽然改用了否定言辞,但仍然表达了原来的肯定判断。

(三) 复合判断的言辞表达

有些判断中还包含其他判断,称之为复合判断。复合判断不能用一个简单的语句来表达,需要两个或两个以上的语句。

1. 联言判断

这是一种断定两种或两种以上事物情况同时存在的判断。

言辞表达中运用联言判断,使多个语句并列推出,可以形成一种对偶整齐的格局,既显现反差,又强化语气,增加了表达效果。如"五四"运动中,北大学生罗家伦的演讲词:"中国的土地,可以征服,而不可以断送;中国的人民,可以杀戮,而不可以低头。"

2. 选言判断

这是一种断定事物有几种可能情况的判断。

言辞表达中运用选言判断,将几种可能的情况同时推出,可以启迪接受者的思维,给其以进一步思索的余地。如某局长涉嫌受贿,纪检干部启发他说:"有问题不主动交代,轻则受党纪、政纪处分,重则受法律惩办。"后来,这位局长有悔改之意,说再想想,明天再跟纪检干部谈。纪检干部说:"很好。明天要么你到纪检委来,要么我们到你那里去。"

3. 假言判断

这是一种断定一个事物存在是另一个事物存在的条件的判断。

这种判断由于发送者的结论是有条件的,条件不存在,结论就不存在,因此,言辞表达中运用假言判断,可以见机行事、灵活机动。如美国作家萧伯纳成名后,舞蹈家邓肯向他求爱说:"如果你答应同我结婚,我会为你生下一个像你一样聪明,像我一样漂亮的孩子。"萧伯纳也如法炮制地说:"如果你嫁给我,生下的孩子就会像我一样难看,像你一样愚蠢。"

(四) 注意言辞表达中的判断

利用言辞与判断的关系,在作出判断时可以获得表达的艺术效果。但也并不是说,表达者可以随心所欲地以言辞支配、主宰判断。在讲求判断的艺术时,对判断的某些方面加以注意,既可避免误用,又可提高表达的艺术。

1. 判断的全称与特称

全称指的是断定某类的每一个对象都具有或不具有某种性质,特称指的是断定某类的部分对象具有或不具有某种性质。

全称有时前面要加"所有"、"一切"、"任何"、"凡是"等量词，但有时不加，也是全称。如"人是要吃饭的，路是要用脚走的，子弹是可以打死人的"。其中的"人"、"路"、"子弹"，都是全称。特称有时前面要加"有的"、"有些"、"这些"、"这个"、"不少"等量词，但有时不加，也是特称。如"北京是中国的首都"、"纽约不是美国的首都"、"林肯是美国总统"，其中的"北京"、"纽约"、"林肯"，都是特称。

了解了这一点，在言辞表达中，就要注意区分全称与特称，混淆就会出差错。

一位省领导到某县检查工作，县府办公室主任向他汇报说："当前春耕大忙，几乎所有的县长、副县长都下到基层去了。其他县长、副县长除主持日常工作外，也都抽空到基层去。"听得省领导莫名其妙。因为一个县只能有一个县长，应是特称，主任却用了全称，在县长前加了"所有的"和"其他"。

2. 判断的主项和谓项

主项指的是判断中表示判断对象的概念，如"北京是中国的首都"中的"北京"。谓项指的是判断中表示对象具有或不具有的那个性质的概念，如前面判断中的"是中国的首都"。

言辞表达中，主项与谓项的搭配要恰当，不能矛盾，否则就要犯表达不清的错误。如说："大连是我第一次看到的海滨。"大连并非海滨，而是城市。可改为："大连是我第一次看到的海滨城市。"又如说："在我们去深圳的路上，正是五一劳动节。""路上"是哪一天？且路上是有长有短的，要是从新疆乘汽车、火车到深圳，那路上不知要有多少天，而"五一劳动节"只能是确切的一天。可改为："我们出发去深圳那天，正好是五一劳动节。"或者"我们出发后的第三天，是五一劳动节"。

3. 判断的关系

任何事物都具有或不具有某种性质，形成性质判断。而事物与事物之间总是存在着这样或那样的关系，因此又形成关系判断。关系判断就是断定事物与事物之间关系的判断。如王安石之子王雱在几岁时，有位客人用一个笼子装了一只獐和一只鹿送给他。客人问他："哪只是獐，哪只是鹿？"由于两动物尚幼，外形都差不多，王雱区分不了。但他知道二者之间存在着某种关系，于是说："獐旁边的是鹿，鹿旁边的是獐。"人们无不称赞他的聪明。

在言辞表达中，要正确认识事物之间的关系才能作出恰当的判断，关系未理清，判断就失误。如两位好朋友订娃娃亲，男孩 2 岁，女孩 1 岁。可订好亲后，女孩之父反悔了，他说："你儿年龄比我女大一倍。现在他 2 岁，我女 1

岁；到他 20 岁时，我女才 10 岁；等我女 20 岁时，他已 40 岁了，当爹都可矣!"这位父亲将男长女一岁的关系，误认为长一倍的关系了。

4. 对判断中概念的理解

判断是由概念构成的。如果对判断中概念的理解有误，那么所作判断也必然有误。

有位教师头天夜里打麻将熬了个通宵，第二天上课时疲惫不堪，于是布置学生看书，自己便伏在讲台上呼呼大睡起来。一个学生将他摇醒，问他《论语·公冶长》中的"宰予昼寝"是什么意思。他从梦中醒来，揉着眼睛说："宰，就是杀；予，就是我；昼，就是白天；寝，就是睡觉。这四字连起来就是说："即使杀了我，我也要在白天睡觉。"讲台下学生大哗。一个成绩优秀的学生站起来说："老师，据我所知，宰予是一个人的名字，他是孔子的学生。有一次他白天睡觉，孔子批评他：'朽木不可雕也。'"

第二节　逻辑艺术（下）

一、推理

（一）推理的含义及认识

推理是由一个或几个已有的判断，推出一个新判断的思维形式。

法国生物学家居维叶对学生要求很严。一次下午要考试，几个顽皮的学生想捉弄老师，便在他午睡时装扮成怪物爬在窗台上尖叫。他猛地被惊醒，睁眼看看那怪物，又倒头睡下，口中自语道："这怪物头上有角，腿上是一双蹄子。有角、有蹄的动物，都是食草动物；食草动物是不吃肉的，我怕啥?"学生见吓不倒老师，只好溜走了。

居维叶的言辞表达，就是推理。他以"有角、有蹄的动物都是食草动物"和"食草动物是不吃肉的"这两个已知的判断，推导出一个未知的新判断——我怕啥?

推理是由前提和结论两部分组成的，前提是已有的判断，结论是推出的新判断。它们二者之间还存在着一种推理根据——前提与结论之间的逻辑联系。如果没有这种逻辑联系，就不能从前提推出结论。比如"中国是一个文明古国，中国人民是勤劳勇敢的"。这两个判断各自对事物作出判定，二者之间不存在逻辑联系，后者不是由前者推出的。因此，要使推理成立，它的前提必须是真实的，形式必须是正确的；否则，其推理就是虚假的。

与概念、判断一样，推理也要依存于言辞材料。不同的是，概念依存于词或词组，判断依存于语句，而推理则依存于句群或句组。推理的前提和结论之间，往往用连接词表达。如"因为……，所以……"；"既然……，就……"；"由于……，因此……"等。或者在结论前加上"所以"、"因而"、"为此"、"就"、"于是"、"由此可见"等。由于口语表达有一定的语境，因此有时表示前提和结论的推理关系的上述连接词常常在表达中省略掉。并且，前提与结论的位置，有时也可以颠倒。

推理是表达者认识事物、总结经验、表述论证的手段。它的运用，使言辞表达的逻辑艺术更趋完美，更具魅力。

（二）推理用言辞表达的方法

1. 直接推理

直接推理是指由一个前提直接推出一个结论的推理。

1944 年 9 月 8 日，毛泽东在延安追悼张思德的集会上说："因为我们是为人民服务的，所以我们如果有缺点，就不怕别人批评指出。"这就是一个直接推理。前提是"因为我们是为人民服务的"，由此直接得出"所以我们如果有缺点，就不怕别人批评指出"的结论。

2. 演绎推理

演绎推理是指根据已知的一般性知识，得出某种特殊事实的新知识的推理。

演绎推理及下面将要讲到的归纳推理、类比推理，都属于间接推理。间接推理是指由两个或两个以上判断作为前提而推出结论的推理。

演绎推理是从一般到个别（或特殊）；前者是已知的，后者是推出的。如一司机违章，警察要罚他的款，他不服。警察问他："你违章没有？"他答："违了。"警察又问："你知道不知道违章要罚款？"他答："知道。"于是警察便说："既然违章了，又知道要罚款，那为啥不服呢？"司机无话可说。警察前两句问话，是已知的知识，后一句则是由前两句推出来的新知识。

演绎推理由于前提是具有不同类型的判断，所以它也分为几种类型：

①三段论。它是指由两个包含着一个共同项的判断推出一个新判断。第一个判断叫大前提，第二个判断叫小前提，第三个判断叫结论。

三国时，吴主孙亮爱吃梅子。一天，他叫太监去库房取蜂蜜来渍梅子。蜂蜜取来后，他发现蜜中有老鼠屎，便责问太监。太监说，这是库吏渎职所致。召来库吏，库吏说，他交给太监时并没有。他俩互相透过。有人主张将二人一起治罪，孙亮说他自有办法。他叫卫士当众剖开鼠屎，见里面是干燥的，于是叫人拿下太监。太监叫屈，孙亮说："要是鼠屎先在蜜中，里外都应浸湿；而今鼠屎里面并未浸湿，所以鼠屎不是先在蜜中的。这不是你后放进去的是谁?"太监赶紧求饶，承认他想陷害库吏。

孙亮的话就是一个三段论。其大前提"鼠屎先在蜜中，里外都应浸湿"与小前提"里面并未浸湿"有一个共同的项——浸湿，由此推出结论——鼠屎不是先在蜜中的。

在实际的言辞交际中，三段论的三个判断（以及下面将要讲到的其他推理），有时不一定都要说出，可以根据当时表达的语境省略掉某一个。例如：

老师对近一段时间不太遵守纪律的文娱委员说："你更应该严格要求自己（结论），因为你是班干（小前提）。"省略了大前提——班干应该严格遵守纪律。

老师批评一位后进的团员说："团员都要起模范带头作用吗（大前提），你怎么能这样呢（结论）?"省略了小前提——你是团员。

老师对全班学生说："我们的事业是正义的（小前提），正义的事业是永远也攻不破的（大前提）。"省略了结论——我们的事业是永远也攻不破的。

②关系推理。它是指以关系判断为前提和结论的推理。它是根据关系的逻辑性质进行推演的。

汉代，三朝元老颜驷一直未被重用。一次武帝问他何故？他说："文帝好文而臣好武，景帝好老而臣尚少，陛下好少而臣已老，故三世不遇。"他认为，他之所以如此，是由于某种关系所致。其推理就是关系推理。

③联言推理。它是指前提或结论是联言判断，并根据联言判断的逻辑性质进行推演的推理。

犹太人曾经一直被人看不起，驴子在欧洲也常被认为是愚蠢的动物。德国著名诗人海涅是犹太人，因此常常遭人耻笑和攻击。一次，一位学者对海涅说："我最近刚从塔希提岛旅行回来，你猜最使我感到惊讶的是什么？——这个岛上既没有犹太人，也没有驴子!"海涅立即回敬道："我俩一起到那岛上去，那就既有犹太人，又有驴子了!"他们二人所言，都是联言推理。

④选言推理。它是指前提中有一个是选言判断，并且根据选言判断的逻辑性质进行推演的推理。

《三国演义》中诸葛亮三气周瑜，周瑜临终前大叫："既生瑜，何生亮!"就是一个省略了大前提"要么生周瑜，要么生诸葛亮"的选言推理。它只有小前提"既然生了周瑜"和结论"不能再生诸葛亮"。

⑤假言推理。它是指以两个或两个以上的假言判断为前提的推理。它有肯定的和否定的之分。

肯定的假言推理，如清代纪晓岚《阅微草堂笔记》中所载：伊犁城中无井，平时用水皆汲于城外河中。后来，城被叛军围困，城中军民眼看因无水而不能生存。这时，一个官佐对将军说："戈壁皆积沙无水，故草木不生。今城中多大树，如果其下无水，怎么能活？因此，城中地下必定有水。"于是在大树下挖掘，果然有水。

否定的假言推理，例如，自称张铁嘴的算命先生在街头大吹大擂，说他能占卜吉凶祸福，料事如神。小杜听后，装着气喘吁吁地跑来对他喊道："哎呀，张大师呀，你还不快回去！你儿子被汽车撞伤了！"张铁嘴大惊，赶紧收起摊子就跑。小杜哈哈大笑地对众人说："其实他儿子并没出车祸，我只是想戳穿他的谎言。如果他能占卜吉凶祸福，那么他就应当知道他儿子并没有出车祸。现在，他不知他儿子并未出车祸，可见他根本不能占卜吉凶祸福。"

⑥二难推理。它是指由两个假言前提和一个选言前提构成的推理。它之所以叫"二难"，是因为表达者说出具有两种可能的大前提，使对方不能肯定或否定其中的任何一种可能，陷入进退维谷、左右为难的境地。

某学院要提拔一位品行端庄、学识渊博、上课又棒的教师担任系里的领导。这位教师曾经担任过行政领导，现在只想在学术和教学上有所建树，便对同他谈话的组织代表说："我不能胜任这个职务。"代表问："为什么？"他答道："如果我说的是真话，那就不应提拔我——明明不能胜任，干吗还要提拔？如果我说的是假话，那就更不应提拔我——一个说假话的人，怎么能够提拔呢？总之，无论我说的是真话还是假话，都不能提拔我。"

二难推理是有两个选言肢的，如果有三个、四个选言肢，则构成"三难"、"四难"，但在习惯上仍然统称为"二难"。

⑦复合判断推理。这是一类包含若干种方法的推理，如假言易位、假言联锁、假言联言、反三段论等。这里仅讲两种——假言易位和假言联锁。

假言易位，指的是前提是一个假言判断，而结论是这个假言判断前、后件位置的交换。例如："如果骄傲使人落后的话，要不落后，就不能骄傲。""只有努力学习，才能取得好的成绩；你取得了好的成绩，是由于努力学习。"

假言联锁，指前提和结论全部由假言判断构成。如子路问孔子：治理卫国首先干什么？孔子说："正名。"子路不解，孔子便说："名不正，则言不顺；言不顺，则事不成；事不成，则礼乐不兴；礼乐不兴，则刑罚不中；刑罚不中，则民无所措手足。"[①] 第一个假言判断的前件制约着它的后件，而这个后件，又作为第二个假言判断的前件，并制约它的后件，以此类推。

---

① 《论语·子路》。

3．归纳推理

前面所讲演绎推理是由一般到个别（或特殊），而归纳推理则相反，它是从个别（或特殊）性前提，推导出一般性结论的推理。

一百多年前，德国某小学低年级一个班的学生上课时不听话，老师罚他们做算术，从 1 一直加到 100。其他学生都在埋头计算，只有一个学生立即就交了卷，而且答案完全正确——5050。老师非常奇怪，问他为什么一下就算出来了？他回答道："这道题目有一个快做的方法：100 加 1，是 101；99 加 2，是 101；98 加 3，是 101……这样，就有 50 个 101 。因此答案是 5050。"老师又惊又喜。这个学生用的就是归纳推理。他就是后来成了大数学家的高斯。

归纳推理前提的数量是不确定的，可多可少，并且，它的结论具有或然性，其可靠程度有时需要进一步证明。为使其可靠，应采取科学的态度，用科学的方法。

4．类比推理

类比推理就是根据两个对象在某些属性上类似而推出其他属性也类似的推理。

《晋书·孔愉传》载：孔群好酒如命，王导劝他说："你成天这么狂饮，没见卖酒人家盖酒坛子的布常常被酒气熏得糜烂不堪吗？"王导用类比推理告诫他：酒会刺伤肠胃。不想，孔群也用类比推理辩解："你不见用酒腌肉会存放得更久吗？"

同归纳推理一样，类比推理的结论也具有或然性。像孔群的推理，就不能认为是正确的。要提高类比推理结论的可靠性，一是前提中确认的相同属性要尽量多；二是类比要在同一系列属性上进行。否则，就会陷入机械类比的泥坑。

二、证明

（一）证明的含义及认识

证明指的是根据一个或几个真实材料来断定另一判断的真实性的思维形式。

证明是各种推理和逻辑方法的综合运用。在言辞表达中，它常常用来巩固自己的主张、看法，或反驳对方的主张、看法。它主要用在演讲、论辩、报告、谈判等需要说理的场合。

证明的结构包括论点、论据、论证三个部分。论点和论据，在第二章第四节"表达的言辞方式（下）"中已经讲到，不再赘述。

（二）证明用言辞表达的方法

1. 立论

①演绎法。演绎法就是用演绎推理的形式来证明论点的方法。由于演绎法是以一般原理、原则为论据的，因此，只要发送者所依据的一般原理、原则站得住脚，并遵守推理规则，其所要证明的论点也就站得住脚。

1978 年 6 月 2 日，邓小平在全军政治工作会议上讲话的第一个问题——讲讲实事求是，就是演绎法的很好运用。他一开头便提出：我们正确解决问题的关键，在于实事求是，一切从实际出发。而他的根据是：马列主义、毛泽东思想是我们一切工作的指导思想；实事求是正是马列主义、毛泽东思想的出发点和根本点。

②归纳法。归纳法就是用归纳推理的形式来证明论点的方法。归纳法是以一些具体场合的事实作为论据来证明一般原理的。在言辞表达中，要使自己的论点能够成立，就要在这些事实上着眼。

《礼记·檀弓下》载：孔子从泰山脚下过，见路边一妇人披麻戴孝伏在一座新坟上痛哭，便叫子贡上去询问。那妇人哭着说："这一带有老虎作恶。过去我的公公被老虎咬死了，后来我的丈夫也被老虎咬死了，现在我的儿子又被老虎咬死了。"孔子问她："那么你为什么不离开这里呢?"妇人回答："这里没有苛政。"于是孔子对学生们说："你们要记住：苛政比老虎还要凶猛!"

孔子的结论，就是运用归纳法得出的。他依据妇人说的几个具体事实，进行归纳概括，令人信服地揭示出苛政比老虎更让老百姓害怕的道理。

③分析法。分析法就是通过分析问题、剖析事理来揭示论点与论据之间的因果关系。因此它又叫因果法。任何问题的发生都有其原因，知道了原因，就可以分析出它会产生的结果。反过来，知道了问题的结果，又可以分析出它是什么原因产生的。如果说归纳法是"摆事实"的话，那么分析法便是"讲道理"。

1883 年 3 月 17 日，恩格斯在安葬马克思时的讲话，采用的就是分析法。他一开始就提出论点："这个人的逝世，对于欧美战斗着的无产阶级，对于历史科学，都是不可估量的损失。"然后便开始分析，寻找原因，回答论点提出的问题："马克思发现了人类历史的发展规律"，"马克思还发现了现代资本主义生产方式和它所产生的资产阶级社会的特殊的运动规律"。"一生中能有这样两个发现，该是很够的了!"[①]

④类比法。类比法就是运用类比推理的形式来证明论点的方法。类比法是

---

① 《马克思恩格斯选集》（第三卷），第 574 页。

从个别到个别。它是把两类某些属性相同或者相似的事物放在一起进行比较，然后得出结论，即通常所说的"打比方"。这种方法，内容具体、生动形象，易于使接受者通过形象感悟认同发送者的观点。中国古代的劝谏，多用此法。如螳螂捕蝉、揠苗助长、井底之蛙等故事，都是如此。

⑤排他法。排他法就是将所要证明的问题可能会产生的种种结果，全部罗列出来，然后一个个地加以分析，逐步排除那些不可能的，剩下的那一个，就是所需要的。

中央电视合《正大综艺》栏目前主持人姜昆在一次有陈强、范曾、田华、方舒四人参加作为嘉宾的节目中，出示一幅技法高超的国画，随意点一名观众，让他猜猜是四位嘉宾中的哪一位画的。观众回答："范曾。"姜昆问："你知道范曾是什么人吗？"观众答："不知道。"姜昆又问："那你凭什么认为是范曾画的呢？"观众答："我用排他法得出的。四位之中，陈强、田华、方舒，都是电影演员，即使会画画，不会画得这么精美。剩下的一个，就只有范曾了。"结果真如此。

⑥反证法。反证法就是通过证明与自己论点相反的论点的错误，来断定自己论点的正确。它的证明前提是：两个论点必须对立。按照逻辑基本规律中矛盾律的要求，两个互相对立的因素，不能同真，必有一假。因此，揭露对方论点的错误，也就反过来证明了自己论点的正确。

《五灯会元》载：寒冬腊月，大雪纷飞。历来不信菩萨的丹霞路经一处庙宇，欲进佛殿避风雪，老方丈不允，说怕冲撞了菩萨。几经哀求，方丈始答应他暂避片刻。一会儿，丹霞冻得受不了，见佛殿内空无一人，便抱下两具木头菩萨砸碎烧着，烤起火来。方丈被惊动跑来斥责道："反了你了！"丹霞说："我是在烧取菩萨的舍利。"方丈喝道："胡说！这菩萨是木头做的，哪来的舍利？"丹霞说："那更好呀，既然根本就没有舍利，麻烦您再帮我抱两具来烧烧吧。"气得方丈胡须都要抖落了。

反证法在实际交往中，常常以说反话的形式表现出来。它除了用于立论之外，也可用于驳论。

2. 驳论

①直驳法。直驳法就是直截了当地反驳。它是用充足的理由和确凿的事实直接证明对方论题的错误或荒谬的。

蒲松龄幼时爱看晋人干宝所编辑的神怪灵异故事集《搜神记》。有天被父亲发觉，斥责他道："为何看此闲书？"蒲松龄反驳说："杜甫说过，'读书破万卷'，这'万卷'之内，不就有此书吗？"其父再也无语。

②归谬法。归谬法就是一种间接反驳的方法。它先假定对方论题能够成

93

立，然后将其合理引申，得出荒谬的结论，从而证明对方论点的错误。

琼瑶的《在水一方》中，自命不凡的作家卢友文老是写不出作品，无聊至极，便去赌场赌博，每每输得精光。其妻杜小双批评他不该去赌，他竟说："我是作家呀，我不亲自去赌，怎么能把赌徒写得生动呢？"杜小双说："好嘛，如果你要写妓女，你就先得嫖娼啰？如果你要写杀人犯，你就先得杀人啰？"卢友文张口结舌，不能作答。

归谬法在现实生活中运用较广，特别是在对付那些无理狡辩、强词夺理者时，其反驳力十分明显。

③归真法。归真法也是一种间接反驳的方法。它是暂时撇开自己所要反驳的论题，而去证明另一个与自己所要反驳的论题相矛盾的论题的正确，从而确定自己所要反驳的论题的谬误。

这种方法是根据逻辑基本规律中的排中律而来的。排中律认为：两个互相矛盾的判断，既不能同真，也不能同假。只要证明其中一个是真的，那么与之矛盾的那个，就一定是假的。

归真法常常用于论争中处于劣势的一方。在处于强势一方恃强凌弱的情况下，弱方不能同其正面抗辩；而采取归真法，就容易收到以弱胜强的效果。

1986年5月，菲律宾发生政变，总统马科斯被赶下台，被迫偕夫人伊梅尔达亡命美国。新总统科·阿基诺为了揭露前总统夫妇的穷奢极侈，公开宣称伊留在总统府的鞋有3 000双之多。伊在美国申辩说，绝不会有这么多。但总统科·阿基诺不允，仍以3 000双作为官方认定的数字向世界公布，激起了世人对伊的愤慨。伊纵有千口，也无力辩白。到了1991年6月，菲律宾皮纳图博火山连续喷发，造成极为严重的人员伤亡和经济损失。总统科·阿基诺呼吁国际社会援助。这时，伊便在美国公开宣布：将当年留在总统府的3 000双鞋以每双平均1万美元的价格拍卖，收入全部捐献给灾民。因在此前，伊拍卖过她的5双鞋，得款400多万美元，故这次宣布卖鞋及计价不足为怪。然而总统科·阿基诺却发表声明：欢迎伊的义举。但鞋没有3 000双，只有1 200双，捐款只能以这个数计算。这下，伊不答应了，她反驳说："以前你一口咬定我有3 000双鞋，现在又说只有1 200双，我要问：其余的，弄到哪里去了？"这一着，确实厉害，总统科·阿基诺只得承认当年统计有误。

三、基本规律

在第二章第二节"表达的原则（下）"中，从表达要合乎规矩的角度，提出了逻辑要求要遵守三大基本规律——同一律、矛盾律和排中律。但言辞表达要讲究艺术性，在实际运作中，有时为了达到特殊目的，获得出乎接受者意外的效果，发送者可以利用三大规律，有意识地违反它的要求，从而形成一种独特的逻辑艺术。

（一）同一律艺术

1. 偷换概念

鲁迅在厦门大学任教时，校长林文庆经常克扣办学经费。在一次校务会议上，林又提出要克扣一笔经费，教授们纷纷反对。林说："关于这件事，不能听你们的。学校的经费是有钱人拿出来的；只有有钱人，才有发言权！"鲁迅一下站起，从口袋里摸出两个银币拍在桌上："我有钱，我也有发言权！"

鲁迅的"有钱"和"发言权"与林文庆所说，不是含义相同的概念。既然林如此说，鲁迅便将其抓住，偷换其概念的含义来表示自己的不满。

2. 混淆概念

1988 年国庆，中央电视台在晚会中播出了一个歌星与笑星比赛唱歌的节目。歌星有郑绪兰、毛阿敏、关贵敏、李双江、彭丽媛等人，笑星有侯跃文、石富宽、李金斗、陈涌泉等人。裁判是李谷一和姜昆。第一轮唱罢，评委亮分为：歌星 10 分，笑星 10 分。第二轮唱罢，评委亮分为：歌星 10 分，笑星 3 分。这时，裁判姜昆说："去掉一个最高分 10 分，去掉一个最低分 3 分；双方最后得分：歌星 10 分，笑星 10 分，引得哄堂大笑。

姜昆前后的两个"去掉一个"，不是同一概念。本来，"去掉一个"只能是指同一个对象；而他却各指一个对象，故意将二者混淆在一起，造成风趣。

3. 背离主题

公共汽车上有一对恋人。男士问："单位那么多好小伙子，为啥偏偏只爱我？"女士答："因为我眼中只有你！"男士一把将女士搂进怀里，女士挣扎着说："瞧你！车上这么多人。"男士说："因为我眼中只有你！"

男士所说"我眼中只有你"，与女士所说的，不是同一个主题。男士故意背离它，而造成与女士所说的言辞吻合，产生一种幽默味道。

4. 转移论题

有一年冬天，前苏共总书记戈尔巴乔夫访美，在从下榻的宾馆赴白宫参加宴会的途中，他突然下车与路旁的市民握手。在前面的苏联保安人员急忙回车，大声喝令周围市民："放在衣袋里的手，全都抽出来！"市民不知所措，戈尔巴乔夫的妻子赖莎赶紧说："请你们把手抽出来，准备与我丈夫握手。"市民这才释然。

因严寒，在街头的市民自然要将手揣在口袋里。但苏联保安人员害怕有人手中握有凶器，因此喝令大家把手抽出来。这当然有失戈尔巴乔夫要给美国人民留下好印象的意愿，在外交礼节上也欠妥。经赖莎巧妙地转移论题，一下挽回了局面。

（二）矛盾律艺术

1．失语补救

一次相声演员马季等人到湖北黄石演出，前面一位演员在讲话中将"黄石市"说成"黄石县"，观众颇有不快。待马季上场，则故意将其说成"黄石省"。在观众的哄笑声中，他补上一句："刚才我们那位将'市'说成'县'，给降了一级；现在我将'市'说成'省'，给升了一级。这一降一升，正好扯平。"赢得观众一片喝彩。

2．相映成趣

明代学者解缙一次入宫晋见皇帝朱棣。朱棣告诉他："昨夜后宫生了个孩子，请先生诗以记之。"解缙便吟出一句："君王昨夜降金龙。"朱棣说："错了，不是男孩，是女孩。"解缙又改口道："化作嫦娥下九重。"朱棣又说："又错了，她生下就已经死了。"解缙赶忙说："料是世间留不住。"朱棣说："已扔进金水河里了。"解缙于是说："翻身跳入水晶宫。"一连串的矛盾，一连串的化解，相互衬托照应，显得别有风趣。

3．以误治误

旧时一小镇药店伙计听见老板在除夕向菩萨祷告："大慈大悲的菩萨，愿您保佑来年本镇男女老少多多生病，好让我生意兴隆。"伙计觉得老板实在可笑。不久，老板的老母和儿子都生了重病，老板急得要命。伙计对他说："老太太和少爷都同时病得不轻，这全是菩萨保佑的洪福啊！"老板大怒："哪有菩萨保佑坏的！"伙计说："年三十我不是听到你乞求菩萨保佑本镇男女老少多多生病吗？这不应了！"

4．启发诱导

旧时民谚说："纺织娘，没衣裳；泥瓦匠，住草房；卖盐的，喝淡汤；淘金的，穷得光。"全是矛盾的组合，但启发人们去思索。

电视连续剧《北京人在纽约》中引了一首美国乡村歌曲："如果你爱他，那就送他去纽约，因为那里是天堂；如果你恨他，那就送他去纽约，因为那里是地狱。"虽然明显矛盾，却发人深省。它告诉人们：纽约是一个天堂与地狱交织在一起的城市，问题是看你自己的命运。

（三）排中律艺术

1．回击挑衅

乡间，一无赖站在十字路口拦住一位过路的姑娘："你说，我是要往东去，还是要往西去？猜中了就放你走。"对此，姑娘怎么答都不会对，因为他的问话不排中，并非非此即彼，还有南和北。这时，姑娘掏出手绢揉成一团："女士优先。请让我先问你一个问题好吗？"无赖有恃无恐，便答应了。姑娘便说："你猜猜，我这手绢是要丢向东边，还是丢向西边？"无赖当然同样不能作答，只好让姑娘走了。

2. 巧言解祸

百兽之王狮子想吃其他兽类，但得找借口。于是张开大口让百兽闻自己的口是香还是臭。首先轮到狗熊，它闻后如实地说："有股肉的腥臭味。"狮子怒道："你不尊重我，留你何用。"将它吃掉。第二天，轮到猴子来闻。鉴于头天狗熊的教训，它乖巧地说："哟，好一股肉的清香味啊！"狮子又怒曰："你溜须拍马，留你何用。"又将它吃掉。第三天，轮到兔子来闻。它知道，说臭要被吃掉，说香也要被吃掉，于是它凑到狮子嘴边，故意闻得十分认真，却老不开口。狮子急了，催它快说。它便说道："报告大王，我昨晚受了风寒，感冒鼻塞，闻了这么久，实在闻不出是臭还是香。等我好了，鼻子通了，再来闻吧。"狮子无奈，只好放了它。

3. 回避难题

1996年李登辉访美。此前，他又同日本记者大谈他的日本情结，散布一系列不利于国家统一的言论。《人民日报》发表了多篇对其批评的文章。当时身为外交部发言人的沈国放在北京国际俱乐部发布厅，有人问他："你们是否把李登辉看做中国人？"这是一个巧设陷阱的难题，说"是"或"不是"，都会贻人口实。于是他这样回答："真正的中国人都是反对两个中国或一中一台的。"可谓得体之极。

4. 解嘲圆场

某先生酷爱下棋，但又好面子。一次与一高手对弈，连输三局。别人问他胜败如何，他回答道："第一局，他没有输；第二局，我没有赢；第三局，本是和局，可他又不肯。"乍一听来，似乎他一局也没有输：第一局他没输，不等于我输，因下棋还有个和局；第二局我没赢，也不等于我输，还有和局嘛；第三局也不等于我输，本是和局，可他争强好胜，我让他了。

5. 复杂问语

复杂问语是指隐含着某种错误假定的问语。对这种问语，无论采取肯定还是否定的答复，结果都得承认问语中的错误假定，从而落入问者圈套。如一个被告偷窃了别人的东西，但其又死不承认偷过。这时审问者便问："那么你以后还偷不偷别人的东西？"无论其回答"偷"还是"不偷"，都陷入审问者问语中隐含的"你是偷了别人的东西的"这个错误假定中。

复杂问语实际上是戏弄排中律，让别人上当的一种违反逻辑规律的手法。但在实际的言辞交往中，作为一种表达艺术，又是需要的。

美国第一任总统华盛顿年轻时，镇上一人偷了他家的一匹马。他调查清楚后报了案，然后随同警官前往索要。但那人拒不承认，声称马是他自家养的。这时华盛顿走过去用双手蒙住马的两眼，问那人："你说这马是你家养的，那么，请你告诉我，这马的哪只眼睛是瞎的？"那人想想说："右眼。"华盛顿松开一只手，右眼并不瞎。那人赶忙说："哦，我记错了，是左眼。"华盛顿又松开另一只手，左眼也不瞎。那人慌了，警官当即责令其将马还给华盛顿。

第三节　修辞艺术

修辞就是修饰言辞。修辞艺术指的是发送者运用各种修饰言辞的方式，使表达显得形象、鲜明、生动、活跃，具有丰富的表现力。

修辞的种类较多，这里只讲口语表达中常常用到的几种。

一、比喻

（一）含义及认识

比喻就是打比方。它利用事物之间的相似特征，不直接说出某一事物，而以具体的形象作比方来表现。被比喻的事物叫本体，用作比喻的事物叫喻体，联系本体和喻体的辅助词叫喻词。

比喻是形象思维的重要表现方法之一。在表达中，发送者用具体、熟知的事物，来描述抽象、生疏的事物；用浅显易懂的道理，来证明深奥、艰涩的道理。这样，接受者就易于理解、认同。

爱因斯坦的相对论问世后，世人多有不解。一次，一群小伙子问他相对论究竟是什么东西。他说："夏天，让你坐在一只热气逼人的火炉边，哪怕只有5分钟，你却觉得似乎坐了一个小时；倒过来，让你同一位年轻漂亮的姑娘坐在一起，尽管过去了一个小时，你却觉得似乎还不到5分钟。这就是相对论。"经他这一比喻，相对论究竟是什么东西，人们就有了一个形象的认识。

（二）比喻的方法

1．明喻

本体和喻体同时出现，常用像、似、如、仿佛、例如、好像……似的、像……一样等喻词。如1942年2月1日，毛泽东在中共中央党校开学典礼上的讲话："我们揭发错误，批判缺点的目的，好像医生治病一样，完全是为了救人，而不是为了把人整死。"①

2. 暗喻

本体和喻体也同时出现，但喻词为是、成为、变成等。如 1982 年 9 月 24 日，邓小平会见英国首相撒切尔夫人时说到，1997 年中国将收回香港，"如果不收回，就意味着中国政府是晚清政府，中国领导人是李鸿章"②！又如 1949 年 12 月 22 日，周恩来对参加全国农业、钢铁、航务会议人员的讲话："旧社会中的某些事物一旦到了人民的手中，便立刻变成了积极的力量。"③

3. 借喻

只说喻体，不说本体，也没有喻词。如 1945 年 2 月 1 日，陈云在陕甘宁边区财政厅工作检讨会上说："我们是掌柜态度呢，还是出纳态度？每一个同志，局长、科长、科员，都要有掌柜态度，当家的态度。"④

（三）恰当运用比喻

1. 相似又相异

比喻要有可比的因素，即要取两种事物在某一点上的相似才可能比。但是，必须是以甲喻乙，也就是说，同类或近似事物不能比喻。比如说"花狗的叫声像黑狗一样响亮"或"这只狗长得如同狼一般"，这些就不是修辞艺术中的比喻了。

2. 熟悉喻生疏

只有以接受者熟悉的事物来做喻体，才会产生比喻效果。如果接受者对你的喻体十分生疏，那还不如不比喻。如你对一个根本就不知道秦陵兵马俑的接受者说"他捏的泥人就像秦陵兵马俑一样"，他就会莫名其妙。

二、借代

（一）含义及认识

借代就是不直接说出某一事物，而是借用另一种说法来代替所要说的事物。被代替的事物叫本体，用来代替本体的叫借体。

---

① 《毛泽东选集》（一卷本），第 786 页。

② 《邓小平文选》（第三卷），第 12 页。

③ 《周恩来文选》（下卷），第 12 页。

④ 《陈云文集》（1926—1949），第 212 页。

借代与比喻在形象性、生动性、具体性上是相同的。所不同的是，比喻是两个事物相比，而借代说的只是一个事物，是一个事物的换一种说法。借代的目的是为了突出事物的特征，引起接受者的联想，使其获得鲜明印象，从而更好地收到表达的效果。如1927年10月25日，鲁迅在上海劳动大学作"关于知识阶级"的讲演时说："要为艺术而艺术，住在'象牙之塔'里，目下自然要比别处平安。"其"象牙之塔"，代替了那些远离平民的安乐窝，给人以鲜明印象。

（二）借代的方法

1. 旁借

旁借就是借事物本身所呈现的某一形象来表现。这些形象，可以是这个事物的某一部分、某种标志，也可以是这个事物的所属、产地。例如："一个白胡子走进来向红袖箍诉说他被抢了。""白胡子"是报警老汉身上的一部分，用以代替老汉，"红袖箍"是社会治安员的标志，用以代替治安员。

2. 对代

对代就是借与事物本身有对应关系的事物来表达。如1942年5月，毛泽东在延安文艺座谈会上的讲话："任何一件东西，必须能使人民群众得到真实的利益，才是好的东西。就算你的是'阳春白雪吧，这暂时既然是少数人享用的东西，群众还是在那里唱'下里巴人'，你不去提高他，只顾骂人，那就怎样骂，也是空的。现在是'阳春白雪'和'下里巴人'统一的问题，是提高和普及统一的问题。"①"阳春白雪"指高级艺术作品，'下里巴人'指低级艺术作品，它们与毛泽东所要说的文艺作品，正是相对应的。

（三）恰当运用借代

1. 借体要突出

之所以要"借"，是由于借体比本体更富形象性、生动性，如果借来的还不如本来的，还不如不借。比如"旁借"例中，要是改为"一个老头走进来向一个汉子诉说"，就毫无借的味道，既不形象，也不生动。

2. 所借要区分对象与场合

如对方是麻脸，你在借代时就不能说："来，麻子，我俩下盘棋。""麻子"对麻脸者来说，是一种生理缺陷，用以代替本人，含有侮辱的成分，对方一般都会产生反感。清朝统治者因太平军束头发，故借其头发之长，称之为

---

① 《毛泽东选集》（一卷本），第821、822页。

"长毛"，现在我们于正式场合就不能用此借代太平军了。

三、比拟

（一）含义及认识

比拟就是把人当做物或把物当做人来描述，或者把这种物当做那种物来描述。

比拟也是形象思维的重要表现方法之一。发送者可借此给接受者造成鲜明、生动的印象，也可借此抒发自己强烈的思想感情。

《红楼梦》第四十七回写王熙凤与贾母、薛姨妈、鸳鸯等人打牌，王熙凤输钱给贾母后，指着贾母放钱的箱子说："这一吊钱顽不了半个时辰，那里头的钱就招手儿叫他了。"这时，平儿又给她递过一吊钱来，她又说："不用放在我跟前，也放在老太太的那一处罢。一齐叫进去倒省事，不用做两次，叫箱子里的钱费事。"

贾母箱子里的钱，让王熙凤说得活灵活现，像人似的，会"招手"，会"叫"，会觉得"费事"。无怪贾母会笑得前仰后合，要撕她那张利嘴了。

（二）比拟的方法

1. 拟人

拟人就是把人的属性转移到物的身上或某一抽象概念上。如 1985 年 6 月 4 日，邓小平在军委扩大会议上的讲话："过去我们讲过，这么臃肿的机构如果不消肿，不要说指挥作战，就是疏散也不容易。"[①] 其"臃肿"、"消肿"是人的属性，移到了军队的机构这个事物上。又如 1935 年 12 月 27 日，毛泽东在瓦窑堡党的活动分子会议上说："难道民族资产阶级的软弱性是后来才得的新毛病，而不是他们从娘肚子里带出来的老毛病吗？"[②]

2. 拟物

拟物就是把物的属性转移到人的身上。如 1942 年 2 月 1 日，毛泽东在中共中央党校开学典礼上的演说："为此目的，就要同志们提高嗅觉，就要同志们对于任何东西都用鼻子嗅一嗅，鉴别其好坏，然后才决定欢迎它，或者抵制它。"[③]"嗅觉"是狗最为灵敏的感知，"对任何东西都用鼻子嗅一嗅"，也是狗特有的属性，将其移之于人，寓意深刻无比。

---

① 《邓小平文选》（第三卷），第 126 页。
② 《毛泽东选集》（一卷本），第 133 页。
③ 《毛泽东选集》（一卷本），第 785 页。

（三）恰当运用比拟

1. 与比喻区别

比拟与比喻都有比的因素，有时容易混淆。如"多情的柳枝拂着我的衣裳"与"柳枝像多情的姑娘拂着我的衣裳"就很相似。但前者是比拟，后者是比喻。它们明显的区别是：比喻需要抓住两个事物相似的特征，而比拟则只取事物本身具备的特征；比喻的本体可以不出现，而比拟的本体则必须出现。

2. 不滥用

比拟是有语境要求的，语境适于用才用，否则给人以不伦不类、矫揉造作之感。

四、夸张

（一）含义及认识

夸张就是为了突出某一事物或强调某种感受，有意夸大或缩小，即所谓言过其实。

夸张的"言过其实"并不是失去真实或不要真实；它是以真实为基础，通过想象，艺术地扩大或缩小真实，使接受者对真实有更深刻的印象和理解。

国民党军阀阎锡山曾对他的部属说："为了无条件存在，军事斗争不要命，政治斗争不要脸。"对此，贺龙讥讽他说："阎锡山的脸皮比城墙还厚，用火车头撞上去，都撞不出一道白印。"贺龙所言，就是夸张。阎锡山所说的话确实显得厚颜无耻，贺龙则有意加以夸大，使接受者对阎锡山脸皮厚的事实，认识得愈加深刻。

（二）夸张的方法

1. 扩大

扩大就是对事物的形象、性质、作用、程度等加以扩大。如 1963 年 5 月 29 日，周恩来在中央直属机关负责干部会议上批评有的干部："官气熏天，不可向迩。"官气如此厉害，直冲长天，且使人靠近不得。[1]

2. 缩小

缩小就是对事物的形象、性质、作用、程度等加以缩小。如 1942 年 2 月 8 日，毛泽东在延安干部会上讲演："拿洗脸作比方，我们每天都要洗脸，而且有

----

[1] 《周恩来选集》（下卷），第 419 页。

许多人不止洗一次，洗完之后还要拿镜子照一照，要调查研究一番，（大笑）生怕有什么不妥当的地方。你们看，这是何等的有责任心呀!"① "调查研究一番"本来是对大事、正事而言的，现缩小到一张小小的面孔和区区洗脸之上；"责任心"本是对事业、对工作而言的，现也缩小到很一般的日常琐事上。

3. 借助其他修辞

借助其他修辞就是借助其他修辞方法共同造成夸张效果。如1945年2月1日，陈云在陕甘宁边区财政厅工作检讨会上的讲话："检查要严格。俗话说，'豆腐里挑出骨头来'，要仔细核算。"② "豆腐里挑出骨头来"，就是借助比喻来夸张的——检查的严格程度，就像从豆腐里挑出骨头来一样（比喻）。但是，豆腐里怎么会有骨头呢？可偏要去挑（夸张）。

这种类型的夸张方法，在现实交往中是很普遍的。像"你那双眼睛要吃人"，是将眼睛拟人后再夸张。再像："我说半句假话，割下这脑袋给你当球踢!"这是将人拟物后再夸张。

（三）恰当运用夸张

1. 以生活为基础

现实生活中不可能有的或出现的，不能拿来夸张；否则，接受者就会不理解、不认同，夸张即失去意义。如"这一块田里产出的全是珍珠米"。"珍珠米"是什么？没听说过。如果你的本意是要说它颗粒饱满、颜色白亮，那是比喻了。

2. 掌握分寸

夸张不能过度，过度了，物极必反，反倒不好。鲁迅曾经说过，你说"燕山雪花大如席"，别人觉得还真是那么回事。但你说"广州雪花大如席"，别人就会觉得可笑了。再如"大跃进"年代出现的"养猪大如山"、"花生壳撑船"、"亩产两吨半"之类，只能是吹牛皮，不能叫夸张。

五、对偶

（一）含义及认识

对偶就是用字数相等、结构相同或相似、语义相关的两句话排列在一起表达出来。如果这两句话在平仄、词性、句法上相互对应，则形成对联（对

---

① 《毛泽东选集》（一卷本），第797页。
② 《陈云文选》（1926—1949），第212页。

子）。口语表达当然不必像对联那样要求严格。

对偶由于形式整齐、节奏匀称、对比鲜明，所以一经表达者发送出来，接受者就容易记住，印象十分深刻。

1941年5月，毛泽东在延安干部会议上说："有一副对子，是替这种人画像的。那对子说："墙上芦苇，头重脚轻根底浅；山间竹笋，嘴尖皮厚腹中空。对于没有科学态度的人，对于只知背诵马克思、恩格斯、列宁、斯大林著作中的若干词句的人，对于徒有虚名并无实学的人，你们看，像不像?"这副对子长期以来一直给人留下深刻印象。①

（二）对偶的方法

1. 正对

正对就是前后两句意思相近或相互补充。如1936年12月，毛泽东在陕北红军大学讲演说："中国是一个大国——东方不亮西方亮，黑了南方有北方，不愁没有回旋的余地。"② 还有如他在作《改造我们的学习》的报告时所说的"何等肤浅、何等贫乏"，"粗枝大叶、夸夸其谈"，"华而不实、脆而不坚"等，都是这种方法。

1951年10月9日，周恩来在国庆观礼代表联欢会上，也用了这种表达方法："应该下山，应该进城。但是正如老根据地的同志所说的那样，下了山不应该忘了山，进了城不应该忘了乡。"③

2. 反对

反对就是前后两句意思相反，彼此对比映衬。如毛泽东所作《改造我们的学习》报告中的："不以为耻，反以为荣"；"不是有的放矢，而是无的放矢"；"无实事求是之意，有哗众取宠之心"。还有他在延安文艺座谈会上的讲话中所说的："鲁迅的两句诗，'横眉冷对千夫指，俯首甘为孺子牛'，应该成为我们的座右铭。"④

1956年1月14日，周恩来在中央知识分子问题会议上也用此法："他们说我们对他们是'使用多，帮助少'，或者是'只使用，不帮助'。"⑤

3. 串对

串对就是前后两句意思紧相串联，形同流水；是以，又可称为流水对。这

---

① 《毛泽东选集》（一卷本），第758页。
② 《毛泽东选集》（一卷本），第173页。
③ 《周恩来选集》（下卷），第73页。
④ 《毛泽东选集》（一卷本），第833页。
⑤ 《周恩来选集》（下卷），第178页。

种对偶之间往往具有承接、因果、条件等关系。如1953年9月8日，周恩来在全国政协常委会上说："过去我曾与盛丕华先生谈说过，将来是'阶级消灭，个人愉快'。"① 二者具条件关系，"个人愉快"的条件是"阶级消灭"。

1922年12月，梁启超应苏州学生之邀作《为学与做人》的讲演，则用了因果关系的串对："俗话说得好：'生平不作亏心事，夜半敲门也不惊。'"之所以"夜半敲门也不惊"，是因为"生平不作亏心事"。

（三）恰当运用对偶

实用口才着眼于意思的表达、信息的传递，它不是旧时的属对。因此，在实际的言辞表达中，对偶只需大体可对就行，即所谓宽对，而非工对。如果要求过严的话，那就失去言语交际的实用性，不成其为口语表达，而变成文学创作了。从这个角度出发，要求言语交际者不必追求形式，为了求工而去苦心孤诣；应当自然浑成，达意即可。

六、排比

（一）含义及认识

排比就是用三个或三个以上结构相似、语气一致的词、词组、句子排列在一起，表达相关的意思。

排比是对偶的发展，在加强语势、强调语意上比对偶更进一层。由于其排列整齐、节奏和谐，因此感染力也较强。

排比有对偶的成分，但与对偶不同的是：对偶的二者，在字数上必须完全相等；而排比的几者，在字数上则不一定相等。如毛泽东所作《改造我们的学习》报告中的："不注重研究现状，不注重研究历史，不注重马克思主义的应用，这些都是极坏的作风。"其字数是7、7、11。接着他又说："这种作风，拿了律己，则害了自己；拿了教人，则害了别人；拿了指导革命，则害了革命。"其字数是9、9、11。

（二）排比的方法
1. 词的排比
1949年9月21日，黄炎培在一届政协全体会议上说："这座新的大厦，

---

① 《周恩来选集》（下卷），第106页。

有五个大门，每个门上两个大字，让我读起来：独立、民主、和平、统一、富强。"① 这是五个词的并列排比。

2. 词组的排比

1952 年，周恩来在全国统战部长会议上说："当然有时候跟他们应酬是免不了的。但是这个应酬是要有要求的，有政策的，有思想的。毫无目的，毫无政策，毫无要求，简单地应酬一番，吃饭、跳舞，那是不对的。"② 这是前后两组各三个词组的排比。

3. 句子的排比

1942 年 2 月 8 日，毛泽东在延安干部会上说："这里叫洋八股废止，有些同志却实际上还在提倡。这里叫空洞抽象的调头少唱，有些同志却硬要多唱。这里叫教条主义休息，有些同志却叫它起床。"③ 这是三个句子的排比。

（三）恰当运用排比

1. 自然和谐

要根据交际的语境，符合发送目的的需要，自然地作出合适的表达，不能单纯为了追求排比效果而堆砌辞藻、迁就句式。

2. 讲究顺序

构成排比的词、词组、句子，不能随意地排列。一般说来，都应讲究排列的先后顺序。如果排比的内容是平行的，应考虑分量的轻重、逻辑的先后；如果排比的内容不是平行的，则应按承接、递进关系排列。

七、仿拟

（一）含义及认识

仿拟就是仿照现成的格式，临时模拟出一种新的说法来。它是言辞表达中，发送者根据当时的语境，将前话中所提及的某一事物信手拈来，改变它的某些成分而构成的新词、新句、新调。如 1942 年 2 月 8 日，毛泽东在延安干部会议上说："有些天天喊大众化的人，连三句老百姓的话都讲不来，可见他就没有下过决心跟老百姓学，实在他的意思仍是小众化。"④ 其"小众化"，就

---

① 《五星红旗从这里升起》，文史资料出版社 1984 年版。
② 《周恩来选集》（下卷），第 102 页。
③ 《毛泽东选集》（一卷本），第 802 页。
④ 《毛泽东选集》（一卷本），第 798 页。

是仿照前面提到的"大众化"而临时创造的新词。

仿拟具有临时性、偶发性的特点，它往往是发送者一时被触动而突然产生的。它一旦产生，就只适于当时那个特定的语境，脱离了那个特定的语境，就不能成立。如 1945 年 8 月 13 日，毛泽东在延安干部会议上说："我们参加国民参政会，按照参政会条例的规定，是以'文化团体'的资格。我们说，我们不是'文化团体'，我们有军队，是'武化团体'。"① 本是没有"武化团体"这个说法的，但在这一语境中，它却能够成立，并且很好地发挥了辛辣讽刺国民党的作用。

（二）仿拟的方法

1. 仿词

仿词就是改变既有语词的某个成分而创造一个新词。如上例中毛泽东所说的"小众化"、"武化团体"，还有如从"公理"创出"婆理"，从"先烈"创出"后烈"，从"得天独厚"创出"得山独厚"，从"同病相怜"创出"同路相怜"，等等。

2. 仿句

仿句就是模仿现成句子（尤其是名言名句）的结构，或改变现成句子的成分而创出新的句子。例如："分不在高，六十则名；学不在深，作弊则灵。"这是那些不专心向学的学生在自我解嘲时，模仿刘禹锡《陋室铭》中的"山不在高，有仙则名；水不在深，有龙则灵"写的。还有如："真是千呼万唤难出来啊！"这是仿白居易《琵琶行》中的"千呼万唤始出来"。

3. 仿音

仿音就是模仿现成语句中某些字、词的发音，并改换字、词而构成新的意义。例如："这个问题需要烟酒烟酒。"这是仿"研究研究"音。又如："他呀，是见鸡行事，不是无鸡之谈！"这是仿"见机行事"、"无稽之谈"音。

（三）恰当运用仿拟

1. 紧扣语境

用来仿拟的词、句、音，必须与被仿的词、句、音有某种逻辑上的联系。比如从"公理"仿出"婆理"，是因为"公"与"婆"是相对应的；俗话中就有"公说公有理，婆说婆有理"之说。如果仿拟为"妈理"、"女理"、"媳理"，就与语境不谐了。

---

① 《毛泽东选集》（一卷本），第 1026 页。

2. 所仿要大众化

仿拟出来的新词、新句，要让接受者一听就知道是用了仿拟的艺术，而不是用错了字、词，说错了语句。因此，所仿应是群众都熟知的。如此，才会使接受者产生感知、认同的效果。

八、回环

（一）含义及认识

回环就是前一句话的结尾是后一句话的开头，后一句的结尾又是前一句的开头。如黑格尔名言："存在的就是合理的，合理的就是存在的。"还有像"革命不怕死，怕死不革命"，也是这种艺术。这种修辞艺术用在文学作品中又叫回文，旧时文人学士写的回文诗就是这种形式。

回环与另一种修辞艺术——顶针，有某些相似之处，因此有人将二者视为同一种修辞艺术。其实它们是有区别的。虽然它们共同的特点都是前后两句首尾相连，但不同的是顶针光"连"不"回"。如"干不如说，说不如看，看不如捣乱"。

回环对表达中的某种成分起了强调的作用，容易引起接受者的注意。加上它朗朗上口，自己易说，别人易记，在交际中有较好的效果。

（二）回环的方法

1. 相互依存

相互依存就是前后虽是各自独立的两句，但彼此存在一种依存关系，你需要我，我也需要你，互相补充映衬。如1978年3月30日，郭沫若在全国科学大会上所说："科学需要社会主义，社会主义更需要科学。"还有像毛泽东常说的"十六字方针"："人不犯我，我不犯人；人若犯我，我必犯人。"

2. 相互对立

相互对立就是前后两句是一种相互排斥、对立的关系，有我无你，有你无我。如1944年4月12日，毛泽东在延安高级干部会议上所说："工农分子，可以自己的光荣出身傲视知识分子；知识分子，又可以自己有某些知识傲视工农分子。""青年人可以因自己聪明能干而看不起老年人，老年人又可以因为自己富有经验而看不起青年人。"① 还有如"疑人不用，用人不疑"和"难者不会，会者不难"，都是这种相互对立的回环方法。

---

① 《毛泽东选集》（一卷本），第901页。

（三）恰当运用回环

在实际交往的言辞表达中，不能够为回环而回环。如果事物前后本身并无逻辑联系——要么无依存，要么不对立，就不要勉强去回环，避免形成文字游戏。

第四节 其他艺术

一、回逆

（一）含义及认识

回逆就是依照交际对方在表达中所用言辞的结构、内容、情景、语气等，组织相应的言辞返还给对方。

这种艺术，一般只用于双向的言辞交流。它的产生，带有很大的依赖性：对方说了，己方才能说；对方怎样说，己方才能怎样跟。在表达中，尽管它与对方已有的发送有相同或相似之处，但一经自己接过来，则要赋予其新意，造成揶揄、嘲讽、调侃、逗趣、诙谐等效果，从而增强言辞表达的力量。如建国前周恩来在重庆与国民党谈判，对方提出无理要求被周恩来坚决拒绝后，对方恼羞成怒，失态地说："真是对牛弹琴！"周恩来立即接口道："对，牛弹琴！""对牛弹琴"是一个带有侮辱色彩的成语；你不仁，我当然就不义。周恩来将其接过来，只在语气的停顿上稍加变换，即成了对对方的无情嘲弄，有力地回击了对方的挑衅。周恩来的回答，完全是依照对方的言辞而来，如果对方没有这种言辞表达，周恩来的回逆就不会产生。

（二）回逆的运用

1. 回击无理取闹及挑衅

丹麦童话作家安徒生从不讲究穿戴。一天，他戴了顶破旧的帽子出门，一位绅士见了嘲笑他道："你脑袋上边那玩意儿是个什么东西？能算是顶帽子吗？"安徒生立即接过话茬说："你帽子下边那玩意儿是个什么东西？能算个脑袋吗？"

2. 处于不能言或不便言的场合时

一次，作家梁晓声在国外访问时，一位记者问他："没有文化大革命，可能也不会产生你们这一代作家；那么，文化大革命在你看来究竟是好还是坏？""文化大革命"在我国早已被否定，处于那样的语境，梁晓声是不便明确回答记者的问题的。于是他以回逆之法答道："没有第二次世界大战，可能不会产生以反映第二次世界大战而著名的作家；那么，第二次世界大战在你看来究竟是好还是坏？"

3. 故意装憨不明事理

英国保守党议员希克斯一次在议会发表演说，见丘吉尔在摇头表示不同意，心里很生气，便说："我想提醒丘吉尔先生注意，我只是在发表我自己的意见！"丘吉尔当然明白他的意图，却装出毫不明白的样子，接过他的话说："我想提醒希克斯先生注意，我只是在摇动我自己的脑袋！"

4. 活跃气氛

一女青年去认识不久的男友家中会面，不巧，男友刚出门，家人让其稍等。过了好一会儿，男友回家，女青年嗔怪道："我在这儿都等 30 分钟了，你咋这会儿才来呀？"男友诙谐地笑道："我在这儿都等 30 年了，你咋这会儿才来呀？"彼此大笑不已。

二、预伏

（一）含义及认识

预伏就是发送者在发送某一言辞的同时，还潜伏着另外的言辞或意图。这已经发送出来的只不过是个引子，那潜伏着的才是发送者真正想发送的。此亦即"言在此而意在彼"。

预伏的运用往往是发送者不便直截了当地表达自己的看法、主张，故意借用某个为接受者感兴趣的，或易于理解、认同的话题来谈，待接受者有所反应后，再顺坡走丸，将自己潜伏的言辞表达出来。比如 1949 年，毛泽东赴苏联访问时，专门负责情报工作的外交部副部长李克农护送他到边境满洲里。路上，李克农问毛泽东："你知道美国总统每天上班后做的第一件事是什么？"毛泽东愕然不解："是什么？"这时李克农才说："他的第一件事是看情报要点，否则，这一天不知该说什么话，办什么事。"这提醒了毛泽东，果然十分重视情报工作。

（二）预伏的运用

1. 触发式预伏

这种预伏是指发送者事前并无预伏的企图，后被交往的语境触动，才萌发出预伏的观念。比如某人到一朋友家做客，吃饭时，主人开了一瓶茅台，正要为客人斟上，客人说："我不喝白酒。"主人马上领悟道："哦，知道了。"于是给他斟了一杯啤酒。"我不喝白酒",预伏了"可以喝其他酒",如啤酒、黄酒、葡萄酒、果露酒等等。而之所以有此预伏,是因为主人斟白酒才萌发的。如果他一坐上桌子就抢先预伏,就显得不那么礼貌和得体了。

2. 限制式预伏

这种预伏,发送者的目的非常明确,有明显的限制性;如果接受者有所反应,那么就只能在其限制之内考虑。比如双休日,父亲问早就吵着要父母带自己外出旅游的孩子:"我们是去红枫湖还是黄果树?"父亲的问话,预伏着的意图是:要么去红枫湖,要么去黄果树。这是目的十分明确的限制,孩子只能在这二者之中选择其一。

三、岔移

(一) 含义和认识

岔移就是在言语交往的过程中,撇开原有话题,转而去谈其他与原话题完全无关的人和事。

岔移有两种情况:第一种是无意岔移。这种岔移一般是在双方均无一定的交谈目的,纯粹的瞎侃、乱扯之时。天南海北,古今中外,国际风云,家庭纠纷。想到哪,说到哪;哪里说,哪里丢。作为表达艺术,这种岔移严格地说是算不上的。第二种是有意岔移。这种岔移是发送者为着某种目的,主动地、故意地岔开原话题转而谈及其他。我们研究实用口才的表达艺术,指的就是这种有意岔移。

(二) 岔移的运用

1. 话题触及他人隐私隐痛之时

抗日战争之初,冯玉祥的部队驻扎在河南岳家庄。一天夜里他出营溜达,遇见一位村民,便问道:"你们这村都姓岳吗?"村民答:"是的。"他又问:"都是岳飞的后代吗?"村民答:"是的。"他不禁赞叹道:"好一个爱国抗金的大忠臣!"这时他见旁边站着一位哨兵,便随口问道:"你姓啥?"哨兵嗫嚅着,好一会儿才低声挤出:"姓秦。"说罢低下头去。冯玉祥心里一动,赶紧抬头望着天空:"今晚月亮真好啊!"

姓秦,本来并没什么关系,但在此时此情中,容易让人想起害死岳飞的大奸臣秦桧。清朝的进士秦涧与秦桧毫无关系,但路过杭州岳飞墓前也说:"人从宋后羞名桧,我到坟前愧姓秦!"可见"秦"一旦与"岳"有了某种联系,姓秦就会无形中给人造成一种压力。因此,冯玉祥当然要岔移了。

2. 继续原话题可能对自己不利之时

在菲律宾总统竞选的辩论中，前总统马科斯攻击其对手科·阿基诺夫人"没经验，不懂政治"。科·阿基诺深知就这个问题争辩下去是对自己不利的，于是采用岔移之术："对政治我虽然外行，但作为围绕锅台转的家庭主妇，我精通日常经济。"

这一岔移一下击中了马科斯的要害。当时菲律宾物价飞涨，民怨鼎沸，国际舆论纷纷批评其"日常经济糟糕透顶"。科·阿基诺在论辩中将话题巧妙地引到人民非常关心的"日常经济"问题上，当然也就赢得了人心，争取了选民。

3. 话题涉及自己所不愿谈的问题时

小王刚在食堂饭桌前坐下，小张便凑过来："听说要提拔老杜当科长。这个人，平时一本正经的，假积极，老是盯着我们，太不够哥儿们了……"小王忙岔移道："昨晚世界杯赛德国对南斯拉夫，看了吗？"小张并不知趣，又接着说："我们去找领导反映，把他拉下……"小王赶紧又岔移道："哟，今天有啥好菜呀？走，看看去！"

自己所不愿谈的问题包括许多方面，如隐私伤痛，趣味低级，流言飞语，兴味索然，有他人在场，等等。如果再三岔移都不见效的话，那就只有不客气了。

4. 对方所提使自己一时不好回答时

孟子与齐宣王谈话，当孟子问道朋友不照顾自己托付的妻儿，长官不能管理他的下级应怎样办时，齐宣王回答都很干脆：和他绝交、撤他的职。但当孟子问他一个国家治理得不好又该怎样办时，齐宣王却"顾左右而言他"。因为孟子所提的问题涉及自己，一时间他不知该怎样回答为好，所以只好把话题岔移到其他方面去。

5. 逗趣找乐时

一次姜昆在马季家做客，一位年轻人自告奋勇到厨房为大家烧水。其他人在客厅里谈得正欢，只听厨房里不知碰翻了什么，一阵乱响。马季不经意地大声问道："嘿，逮着了吗？"这突如其来的一句，逗引得大家捧腹大笑。年轻人在厨房里碰翻东西的声音，被马季引作逮猫、逮鼠的响动，经此岔移，妙趣横生。

6. 说漏了嘴时

话剧《雷雨》中，鲁侍萍偶然见到了离别30年的儿子周萍，而周萍却令仆人毒打鲁侍萍改嫁后所生的儿子鲁大海。鲁侍萍悲痛地走到周萍面前："你是萍……凭……什么打我的儿子！"她本想认眼前的儿子周萍，想说的话是："你是萍儿？"但在当时的环境下，她是不能认的，于是将险些出差错而出了口的"萍儿"的"萍"，依同音岔移为"凭"。

四、断续

（一）含义及认识

断续就是在表达过程中，因某种原因暂时中断言辞的发送，然后再继续原来的表达。

这种表达艺术能够引起注意、启发思索、制造悬念，具有较好的交际效果。如1934年，分管中央警卫团的叶剑英听说有些同志不安心做警卫工作，想上前线拼杀，便召开全体大会。一开始他就说："中央警卫团应该改名。"此语一出便将大家的注意力吸引住了，一个个都睁大眼睛，不解地盯着他。隔了一会儿，叶剑英又说："不叫警卫团，叫钢盔团。"大家又都愣住了，愈加不解，更想知道个就里。又隔了一会儿，叶剑英才缓缓说道："钢盔是干什么的？钢盔是保护脑袋的。中央警卫团是保护党的脑袋——党中央的，所以应该叫它钢盔团。你们说是不是？"大家终于明白了事理。叶剑英为了说明一个道理，用了两次断续，每一次都强烈地吸引着听众的注意。在这之后，他才进一步表达自己的意图，收到的效果当然是明显的。

（二）断续的运用

1. 故意断续

故意断续就是为获得某种效果——吸引注意、诱使追问等——故意暂时中断表达，待需要的效果产生后，再接着原先的言辞继续表达。

某单位一位领导平时在开大会时上台讲话总是很长，职工颇有意见。这天，他又要讲话了，大家心里都堵得慌。有的准备打瞌睡了，有的拿出书报来看了，有的开始织毛衣了，有的已经交头接耳起来了……只听这位领导在说："今天，我讲话很长——"这是意料之中的，台下一片哀叹声。不料，稍停后领导又说："大家肯定不欢迎。"台下气氛一下活跃起来，大家都竖起耳朵注意听。只听领导接着说："因此，我只讲10分钟。"台下响起热烈的掌声。在领导讲话的10分钟内，人人专注，个个留神，每一句话，甚至每一个字，全都牢牢地记住了。

2. 自然断续

自然断续就是在表达过程中，当时的语境不需要继续表达下去而致言辞的自然中止，然后再对言辞所涉加以发挥。

某中学的一个班，老师上周刚给大家讲了《陈蕃的故事》，同学们都熟知薛勤批评陈蕃"一室不扫,何以扫天下"的掌故。这天上课,教室很脏,班干部说已安排了值日,他们不愿扫。老师便叹息道:"唉,一室不扫……"后面的"何以扫天下"没有说便自然中止了。因为后面的话让学生自己去感悟,效果会更好。接下来,老师便谈起要培养自觉性的问题来。

3. 无奈断续

无奈断续就是发送者出于无奈,不得不中断本欲表达的言辞,从而回避自己难以启齿或不便说出的内容,然后再接着发送。

一位被拐卖的年轻妇女在控诉人贩子的罪行时说:"他骗我外出找工作,当天晚上住在旅舍里,他就把我……第二天就把我带到村子里卖了。"她的中断,是为了回避对她来说实在难以出口的"强奸"二字,但听者仍然明白她所隐含的意思。

五、啰唆

(一)含义及认识

啰唆就是表达的言辞繁复,不简洁。啰唆本是一种不良现象。按照言辞表达的要求,是应当简明扼要,不可繁复的。明朝的刑部主事茹太素因为啰唆,还被朱元璋打了一顿板子。他的啰唆是不该啰唆的啰唆,这叫消极啰唆。

但是,在实际的言辞交往中,有时简洁不一定能够达到交际的目的或收到预期的效果。这时,不妨有意识地啰唆一下,这叫积极啰唆。

从这个意义上说,积极啰唆不是言辞表达的毛病,而是一种表达的艺术。这种艺术要求在需要啰唆时,应当啰唆一下。比如1962年3月2日,周恩来对全国科学、戏剧创作等会议代表讲话时说:"有人问我是哪里人,我说原籍绍兴,生在淮安,江浙人。为什么这样啰唆呢?因为我的亲兄弟、堂兄弟都是绍兴人,我不能不说原籍是绍兴,否则就有企图摆脱这种关系的嫌疑。我生在淮安,祖父当过淮安县知事,外祖父是淮阴县知事,现在还有家属在淮安,如果我不说在淮安,和他们的历史关系也无法交代清楚。"① 周恩来的这段话,既是啰唆的运用,又说明了为什么应当啰唆。

(二)啰唆的运用

1. 简洁的言辞不足以表达意思之时

抗金名将岳飞一次从前线回到都城面见高宗皇帝。谈话间,高宗突然问

---
① 《周恩来选集》(下卷),第356页。

他："你近来得到好马没有？"对此询问，如果简洁地回答"得到了"或"没有得到"，是完全可以的。可岳飞感到这不足以表达自己爱马和评价马的心意，于是岳飞先讲了自己是如何爱马的，接着又讲了自己对好马的选择标准，最后才谈到自己的两匹好马死后迄今再没有得到好马。啰唆了半天，高宗却听得津津有味，频频点头。

2. 内容需要强调和引起别人注意时

1950年11月，我国特别代表伍修权受联合国邀请，出席安理会召开的关于台湾问题的会议。会上，美国代表奥斯汀对美国的侵略行径百般辩解。对此，伍修权义愤发言，举出确凿事实揭露美国侵略中国、干涉中国内政的罪行。他每举出一个事实，都要加上一句"我要问奥斯汀先生，这是不是侵略"或"我要问奥斯汀先生，这是不是干涉内政"。表面听来似乎有些啰唆，但由于奥斯汀口口声声说美国没有侵略过中国，没有干涉过中国内政，因此伍修权不得不啰唆——反复地强调质问，从而引起了人们的关注，使奥斯汀无言以对。

3. 为造成言辞的风趣时

《红楼梦》第五十四回中，贾府过元宵节，凤姐与贾母、薛姨妈等人击鼓传梅。当传到凤姐时，她笑道："一家子也是过正月半，合家掌灯吃酒，真真的热闹非常。祖婆婆、太婆婆、婆婆、媳妇、孙子媳妇、重孙子媳妇、亲孙子、侄孙子、重孙子、灰孙子、滴滴嗒嗒的孙子、孙女儿、侄孙女儿、外孙女儿、姨表孙女儿、姑表孙女儿……哎哟哟，真好热闹！"这一番话，让满座笑得肠子疼。其实，凤姐的话并无什么内容，仅仅表达了"全家吃酒真热闹"这个简单的意思，可却偏偏逗得大家乐不可支，原因就是她的啰唆。她故意把一句话即可表达清楚的意思，换成了一大串机械的重复，目的不过造成风趣罢了。

4. 特定场合不便简洁时

1920年，年轻的上尉戴高乐在巴黎的一次舞会上结识了汪杜洛小姐。他一见倾心，当即向其表达爱慕之情说："小姐，我有幸认识你……嗯，有幸认识你……嗯，小姐，我非常荣幸，非常荣幸……嗯，是一种……是一种……一种莫名其妙的，莫名其妙的荣幸。我……弄不清弄不清这是为什么……为什么。"真是够啰唆的了。但在那样的场合，面对自己倾心的姑娘，戴高乐想简洁也简洁不了，他只能这样啰啰唆唆地表达自己的恋情。而这种啰唆的表达，姑娘听起来反倒觉得舒服已极。无怪戴高乐话音一落，汪杜洛便说："上尉先生，我不知道还有什么话比你的话更动听的了。"他俩于是定下终身。

六、闪避

（一）含义及认识

闪避就是躲闪回避。

在现实生活中，人们在进行言辞交往时，经常都会碰到一些自己不能回答、不便回答的问题。对此，又不好不予理睬，拒而不答。这时，只有想方设法地闪避，才是上策。一般说来，当你对别人的问题采取闪避的策略后，别人都不会不知趣地穷追不舍。真要有那种人，那就得采用另外的策略了。

闪避是言语交际中从礼貌的角度出发的，它的要求是：对别人所问，应当回答；但答要答得巧妙，迂回地达到躲闪、回避别人所问的目的。既要让别人不致难堪下不了台，又要维护自己不能答、不便答的原则。如 1962 年，中国在自己的领空击落美国高空侦察机后，在记者招待会上，有记者突然问外交部部长陈毅："请问中国是用什么武器打下 U－2 型高空侦察机的？"这个问题涉及国家机密，当然不能说，更不能乱说。但对记者的提问，又不能不答。于是陈毅来了个闪避："嗨，我们是用竹竿把它捅下来的呀！"用竹竿当然不可能捅下来，大家都心照不宣，哈哈大笑一阵便罢了。

（二）闪避的运用

1. 肯定答复会带来灾祸时

楚汉相争中，项羽灭秦自尊西楚霸王后，封刘邦为汉王，拟让其赴南郑就国。项羽的谋士范增反对说，南郑内有重山之固，外有峻岭之险，刘邦去那里不似老虎归山？项羽说，我已经封了，怎么办？范增说，明日早朝你可问刘邦愿不愿去。如他说愿，那你就斥责他想去那里养兵练将与你对抗，将其杀掉；如他说不愿，那你就斥责他不听命令，将其杀掉。第二天，刘邦上朝，项羽便依计问刘邦。刘邦回答说："臣为陛下坐骑，鞭之则行，收辔则止。臣唯命是听。"刘邦的闪避，使项羽想杀他的两个借口都落了空，从而避免了一场灾祸。

2. 明确表态会造成恶果时

一次子贡问孔子："死人有知觉还是没有知觉？"孔子想：如果自己说有，那么孝子贤孙就要跟着去殉葬；如果自己说没有，那么不肖子孙就会抛弃死者的遗体不埋葬。于是说道："你要知道人死了有知觉还是没有知觉的话，等你死后自然就知道了。"

3. 正面回答会公开隐情时

日本影星中野良子已经 35 岁仍未结婚，许多人都很关心她。一次她来中国上海参加艺术活动，有人便问她何时结婚。她说："如果我结婚，就到中国来度蜜月。"

4. 轻率作答有失分寸时

王僧虔是南朝齐首屈一指的书法家，齐高帝萧道成也酷爱书法。一天，萧道成提出要与王僧虔比试谁的书法好，王当然不能不从。君臣二人各自写好一幅楷书，遍示群臣，均不能言。萧道成便问王僧虔："你自己说说看，究竟谁第一？"这是一个关系原则的问题。作为一位大书法家，字好，是没说的。但如照实说，皇帝的面子置于何处？惹恼了皇帝，还可能招致杀身之祸。但如违心说皇帝的好，一方面会让群臣感到自己是阿谀奉承、吹牛拍马，另一方面会将书法艺术引向歧途。真是一个难题：说谁的好，都会有失分寸。于是采取闪避之术答道："为臣之书法，人臣中第一；陛下之书法，皇帝中第一。"皇帝只好笑而作罢。

七、幽默

（一）含义及认识

幽默就是用有趣、可笑而意味深长的言辞造成特殊的表达效果。

幽默的效果，最明显的就是让接受者发笑。因此有人认为幽默是一种逗笑的艺术。由于它在言辞运用中注意了有趣与有味，表达往往形象生动、灵活自如，即使是枯燥、生涩的道理，也能让人心领神会。故对接受者能够产生较大的吸引力和说服力。接受者从发送者逗笑的言辞中，可以认识真、善、美、假、恶、丑，受到启发，引起深思。例如 1862 年，美国承认海地共和国，但国务院又宣称不接受黑人公使。一贯反对种族歧视的林肯总统得知后，派特使去海地，他对特使说："你可以告诉海地总统：如果他派一个黑人来这儿的话，我也不会气得撕破我的衬衫的！"于是海地的黑人公使到达华盛顿。林肯在白宫热诚接待他说："看看，我的衬衫不是很完好吗？"逗得黑人公使笑弯了腰。

（二）幽默的运用

1. 轻松解围 摆脱窘境

理发师朱殿华给周恩来总理理了 20 多年发。一次他在给周恩来刮脸时，周恩来突然咳嗽一声，朱殿华未及提防，手一抖，在周恩来的脸上划了个小口子。朱殿华大窘，难堪地喃喃道："总理，我的工作没做好，真对不起您。"周恩来爽朗地一笑，轻松地说："怎么能怪你呢？应该怪我咳嗽前没给你打招呼，还幸亏你刀子躲得快哩！"

2. 平静自若　讽刺嘲弄

法国作家巴尔扎克写书虽多，却十分清贫。一天深夜，他被一个钻进他房间的小偷在抽屉里翻动的声音惊醒。他弄清是怎么回事后，仍旧平静地躺在床上，神态自若地说道："别翻了，亲爱的。我连白天都没有在里面找到一点点钱，现在天这么黑，你怎么能够找得到呢？"

3. 引譬讽喻　旁敲侧击

纪晓岚一次在宫中陪乾隆皇帝漫步。乾隆问他："忠孝怎解？"他说："君要臣死，臣不得不死，这就是忠；父要子亡，子不得不亡，这就是孝。"乾隆说："那我现在就要你去死。"他朗声应道："臣遵旨！"说罢朝御河奔去，欲投河自尽。但到河边后，他稍站片刻又转身跑回乾隆身边，一本正经地说："我正要往下跳，突然从水中冒出了屈原。他指责我说：'纪晓岚啊，你太糊涂了！当年我跳河，是因为楚王是个昏君。可如今的皇上还算圣明嘛。你要寻死，得先去问问皇上，他是不是昏君。如果是，你再跳也不迟呀！'所以，我就跑回来了。"

4. 语义别解　消除疑虑

一位顾客在皮草行选中一件羊皮外衣，但又担心经不住雨淋，便对售货小姐说："我常在外面奔波，但又担心它经不住雨淋。"小姐说："哪里会经不住雨淋呢？你听说过那满山遍野跑的羊要打雨伞的吗？"

八、迂曲

（一）含义及认识

迂曲就是迂回曲折。它是发送者为明辨事理，在正面直入不利或不便时，采取从旁边迂回包抄、曲折进入的方式向接受者陈词的一种艺术手法。

在交往中，自己的见解能否被别人接受，别人的看法能否被否定，靠单刀直入，不一定能够奏效。而迂曲避开了正面的冲突，以富于启迪性、劝诱性的言辞，循序渐进，步步深入，使别人在不知不觉中接受你的见解，摒弃自己的看法，或者陷于自辩不能的境地。

这种表达艺术的奏效，不是只言片语就可达到的，往往需要多次的言辞交流；每交流一次，就向目的靠近一步，直至最终达到目的。如《战国策》中的"触龙说赵太后"，即是此法。

（二）迂曲的运用

1．诱导启迪

北京师范大学教授李燕杰讲过这么一件事：

一位女华侨在建国初（20 世纪 50 年代）回国时曾解囊相助了一个濒于破产的男华侨。后来男华侨发了大财，80 年代初回国报恩。女华侨是中学退休教师，生活清贫。男华侨在要接她出国定居被谢绝后，又提出带她即将大学毕业的儿子出国。儿子听说后，急着就想走，她很难过。她问儿子："建国初，国家那么困难，妈妈为啥放弃舒适的生活，回国来工作，你懂吗？"儿子答："不懂。"妈妈又问："三年困难时期有些人出国了，妈妈为什么不离开祖国，你懂吗？"儿子答："不懂。"妈妈又问："'文化大革命'中我被关进牛棚时，我是不是你妈妈？"儿子答："当然是！"妈妈又问："当别人揪斗我，说我是'牛鬼蛇神'，要你跟我划清界限的时候，你对我的感情改变了没有？"儿子答："我任何时候也不会改变对妈妈的感情！"这时，妈妈满怀深情地说："祖国就是我们的母亲。当她在经济上遇到困难的时候，是留下来把她建设得更加美好，还是抛弃她一走了之，去寻找个人的欢乐呢？"儿子哭了："妈妈，我懂了，我全理解了！"

2．委婉明理

一次孔子要到卫都去，经过蒲邑时被叛乱的公孙氏扣押。公孙氏说："只要你保证不到卫都去，不把这里发生的事传出，我就放了你；否则休想离开！"孔子见不答应是走不成了，便答应下来。逃出蒲邑后，孔子让马车径直往卫都奔，要去向卫王传递蒲邑发生叛乱的消息。其弟子子贡认为这是不讲信用。孔子便问他："不去卫都是我们的本意吗？"他说："当然不是。"孔子又问："强迫别人作保证是仁义的吗？"他说："当然不是。"孔子又问："要挟别人是明智的吗？"他说："当然不是。"于是孔子说道："那么，我们为什么要对不仁义、不明智的人讲信用呢？我们为什么要为这种不仁义、不明智而违背我们自己的本意呢？连鬼神都不会听这一套！"子贡始有所悟。

3．徐缓释疑

美国一家电器公司推销员阿里森一次到某厂推销电机，遭到该厂工程师拒绝，原因是该厂前不久所试买的一台，发热超过正常标准。阿里森说："电机当然会发热，但绝不能超过标准，是吗？"工程师说："当然哪。"阿里森又说："按标准，电机可以比室温高 72°F，是吗？"工程师说："是的。可你们的却高得多，连手都不敢摸啊！"阿里森又说："你们车间温度是不是 75°F？"工程师说："是呀！"阿里森又说："车间室温本身 75°F，加上应有的 72°F，共

119

有140多度了。如果让你把手放进140多度的滚开水里，你会吗?"工程师说："哪里会呢!"于是阿里森这才说道："那么请你以后就不要再用手去摸电机了。你完全可以放心，那完全是正常的，合乎规定标准的。"工程师终于同意购进一批电机。

第四章　实用口才的实施主体

　　言辞的表达是由一定的人来体现的。这"一定的人",即所谓发送者。在人际的言语交往活动中,发送者是这个活动全过程的实施主体。这个主体,既是实用口才学研究的主要对象,又是实用口才才能显现的基本依存。离开这个主体,也就谈不上什么实用口才了。发送者这个主体在人际交往活动中起着制约、支配的主导作用。交往要达到预期的目的、产生良好的效果,主体必须具备一定的条件与能力。

第一节　主体的本质

一、发送者的主体角色

（一）发送

1. 发送的认识

发送是动物的本能。鸟巢中羽毛未丰的幼雏，会对着它的父母唧唧喳喳地乱叫；带着一群雏鸡在外觅食的母鸡，当天空出现鹞鹰的身影时，它会咯咯地呼唤子女躲进它的羽翼；家里的宠物小狗，在它饥饿之时，会向主人汪汪叫唤……

作为高等动物的人，发送当然也是一种本能的行为。刚出生的婴儿，其坠地即发出呱呱之声，大人们虽然不能明确其意义，但至少获得这样的信息——孩子诞生了。

但是，这些发送只是一些条件反射式的低级发送。这些主体，不能有意识、有组织、有针对性、主动、灵活地充当发送者，也不能根据现场的需要而改变发送。

实用口才所说的"发送"，是作为社会活动分子的人，为着一定的交际目的，有意识的、有组织的、有针对性的、主动的、灵活的，并根据现场的需要而随时改变的发送。

发送是社会的普遍现象，是人类社会存在的基础和需要。它维系着人们的生活，维系着各种社会关系。哪里有人，哪里有交往，哪里就有发送的行为。

2. 发送的定义

从字面上解释，发，有放出、发散、阐发、传达、表达、显现、说出等意思；送，就是把东西转移给别人。但对一个概念下定义，应当揭示其内涵，也就是它所反映的对象的本质属性。虽然从字面上说，大都懂得"发送"的含义，可从实用口才学的学科角度看，仅从字面上去理解就不够了。

实用口才学认为，所谓发送，就是一定的人，在一定的场合，为一定的目的，以一定的言辞，向一定的对象，传递一定的信息。

这一表述，用了六个"一定"，不仅清楚、完整地揭示了"发送"这一概念的内涵，而且具有动态的含义，发送者可以有较大的灵活机动权。

3. 发送的要素

从发送的定义可以看出，构成发送的要素有三个：

第一，一定的人。因为并非任何人都要发送，只有人在需要发送时，才成为发送的构成要素，所以，用"一定的人"来界定。

这"一定的人"，称之为发送者。他是发送活动中的行为主体。在一定目的的指导下，他控制发送活动的全过程，支配发送活动的进行。

第二，一定的言辞。因为发送者的发送是根据当时的时间、场合、对象的不同情况而产生的，不能有确定不变的言辞，所以，用"一定的言辞"来界定。

这"一定的言辞"，是发送的内容，是发送者根据彼时、彼地、彼情，有针对性地向自己的对象传递信息的表现。发送者表达了什么愿望、要求，要达到什么目的，只能从这"一定的言辞"中产生和获取。

第三，一定的对象。因为发送者的发送不可能针对任何一个对象进行，他只能根据自己的目的，选择需要的、适合的对象进行发送，所以，用"一定的对象"来界定。

这"一定的对象"，称之为接受者。他是发送活动中的行为客体。在主体进行发送时，他处于被动地位，在主体的支配下，接受其传递的信息。

以上三个要素是缺一不可而又互相依存的。没有发送者，就不会产生发送的行为；没有发送的内容，发送者的存在也是空的；没有接受者，发送则失去意义。至于有时出现的那种没有接受者的自言自语、说梦话、对镜练习之类，它脱离了实用口才"立足交往"的原则，是不能算作实用口才的。

4. 发送的类型

①单向发送。它是指发送者自始至终都处于"说"的位置，主导地面对接受者发送；我怎么说，你就怎么听。传递路线只按"发送→接受"的单一方向运行。而接受者则完全处于被动位置，仅仅是"听"而已；你怎么说，我就怎么听。一般没有参与发送的动机和可能。

这种发送，是一个起于发送主体，止于接受客体的单方向过程。它表现为作报告、演讲、经验介绍、大会发言、活动致辞、公关宣传、述职、讲课等等。

②半单向发送。这是单向发送的派生。这种发送的发送者处于主导地位，把握发送的时间、内容、形式、语气等。但他同时又要求接受者有所反馈，按照自己的需要予以回答，亦即作出反发送，从而达到自己发送的目的。这对接受者来说，虽然有发送的动机和可能，但这种反发送，完全是按照发送者的需要而进行的，不能随心所欲。在很大程度上说，接受者的反发送仍是一种被动行为。其形式是：我怎么问，你就怎么答；我涉及什么，你就反馈什么。

这种发送，是一个起于发送主体，而又未完全止于接受客体，需要接受客体作出反馈的半单方向过程。它表现为：答记者问中记者的发问、开调查会中调查者的询问、审讯犯罪嫌疑人中办案人员的审问、课堂教学中教师的提问等，以及质询、答辩之类。

③双向发送。它指的是在交际过程中，主体和客体的角色位置并不固定，而是在不断地交替变化。谁发送，谁便是主体，对应的一方则是客体。在这种发送活动中，原本处于客体位置的一方，一旦发送，他又成了主体；而原本处于主体位置的一方便成了客体。这种发送，主体和客体既是发送单方向流动的两个起点，又是发送双方向流动的两个止点。传递路线是按"发送↔接受"双方向运行的。它表现为讨论、洽商、谈判、对话、论辩、聊天等等。

在实际的言辞交往中，双向发送远远多于单向和半单向发送。并且，由于单向和半单向发送在一般情况下都是有准备的行为，发送较易掌握。而双向发送一般均无准备，即使事前有所准备，也只能大体预测一个方向，不可能准确知道对方将怎样反馈。因此，双向发送把握的难度较大。惟其如此，也才更加显现发送者的口才水平。

（二）发送者

1. 发送者的定义

现实生活中，任何一个社会的人，都可能成为发送者，但并不是任何一个社会的人，都是发送者。一个人由一般的社会个体获得发送者的身份，一个显著的特征，就在于他对一个对象实施了发送的行为。因此，发送是具有发送者身份的人与不具有发送者身份的人之间的根本区别标志。

实用口才学认为，所谓发送者，就是按照发送的要求，凭借生理手段，向目标对象发出信息的社会成员。

2. 发送者成立的条件

发送者是相对于接受者而存在的，没有接受者，也就没有发送者。二者是相互依存而又相互转换的。沟通二者关系的媒介，是发送的言辞。同样，没有发送的言辞，发送者这个概念就不能成立。

需要说明的是，这里所说的言辞，也包括了后面章节将要讲到的作为辅助手段的形体语和附加语。如手势、动作、表情、眼神、语调、服饰等等。至于聋哑人用于交际的手语，虽然也有发送的意义，但它不属口才的范围，所以不能一概而论。

对于任何一个可能成为发送者的人来说，都必须具备能够进行口语表达的基本能力。没有这种基本能力，他只能是一个社会的人，而不是发送者。

一个人以发送者的身份出现，必定体现在其以言辞作为表现、与对象发生关系的过程中。没有这种表现和关系，即便他具有很好的口语表达能力，也只能是社会中的一个分子，而不具有发送者的身份。

因此，表达能力和发送活动共同构成了发送者这一概念的内涵，也是发送者能够成立的必要条件。

3. 发送者的类型

发送者按不同的划分标准可以有不同的类型。如按年龄、性别、职业、地位、教养、民族等划分。但这些划分只是从现象上入手的，不足以揭示类型的深层含义。由于发送及发送者都必须要有接受对象才能成立，所以深层的划分应当按接受对象的性质进行。从这个标准出发，发送者可以分为三种类型：

①日常发送者。这是最大量的、最普遍的。他们立足于日常生活，其发送时时刻刻都可能产生。发送的内容多为日常的学习、工作和生活。他们面对的对象，可能是日常生活中任何一个社会成员，尤以周围的人为多。

②应酬发送者。这类发送者立足于交际应酬，面对的多为社交圈内的人士。每有交际应酬，发送即要产生。发送的内容主要是维护己方利益的因素，或己方与有关系的他方共同关心的事宜。这类发送者在当今社会主要是领导人、秘书、公关人员、推销员、外交人员、谈判人员等。

③职业发送者。这类发送者立足于职业的需要，面对的是自己职业所涉及的接受对象。他们的发送活动，只有在他们从事自己的职业工作时，才会产生。在发送的内容上，则是与自己职业有关的因素；在发送的形式上，也带有明显的职业特点。如教师、播音员、讲解员、导游、律师、主持人、发言人、审讯人员等。

上述划分只是大体的，界限也不十分严格，而且多有交叉。如一个职业发送者，在非职业活动中，也会有其他类型的发送行为，他的发送行为既可能是日常性的，也可能是应酬性的。

二、发送者的基本特征

发送者是千差万别的。不同的年龄、性别、文化、民族、地域、职业、修养，都会有自己不同的特征。就是相同的因素中，也有不同的成分与程度，其特征也会不同。因此，要概括发送者的特征是很困难的。但是，发送活动中作为与接受者相对应的要素，发送者毕竟与接受者有明显的不同之处。这明显的不同，即构成发送者的基本特征。

（一）主导性

主要的，并且引导事物向某方面发展的，称为主导。发送者的主导性决定着发送能否顺利进行和能否获得预期的效果。所以，发送者应当做到：

1．把握发送方向

发送是在一定目的的支配下的行为表现。为什么要发送，要收到什么效果，这个方向要明确，并且要紧紧把握住。在发送活动中，充分调动自己的积累，进行合理的、恰当的加工组合，而后予以表达出来。

发送没有方向，这在双向发送中的胡侃、闲扯之时，是可能的。双方都没有明确的目的，扯到哪算哪，扯完了自己也忘了。但这不是实用口才意义上的发送。

把握发送方向，这在单向发送和半单向发送中，应该说都是容易做到的。因为这两种发送一般都有所准备和思考。如果在这两种发送中都不能做到把握方向的话，那么在双向发送中就更困难了。因为双向发送一般都难以准备，对发送方向的把握，又不能一相情愿，而是双方共同的事。如果一方要往这个方向，而另一方却要往那个方向，交际就难以进行。在这种情况下，谁能紧紧把握住自己的方向，谁就可能达到自己的目的，收到预期的效果。反之，谁不能把握自己的方向，谁便失去主导地位，只能被对方牵着鼻子走，导致自己交际的失败。

现实生活中，确有连单向发送的方向都不能把握的发送者。特别是一些领导人，在作报告、发表谈话时，总爱无话找话说，毫无要领。正像毛泽东在《反对党八股》中所指出的那样："在会场上做起'报告'来，则常常就是'一国际，二国内，三边区，四本部'，会是常常从早上开到晚上，没有话讲的人也要讲一顿，不讲好像对人不起。"这种不能把握方向的发送，不仅不能产生良好的交际效果，而且往往适得其反：你不说我倒还明白，你越说我倒越糊涂。

要做到把握发送方向并非难事，只要按毛泽东在上文中所说的去做就行："不是空话连篇，言之无物；不是无的放矢，不看对象；也不是自以为是，夸夸其谈。"

毛泽东就是一个十分善于把握发送方向的发送者。他的报告、演说、谈话，即使很长（如《在延安文艺座谈会上的讲话》、《战争和战略问题》、《关于正确处理人民内部矛盾的问题》等），也都是非常有针对性和紧扣发送中心的，因此，深受接受者欢迎。

2．引导接受者认同

任何一个发送者，总是希望接受者认同自己的发送。但是，接受者并不一定都会认同发送者的发送。即使接受者处于被动接受灌输的位置——如课堂上听课的学生、被家长教训的孩子、被审讯的犯人、大会场听报告的职工——其内心也未必真正认同发送者所说。发送者的发送不被接受者认同，这种发送就是无效发送。这是任何一个发送者都不希望的。为此，发送者在发送的整个过程中，都要注意引导接受者认同自己的发送。

不同接受者认同发送者的发送情况是不一样的，接受者在引导时应区别对待：

首先，对无奈反应。无奈反应是接受者在发送者的单向发送中处于被动接受的地位，或者在与发送者的双向发送中碍于情面等，不能、不便反驳时，所产生的无可奈何的反应表现。其心理是：你怎么说，我便怎么听；你说你的，我行我的。完全是机械地接受，而不去作深层的思考，只图应付过去了事。

对这种反应的引导，要力求新鲜活泼、形象生动，多用启发式、探询式言辞，尽量促使接受者与自己形成沟通交流。

其次，对迟疑反应。迟疑反应是接受者对发送者所说的并不反对，虽有所动却尚犹豫不定，还不能完全认同发送者的看法、见解。

对这种反应的引导，既不可操之过急，又不可点到为止。而应穷原竟委，因利乘便，耐心、诚挚地动之以情，晓之以理，使其从迟疑中挣脱出来，对自己的发送产生信任，进而实现认同。

再次，对排斥反应。排斥反应是接受者对发送者所说全不理会，从心底里予以排斥；任从发送者说得口干舌燥，他一概置若罔闻，无动于衷。

对这种反应的引导。一是简明扼要。要尽量少啰唆，直截了当，开门见山；否则你讲得越多，他排斥的情绪越强。二是振聋发聩。不说则已，要说就要说到点子上、要害处，使接受者清醒振奋，翻然悔悟。

（二）能动性

自觉努力、积极活动，称为能动。作为发送者，他不是消极地、被动地进入发送状态的。他是行为的主体，应当千方百计将发送活动纳入自己的意识范围，按照自己的意愿进行表达，使交际获得预期的效果。

1. 选择发送方式

表达某种思想或传递某种信息，可以有多种多样的方式，发送者要很好地达到自己的目的、获得理想的效果，必须选择其中最恰当的、最有效的方式为己所用。

以前有个青年考中了进士，宰相想要招他为婿，对他说："我有个独生女儿，品貌出众，我欲招你为婿，你意下如何？"青年赶紧致谢道："我本出身寒微，承蒙丞相栽培，不胜荣幸。不过这事我得回去同我妻子商量商量才能决定，请丞相稍候几天。"宰相一听，只好作罢。青年选择这样的方式婉拒宰相，就远远胜过直说："我已娶妻。"既拒绝了宰相，又照顾了宰相的面子。

在实际的发送活动中究竟应当选择什么样的方式，可以从以下几方面考虑：

①接受对象。对象不同，接受程度和需求就不同。比如对象文化程度低，发送者就不能满口文气，要尽量表达得通俗、浅显些。对象习惯接受哪种方式，就尽可能地满足他的需求。

1997年11月，江泽民主席访美，他在哈佛大学的演讲和回答师生的提问中，时不时地穿插一些英语。在他认为需要强调或解释之处，直接用接受对象都易于接受的英语发送，其沟通效果就比翻译人员翻译要好得多。1998年6月，他在克林顿总统访华时与其共同主持的记者招待会上，对西方记者的提问，也选择了这种方式作答。不仅记者可以直接获得解答，而且身旁的克林顿也可以直接感受到江泽民主席表达的真切意思，从语调、语气等方面获得感染。这一点，我们从电视现场直播中完全可以看出。每当江泽民主席选择以英语作为发送方式时，克林顿的脸上马上显露出会意的微笑和大笑。

②表达内容。什么样的内容，应当有什么样的方式与之协调。在实际运用中，有些内容只适宜于某种方式来表达；如果不加选择，势必造成不良后果，或者达不到自己发送的目的。

1950年1月12日，美国国务卿艾奇逊在美国全国新闻俱乐部发表演讲，造谣说苏联正在将中国北部地区实行合并。当时，毛泽东主席正在苏联访问，苏联政府要求中国政府就此发表一项官方声明，驳斥艾奇逊。毛泽东于19日以中央人民政府新闻总署署长胡乔木的名义，向新华社记者发表谈话，驳斥了艾奇逊的无耻胡言。但几天后，斯大林约见毛泽东，指责中国不用官方名义发表声明，而以一个新闻署长的名义发表个人谈话"是一文不值的"。毛泽东坚持说："只能选择这种方式来表达这种内容。"

③发送场合。场合包括时间、地点、规模、氛围等方面，它也要求发送的方式与之适应。比如一个庄严的代表大会，报告人在那里东拉西扯地作即兴讲话就不恰当。反过来，几个人闲谈甚至两个人互相交谈，发送者也摸出讲稿来正儿八经地演讲、发言，就很可笑。

德国大诗人歌德有一次在一家酒店饮酒。一会儿进来几个小伙子在旁边一桌畅饮，并狂呼乱叫，吵得翻天覆地。歌德便高声叫侍者倒杯水来，他要掺进酒里喝。那几个小伙子哄然大笑，并嘲讽他不会喝酒。歌德对他们说："光喝水使人变哑，池塘里的鱼儿便是明证；光喝酒使人变傻，诸位就是明证，我既不愿变哑，也不愿变傻，所以将酒掺上水喝！"歌德只身处在那样的场合，当然不便直接出面干涉，于是选择一种委婉讽喻的方式来制止小伙子们的胡闹。

④自身素质。俗话说："你有什么肚，就喝什么醋。"对发送者来说，就是一个量体裁衣的问题。自己的能量有多大，就选择多大的方式。那种"人心不足蛇吞象"式的选择，是不合时宜的。比如一个口讷迂拙、反应迟钝的学生，硬要逞强去参加大专院校辩论赛，他只能铩羽而还。

卓别林是一个非常出色的表演大师。一次他参加一个晚会，主持人请他上台讲话，他婉言谢绝了。事后，索菲娅·罗兰问他为什么拒绝，他说："我只擅长表演而并不擅长讲演。我做我不十分内行的事时，我感到难为情。"他反而告诫罗兰："你必须学会一件事，也许是生活中最重要的一课：你必须学会说'不'。"

2. 树立自身形象

发送者要使自己的发送能够被人认同，还有一个自身形象的问题。形象佳，接受者才会对你产生好感，才会聆听你的发送，才会思索你的见解。一个不注重自身形象的人，其发送是很难收到预期效果的。群众中流传的一句顺口溜说："大贪作报告，中贪吓一跳，小贪戴手铐，不贪拍手笑。"它至少反映了一个事实：有的领导自身就是一个贪污受贿的腐败分子，却装得一本正经地在台上作反腐倡廉的报告。尽管他讲得振振有词，可台下群众却对其嗤之以鼻。这种发送，又有什么用呢？

形象是一种综合素质的体现，而不能仅着眼于某一个方面，更不能以衣冠外表取人。古今中外许多颇有口才的发送者，都不是以衣着外表支撑自身形象的。在民间很有影响的济公和尚，"鞋儿破，帽儿破，身上的袈裟破"，手摇一柄破扇，一副邋里邋遢的模样。然而，他却深得百姓喜爱，其形象可说是极佳的。齐国的晏子，身材矮小、相貌丑陋，出使楚国便遭取笑污辱。可其反应敏捷，能言善辩，反倒让取笑他的楚王无地自容。后人无不称赞其形象高大。

发送者形象的要求，下面将要讲到。这里从"树立"的角度，提出几个在言辞上需要注意的地方：

①自己做不到的，不要要求别人一定做到；
②自己把握不准的，不要以肯定的言辞表达；
③自己说错了的，不要文过饰非；
④自己先是怎样说的，不要事后推诿赖账。

（三）随宜性

适应各种环境场合的需要而发送，称为随宜。发送者是存在于现实生活中的分子；现实生活是丰富多彩、千变万化的，其言辞表达必须审时度势，因人、因时、因地、因事而宜。不可凡事都事先框定一个模式，到时照搬。就算事前预测准确，可是临场情况变了，怎么办？有个笑话很有启示：

　　一个人要出远门，他担心朋友来访时儿子不会说话，临行前叮嘱儿子道："如果有客人来，问起我，你就说有点小事外出了，请进来喝杯茶吧！"他怕儿子记不住，将此叮嘱写在一张纸上交给儿子。父亲走后，儿子便将口袋里的纸条拿出来看，以便记熟，客人来了好应答。可接连三天都没客人来，儿子认为不会有客人来了，便将纸条点火烧了。哪知第四天来了一位客人，问那儿子，"你父亲呢？"儿子早忘了父亲的叮嘱，不知该怎样回答，赶紧翻口袋，里里外外找了个遍也没找着。这时他才记起昨晚已经把它烧了。于是只好回答道："没了！"客人大惊："啊！什么时候没的？"儿子答："昨晚。"客人大恸："现在停在哪里？"儿子答："烧成灰了。"

　　发送者要做到随宜而行，重要的一点就是保持清醒的头脑。《三国演义》第四十三回中，诸葛亮出使东吴，舌战群儒，纵横捭阖，咳唾成珠，就在其头脑始终保持清醒状态。如面对首先发难的张昭，他思忖道："张昭乃孙权手下第一个谋士，若不先难倒他，如何说得孙权？"于是十分认真地对付张昭，精心思虑，终于"说得张昭并无一言回答"。张昭被难倒，其他也就全不在话下了。遂取得联孙抗曹的成功。

130

第二节　主体的条件

一、完美的表达品德

　　表达品德是从言辞发送的角度提出的，它要求发送者所发言辞要讲品质道德。孔子就说过："有德者必有言，有言者不必有德。"[①] 他认为，有好品德的人，一定有好的言辞，而有好言辞的人却不一定有好品德。他很好地揭示了品德与言辞的关系。

　　现实生活确是如此。比如有的人花言巧语、信誓旦旦，每一句都让你听得悦耳、舒坦，可最后却让你因其所言而大上其当。出色的表达品德正是基于此而对发送者提出要求的。这些要求，主要有以下几个方面：

（一）勿巧言

　　巧言就是动听而无内容、无价值的言辞。

　　在人际交往中，有的人确实生了一张利嘴，能讲、会说，似乎让接受者听起来也句句入耳。可是他仅仅是白卖一张嘴皮罢了，摆摆花架子，并无实际意

① 《论语·宪问》。

义，于人于事均无裨益，给人的感觉是虚情假意。孔子就曾对此作出过批评："巧言令色，鲜矣仁。"① 他认为巧言是没有什么品德可言的。《诗经·小雅·巧言》则斥责说："巧言如簧，颜之厚矣。"

实用口才既然以实用为前提，立足的是人际的交往，因而发送者在进行言辞发送时，就要力避巧言。不说则罢，说就要有意义，要真心实意地解决问题。

一个人在长期的社会生活中，偶有巧言，在所难免，接受者兴许可以谅解。但若一个人一贯巧言，以巧言为能事，这就大成问题了。对巧言的发送者来说，虽然其并无加害接受者之心，也无愚弄接受者之意；但接受者会因此看白你，对你失去信任。并且，从另一个角度说，也伤害了接受者的感情。因此，巧言无论如何是不利于人际交往的。

（二）勿恶语

恶语就是损害、辱骂别人的难听的言辞。

人在交往中不可能事事顺心如意，任何时候都欣喜愉悦地美言善语，是做不到的。但这并不等于说可以随意出言不逊、恶语伤人。

俗话说："良言一句三冬暖，恶语伤人六月寒。"既然实用口才是以实现人际沟通交流为目的的，发送者在遭遇不快之时，仍要从这个原则出发，有礼、有节地发送言辞。须知，口出恶语既伤人感情，更影响交际。有的人因自己心情不好，以恶语伤了人，尽管他事后也解释说，"对不起，我心情不好"，但给别人造成的伤害，往往难以弥补。《礼记·祭义》中早就有"恶言不出于口，忿言不及于身"的说法。墨子在他的《修身》中更是作为一种品德规范来要求发送者："谮慝之言，无入之耳；批扞之声，无出之口；杀伤人之孩，无存之心。"意思就是有品德的人，不要出口伤人，不要无端攻击别人，不要萌生以言辞伤人的思想。

即使是与人断绝交往，我国自古也有"君子交绝不出恶声"② 之说。世上没有永远的敌人，今天绝交，明天可能会友好往来。设若先前出了恶声，后来又和好时，就会很难堪。是以民间有言："当时留一线，日后好见面。"鲁迅有句名言："辱骂和恐吓，决不是战斗。"就是对敌人，他也认为："我并非主张要对敌人陪笑脸，三鞠躬。我只是说，战斗的作者应该注重于'论争'；倘在诗人，则因为情不可遏而愤怒，而笑骂，自然也无不可。但必须止于嘲笑，

131

---

① 《论语·学而》。
② 《战国策·燕策》。

止于热骂，而且要'嬉笑怒骂，皆成文章'，使敌人因此受伤或致死，而自己并无卑劣的行为，观者也不以为污秽，这才是战斗的作者的本领。"①

（三）勿欺诈

欺诈就是以无事实、无根据的言辞欺哄诈骗别人。

欺诈是与实用口才的交际原则格格不入的，是发送者品德之大忌。欺诈者往往怀着不可告人的目的，以浮言浪语诱使别人上当，而自己从中渔利。现实生活中，我们常常耳闻目睹欺诈的害人，无不引起世人的痛愤。唐代的柳宗元曾声讨欺诈之言说："言而无实，罪也。"② 宋代的欧阳修也斥责欺诈之言说："利口伪言，众所共恶。"③ 作为实用口才的发送者，绝不可运用欺诈之言。应当明白：欺诈言辞最终是不会有市场的，到头来往往是搬起石头砸自己的脚。正如林肯所说："你可以在一个时期欺骗所有的人，也可以永久地欺骗某些人，但你不能在所有时候欺骗所有的人。"

需要说明的是，用兵打仗中的欺诈，不能与以交往为目的的实用口才的反对欺诈一概而论。《韩非子·难一》说："战阵之间，不厌诈伪。"就是将欺诈限定在战阵之间的。《孙子兵法·计篇》也说："兵者，诡道也。"曹操还专门为此作注说："兵无常形，以诡诈为道。"其限定，都在于敌对双方的争战。因此，不能将欺诈用于人际交往。

（四）勿曲迎

曲迎就是违反自己的本意去迎合别人的意思。

实用口才强调立足交往的原则，但并不等于说，为着交往就可以抛弃立场，啥也不顾地去谀附、迎合接受者。一个人本要表达的是什么，就应当是什么；表达方式可以灵活，但原则、立场是不能随意改变的。《礼记·中庸》说："君子和而不流。"就是主张发送者的态度、方式可以随和些，而原则立场不能流移不定。

曲迎最容易发生在下级对上级、位卑者对位尊者之中。本来自己已有明见，一旦领导、尊长表示了不同的意见，自己又赶紧掩饰自己的看法，而表达出与领导、尊长一致的看法。这在现实生活中并不鲜见，然而并不符合实用口

---

① 《南腔北调集》，人民文学出版社 1973 年版，第 30 页。
② 《上桂州李中丞荐卢遵启》。
③ 《论修河第三状》。

才表达品德的要求。宋代的王安石说过："在上不骄，在下不谄。"① 苏辙也有言："君子之仕，不以高下易其心。"② 一个有品德的发送者，应当像《礼记·儒行》所说的那样："身可危也，而志不可夺也！"

需要说明的是，在实际交往中，有时对对方的意见有不同看法，但为了下一步骤的进行或收到更好的效果，在不违反根本原则立场的前提下，暂时同意对方的意见，这是一种表达的策略，不能视为曲迎。

二、丰厚的知识积累

知识是人们在社会实践中所获得的认识和经验的总和，是发送者能够很好地以言辞实现人际沟通交流的源泉。有的人之所以很有口才，究其根本原因，就在于丰厚的知识积累。胸有成竹，欲发则出；积之愈深，发送愈佳。

1993 年 4 月 14 日，江泽民主席到海南大学考察。在阅览室，他问围过来的学生："苏东坡在海南时，对这里的文化教育影响很大，你们学校还为他塑了像。你们有谁能背诵他最有代表性的词？"随即，他与学生们一齐高声背诵《水调歌头》。接着他又说："一个人不管学什么专业，总得懂一些文学知识，有一定艺术素养，这对于丰富自己的思想和生活，提高自己的审美能力很有好处。托尔斯泰、莎士比亚的作品总该读一些吧；巴尔扎克、但丁写了些什么，总该有所了解吧；达·芬奇的名画《蒙娜丽莎》也应该知道吧。总之，知识是浩瀚的，不能只限于懂得自己的专业知识。"③

对发送者来说，知识是多方面的。对不同的发送者，有不同的知识要求；不同的发送者，对知识的把握程度，也不尽相同。但作为发送者，应当掌握最基本的人际交往知识。

（一）处世知识

处世就是在社会上活动、跟人往来。

每一个发送者都是社会生活中的一分子，对社会生活中的各种关系必然有牵连。要想使自己的发送达到彼此交流、沟通的目的，就必须掌握交际应酬的起码知识。发送适宜的言辞，如果不懂得这些知识，在交际过程中，就往往会因某一细微疏忽讲错话而造成不良后果，轻则导致交际的失败，重则祸及身家性命。

_____

① 《上龚舍人书》。
② 《张士澄通判定州》。
③ 《人民日报》1998 年 5 月 4 日。

133

曹操出兵汉中，与刘备相持不下，进退维谷。夏侯惇入帐问夜间号令，当时曹操正在喝鸡肋汤，便随口道："鸡肋。"杨修听传"鸡肋"号令，便叫军士收拾行装准备归程。夏侯惇不解，问何故。他说："以今夜号令，便知魏王不日将退兵归也：鸡肋者，食之无味，弃之可惜。今进不能胜，退恐人笑，在此无益，不如早归。来日魏王必班师矣。故先收拾行装，免得临行慌乱。"于是各营军士皆打点起行装来。曹操闻之大惊，斥责杨修道："汝怎敢造言，乱我军心！"喝令斩之。

曹操杀杨修，后人多有评说。清初毛宗岗说：杨修之死，在于"不善处人骨肉。夫以正直忤操，则罪在操；以不正不直忤操，则罪在修。故修之死，君子于操无责焉"（《三国演义》毛批）。他认为杨修是自取其祸，根子就在不善处世，乱说话。这应当说是中肯的。作为一个下属，忘了自家身份，随意揣测主帅意图而擅自发送，当然是不应该的。

处世知识大都是日常生活中的，诸如称呼、访友、求职、待客、赴宴、送礼、赠物、寒暄、探病、致歉、打招呼、打电话、问候、介绍别人、自我介绍、拒绝、祝贺、吊丧等等。所有这些，都各有自己的一套成文或不成文的习惯说法。而这种说法，一般都是自然形成或约定俗成的，不需去特别地学习、钻研；只要不脱离社会生活，耳濡目染，即可把握。发送者应积极投入社会生活，根据不同的需要，选择恰当的适应社会生活需要的处世言辞。只要拿准文明、礼貌、得体、合适的原则即可。

如果你是去别人家里做客、拜访，最好应电话预约。不通电话的，或其他原因而径直上门的，人家有门铃，应按门铃；无门铃，应轻叩其门。按后或叩后要稍等一下，若无动静，再按或叩第二次。一般说来，按、叩第二次后仍无动静，就不宜再按、叩下去：一是主人不在家，二是此时主人不愿有人打搅。主人开门后，应先向主人问好，待主人请你入室时，要留心是否要换拖鞋，最好主动提出："我换双拖鞋吧。"如果来开门的是你不认识的人，则应问："请问，这是不是某某先生的家？"得到肯定后，还得问："他在家吗？我是某某人，有点事儿拜访他一下。"如果找错了门，应当向开门者表示歉意。如果需向其打听你所要找的那家之所在，无论其是否知道、指点，都应表示谢意。

（二）世事知识

世事就是世上的事。世事知识指的是社会生活中方方面面的常识、经验、教训、风土、人情、习俗、掌故等等。这种知识是一种客观存在，一般无须潜心去学；只要不脱离社会生活，在实践中都会逐步体会、感悟得到。发送者要丰富自己的语言素养，实现与人沟通交流的目的，必须具备这类知识。曹雪芹就认为："世事洞明皆学问，人情练达即文章。"一个不谙世事的人，所发言辞要么造就笑话，要么酿成苦酒。

1974年，美国康宁公司将一件制作精巧的蜗牛工艺品赠送给中国政府。当时中国正在搞"批林批孔"，江青臆断这是对中国的侮辱，旨在讥讽中国像蜗牛一样蜷缩、爬行。周恩来指示外交部，急电中国驻美联络处调查。时任联络处对内参赞，又从小在美国长大的冀朝铸说："不用调查，蜗牛象征有耐心，这是表示祝福的意思。"联络处将冀朝铸这权威性的世事知识报回国内，江青这才悻悻地收敛起发难的嘴脸。这事既说明冀朝铸熟谙世事，也成为江青不懂世事的笑柄。

世事知识是在社会实践中获得的，但有时对某些世事知识，人们却没有实践的机会或可能。比如你从甲地到乙地，对甲地的世事知识，你可能具备，而对乙地的，你可能就不具备了。但你却不能没有言辞的发送。怎么办呢？这就得学、得问。孔子有言："敏而好学，不耻下问。"① 我国历来也有"入乡随俗"之说，到哪个地方，就要了解哪个地方的世事。这样才能产生良好的交际效果。照搬甲地的世事或不顾乙地的世事，都会自讨苦吃。

清代洋务大臣李鸿章一次出访美国，在一家饭店宴请美方人士。开席前，他按中国世事讲了一番客套话："这里条件差，没有什么可口的东西招待各位，粗茶淡饭，谨表寸心。"不想饭店老板却火冒三丈，认为李鸿章诋毁了饭店的声誉，非要其公开赔礼道歉不可。李鸿章的客套话，在国内是很普遍的，但美国却没有这样的习俗，老板冒火当然有理。

（三）　文化知识

文化是大文化，不是仅限于运用文字的能力，而是人类在社会历史发展过程中所创造的物质财富和精神财富的总和。诸如天文、地理、历史、文学、艺术、哲学、经济、法律等等。这类知识常体现为成语、典故、佳作、名言、警句之类。它最能陶冶情操、提高修养、开阔视野，从而使发送者的言辞更具感染力、说服力和吸引力。这种知识的获得，要靠孜孜不倦的学习。只有不断地学习和吸取，言辞的发送才会有不断的生命力，即如朱熹所言："问渠那得清如许，为有源头活水来。"

1997年2月28日，江泽民主席与全国政协港澳小组座谈时说："大家知道我最近的工作很紧张，我就把莫扎特的音乐片子拿出来，放一下音乐，听他的舞曲；还有贝多芬的第九交响曲。我看了一本书，说他的第二十三钢琴协奏曲

---

① 《论语·公冶长》。

跟我们中国唐朝诗人杜牧的'青山隐隐水迢迢,秋尽江南草未凋。二十四桥明月夜,玉人何处教吹箫'意境相近。因为我不懂音乐,我就把他的第二十三钢琴协奏曲拿出来听,看它和'青山隐隐水迢迢'有没有点关系。果然,音乐跟诗词、文艺还是相通的。我的一个切身体会就是:'活到老,学到老。'"①

江泽民的谈话,既是他丰厚文化知识的体现,又能启迪每一个发送者:要不断地学习,随时引入自己言辞的"活水"。

长期担任毛泽东主席和周恩来总理英语翻译的冀朝铸,从小便到美国生活,缺少对中国文化的详细了解。周恩来对他说:"你是当翻译的,中国历史一定要熟悉。要多读历史书籍,才能当好翻译⋯⋯你有时常作毛主席的翻译,毛主席最喜欢引用历史典故、古代诗词,如果你不懂历史,不读诗词,就没法做好自己的工作。"② 为此,周恩来给冀朝铸开了一张长长的书单要他去读。经过几年锲而不舍的学习,冀朝铸终以博闻强记在外交部闻名,以致有"老夫子"的雅称。人们每有不解之知识,常说:"去问问冀老夫子。"

在人际交往中,某方面的文化知识不足,就不要轻易涉及这方面的话题,倘若擅自发送言辞,就要闹笑话、影响交际效果。

明万历五年,内阁首辅张居正为儿子张嗣修能状元及第,派其弟张居直约见极有可能获第一的临川考生汤显祖,要汤让出第一名。张居直说:"汤才子仙乡乃产笔名地,故王勃在《滕王阁序》里写有'光照临川之笔'的佳句。汤才子如带了几枝来京,可否让老夫一饱眼福?"汤显祖笑道:"据我所知,王勃所指,乃谢灵运之诗文,因他曾为临川内史。"一下把张居直闹了个大红脸。

(四)专业知识

人类社会有各种各样的行业,每一个行业都有自己专门的知识。发送者处在哪个行业,从事什么工作,应当具备本行业、本工作的专门知识。一个人如果连自己本专业的知识都不具备,就谈不上与人进行正常的言语交际了。

专业知识的获得,一是依赖长期的工作实践,俗话所说的"多年的媳妇熬成婆"、"久病成良医",所指即是;二是不断地学习钻研。社会在发展,知识在更新,即使原来颇具专业知识的人,在新的形势下,也会产生许多的盲点,如果不认真学习,既不利于自己的工作,更不利于言语的交际。

1998年元宵节联欢晚会,江泽民问坐在身边的中央人民广播电台播音员方明:"十五大我作的报告,你认为声音用得怎么样?"方明说:"很好,很

---

① 《江泽民与家乡扬州》,载《南风窗》1997年第2期。
② 《冀朝铸外交生涯中的周恩来》,载《翠苑·大纪实》。

好!"江泽民随即转向在座的人说:"有一次我作报告,一开始用力太大,音调太高,没有多久,嗓子不行了。方明同志告诉我,演讲开始时声音要平缓、控制住。干什么都有学问,有技巧。"① 江泽民本身就是一位知识丰厚的人,但在演讲这一行当上,他仍虚心向专业播音员请教,并从中悟出教益。

前些年,美国间谍黎凯被我公安机关抓获后,坚持说自己是学者,拒不承认其间谍身份。在多次审讯都无结果后,这次,预审员汲潮与他拉起了家常。黎凯声称他在北京大学研究管子,汲潮问:"是管仲吗?"黎凯答:"是的,就是中国春秋时期齐国有名的大政治家管仲。"汲潮说:"管仲还是个著名的军事家哩!"黎凯不解:"是吗?"汲潮说:"中国有个成语叫做'老马识途',你知道吧?"黎凯摇摇头。汲潮说:"怎么?你专门研究中国的管子,竟然连中国稍有常识的人都知道的'老马识途'的故事也不知道?"黎凯一脸惶惑。汲潮给他讲了这个故事后说:"看来,你到中国四年多,研究管子只是一个幌子;你是另有任务,一直在从事非法活动!"以管子研究专家自诩的黎凯,终因并不具备管子的专业知识而露馅。

对发送者来说,具备上述四个方面的知识积累是必要的。如果确实不具备,只要肯学、肯问、肯实践,同样可以解决问题。怕的就是不学、不问、不实践,而又要打肿脸充胖子。

三、良好的心理素质

素质本是生理学的概念。素,就是本来、原有的意思;质,就是一事物区别于他事物的内在规定性。连在一起,素质就是人固有的性质和特点。从实用口才角度看,心理素质指的是发送者的性格、毅力、意志、气质等因素。它是发送者在先天基础上,通过后天的实践逐步形成的基本特征,是区别"这个人"和"那个人"的重要标志。

实用口才的表达是一种精神活动,表达效果的好坏,与发送者的心理素质有很大的关系。心理素质良好,不仅是能够顺利表达的前提,而且是获得预期效果的保证。心理素质不佳,或许登不了表达的场所,或许在表达之中半途而废,或许在双向交流之中应对失策。

(一)心理类型

1. 冲动型

冲动是一种情感特别强烈,理性控制很薄弱的心理现象。

---

① 《南方日报》1998 年 4 月 15 日。

这种类型的发送者，情绪往往处于高度兴奋状态，好似打开的煤气灶，一遇火星就会嘭地燃烧起来。其表现是遇事不够冷静，易动肝火，急于表态，喜说好讲，轻易决策。其所发言辞大都脱口而出，不求周密，不讲策略，不计后果。要么噎得接受者受窘而无法与其形成沟通交流；要么将自己全部暴露给接受者；要么惹恼甚至激怒接受者，使接受者愤而对其反攻。

但是，这种发送者心底坦荡，没遮没拦；心里有啥想法，噼里啪啦一下倒出。倒完了，他就没事一般，转趋平静。

梁山好汉中多有此类，如鲁智深、武松、李逵、阮小七等。李逵与燕青外出，投宿一庄院，听庄主太公说宋江抢了他女儿，当即对燕青大叫道："小乙哥，你来听听这老儿说的话，俺哥哥原来口是心非，不是好人了也！"燕青劝他："大哥莫要造次，定没这事！"李逵说："他在东京兀自去李师师家里，到这里怕不做出来！"然后不顾劝阻，一口气奔回梁山，砍倒"替天行道"的杏黄旗，指着宋江大骂："我闲常把你做好汉，你原来却是畜生！你做得这等好事！"待后来事实弄清，原来是一强盗假冒宋江之名，他才醒悟认错。他的这种心理素质不仅不影响他在读者心中的地位，反使人们更加认识了他的憨厚、坦荡，愈发可爱。

2. 理性型

理性是一种从理智上控制行为的能力表现。

这种类型的发送者不是不讲情感，而是善于控制情感。其遇事不急不躁，冷静处理；不轻易作出肯定或否定的表态；言辞常常是深思熟虑之后才出口，因此较为周密，较为策略。这种言辞，接受者易于接受；即使不能接受，也不致产生很大抵触。

但是，这种发送者在需要当机立断的紧急关头，有时也会误事。有些机会是稍纵即逝的，机不可失，时不再来，等你深思熟虑下来，为时晚矣。并且，过于理性，也会给人造成圆滑的印象，同样影响交际的进行。

同项羽相比，其对手刘邦就属理性型。秦始皇出巡，刘邦也看到了，可他只悄悄叹息曰："嗟乎，大丈夫当如此也！"在本意上他与项羽是一样的，都想当皇帝；但他不像项羽那样冲口而出，剑拔弩张地要夺取皇位，而只是悄声赞叹，即便旁人听到，也无关系。他屯兵灞上，明明就是欲王关中，与项羽抗衡，可在不利于己的鸿门宴上，却俯首帖耳地对项羽说："臣与将军戮力而攻秦，将军战河北，臣战河南，然不自意能先入关破秦，得复见将军于此。今者有小人之言，令将军与臣有却。"不仅博得项羽的信任，而且诱使项羽将告密者说出。后刘邦与项羽两军对阵，当项羽推出他的父亲要将其烹杀而逼他退兵之时，他竟说："吾与项羽俱北面受命怀王，曰'约为兄弟'，吾翁即若翁，必欲烹而翁，则幸分我一杯羹。"在他灭了项羽后，群臣请其由汉王尊为皇帝，他还说："吾闻帝贤者有也，空言虚语，非所守也，吾不敢当帝位。"经三让，不得已才勉为其难。

宋代的吕夷简，以理性著称于世。年幼的仁宗皇帝即位时，他以同平章事之职（宰相）辅政。一次仁宗久病不愈，百官皆忧心忡忡。这天仁宗病情稍见好转，叫太监火速传吕夷简进宫朝见。吕夷简闻命后，在家静坐许久才缓缓动身，一路上还不断同熟人寒暄，一点不着急。进宫后，早等急了的仁宗问他："我病了好久，今天觉得好一点，急着想见你，为什么这么晚才来？"吕夷简答道："陛下久病不愈，朝廷内外一片忧虑。今天内侍突然急急出宫，传我火速进宫，我若立即慌慌张张地跑来，恐怕会引起臣民猜疑，以为宫中发生了什么不测之事哩。"说得仁宗愈加敬重他。其实，他心里比仁宗还急，巴不得一下飞进宫里，但他却从理智上刻意控制情感，以定臣民之心。

对发送者来说，理性型心理是优于冲动型心理的。只要在紧急关头能够显出果断的气魄，就很受接受者欢迎，于言语交际是很有利的。

3. 居高型

这种心理指的是发送者凭借某种条件，在言语交际活动中处于优势地位。如自己是领导、专家、教授、名人，而接受者只是普普通通的受众，或者自己是大国、强硬集团的代表，而对方代表的是小国、弱小组织。

这种类型的发送者往往会有意无意地流露出非同于一般人的居高的言辞。如果是有意，他会高自标置，旁若无人；如果是无意，但由于其身份特殊，在接受者听来，也会产生一种由上而下的压力。这在单向发送中，接受者无从与之理会，只得任他去说。如是双向发送，对方虽有发送之责，但会显得拘谨、不自然。这在一定程度上会影响双方沟通交流的效果。

居高型的发送者有两种不同的表现：一种是唯我独尊、自负固执，我怎么说，你就怎么听。另一种是敷衍塞责、不痛不痒，你听也可，不听也可。

沈剑虹在他的《使美八年纪要》中谈到：沈在担任蒋介石的英文秘书兼翻译时，蒋一次宴请来访的外宾，请其中学时的英语老师董显光作陪。席间，外宾问蒋是否曾学过英文，蒋说："学过，但老师不好，所以没学到多少。"外宾又问："谁是您的老师呢？"蒋扬手指着坐在旁边的董显光说："这就是我的老师。"董显光窘极，在整个宴会中都显得神色不安，如坐针毡。① 本来，尊师是中国人的优良品德，蒋介石不是不知道这一点，但因其居高心理的支配，老师不老师，也就全不理会了。

———————————

① 世界知识出版社 1983 年版，第 29 页。

这种心理状态，沈剑虹还有一对比佐证：

蒋介石与来访的约旦国王侯赛因会谈时，"蒋公像是父执一样，侯赛因则是恭敬的子侄"。而"蒋公和美国大使会谈时，总是非常和蔼有礼的。他总是倾听对方的谈话，并且很有礼貌地回答问题"。① 侯赛因虽贵为国王，但因国小贫弱，蒋介石便以居高心理相对。而美国是世界第一强国，虽仅一大使，蒋介石就不能居高了。

对发送者来说，居高型的心理如果不加强自我修养，实施自我抑制，于言语交际是十分不利的。

4. 平正型

这是一种既不无谓冲动，又不着意抑制，居高而不自傲，位低而不自卑的综合性心理状态。其发送言辞仅从言辞自身意义出发，不卑不亢，不偏不倚，是一就说一，是二则说二。

这种心理状态的发送者是很受人欢迎的。即使在某种场合、某个时间会让人不快，暂时影响交际效果，但时间一久，那不快的人大多会醒悟，自然会觉得还是这种发送者好。

为我国科学事业献身的中科院沈阳自动化所所长、"中国机器人之父"蒋新松院士，就是这种心理状态的典型。他逝世后，《人民日报》和《中国科学报》记者作了这样的报道：

> 作为上级，他会与你平等相待，友好合作。他的老同事说："老蒋作风民主，决不独断专行。有不同意见争论时，你甚至可以给他拍桌子，摔帽子，外人这时搞不清谁是领导；但雨过天晴，他从不记恨别人。如果你坚持你的正确意见，他倒很欣赏你的坚强。"
>
> 作为下级，他敢讲真话，敢作敢为。一个863项目要调整，但领导同志犹豫不决。蒋新松会上批评说："在这个问题上，你朱主任应该负责。"时任国家科委常务副主任的朱丽兰教授，今日谈及此事仍十分感叹："蒋新松是科技帅才。有时我和他也争论，我觉得他这个人很有人格魅力，坦诚直言。一定程度上他帮我下了决心，我非常感谢他。我觉得每次跟他相谈都很有启发，在争的过程中，就得出结论了。"②

---

① 世界知识出版社1983年版，第30、32页。
② 《人民日报》1998年4月10日。

140

　　身为中共中央总书记、共和国主席的江泽民，在这方面为世人树立了一个很好的典范。他虽位尊权重，但与人交往时毫无居高临下的架势，说话非常平易近人。

　　1991年12月25日，他视察贵州民族学院时，亲切询问一个苗族女学生是哪里人。女学生回答他后，他和蔼地告诉女学生："我是扬州人。扬州你去过吗？"女学生回答没去过。他微笑道："啊，有机会请到我家乡扬州看看，三月最好，李白不是说'烟花三月下扬州'吗？"本来颇有些拘谨的女学生，一下轻松了。

　　发送者在人际交往中，应当努力具备这种平正型的心理，使自己的言辞发送获得最好的交际效果。

　　（二）心理基础

　　1. 主动性

　　主动性是指发送者在言语交际活动中具有明确的言辞发送目的，并充分认识发送的意义，使自己的表达行为服从于交际要求的心理。

　　这种心理反映了发送者的意念，贯穿于发送活动的始终；同时，也是产生发送欲望的动力。比如你是一名军人、一位领导、一个党员，或是有良知的公民，当有严重损害国家、人民利益的言行突然在你身边发生，你会被强烈的责任心驱使，站出来喝止。至于这会给自己带来什么恶果，是来不及考虑的。像在长途汽车上勇敢站出来制止歹徒施暴的解放军战士徐洪刚，就是这样。

　　在1976年9月29日中共中央政治局会议上，江青突然发难，要毛远新参与毛泽东文稿的整理，她故作深沉地说："远新同志给主席当了一年多的联络员，对主席的思想和指示，理解得最深。可是竟有人反对！还说了许许多多不该说的话！"王洪文随即别有用心地挑拨道："你们知道是谁吗？"叶剑英啪地一拍胸脯，大声说："是我！是我叶剑英！"他狠狠地瞪了江、王等人一眼："我跟着毛主席快50年了，中央还有比我资格更老的同志，他们都对毛主席忠心耿耿，理解毛泽东思想也同样很深很广。难道他们整理毛主席的文稿和档案材料，就不适合？"①

　　本来叶剑英并不想讲话，不想江青、王洪文竟如此猖狂，咄咄逼人，一种责任感、义务感、使命感使他不得不开口了。

　　2. 坚毅性

　　坚毅性是指发送者在言语交际的发送活动中能对自己的表达坚持到底，无

141

_____

　　①《决定中国命运的28天》，河南人民出版社1993年版，第311、312页。

论如何都不被外力所影响、左右，坚毅顽强，勇往直前。

在这种心理支配下，发送者既要全力维护自己所表达的立场，又要奋起排除各种干扰自己立场的因素，任凭外力如何干扰，决不改变初衷，有善始，必有善终。

坚毅不是顽固。顽固是明知自己所言站不住脚却偏要坚持，对不同的意见，不管其是否有理，一概排斥。而坚毅则是深信自己所言是正确的，别人只是一时无法接受、认同，自己也一时无法加以充分证实，但以后的实践必将会证明自己的正确。

在上例中，叶剑英不同意毛远新留在中央工作，张春桥竟威胁说："有些同志忘记了文化大革命的教训了啊！现在各部门都有叶剑英同志的不少说法，我劝你们需要注意了呢！"谁知叶剑英不为所动，呼地站起："笑话！又是一个天大的笑话！毛远新连中央委员都不是，硬要留在中央机关，还要列席政治局常委会，难道我们中央再没人了吗？我劝你们这些想办好事的同志，不要着急好不好？等我们这些老家伙不行了，你们再上，我们还没有死完嘛！"① 张春桥企图转移视线、扭转方向，但叶剑英心里明镜似的，他始终不松口。最后，毛远新还是灰溜溜地回到了辽宁。

142

3. 果敢性

果敢性指的是发送者在言语交际活动中需要明辨是非、作出决断时，能够迅速勇敢地以恰当的言辞作出决定。

这种心理容不得犹豫、迟疑，也不可能允许发送者作全面、反复、认真的思虑，千钧一发，迫在眉睫，当断不断，必为所乱。有时，即使有很大危险，也在所不惜。

果敢不是妄断。妄断是情况不明，毫无把握，乱碰乱撞。而果敢是对情况有所了解，并有一定把握的心理反应。诸葛亮要是不了解司马懿为人多疑，不了解司马懿深知自己平生谨慎、从不冒险的心理，决不会果敢地大开四门唱空城计。

上例中王、张、江、姚"四人帮"在政治局会议上狼狈为奸，大放厥词。他们在力主毛远新留下来的同时，又突然提出江青要进政治局常委会，由张春桥准备三中全会报告，公开亮出了篡党夺权的架势。形势危急，汪东兴给华国锋使了个眼色，华国锋立刻拿出党中央第一副主席的身份，敲敲桌子大声说："同志们不要再吵了，现在双方态度都已经很明确了。有些问题远不是这次会议能解决的。根据大多数同志的意见，我决定：毛远新同志回辽宁去。三中全

---

① 《决定中国命运的28天》，河南人民出版社1993年版，第315页。

会要作政治报告，也应该由我来作，应该由我来准备。至于党中央的人事安排，经政治局讨论后再由三中全会通过。现在，我宣布散会!"说罢站起身，扭头就走。"四人帮"呆若木鸡!

第三节 主体的能力

一、自制能力

（一）自制能力的认识

自制能力指的是发送者在整个发送活动中能够自觉地、灵活地控制自己的情绪，约束自己的言辞的能力。

言语交际中的言辞发送是一种复杂的精神活动，受心理的支配和制约。该不该发送，怎样发送，发送何时起始，出现意外如何应对等等，能不能够自我控制，直接影响着交际的效果。1962 年，苏共总书记赫鲁晓夫在联合国大会上发言，大吹大擂，信口雌黄，讲到最激愤时，竟脱下皮鞋敲击讲台，留下了千古笑柄。这就是其缺乏自制能力的表现。

自制能力是一个人心理素质的反映，也是发送者必须具备的基本能力。这种能力，一方面可以消除发送者害羞、恐惧、不敢说或不敢大胆说的情绪；另一方面可以保证发送者在遭遇意外之时，情感不至于大幅度波动而造成言辞的失误。

在 1971 年林彪叛国的"9·13"事件中，周恩来表现出了非凡的自制能力：

9 月 12 日晚 8 时开始，周恩来便在人民大会堂福建厅主持讨论《政府工作报告》的会议，10 时 40 分，中央警卫团团长张耀祠紧急地将周恩来请出福建厅报告道：借口在北戴河疗养的林彪要出逃，专机已被调山海关机场。这无异于晴空一声炸雷！但周恩来有效地控制了自己的情绪，出奇平静地指示："派人密切注意动向，及时报告！"然后若无其事地回到福建厅，带着歉意说："今天的会就开到这里吧。"脑子里却在思考着应付的办法。一会儿，叶群打电话来欲摸一下底。周恩来反倒关切地询问林彪的身体情况。叶群趁机说："首长想动一动。"周恩来佯作不知："是天上动还是地上动？"叶群答："是天上动。"周恩来又故意问："你那里有飞机吗？"叶群撒谎说："没有。"这时周恩来心里有数了，下令山海关机场，不准那里的任何飞机起飞。0 时 32 分，林彪的飞机强行升空，周恩来又让空军司令部向飞机喊话，真诚地希望其回来："不论在哪个机场降落，我周恩来都亲自去接。"但飞机仍然飞出了国境，

143

最后坠毁在蒙古境内。①

（二）自制的内容

1. 怯场

怯场指的是在人前，尤其是人多的场合，因紧张害怕而不敢说话，或者说话时显得拘谨、不自然。

怯场是一种心理障碍：要么感到自己被发送场合的气氛、形势所压迫；要么顾虑自己说得不好或说错；要么担心自己不是他人的对手。因而畏首畏尾，诚惶诚恐。

其实，这种心理障碍是完全不必要的。有的人在家人面前可以滔滔不绝，可一与外人交谈，他就难以启齿；有的人在平时三两人的场合可以口若悬河，可人一多，尤其是上台，就心慌意乱，语无伦次。这说明他不是不能说，而是有心理障碍。只要破除这种障碍，怯场也就消失了。

破除怯场心理障碍的途径是：

①豁出去。任何人都不是天生地敢在公众场合自如说话，都有一个艰难的"第一次"。美国的罗斯福总统说过："每一个新手，常常都有一种心慌病。心慌并不是胆小，而是一种过度的精神刺激。"古罗马著名演讲家希斯洛第一次演讲时就脸色发白、四肢颤抖；美国的雄辩家查理士初次登台时两个膝盖抖得不停地相碰；印度前总理英·甘地首次演讲时不敢看听众，脸孔朝天。只要抱定豁出去的心态，管他三七二十一，就自如了。

②平时加强训练。如朗诵、自言自语、多同亲近熟悉的人交谈、听别人交谈等。

③每次发送前作必要的准备。这在单向发送中当然容易做到。就是双向发送，同谁谈，涉及什么内容，可作大体的言辞预测。只要在大方向上有所准备，到时也不致不敢说或说不下去。

④故意视而不见。就是自己在发送前，心中有接受者，但在发送时，眼中不能有接受者，只顾按自己的意图去表达。一位教师第一次登台讲课效果就不错，有人向他请教经验，他说："备课时我心中一直想着学生，可一上讲台，我眼中所见，只有桌椅而已。这样，我就放松自如了。"

2. 震怒

震怒是指发送者在遭受某种刺激时，不能抑制而勃然大怒。

震怒不仅破坏沟通交流的气氛，影响交际效果，而且使自己头脑膨胀、思

---

① 《炎黄春秋》1998 年第 1 期。

维紊乱、言辞失误，从而导致交际的失败。发送者应努力克服激愤情绪，自制震怒的发生。

在双向交流中，对方有时为达其目的，会故意刺激你，以引起你的震怒，从而从中渔利。在这种情况下，发送者更要有自制力，激而不怒，避免上当。

德国诗人歌德一次在公园里散步，正好与一位经常抨击他的批评家狭路相逢。批评家昂首阔步，傲慢地说："我是从来不给蠢货让路的！"歌德却主动让到路旁，笑着说："我刚好相反。请吧！"

抑制震怒的途径有：

①充耳不闻。一位记者问成名的电影演员刘晓庆："社会上有不少关于你的流言，你怎么办？"刘晓庆淡然一笑说："80 年代的刘晓庆不是 50 年前的阮玲玉。我工作紧张，管不了那么多，权当耳边风吧。"

②闻而移怒。某市长和夫人去视察一建筑工地。一个干粗活的工人在楼顶向他们喊道："嗨，市长夫人，还记得我吗？在中学时咱俩不是常常约会吗？"市长轻声奚落妻子道："听见了吧，幸亏你嫁了我，成了市长夫人，要不，你就是那干粗活的工人的老婆了！"妻子接口道："听见了吧，幸亏你娶了我，成了市长，要不市长就是他当了！"

3. 惊喜

惊喜是指发送者突然获得某个意想不到的好消息或某种利益，掩藏不住内心的兴奋而予以外露。

一个人获得好消息或利益本是好事，喜悦、兴奋是应当的。但作为发送者，在发送活动中（尤其是与自己、对方有利害关系的双向发送）就应当加以抑制。因为惊喜会造成情绪的巨大波动。它既会导致自己言辞的不当，又会暴露自己内心的意图；有时，甚至还会伤害自己的身心。《说岳全传》中的牛皋，《儒林外史》中范进的老母，都是因为惊喜而不能自制送掉了性命的。因此，发送者要使发送活动顺利进行，实现交际的目的，就应当具备对惊喜的自制能力。不管内心多么兴奋，都要保持冷静的头脑，淡然处之。

"9·13"事件中林彪强行登机出逃，周恩来虽从容处置，但仍为事态的发展担忧。林彪身为中央副主席、全军副统帅、国家第二号人物，本身就掌握着国家重大机密，出逃时又携带许多机要文件，其投敌，后果不堪设想。当外交部在当天下午 2 时向他报告林彪的飞机坠毁在蒙古，机上 9 人全部死亡时，他两眉一耸，平静地笑着说了三个字："摔死了。"

春秋时，齐国出兵侵略宋国，宋国派臧孙到楚国求救。楚王听了臧孙的求救后，兴奋异常，答应立马出兵到宋国助战。臧孙的手下都喜形于色，而臧孙忧心忡忡。其手下不解："我们来求救，楚王这么爽快地答应立即出兵，你还有什么忧虑的?"臧孙说:"正因为楚王出奇的兴奋,我才忧虑。宋是个小国,齐是个大国,救小而失大,这是人们都感到害怕的事。可是楚王却非常高兴,这必是用假象来稳住我们,让我们拼死抵抗齐国,使齐国和我国两败俱伤,楚国就会坐收渔利。所以楚王才显得那么兴奋。"果然,齐国接连攻下宋国五座城池,楚国也没有来救。在宋国的顽强抵抗下,齐国损失也十分惨重,只好收兵回国。

抑制惊喜的措施就是应不足为奇,天大的喜事,也应看做小事一桩。

二、控场能力

(一) 控场能力的认识

控场能力指的是发送者在整个发送活动中把握主动,对现场情况进行有效控制的能力。

控场能力是发送活动顺利、圆满进行的保证。发送者为了实现自己的意图,使自己的言辞对接受者产生应有的作用,必须具备这种能力。

在实际交往中,发送者虽然居于主导地位,但是客观反应如何,现场形势如何发展、变化,是任何一个发送者都不能完全把握的。即使是事前有较充分准备的单向发送,在进行过程中也会出现一些自己无法预料的情况。这些情况会干扰、阻碍发送活动的顺利进行。如果发送者不能实施有效的控制,发送活动要么不能产生预期的效果,要么只能半途而废。因此,发送者应当善于控场。

1997年11月1日,在美国访问的江泽民主席应邀到哈佛大学演讲。美国的一些抗议者违反了事前不准用高音喇叭的规定,在会场外高声嚷嚷。但江泽民的演讲毫不为之所动,按计划圆满完成。与会者凝神倾听,不时发出会心的笑声。在回答听众问题时,第一个提问的美国女士问道:"您访美一开始就说那些抗议者的喊声是噪音,现在会场外还有抗议者在喊叫,你是否认为他们也是噪音呢?"江泽民回答说:自从我来到美国,这些人就一直跟着,整天喊,这可是体会到了美国式的民主。请注意,不是一般意义上的,而是美国式的民主。这是书本上学不到的。(热烈鼓掌)今天我在这里演讲,虽然我71岁了,但听力很好,仍然听到外面的喊声。我的办法就是尽量使自己的声音高过外面的声音。(长时间热烈鼓掌,笑声不断)① 这一回答,本身就是一种控场能力的表现,同时又告诉人们应当怎样控场。无怪他的演讲和答问被波士顿的报纸

---

① 《哈佛邀请江泽民演讲前后》,载《南风窗》1998年第2期。

称为"有世界级政治领袖风采"。

（二）控场的内容

1. 僵持

僵持指的是在发送活动中，因出现了某种原因而使发送停滞，不能继续进行，彼此形成相持不下的局面。

在人际的言语交往中，僵持是谁也不希望出现的，但在客观上又是谁也无法避免的。有时一句话、一个形态不慎，就会形成僵持。而僵持一旦形成，无论是发送者还是接受者都会处于一种尴尬的境地，前进还是后退，都非易事。哪一方处置不当，哪一方就是这一交往中的失败者。

作为交往的主导一方，发送者当然要主动控制，使僵持的局面朝有利于自己的方向发展。这一控制，要持稳慎的态度，不可急于求成。先要分析僵持点是在什么地方，然后再区别对待。对待的手段有：

①主动退让。如果明显是自己的错误而造成，或者是并不影响发送活动主旨的枝节问题而造成，可以主动打破僵局。如道歉、自嘲、转题、示惠等。引导接受者的注意力跳出僵持的圈子后，再从另外的角度寻找可以彼此沟通的契机。

日本首相桥本在任通商产业大臣时，与美国贸易代表坎特洽谈商务。在洽谈中，双方为一种商品的价格形成僵持，彼此互不相让。这时坎特打听到桥本喜欢剑道，对各种名剑爱不释手，于是在下一轮洽谈前郑重赠送给桥本一柄名剑，并同其大谈剑道。桥本欣喜异常。坎特抓住此契机提出僵持的价格问题，桥本愉快地接受了。

②坚持不让。如果自己是完全正确的，或者所涉是影响主旨的要害问题，这种僵持形成后绝不能退让，非坚持到底不可。这是一种毅力与耐力的较量，谁能坚持到底，谁就能胜利。

1951年，中美在朝鲜的谈判中，当谈到交换战俘问题时，轮到主持会议的美国，提出了无理要求，我方坚决反对。双方就此形成僵局。僵持许久之后，我方二线人员柴成文悄悄出场，请示隐居三线的李克农怎么办。李克农坚定地说："你赶快回去告诉他们，就这样坐下去！"柴成文返回会场，将此信息一一传递给中朝代表。于是一个个都稳坐不动。这样一直持续132分钟后，美方坚持不住，只好宣布散会。下一轮轮到我方主持。我方宣布会议开始，待双方代表落座甫定，又马上宣布休会。总共只用了25秒。由于我方的坚持不让，美方终于签了字。

③引入外力。有时僵持在自己主动退让和坚持不让中仍然不能打破，双方均顽强坚持自己的立场，甚至撕破了脸皮，彼此再难以直接沟通交流。这时就

需要引入外部的力量。一是由其从中穿针引线，捕捉僵持双方共同的接触点，传递双方不便直接沟通的信息；二是由其主持公道，对无理取闹的一方进行谴责，对坚持正义的一方予以支持。

发送者作为交际活动中的主导者，应主动引入这种外力，并给其以积极的配合，使自己与对方尽可能地缩小距离，最终达到交际的目的。

发送者引入外力，如果发送现场有外力，可以现场引入；如果发送现场无外力或无合适的外力，可以暂搁僵持，另找机会。

某老妇在菜市一小贩处买了一斤虾仁，她怀疑分量不足，便在几步之外的另一卖菜人那里复称了一下，果然少了二两。于是她回头找小贩论理。谁知小贩拒不认账："你已经离开一会儿了，谁知有没有私藏了一些？"老妇很生气，与小贩争执起来，引来些许围观者。老妇便转向围观者说："请你们大家评评吧，究竟是我讹他，还是他讹我！"好几个人都指责小贩不对，说老人家才离他几步远，在他视线之内，既不可能揣在怀里，也不可能抓给别人。小贩只好红着脸说："算我看错秤了。"

2. 冷场

冷场分为两种情况：一种是在单向发送中，接受者毫无兴趣，注意力分散；另一种是在双向发送中，接受者毫无反应，或者仅以"嗯"、"噢"之类应付。

不管是哪种情况出现的冷场，根本原因都在于接受者不愿听发送者的发送。接受者仅仅出于纪律的约束或处世的礼貌而扮演一个"听者"的角色。因此冷场完全应由发送者负责。

冷场的出现，是发送的失败，因为它不能达到彼此沟通交流的目的。发送者既要投入发送，就必须实施控制，避免冷场的发生。控制的途径有：

①发送简短。单向发送中那种应景式讲话，越短越好。如华达商场举行开业仪式，邀请了市内各方面的人士参加。总经理只说了两句话："女士们，先生们：热忱欢迎各位光临！现在我宣布：华达商场正式开业！"

双向发送中，任何一方都不要滔滔不绝地包场，要有意识地给对方留下发送的时间和机会。自己一轮讲不完，应待对方有所反应后再讲，不要一轮就讲得很长。

②变换话题。单向发送的话题变换是暂时的，所变换的话题是为了吸引接受者的注意力，调动他们的兴趣。这一目的达到后，仍要回到原有话题的轨道。比如教师在讲课过程中发现学生精力分散，东张西望、打瞌睡、窃窃私语、在桌上乱画时，可以暂停讲授，穿插几句应景、时髦、诙谐的话，或者简短地讲个与教学多少相关的掌故、趣闻，学生的精力便会一下集中起来。之

后，再继续教学。

双向发送的话题变换是不定的，根据现场情况随时进行。比如你与别人谈今日凌晨看的一场电视直播的世界杯足球赛，可别人并不喜欢足球，也没有在半夜里爬起来观看，对你所谈显得毫无兴趣，出现冷场。这时，你就应及时将话题扯到其他方面去。

③中止发送。任何一个发送者在发送时都不希望接受者不愿接受。但若这种情况出现后，自己又采取了诸如简短发送、变换话题、加强语气等控制手段，仍然不能扭转冷场的局面，那就应中止发送。没有接受的发送是无意义的，既白白耗费自己的精力，又无端浪费别人的时间。比如你同他谈足球他无兴趣后，变换话题他仍无兴趣，就不可再谈下去。这叫做"话不投机半句多"。要么各自走开，另寻开心；要么各自静止，闭目养神。

3. 搅场

搅场就是扰乱、打搅发送活动的现场。这种情况主要出现在单向发送中。如上课、作报告、大会发言、演讲等场合，接受者开小会、串座位、随意进出、喧哗、嘲笑、喝倒彩、吹口哨、瞎鼓掌等。

搅场出现的原因有三种：一是接受者本就对发送者有成见，是反对派；之所以来听，就是想来钻空子、找碴的，不管你怎么说，他都要搅。二是发送者思想、学术、业务等水平不高，接受者觉得其不配对自己叽里呱啦。三是发送者所发送的内容完全不合接受者之意。

作为发送者，对搅场的出现只能自己去控制。那种依靠与接受者有利害关系的他人出面干预、压制，或者自己愤而退场之举，都不是最终解决问题的办法。那样做，产生的负面效果可能还会更差。因此，发送者必须正视搅场，实施有效控制。

控制搅场的途径要区别不同原因。

对第一种原因的搅场：坚定信心，置若罔闻。

1860年2月，林肯第一次竞选美国总统，在纽约库珀学会作演讲。他到纽约时，当地报纸已发表了许多攻击他的文章。在他登台时，他还未开口，台下便掀起一片嘲笑起哄声浪。演讲开始不久，台下已十分混乱，一些共和党人高声叫嚷要他滚下台去。但林肯全然不为所动，十分镇静地竟自按事先的准备讲下去。渐渐地，会场安静下来，除了林肯的声音，只有煤气灯哩哩的燃烧声，听众都听得入迷了。第二天，报纸又纷纷发表起赞扬林肯演讲异常成功的文章来。

对第二种原因的搅场：谦虚谨慎，自剖自责。

1986年菲律宾大选，竞选者科·阿基诺夫人曾被人指责为啥也不懂的家庭主妇。她上台发表竞选演说，不少人以这种眼光看待她；反对派则公开叫嚷说她只配围着锅台转，要她回去烧饭菜。她一开口便说："我只是一个家庭主妇，对政治和经济都不甚了解，也没有经验。"这诚恳、真挚的大实话使听众一下静了下来。接着她又说："对于政治，我虽然外行，但作为围着锅台转的家庭主妇，我精通日常经济！"听众旋即爆发出热烈的欢呼。

对第三种原因的搅场：幽默风趣，生动活泼。

某厂宣传部部长按工厂的宣传工作计划，到一分厂宣传时事政策。分厂一些工人正为下岗问题忧虑，但在这节骨眼儿上又不敢不来听。当分厂厂长讲了部长要宣讲的时事政策内容后，台下一下炸开了锅，吵吵嚷嚷，不可开交。部长扯开喉咙大喊道："报告大家一个好消息！"台下顿时静了下来。部长故意停了一下才说："我爱人下——岗——了！"台下先是一愣，随即响起一片热烈的掌声。接着部长就从自己爱人如何主动要求下岗讲起，将夫妻的对话、儿女反对的言辞惟妙惟肖地描述一番。待听众情绪完全调动起来后，才简要讲了讲为什么要下岗，当前下岗的形势等问题。事后，大家都说部长真会讲话。

4. 责难

责难就是责备非难。这有两种情况：一种是对发送者所说有疑问或不同意而提出问题和反对意见。一般来说，这是善意的。另一种则是恶意的，故意刁难，搞恶作剧，以达让发送者难堪、出丑的目的。

对责难的控制，也要区别对待：

①对善意的责难，应尽己所知，认真、负责地阐述自己的观点或解答对方的问题。只要不是涉及国家、组织机密和有伤风化等内容的，都应有问必答，不可用"无可奉告"之类的外交辞令搪塞。如果确实回答不了，要老老实实地表示歉意，或者留下另行探讨的话语。

前面所举宣传部长到分厂宣讲时事政策，一女工站起来问道："你老讲形势好，为什么全国到处都在下岗？"部长说："下岗是社会发展的正常现象，是社会进步的表现，恰恰说明形势好。现在一些地方、部门人浮于事，没事做，而一些地方、部门又事多等人，没人做，这正常吗？一个工厂技术落后、设备陈旧，产品没市场，大家都发不起工资，还不如让一些人下岗转行，去干社会需要的事。这样，既满足了社会的需求，大家又都有钱可挣，不比半死不活地吊着好吗？"

②对恶意的责难，应针锋相对，坚决、果断地予以驳斥或揭露。手法上可以多样化：或反唇相讥，或以牙还牙，或幽默风趣。总之，不能让其企图得逞。在这种情况下，不予理睬、拒绝回答，或者发火、生气，或者令其离开和自己离开，都是不恰当的。一是助长其气焰，二是混淆其他听众的视听，三是

有损自己的形象。

加拿大在同中国建交前，国内有一股敌视中国的恶势力。外交官切斯特朗宁在参加议员竞选时，有人站出来反对他说："他出生在中国，是喝中国奶妈的奶汁长大的，身上有中国人的血统！"切斯特朗宁立即驳斥道："我喝过中国奶妈的奶，这是事实。但喝过中国奶妈的奶就具有中国人的血统了吗？诸位先生，你们不也喝过加拿大的牛奶吗？你们身上是不是也有加拿大牛的血统了呢？"

美国布什总统一次在演说时，台下递上一张纸条，他打开一看，写的是："傻瓜。"他若无其事地笑道："以往别人递纸条都是提出问题，而不落姓名；而这张只落了姓名却没有提问题。"巧妙地将本想辱骂他的恶语，转移到辱骂者身上。

三、听解能力

（一）听解能力的认识

听解能力指的是发送者在发送活动中所具备的倾听、理解接受者反馈信息的能力。

俗话说："会说的不如会听的。"在言辞表达中，听与说是互相依存的：说了，必须听反应；听清了，理解了，才能再说。单向发送中的听解，可以使自己及时调整言辞的内容和形式，以保证发送活动能够继续、深入。双向发送中的听解，可以随时领悟对方的意图，而后选择恰当的言辞以对。比较起来，双向发送中的听解，比单向发送显得更为重要。因为双向发送中，彼此互为发送者和接受者，谁也无法完全把握对方将怎样发送。只有耐心地倾听，边听边思考，使原来不知道的得以明确，原来粗浅的得以深刻。同时，倾听不仅可以准确理解对方的要求，而且可以在倾听中了解对方的性格、学识、能力、兴趣等，以便自己能够对症下药。有时，为了获取对方的信息，还可以故意引诱、刺激对方多说；说得越多，暴露的问题也就越多。这就为自己将怎样说找到了突破口。所以，发送者必须具备听解的能力。

冀朝铸曾经谈起过他初当翻译时，听解不力的两次深刻教训：

1959年9月27日，周恩来设宴欢迎尼泊尔首相阿查里雅。讲话稿是预先写好了的，冀朝铸也事先按讲话稿译好。宴会开始，周恩来按讲话稿开讲。但讲的过程中，他临时加了一些内容。冀朝铸竟没有注意听，竟自按译好的内容翻译。幸亏周恩来本人熟谙英语及时察觉并纠正，否则将造成不良影响。

9月29日，北京各界人士在体育馆集会欢迎阿查里雅。事前，外交部礼宾司嘱咐冀朝铸："今天你就仔细地听，总理和尼泊尔首相说什么，你就翻译什么，其他的事你就别管，集中注意力。"于是他便只注意总理、首相的讲话，而对主持大会的北京市市长彭真宣布的"向尼泊尔首相阿查里雅献礼、献旗"，却充耳不闻，毫无反应。一旁的周恩来急坏了："小冀，快给首相翻译一下彭真市长刚才讲的话！"冀朝铸慌里慌张，不知所措。看到彭真捧了礼品，他赶忙对首相说："现在市长要向阁下献礼。"总理火速补上一句："还有献旗！"旋即严厉批评道："小冀，你没有翻出原话！"冀朝铸只好承认："彭真市长的话我没听清楚。"

（二）听解的内容

1．识别语境

对方所说，是在什么样的语言环境中产生的，要分辨清楚。同是一句话，环境不同，意义就会不同。倘若将本是指甲义的领会为乙义，就要出差错。

《三国演义》第四回中，曹操逃亡到其父好友吕伯奢家。吕叫家人杀猪款待，自己出门去打酒。曹操步入后堂，听见有人在说："缚而杀之，何如？"他不去识别所说是个什么样的语言环境，竟理解为是要将自己灌醉后捆起来杀掉，便冲进去，不问男女，皆杀之。搜至厨下，才见是缚一猪欲杀。不识语境，酿成大错。

2．分清所指

口语交往不像书面语言那样，可以任凭接受者去细细地分析对方所说究竟指的是什么。它一晃而过，稍纵即逝。因此听时要分辨清楚。尤其是一些容易引起误会的概念，自己难以分清时，不妨反问一句，得到确认后再决定自己的行止，不可模棱两可。

电影《满意不满意》中，得月楼饭店有个年轻的服务员小杨，不安心服务行业，工作中老出差错。他的师傅则是一个工作出色的先进生产者。一天，某厂要请一个先进生产者给厂里职工作报告，厂长派车叫工会干部去得月楼接小杨的师傅来。工会干部一到，在门口正好碰上小杨，就问他："小杨师傅在吗？"小杨说："就是我呀！"工会干部不由分说，便将小杨连推带拉请上汽车开回厂里。结果闹了个大笑话。"小杨的师傅"比"小杨师傅"虽只多一字，但所指就是另一人了。

3．琢磨深意

言语交往中，有时对方所要表达的意思不是直截了当的，使用了诸如曲折、隐晦、暗示、双关、预伏、影射等手段，让你径直从其表面所言听来，是这么一回事，可实际上骨子里却是另一回事。这就需要琢磨一番，理解了、拿准了，再作决断。

春秋时，郑穆公派皇武子去对住在郑国宾馆中、企图充当灭郑内应的秦国人杞子、逢孙、扬孙说："诸位先生在我国住这么久了，把我国的粮食、肉品都吃光了。我们郑国有养兽打猎的地方，同你们秦国是一样的。诸位先生可以猎取麋鹿而去，给我国一个休息的机会好吗？"三人听后，仓皇出逃。率军来偷袭郑国的秦军统帅孟明悲哀地说："郑国已经有准备了，不能希求什么了。"秦人之所以有如此反应，就在于他们琢磨出了郑穆公话语中的深层含义。

4. 辨析歧义

口语交往是靠声音传递信息的。由于汉语中存在着非常普遍的同音多义现象，对方所发出的一种声音，就可能是指这个意义，也可能是指那个意义。加上近音、谐音，就更容易产生歧义了。因此，在听解之时要加以辨别分析，弄清楚了再作应对，不要仅凭一时所听去揣测。

有个当官的，读书时有的句子不懂，想找人问问，就问下属："这里有高才吗？"下属理解为上司要找一个高明的裁缝，便答道："有，有！"于是便找了一个技术高超的裁缝进来。当官的便问裁缝："贫而无谄，怎样？"裁缝说："是呀，衣服要平，是不用铲，要用熨斗熨。"当官的皱皱眉头又问："众口铄金呢？"裁缝说："现在都重纽扣，不用索衿捆了。"当官的又好气又好笑，朝他挥挥手说："走吧！"裁缝说："啊，你想弄点边角布料做扫把呀？好，我这就去拿。"当官的气得自己走了。下属和裁缝在听解中都未辨析同音、近音的歧义，所以闹出了这番笑话。

5. 因情制宜

言辞发送（尤其是双向发送）的谈资，有时是取决于接受者的反应的。对方的思想、意图、要求，以及性格、兴趣、品行等，都可以通过其言辞获得。自己要如何发送，就得依据对方的这些情况而定。就是原来自己思考、拟就了发送的方向和内容，但如与对方反馈的情况不适应，也得改变、调整。

北伐战争中，蓄谋背叛革命的国民革命军总司令蒋介石，暗中唆使流氓、伤兵袭击革命政权南昌省、市党部，打死、打伤许多工友和执行委员。时任国民革命军政治部副主任的郭沫若就此事去见蒋介石，二人有一段对话。郭沫若认为："我平生最感趣味的，无过于这一段对话。"试看：

　　我去见了蒋介石，他带着一种栖遑不定的神气。我说："今天要开会了。"他说："他们那么样子干，我是不出席的。"——看，他这岂不是不打自招吗？我也老着脸皮向他讲："我们可不可以派点兵去保护省、市党部呢？"他说："你去向参谋长讲吧。"我反说："像现在这样军事紧急的时期，这种捣乱的集会，我看总司令可以下一道命令去解散。"他说："好吗，你去向陈调元讲吧。"他还要解释一句说："他是维护这儿治安的。"我平生最感趣味的，无过于这一段对话。他以为我是全不知情，在把我当小孩子一样欺骗呵。蒋介石，你要掩盖些什么，你的肺肝我已经看得透明，你真可谓心劳日拙了。①

郭沫若对蒋介石的认识，就是通过对蒋介石所发言辞的听解获得的。下一步将如何与之周旋，心里便有数了。

四、应变能力

（一）应变能力的认识

应变能力指的是发送者在发送活动中，因内容、条件、时间、地点、对象等出现非常规现象，或突然发生变化，而能沉着冷静、临危不乱地用恰当的言辞予以应对的反应能力。

发送活动中，发送者虽居于主导地位，但客观事实常常不依人的意志为转移，各种意想不到的情况都可能突然发生。发送者要实现交际的目的，对此，必须审时度势，随机应变，因势利导，有以善处，迅速加以分析、判断，作出如何应对的决定。

发送者如果不具备应变的能力，一遇意外，六神无主，惊慌失措，要么张口结舌，语无伦次；要么措置失当，言不及义。这不仅会造成交际的失败，而且会带来严重的后果。反之，发送者具备了应变的能力，则能措置裕如，化险为夷，使交际得以顺利进行。

某宾馆招聘男服务员。这天来了甲、乙、丙三人，经理分别对他们进行面试，都是问这么一句话："假如你无意中推开客房门，看见一位一丝不挂的女顾客刚洗好澡从卫生间走出，并且她也看见了你。这时，你怎么办？"甲说："我说声'对不起'，然后赶紧关门退出。"乙说："我说：'实在对不起，小姐，我真的不知道，请您原谅。'然后听她的意见。"丙说："我微笑着提醒她：'小伙子，天冷了，当心着凉啊！'然后若无其事地关门退出。"

结果，经理只录用了丙。因为只有丙才具备应变的能力。女顾客洗澡未反锁客房门，这是非常规的；她一丝不挂地从卫生间走出，这是意想不到的。甲的说法，会使女顾客羞愧、难堪，可能产生怨恨。乙的说法则更糟糕，可能会激起女顾客不可遏制的愤怒，臭骂、投诉、控告都难以避免。而丙的说法，女顾客会很满意：小伙子嘛，被同性看见光身子有何关系呢？

---

① 《郭沫若选集》，四川人民出版社 1979 年版，第 17、18 页。

（二）应变的内容

1. 化险为夷

八国联军攻破北京，慈禧太后携光绪皇帝及一班王公大臣西逃，路经陕西渭南县。因连年大旱，兵连祸结，渭南已是民生凋敝，十室九空；剩下些许，也是水深火热，啼饥号寒。知县张世南骤然得知太后、皇上驾临，既无佳肴美食可奉，又准备不及，只有红豆小米稀粥配咸菜。护驾的岑春煊拍案大怒，总管李莲英大叫："罪应灭族！"张世南吓得半死，先是向太后叩头求饶，继而说道："昔日汉光武帝出征，士民争献麦豆稀饭，以示他日富贵，不忘当年艰危。卑职欲效光武轶事，剖心沥胆，备奉简膳，借以铭颂太后西幸之际顾念祖业；慈心切切，恩沐黎庶，德昭天地。似此上下一体，同舟共济，必能日暖旌旗，重振乾坤！"此番话说得合情入理，慈禧也不好再发作；虽觉难以下咽，还是抿了一口稀粥。

2. 巧言饰错

汉武帝游上林苑，见一树长得奇特，便问侍臣东方朔，这树叫什么名。东方朔信口答道："叫'善哉'。"过了几年，汉武帝又游上林苑，又看到那株树，又问东方朔叫什么名。东方朔早已忘记当年是怎样回答的，也不认为皇帝还记得当年自己的回答，于是又信口答道："叫'瞿所'。"谁知汉武帝偏偏记得东方朔当年的回答，便指责东方朔："同一株树，为什么前后名称不同？"东方朔知道自己出了差错，眨眨眼，从容说道："这没有什么奇怪。马，长大了才叫'马'，小时就叫'驹'；鸡，长大了才叫'鸡'，小时就叫'雏'；牛，长大了才叫'牛'，小时就叫'犊'；人，刚生下来叫'婴儿'，年纪大了就叫'老人'。"说得汉武帝连连点头。

3. 解围济困

美国里根总统一次在白宫钢琴演奏会上讲话。他讲到精彩处时，数百名来宾报以热烈的掌声。凑巧的是，其夫人南希的坐椅也在这时歪倒，南希一下跌在地上。来宾惊叫，南希虽很快灵活地爬起来，但颇显尴尬。里根哈哈一笑，朝她说道："亲爱的，我不是告诉过你吗？只有在我没有获得掌声的时候，你才该这样表演呀！"

4. 失误补救

某领导在职工大会上讲话时，有感于个别女职工不自尊自重而使用全称判断说："女人，是这个！"他翘起小指头。"男人，是这个！"他竖起大拇指。话音刚落，全场哗然，女职工愤慨不已。领导心知自己失言，迅即高声说道："女士们，请安静！"他一只手翘起小指头，一只手竖起大拇指。"你们看，这大拇指，五短身材，大腹便便；它有的，只是力气。而这小指头呢？修长苗条，活泼灵巧，多可爱啊！你们愿意长得像这大拇指一样吗？"女职工一下喜笑颜开。

第五章　实用口才的实施客体

客体是相对主体而言的。实用口才的实施客体，指的是主体的施事对象，即所谓接受者。在言语交往活动中，接受者是发送者行为的目的地。没有接受者，发送就失去了存在的意义。一方面，发送需要有接受者的听取；另一方面，发送又需要从接受者那里获得反馈的信息，以便确定自己发送的效果和走向。事实上，言语交往是发送者和接受者共同参与的活动。在这个活动中，发送者虽然起主导、支配作用，但是离开了接受者的配合，发送就无法进行。可以说，接受者对发送者也起着一定的制约作用。因此，要使言语交往达到目的，获得理想效果，必须研究实施的客体。

第一节　客体的本质

一、接受者的客体角色

（一）接受

1. 接受的认识

接受，在言语交往中也就是听解。听解是人的本能。现实社会中，一般人都具有最基本的听取和理解的能力。一个人姓"张"，名"三"，你朝他喊："张三！"他便会应答或循声注视，作出相应的反应，这说明他听解了，接受了。

但是，接受又是一种技能，并且，技能又有高低之分。在言语交往活动中，由于各种客观因素的影响和主观条件的制约，并非任何主体发送的任何信息都能顺利地、很好地为客体所听解。对发送主体来说，发送言辞或形体语、附加语，是对信息的编码过程；而对接受客体来说，感知并接受言辞或形体语、附加语，则是对信息的解码过程。当客体接受信息后，要调动思维的细胞予以化解，依据自己的能力从中感悟出信息的含义，从而作出反应。如果客体具备一定的接受技能，其反应就可能恰当；如果客体不具备一定的接受技能，其反应就可能不恰当。

《韩非子》中记载了这么一件事：有个叫郑乙的人在集市买了一段布，回家让妻子给他做一条新裤子。妻子问他做成什么样子的，他说："同我现在穿的这条一个样。"于是妻子便照其旧裤做了一条新裤。为了做到"一个样"，她在新裤的屁股处和膝盖处各挖了两个同旧裤一样的破洞，再照样打上补丁；又用砂石将新裤的裤脚磨成与旧裤一样的毛边。她将此新裤拿给丈夫穿，丈夫见状，气得不行，指责她为何要如此糟蹋。妻子却振振有词地说："嘿！不是你自己亲口告诉我说，要同你现在穿的这条'一个样'吗？你看看，究竟还有哪里不'一个样'呀？"郑乙哭笑不得。显然，这事的毛病出在妻子的接受技能上。她虽听取了丈夫发送的信息，却未能理解此信息的含义，所以作出了不恰当的反应。由此可见，客体确实存在一个接受和接受技能高低的问题。

现实生活中存在这么一些现象：作为实施主体的指挥员发出"立正"的口令，可作为实施客体的战士偏偏要"稍息"；课堂上的老师说"不要讲话"，可有的学生偏偏叽里呱啦；开会时，领导讲"有什么意见，请大家谈谈"，可与会者偏偏缄口不语……这不能简单地视为这些客体不具备接受技能。这有两种可能：一是他心不在焉，根本没听或没听清楚实施主体的发送；二是他心怀抵触，故意对着干。似此，就得另当别论了。

2. 接受的要素

第一，一定的人。社会上的人，并非个个都会接受发送者所发送的信息。只有当一个人在某种目的的支配下，置身于特定的环境之中，与发送者构成沟通、交流的关系时，他才能接受发送者的发送。如学校的教师讲课，只有其学生才能接受；一个演讲者登台演讲，只有到场的听众才能接受；商务洽谈，只有洽谈的双方才能接受。超出这些范围的人，都是不可能接受的。即便是大众传媒中的广播、电视，也只有当人打开收音机、电视机，愿意听取其发送的信息时，他的接受才成为可能。

这"一定的人"，即所谓接受者。在言语交际活动中，只有这种"一定的人"，才能与发送者共同完成沟通、交流的任务。

第二，一定的言辞。在人际交往中，发送者发送的任何言辞不能指望接受者全部接受。接受者只接受发送者所发送的能为自己感知和理解的言辞，或者与自己观点一致以及对自己有利的言辞。而对那些自己不可感知和理解，或者与自己的观点相反以及对自己有害的言辞，则持排斥、回避的态度。像《太阳照在桑干河上》里的土改工作组组长文采那样，对渴望了解党的土改政策，关心如何斗地主、分田地的贫苦农民大谈诸如生命的起源和社会发展史之类的话题，当然是不可能被接受的。

这里需要说明的是，"一定的言辞"包括了作为发送辅助手段的形体语和附加语。接受者除了可以从发送者发送的有声的言辞中获取信息外，还可以从发送者展示的表情、眼神、手势、动作、语调、服饰等中获取信息。

第三，一定的对象。作为社会活动分子的人，不可能接受任何人对他所进行的发送。在社会活动中，不管什么人，他所能接受的，只是同他构成沟通、交流关系的发送者的发送，或者是自己感兴趣的、信赖的发送者的发送。比如一个在课堂上专心听课的学生，他只视讲台上的老师为自己的发送对象；倘若同桌的一位同学也在一旁唧唧喳喳地向他发送，那就必然招致他的排斥。

要是大体相似的发送者不止一个，他们又同时以一定的言辞向一定的人发送，那么接受者所能接受的，仍然只能是"一定的对象"。清人侯方域在《马伶传》中记述两个戏班子对台演出《鸣凤记》，观众居中观看。马伶与李伶各扮奸相严嵩。没多久，观众便纷纷调头观看将人物演得出神入化、惟妙惟肖的李伶的演唱，而对马伶不置一顾，使马伶羞耻而逃。这是观众对演唱者的选择。而言辞发送，也同样是这个道理。当多个发送者同时发送时，只有能够引起接受者兴趣的、发送技巧高超的发送者，才能被接受者接受。当今，一些高校实行教师挂牌上课，由学生自选教师，道理就是如此。

159

3．接受的类型

①被动接受。它是接受者自始至终都处于"听"的位置，被动地接受发送者的发送；你怎么说，我就怎么听。传递路线是按"发送→接受"的单一方向运行的。一般来说，接受者没有发送的可能。如听课、听报告、听演讲、听训话、听广播、看电视等。

②半被动接受。这种接受不完全是被动的，接受者除了"听"之外，必要时也可以"说"。但这种说，又不是按自己的意愿去说，而是按发送者的要求去说，这又含有被动的成分。因此，称为半被动接受。其传递路线在本质上仍然是按单一方向运行，只不过有时是"发送→接受"，有时是"接受→发送"罢了。如被记者采访、答记者问、被咨询、回答老师的提问、回答质疑、被审讯等。

③主动接受。这种接受与发送的角色位置是不固定的，双方互相发送和接受，交替变换。传递路线是按"发送⇆接受"双向运行的。当他发送时，你就接受；当你发送时，他就接受。对任何一方来说，接受都是主动的，都可以按自己的意愿决定取舍、行止。如谈判、对话、商洽、座谈、辩论、闲聊等。

160

（二）接受者

1．接受者的定义

社会生活中的任何一个成员，只要他具备基本的听解能力，都可能成为接受者。但是，并非任何社会成员都是接受者。只有构成接受的要素中的"一定的人"的社会成员，才能成为接受者。因此，所谓接受者，就是置身于特定环境，听取和理解一定对象发送的一定言辞的社会成员。

2．接受者成立的条件

接受者是相对于发送者而存在的，没有发送者，也就没有接受者。二者相互依存又相互转换。沟通二者关系的媒介，是发送的言辞及其辅助手段。没有发送的言辞及其辅助手段，接受者这个概念也就不能成立。并且，只有当接受者与发送者都置身于共同需要的环境，共同构成沟通、交流的关系，接受者的概念才能成立。舍此，即使社会成员的听解能力很强，也不能成为接受者。

3．接受者的类型

接受者由于存在着年龄、性别、文化、职业、地位、民族、信仰、地域等的差别，而在接受的心理、方式、时间、地点、兴趣等方面必然有所不同，由此可以划分出若干不同的类型。又由于接受者在接受时，可能是一个群体，也可能是一个人，由此也可以划分出不同的类型。但是，这样划分就过于琐碎，而且它只着眼于表象，难以在本质上对不同的接受者进行区分。鉴于接受者要依赖发送者、发送言辞（包括辅助手段）和发送环境才能成立的条件，由是可以划分为四种类型：

①普遍接受者。这类接受者是社会生活中的广大公众。他们人数众多，分布广，个性各异，需求千差万别，兴趣有别。对信息的接受，无固定的方向和重点；接受时也无事前的心理准备，往往在无意中获得发送者发送的信息。对发送者无法提出要求和选择，完全是被动地接受。如听广播的听众，看电视的观众。他们虽可调频道选择节目，但无论怎样选择，他们接受的仍然是这类发送者的发送，他们所处的仍然是不变的接受位置。他们即使要提出要求，也只能在这次接受已经实现之后。

②专门接受者。这类接受者是社会生活中一定范围的成员。他们就某一个地域或某一个门类来说，人数是较多的，分布相对集中。尽管他们个性各异，但需求和兴趣大体一致，对信息的接受也有大致相同的方向和重点。虽然接受的方式仍然是被动的，但对发送者有所要求和选择：你的发送他不感兴趣，或者你发送的技巧太差，他都可以不接受，表现为不听或不注意听。如听老师讲课的学生，听领导作报告的职工，听演讲者演讲的听众，市场上听小贩吆喝的顾客，火车站候车室内听车站广播的乘客等等。

③特定接受者。这类接受者是社会生活中被特别限定的分子。他们人数不多，仅在特定的环境对特定的发送者而存在。需求和兴趣受发送者的制约，半被动地接受发送者发送的信息。如被采访者、被质询者、被审讯者、被调查者、被考问者等。

④交替接受者。这类接受者与发送者的身份均无固定，双方接受与发送的行为交替进行，角色随时互换。他发送时，你是接受者；你发送时，他是接受者。这种社会成员，以接受者身份出现时，人数很多，分布很广，个性各异，兴趣有别。他们对信息的接受有明确的方向和重点，接受完全由自己支配，无任何被动的约束；对发送者有明显的要求和选择。他对你不感兴趣，就不会成为你的接受者；你的发送与他的需要不符，他也会予以排斥。这类接受者如谈判者、商洽者、对话者、讨论者、论辩者、聊天者等。

二、接受者的基本特征及其要求

（一）众多性

比起发送者来，接受者的数量显然多得多。除了特定接受者和交替接受者可能与发送者存在着对等现象外，其他的普遍接受者和专门接受者，就是发送者远不可比拟的了。一个电台、电视台的播音员、主持人，他所发送的信息，接受者以千万计；一个演讲者、报告者，他所发送的信息，接受者也成百上千。

接受者的这种众多性，要求它的发送者要善于抓住接受者的心，充分注意发送的质量，讲究发送的内容和技巧，尽可能地将接受者抓住，反应他们的心声，满足他们的需求。

（二）多样性

由于接受者数量的众多，必然形成方方面面的多样性。不同年龄、性别、文化、职业、民族、身份、地域的接受者，就会有不同的接受需求。就是同一年龄、性别、文化、职业、民族、身份、地域的接受者，在不同的环境和时间，也会有不同的接受需求。

接受者的这种多样性，要求它的发送者在注意众多之时，还应考虑特殊，讲究方法，以满足不同情况的接受者的接受愿望。当然，面面俱到，全部予以满足，这在事实上是做不到的。但竭尽全力，最大限度地满足则有可能。

这里不妨比较一下同是无产阶级革命领袖的列宁与普列汉诺夫两人是如何针对接受者的多样性进行发送的。

1906 年 4 月，俄国召开第四次统一代表大会。大会期间，列宁和工人代表们亲切地谈话，耐心地解答他们的疑问。他在大会休会时的大部分时间就是这样度过的。代表们因此觉得列宁真正是他们自己的人，觉得列宁在思想上、精神上是紧紧地同工人阶级联结着的。

而普列汉诺夫是矜持、高傲而不易接近的。他要使他在会场上的出现好像一个主角在舞台上的出现一样。他的举动活像一个将军，他的意见就是法律。他对同他谈话的人态度高傲，神气十足，并常常对对方的话表示轻蔑。在大会讲话时，他根本抓不住中心，往往想到哪说到哪。工人代表对他很尊敬，但敬而远之，都不信任他、亲近他。

作为一个演说家，普列汉诺夫是以才华横溢、辞藻华丽而出名的。但他的发送却带有做作的热情与戏剧式的姿态，缺乏内在的热情。就是平时说话，也像一个律师一样。

列宁的发送不是为了追求戏剧效果，而是要使他的听众信服。他并不追求夸张的词句或机智。他把他的演说建筑得像一座坚固的、造得很好的大厦。这座大厦的每一样东西都安放得恰当，每一样东西都朴实并且砌得结结实实。他的接受者总为他铁一般的逻辑，他的热情与信心，他出色的思想所吸引。

这种对比，是《列宁传》中不同类型的接受者的感受，对我们了解接受者的多样性需求，是很有帮助的。

（三）从属性

与发送者所处的主导地位相比，接受者是处于从属地位的。发送者作为发送活动的行为主体，当然要主宰、支配自己的表达。而接受者既然作为发送者施事的对象，自然地也就应当从属于主体的发送，按照主体把握的方向和导引的路线去倾听，去思索，去作出反馈。

接受者的这种从属性，要求它的发送者把握正确的方向，启迪接受者的思绪，导引接受者趋向和接受自己的发送。

（四）反馈性

某种情况、信息、意见再反映到发送者本身，谓之反馈。接受者的反馈性，就是指当接受者获得发送者的信息后，将自己对此信息产生的感受反传递给发送者，让发送者获得自己对他所发送信息的态度。这种反馈性，不管接受者是有意还是无意，都会表现出来。表现的形式是多种多样的，可以用有声的言辞、语调、语气，表示自己的赞同、认可、排斥、反对、谴责；也可以用无声的行为、动作、姿态，表示自己的态度；可以漠然置之，充耳不闻；还可以自行其是，我行我素；甚至可以"顾左右而言他"，把话题岔开。

接受者趋向发送者发送的信息，叫做顺意反馈；接受者排斥发送者发送的信息，叫做逆意反馈；接受者漠视发送者发送的信息，叫做不意反馈；接受者自行其是的，叫做随意反馈。

接受者的这种反馈性，要求它的发送者随时注意接受者的情绪、态度和动向，做到嘴讲、耳听、眼观。根据接受者的反应，及时调整自己发送的方向、内容、手段、技巧，最大限度地获得接受者的顺意反馈，从而实现发送的意图，收到理想的效果。

三、接受者的心理

（一）接受者的需求动机

1. 求知

人的知识获得，除了用眼睛看外，在很大程度上是用耳朵听取的。这在被动接受中表现得最为明显：在诸如听课、听报告、听广播、看电视等接受活动中，接受者都可以获得丰富的知识。由于这些活动的发送者自身具备的素质条件和所处的特殊位置，他们发送的知识，一般来说都具有可靠性、权威性，往往成为接受者认识的依托、行动的指南、评价的尺度。对接受者来说，这是一个十分重要的求知渠道。

就是半被动接受,当接受者被别人询问时,他至少可以从其询问中获得对方以及他人对这个问题、这件事的态度。如1980年8月21日,邓小平答意大利记者法拉奇问。法拉奇一开口就问:"天安门上的毛主席像,是否要永远保留下去?"从这一问话中,邓小平至少获知:粉碎"四人帮"以后,国际社会十分关注中国对毛泽东的评价。天安门上的像,绝不仅仅是一个简单的挂与不挂的问题。接着,法拉奇又问:"对西方人来说,我们有许多问题不理解。中国人民在讲起'四人帮'时,把很多错误都归咎于'四人帮',说的是'四人帮',但他们伸出的却是五个手指。"从这一问话中,邓小平获知:无论国内和国外,对毛泽东的认识都存在着片面性,只看到他的错误而忽视他的功绩。于是就此作了长篇解答。这对澄清国内国外的思想,是十分必要的。如果没有在这种半被动接受中的知识获取,邓小平对这两个重要问题的阐述也就失去了依托。

至于主动接受,接受者对知识的获取则是在同对方的对话、洽商、谈判、论辩、聊天中不断实现的。尽管这种知识不像被动接受那样可靠,但接受者还是可以通过自己的审度去鉴别,决定取舍。

丰富多彩的社会生活,本身就是一个各种知识汇集的大熔炉;接受者只要不闭目塞听,深入社会多与别人接触、交往,就能随时从别人那里获取知识。毛泽东在延安文艺座谈会上的讲话指出:"人民生活中本来存在着文学艺术原料的矿藏,这是自然形态的东西……它们是一切文学艺术的取之不尽、用之不竭的唯一的源泉。"① 这完全可以移之于接受者求知的途径。哪怕自己是学富五车的大学者,也不可能一通百通,必有知识的盲点,也要在不断地与人接触、交往中获取自己所不知的、不懂的知识。所以,求知是接受者最基本、最普遍的需求动机。

2. 排遣

排遣就是借别人的发送来消除自己的寂寞、烦闷和不快。

接受者有时需要听取别人的发送,并非自己要从中获取什么,而仅仅是一种排遣,尤其在心有不快而又不甘寂寞与烦闷之时。可以出门走走,听听街头俚语俗谚;可以找人来聊聊,听听安慰、劝解;可以打开收音机、电视机,听听方方面面。如此,虽然没有从中获得自己需要的知识,但分散了忧愁的情绪,消除了内心的积郁,使自己感到轻松愉悦,这就达到了排遣的目的,满足了接受的需求。

① 《毛泽东选集》(一卷本),第817页。

3. 学习

学习与求知虽有某种联系，但对接受者来说，二者不是同一概念。求知是从发送者的发送中获取知识，针对的是发送的内容；而学习则是从发送者的发送中得到启发、借鉴，针对的是发送的形式。这在自身要从事口语表达的接受者中，显得更加突出。比如教师，尤其是年轻教师，要使自己的课讲得好，就需要听取经验丰富的教师的讲课，从中学习表达的方法与技巧。初出道的律师，也要经常听取别人的法庭辩论以及法官的提问，从中学习经验。就是非从事口语表达工作的其他人，要取得人际交往的好效果，要立足于社会，也得不停地学习别人为人处世所发送言辞的内容与形式。

4. 猎奇

接受者的这一需求，是受好奇心的驱使。他们对社会生活中的林林总总都表现出一种关心欲、了解欲；只要条件可能，便想搜寻获取，类似旧时的"包打听"。但是，这种搜寻、获取不是出于对求知的渴望，仅仅是因为自己不了解而感到新奇才产生需求的兴趣。一方面可以满足心理的平衡；另一方面，在必要时可作为与人交往时的谈资。例如，街头两位泼妇吵架对骂，霎时间就会引来许多围观者。其中，有的就会津津有味地听取。当然，不能排除这中间可能会有抱着学习的动机来听取的；也不能排除会有小说家之类为着写作的需要而获取吵骂知识的。但是，可以说绝大多数围观的接受者都仅仅是猎奇而已。

（二）接受者的选择意识

1. 选择的客观必然性

人生活在社会中，会自觉和不自觉地感受到来自社会各个方面的发送。但感受不是接受。任何一个接受者都不可能将感受到的所有发送，都予以思索、理解、消化，从而影响自己的言行。只有在发送者的发送与自身兴趣、需要相联系时，接受才成为可能。就是说，接受不是单纯的人的感官功能，而是人脑思维机制的反映。这种反映所体现的，就是接受者对社会生活中客观存在的无数发送的选择。

从接受的反应看，能够唤起接受者接受意识的，主要是发送刺激。发送刺激包括三个方面：一是发送的内容，二是发送的形式，三是发送的技巧。这三者如能有机结合，且均趋完美，必然会对接受者产生强烈的刺激，促成其接受的实施。但是，发送者不可能都是口语表达的能手，有些最无口才的人，其发送也可能对别人产生强烈的刺激。这就是说，发送刺激虽然包括三个方面，但并非面面俱到或尽善尽美才会产生刺激作用；其中的任何一个方面，只要有某一点触动了接受者的知觉细胞，他就会产生接受反应。

165

比如骄阳似火的酷暑，一个大汗淋漓、口干舌燥的人匆忙走过街市。叫卖的小贩在他旁边高声吆喝："羊毛衫，便宜出售！""烤红薯，又热又甜！"他要么充耳不闻，要么闻之愈烦，绝不会接受。这时，如果耳边响起"冰果露"、"解热凉茶"之类的吆喝，他的注意力就会一下转向此类吆喝，继而产生接受的意识。这就是接受选择的客观必然性。

2. 刺激因素的选择

能够提供接受者选择的刺激因素是多方面的。但从发送作用于人的感官的角度看，大致有这些因素：

①规模。规模有大小之分。刺激规模大的，就比刺激规模小的易于被接受者选择。

比如1998年夏季，长江中下游地区发生百年不遇的大水灾。从中央到地方的一切传媒，每时每刻都在大张旗鼓地报道灾情，宣传抗洪精神，呼吁捐款。如此大规模的发送刺激，闻之者无不热血沸腾，心系灾民，慷慨解囊，纷纷到募捐处投款。8月16日晚，中央电视台、中华慈善总会、中国红十字总会联合举办"万众一心"赈灾义演，当场即募到捐款6亿多元。据民政部公布，仅民政部门一家就收到海内外捐款17.6亿元，如果没有全国规模强大的发送刺激，绝不会产生如此巨大的接受反应。相比之下，对这一时期传媒报道、宣传的其他国际、国内事件和问题，即使相当重大，但知之者、产生反应者却甚少。

②强度。强度指的是发送者发送声音的音量分贝。在其他条件相似时，分贝高的就比分贝低的易于被接受者选择。

这就好像舞台上有两位歌唱演员同时唱歌：一位声音洪亮，一位声音微弱；能够进入听众耳膜并引起反应的，只有洪亮的声音。当教师的也大多有这样的体会：在你讲课的时候，教室里有学生交头接耳，你为了不分散学生听课的注意力和不打扰自己讲课的思路，并没有停下来去制止交头接耳的学生，而采取提高声音音量的做法，用自己加大强度的发送来盖过那窃窃私语。这样，其他学生并不会因为有人窃窃私语而放弃对老师讲授的选择。

③反复。一个发送如果反复多次，就比一次的发送易于被接受者重视而加以选择。反复的次数越多，就越能引起接受者注意，被选择的可能性就越大。

有时人们打开收音机、电视机，会听到某种商品或服务的广告。对此，你虽觉得厌烦，但它反复不断地播送，久而久之，你也会受到潜移默化的感染，而对其产生了解和兴趣。这比那些只播送一两次或几次广告的商品和服务，就容易被消费者选择。

孔子说话是很简洁的，一部《论语》，多为只言片语。可其中反复之处却很多。其目的就是要在这些地方给接受者留下深刻印象，使选择成为可能。例如："归与！归与！吾党之小子狂简。""巧言、令色、足恭，左丘明耻之，丘亦耻之；匿怨而交其人，左丘明耻之，丘亦耻之。"等等。

④反差。反差是对比形成的差异。有明显与模糊之分。某种发送，如果让接受者感到与其他的发送比起来，反差明显，就比反差模糊的易于选择。

接受者生活在现实社会中，随时随地都会感受到外界的发送刺激，有的已被自己接受，在脑海里留下印记。如果以后的刺激与此印记大同小异，接受者就会漠然置之。如果与此印记判若云泥，异乎寻常，独具只眼，接受者就会对其兴趣陡增，心驰神往。

比如当今厂商为着商品、服务的推销，在广告用语上的不断翻新，就为消费者提供了选择的可能。同类商品、服务，在其他条件相同或相似的情况下，谁的广告新颖、独特，富于创造性，谁就更能引起消费者注意，产生选择意向，使接受成为可能。像那些"质量第一"、"远销欧美"、"信誉至上"、"价格最低"、"销量第一"之类的广告，毫无反差感，消费者怎么会感兴趣而加以选择呢？还有那些拾人涕唾、人云亦云的广告词，只会让消费者厌烦不已，何来选择之意？

167

（三）接受者的从众趋向

1. 从众的客观必然性

从众是人的一种心理现象。市场上，一位农民在叫卖一担萝卜。尽管他高声吆喝，竭力宣扬，可许久没人问津。这时有位主妇走过去挑选起来，旁边的人见后，也随即凑上去挑选，路过的人也凑上去挑选。这就是从众心理的表现。

社会生活中，当人以接受者的身份处于某种环境之中时，从众心理的存在是不可避免的。一方面，任何人都不可能是全才，加上客观条件的限制，对别人的发送，自己不知道、不了解，这很正常。当其他人选择某种发送时，自己出于对其他人的信赖，于是也就跟着选择。另一方面，由于人际关系的复杂性，有时自己对别人的发送明明有不同的看法，但周围的人都选择了，自己如不选择，可能会带来麻烦或造成不良影响，于己有所损害。这时，只要不是事关重大原则，自己就会随着周围的人一道予以选择，甚至有时即便是重大原则问题，出于某种策略上的考虑，也会违心地随众加以选择。更何况还有"少数服从多数，个人服从组织，下级服从上级"的硬性规定呢？

2. 从众滋生的原因

①发送者的权威性影响。若发送者是领导（尤其是高级领导），是师长，

是名人，是学者，是大众传媒的主持人、播音员，这在无形中就有一种权威性。对他们的发送，接受者一般都不会产生抵触情绪，大都会本能从众——众人接受，我也接受。

②接受者的彼此感染。毛泽东有句名言："群众是真正的英雄，而我们自己则往往是幼稚可笑的。"这在很大程度上规范了中国人的思想，认为多听群众的，总不会错。中国老百姓中又有句俗谚："大马过得江，小马过得河。"意为别人能这样，我也能这样，随大流，总是保险的。如果那"别人"是具有权威影响力的人物时，他就更容易对其他人产生感染力。

③接受者的自卑意识。有时或是有的接受者不能正确认识自己，将自己看得过低，总认为自己不如别人，因而下意识地从众。尤其是与别人相比，处于年纪轻、职位低、学识浅、阅历浅、经济穷等情况时，更容易滋生自卑意识。有的地方，一些妇女甚至自卑于男人。这也使得这些接受者会有意无意地从众。

第二节　客体的条件

一、客体素质对接受的影响

（一）影响的必然性

对发送者的发送，并非任何接受者在任何情况下都能接受和恰当接受。由于接受者自身素质的不同，对于相同的发送，有的会认为好；有的会认为坏；有的会认为不好也不坏；有的没能力认为；有的干脆闭目塞听，不予认为；还有的则从自己的角度，按自己的思维去认为。这就出现了多种不同的接受反应。这些不同的反应，从根本上来说，就在于接受者不同的素质条件所造成的影响。

有时，对同一发送，在这个时间、环境，接受者会接受，可换了一个时间、环境，接受者就会不接受。所谓出尔反尔、朝三暮四者即是。还有的则是：口头接受，心里不接受；当面接受，背后不接受；私下接受，公开不接受，等等。这都是受其素质影响的反应。

（二）影响的基本因素

1. 年龄

不同的年龄段，由于其人生体验的多少和社会阅历的深浅，因而存在不同的接受心理，有着不同的接受需求。

幼儿不涉人世，对一切事物都很好奇。其有接受的欲望，但无辨别是非的能力，不能对接受加以选择，他所接受的，只能是极通俗的、极平常的，且对形象性、生动性感兴趣。

少年初涉人世，多少有了一些社会知识和辨别是非的能力，对接受大体有所选择，侧重于教导性、灌输性的发送。求知欲强，喜欢询问、追问自己不了解或了解不多的世事，对通俗易懂、形象生动的世事感兴趣，最易接受自己尊敬的发送者（如老师）的发送。

青年已涉人世，掌握了基本的社会知识，有辨别是非的能力，爱独立思考。对接受多有选择，侧重于启发性、关怀性的发送。由于血气方刚，对反感的发送往往予以明确排斥，有时甚至不计后果。对新事物、新知识兴趣浓烈；关心恋爱、婚姻、理想、前途；富于紧迫感、使命感；喜欢探讨、辩论；对自己崇拜的偶像的发送，易于接受。

中年涉世较深，有丰富的社会知识，辨别是非的能力较强，绝不盲从。对接受选择性很大，侧重于征询性、说理性的发送。对事业、家庭、子女、经济等话题感兴趣。关心国事，注重社会新闻。喜欢空暇时与家人、好友就所关心的问题进行闲聊。对反感的发送，一般都不明以排斥，要么深藏不露，要么委婉拒绝。

老年涉世很深，社会知识相当丰富，很能辨别是非。对接受有很大选择性，侧重于尊重性、请教性的发送。关心晚年生活，对闲情逸致的话题感兴趣，如健康、长寿、饮食、垂钓、书画、花草等。对反感的发送往往无所谓，很少予以计较。

以上只是一个大体的划分，其接受不可能整齐划一。同一个年龄段，有着相当长的时间界限。比如青年，一般指16岁至36岁，相距20年；16岁的与36岁的，可以隔一代了，在接受上就很有差别。

2. 文化

文化程度有高低之分，这使得接受者会因此产生接受能力强弱的差别。文化程度高，知识面相应较广，对发送者在发送中所涉及的知识性内容就容易理解。即使发送内容带有某些较强的专业性，一时理解不了，也可以通过看书学习予以弥补。反之，文化程度低的，一般就只能接受与日常生活、工作相关的常识性内容，超过这个范围而涉及其他知识性的内容，就很难接受了。

文化程度高的接受者在接受时除理解能力较强外，还要求发送者的发送在内容上的准确和形式上的完美；对词不达意、语无伦次、语法有误、发音不准、低级庸俗等，都会产生反感。文化程度低的接受者则不然，只要听得懂就行，不会去计较什么语法、语音之类。

3. 职业

接受者从事的职业不同，接受的需求也不同。所谓对什么人说什么话，在很大程度上是针对接受者从事的职业而言的。从事什么职业，他就具备什么职业的基本知识，对关系到其职业的话题就会感兴趣。

随着社会的进步，职业划分越来越细，人的社会分工也越来越细，专业化已成为人们的追求。在同一个职业内，就存在着许多不同的专业分工。如农民，有的是西瓜大王，有的是植棉能手，有的是水稻行家。都是大学教师，又都是中文系的教师，有的擅长古代汉语，有的擅长现代汉语，有的擅长外国文学，有的则是写作高手。因此，职业只能是一个大的框架，其中仍然存在独特的接受需求。

第二次世界大战中，美国总统、三军总司令罗斯福由于是海军出身，言必称海军，对陆军谈论甚少。而陆军参谋长马歇尔偏偏喜欢听有关陆军的话题。为此，马歇尔对总统颇为不满。在一次会议上，一向表情严峻的马歇尔突然换上一副笑脸对总统说："总统先生，希望您不要一提海军就是'我们'，一说陆军就是'他们'，行吗？"总统盯着马歇尔看了一阵，咧嘴笑了。他意识到自己忽略了马歇尔这位接受者职业的独特需求。在以后的言谈中，罗斯福不仅注意到了陆军，而且还注意到了空军。

4. 性格

性格是一个人在个体生活过程中所形成的，对现实稳固的态度以及与之相适应的习惯了的行为方式方面的个性心理特征。每个人都有自己不同于他人的性格。如开朗、活泼、拘谨、沉静、外露、内向、骄矜、自傲、泼辣、躁急、诚实、正直、虚伪、乖戾、温柔、礼貌、粗野、冲动、镇定、果敢、鲁莽、怯懦等等。性格不同，接受也不同。开朗、活泼、外露、躁急的接受者，对直接、干脆、明快、坦诚的发送感兴趣，易于接受，讨厌、排斥那种吞吞吐吐、露尾藏头、矫揉造作、慢条斯理、绕山绕水的发送。而与之相反，性格沉静、拘谨、内向、乖戾者，则对别人舒缓、婉曲、转弯、抹角、柔和、音低的发送感兴趣，易于接受。《红楼梦》中的王熙凤和林黛玉，就是这两种性格的接受者的典型。第六十七回正好是此二人不同性格不同接受的比照：

性格开朗、泼辣、外露、躁急的王熙凤侦知丈夫贾琏在外偷娶了尤二姐，气得七窍生烟。她将贾琏的贴身仆人兴儿叫来，忍住气对他说："你只实说罢！"兴儿早吓软了，不觉跪下，不住磕头，张口结舌说不出话来。王熙凤又说："你要实说了，我还饶你；再有一字虚言，你先摸摸你腔子上几个脑袋瓜子！"兴儿仍旧吞吞吐吐，藏头露尾。王熙凤听了，一腔火都发作起来，喝令："打嘴巴！"待兴儿自己左右开弓打了自己十几个嘴巴后，王熙凤喝声

"站住"，厉声问道："你二爷在外头娶了什么新奶奶旧奶奶的事，你大概不知道啊？"兴儿这才交代。但又绕山绕水，迂回曲折，听得王熙凤心急火燎，不断催促道："你好生给我往下说"、"怎么样了快说"、"还有什么瞒着我的？"硬让兴儿竹筒倒豆子，一股脑儿全部抖搂出来。

性格沉静、拘谨、内向、乖戾、孤僻的林黛玉，在薛蟠从江南带回两箱小玩意儿，宝钗拿来分送给她一些后，她见是家乡之物，反自触物伤情，泪流满面。这时宝玉来访，见桌上之物，直言道："哪里来的这些东西，不是妹妹要开杂货铺啊？"不想黛玉竟不理睬。紫鹃解释道："二爷还提东西呢。因宝姑娘送了些东西来，姑娘一看就伤起心来了。我正在这里劝解，恰好二爷来的很巧，替我们劝劝。"宝玉熟知黛玉的性格，明知是什么缘故，却不直劝，绕道迂回，婉曲地说："你们姑娘的缘故想来不为别的，必是宝姑娘送来的东西少，所以生气伤心。妹妹，你放心，等我明年叫人往江南去，与你多多的带两船来，省得你淌眼抹泪的。"黛玉这才开口说话。

5. 心境

一个人不管他是什么年龄、文化、职业、性格，其内心境况都不是固定不变的。其受各种外在的、内在的因素的影响，在一定的时间和环境存在着一定的心境。对什么感兴趣、需要什么和对什么不感兴趣、排斥什么，这与其心境有直接关系。

清朝的皇储不是按历朝立嫡以长的规矩，而是由皇帝在所有儿子中任意选择一人，密书其名藏于正大光明殿。道光皇帝有子多人，他性尚仁爱、慈和，又力戒诸子团结友爱，立谁为储，一直未定。但他最钟爱的是六子奕䜣，打算立其为储。一日，他命诸皇子随他赴南苑狩猎。四子奕詝行前去老师杜受田处告辞，杜对其附耳一番。进了围场，诸皇子争先驱逐，都想在父皇面前显一显身手。唯独四子一人呆呆坐着不动。猎毕，人报道光帝请赏，诸皇子均有所获，以六子最多，得意无比，见四子两手空空，一无所获，道光帝不禁发怒："你去驰猎一镇日，为何一物没有！"四子说："子臣虽是不肖，若驰猎一日，当不至一物没有。但时当春和，鸟兽方在孕育，子臣不忍伤害生命，致干天和。且很不愿就一日弓马，与诸弟争胜而伤友爱。"道光帝听此，不觉转怒为喜："好！好！看汝不出有这么大度，将来可以君人。我方放心得下哩。"于是遂密书四子奕詝之名，缄藏金匣。后来，奕詝得继大统，是为咸丰皇帝。奕詝凭一句话就争得了本来不属于他的皇位，原因就在于这句话正是道光帝心境的需要。道光帝的心境，被奕詝的老师杜受田把握住了，他密嘱弟子以吻合道光心境的话语打动之，奕詝当然会被很好地接受。

6. 阅世

阅世有深有浅。深浅之分，不是以年龄、文化、职业等来衡量的。一个人哪怕他年龄再大、文化程度再高，倘若他不经历世事，成天将自己关在屋里，不与社会接触，不问外面的风风雨雨，一旦作为接受者跨入社会，他对别人的发送就难以接受。相反，一个年龄并不大、文化程度也不高的人，倘若他一直奔波于社会，走南闯北，缘结八方，熟谙人情世故，那么他作为接受者立足于社会，就善于接受别人的发送。所谓少年老成，正是如此。

《史记》中有一个"甘罗十二为上卿"的故事：甘罗年仅12岁就被秦王封为上卿，因为他表现了突出的言语交际才能。张唐不肯相燕，连丞相吕不韦也劝说无效。可甘罗自告奋勇，与张唐一番对话，便将其说服。并且，甘罗还以几句话就使秦国得到了赵国的五座城池。甘罗的这种才能并非天生，而在其阅世之深。他人虽小，可平时十分关心时事政治、社会生活，积极参与社会活动，注意锻炼自己，造就了良好的素质。其投入言语交际，当然也就应付自如了。

二、客体的接受态势

（一）接受态势的区分

1. 认同性

认同就是承认、赞同。这种心态的接受者认为，发送者的发送是符合自己的兴趣和需要的。因而表现为注意听、认真听，神色愉悦，情绪舒张，思维随着发送者的发送而活动。即使发送者偶有不慎而显露差错，也会忽略，不予计较。

认同性心态的产生，来自如下方面：

①发送的信息内容满足了接受者求知、学习、排遣、猎奇等的需要；

②发送的形式、技巧使接受者感到悦耳中听；

③发送者是接受者所尊敬、仰慕之人；

④发送者的仪表、姿态对接受者有吸引力；

⑤发送现场的环境、气氛让接受者感到温馨和谐；

⑥接受者自己心情很好。

2. 排斥性

不认同并予以抵御谓之排斥。这种心态的接受者认为，发送者的发送不符合自己的需要，或者损害了自己的利益。其表现是：不听或不注意听，自行其是，神色黯淡，情绪低落，思维朝着发送者发送的反方向、侧方向活动。若发送者不慎而致语失，会激起接受者内心更大的不满，甚至发展为讥嘲、反驳。

有时还会出现拂袖而去，愤然退场的局面。

排斥性态势的产生，与认同性正好相反。

3. 冷漠性

冷漠性是介于认同性与排斥性之间的一种状态。这种心态的接受者认为，发送者的发送与自己的兴趣、需要、利益均无关系，自己用不着去操这个心。其表现是：心不在焉，左顾右盼，冷淡木然，坐立不安。思维自顾按自己的一套运行，对发送者的发送，无论是什么情况，全部置若罔闻，秋风过耳，听之任之。有时干脆打瞌睡，或者溜号，借故离去。

冷漠性态势的产生主要有：

①来自发送者的各个方面既不能吸引接受者，又无关接受者的任何痛痒；

②接受者不情愿地处于被动接受的境地；

③接受者自己心事重重，另有所务。

（二）接受态势的完善

接受态势既然存在着区别，发送者当然不能使接受者都持认同的心态。像教师讲课，要求学生"注意听讲"和领导作报告要求职工"不要讲悄悄话"等情况，也仅仅是发送者的一种主观愿望而已；学生注不注意听讲，职工讲不讲悄悄话，在事实上是难以严格控制的。归根结底还是在于接受者自身接受心态的状况。接受者既然已经处于接受的位置，就应当努力完善接受的心态，使自己与发送者共同构成的言语交际活动得以完成，达到彼此沟通、交流的目的。

完善接受态势，主要是就持排斥性和冷漠性心态的接受者而言的。

1. 排斥性态势的完善

作为接受者，当然允许对发送者的发送不予认同。但是，既然自己是以接受者的身份参与言语交际活动的，就应当克制自己的排斥性，使心态稳定在一个可以容许发送者发送的情势。克制的措施有：

①耐心倾听。对发送者的发送，自己无论多么反感，也应豁达大度些，耐着性子听其讲完。只有听其讲完了，你才能真正明白就里，才能决定自己应当采取什么对策。不能别人一开口你就顶、就驳、就压，或者拂袖而去，不听不睬。从尊重人的角度说，最起码也得听人把一个意思讲完。耐心倾听，尤其是倾听不同意见，是人的一种美德。

②讲究礼貌。言语交际是发送者与接受者双方投入的活动，彼此配合才能达到目的。接受者不认同发送者的发送，完全可以通过进一步的沟通来解决。沟通不了，各持己见，也是允许的。犯不着因此出言不逊，翻脸成仇。就是要

绝交，古人也有"君子交绝，不出恶声"的训诫。这就是说，持排斥心态的接受者要讲究起码的礼貌。如果是处于被动接受的地位，不喊叫，不喝倒彩，不吹口哨，不起哄，不说笑喧哗，不无理刁难，不拂袖而去。如果是处于半被动接受的地位，只要不是涉及不可告人的机密或隐私，就应不拒绝回答，不故意乱答，不反唇相讥。如果是处于主动接受的地位，就不能人身攻击，不能出语鄙俗，不能故意戏弄，不能无端打岔。

2. 冷漠性态势的完善

任何人都不能要求别人的发送都是自己感兴趣的、需要的，以及关涉自己利益的。在言语交际中，接受者对发送者的发送表现出冷淡性，并不奇怪。但是，在你已置身于接受者位置时，这种冷漠性就应加以克制，以促成交际的进行。克制的措施有：

①激发热情。热情是可以有意识地激发起来的，只要多从好处想，多从宽处想，多从远处想，总会对别人的发送产生某种兴趣。对自己最不喜欢、最不感兴趣的发送，不妨先姑妄听之，看是不是可以从中捕捉到一些自己感兴趣的、与自己有利害关系的、对自己有益处的信息。生活中有时会出现"说者无心，听者有意"的情况，说不定说者的发送，还正好是听者所需要的。从这个认识出发，接受者多少都会被激发起积极参与言语交际活动的热情来。

②促进转化。接受者"听"的热情被激起后，就不会停留在原有的情绪底线，必然要向着认同或者排斥的心态方向转化。这时，接受者应当以积极的态度促进这种转化，投入与发送者的沟通交流之中。如果情绪是向着认同方向转化的，可认真思索其发送的内容，或与其共同探讨、完善。如果情绪是向着排斥方向转化的，可提出不同意见，或与其辩论，以明是非。

第三节　客体的能力

一、客体能力的认识

（一）接受能力的客观性

1. 能力概说

人的接受活动是人置身于社会生活，在社会生活的影响下形成的脑的反映形式。这种反映形式是人的接受能力的体现。能力是直接影响接受活动的效率，是接受者顺利地、成功地完成接受活动的个性心理特征。

接受者的能力不是整齐划一的，存在着个体差异性。有的能力强，有的能力弱。能力强的，能够保证接受的质量，与发送者配合、协调，共同完成言语交际任务。能力弱的，就难以很好地配合、协调发送者，给言语交际活动带来负面影响，直至交际不能顺利进行。

作为接受者的人，其能力要求不是单一的，需要多种能力的完备结合才能有效接受。比如一个人当时听清了别人的发送，但过后就忘记了；一个人听清了别人的发送，但不能理解；一个人理解了别人的发送，但不能有恰当的反应；一个人对别人的发送有所反应，但反应比不反应更糟，如此等等。

2．能力与条件

能力与条件都是保证接受者接受顺利、成功的基础。它们有着密切的联系：没有一定的条件，不可能具备相应的能力（如一个幼儿，不可能具备成年人所具有的听解能力）。同样，没有一定的能力，也不可能具备某些条件（如一个没有起码的听解能力的幼儿，就不可能要求他具备一定的文化程度）。但是，条件和能力二者又并非同一概念。条件是接受者固有或掌握的因素，如年龄、性格、职业、文化、心境、心态等。而能力不是这些因素本身，而是调节这些因素的心理活动的概括化。在相同的条件下，如果一个人在接受过程中比别人表现出优势，就说明他具有较强的能力。比如两个都具有高中文化程度的学生，在同样的环境，同时听同一位教师讲课。可是听下来，结果就可能有很大差别：一个完全听懂了，理解了，消化了；一个则听不懂，不理解，不能消化。这就是其能力强弱的区别。反过来，两位同时听一位教师讲课的学生，两位学生都完全听懂了，理解也一致（就是说，其理解能力是相同的）；可是一位是高中文化程度，一位却是初中文化程度（就是说，其条件并不相同）。由此可见，能力与条件既有联系，又有区别。作为接受者，仅仅具备接受的条件是不够的，还必须具备接受的能力。

（二）接受能力的差异

1．差异的必然性

接受者能力的差异，不是指其能力的强弱，而是指其接受趋向于某一个方面，在这个方面，比起其他接受者来存在着差异。

由于接受者条件的不同，他在接受发送者的发送时，会因自身条件的影响，在某些方面表现出自己的特殊能力。比如两位文化程度都不高，不能做笔记的村干部到乡里听了乡长传达县长的重要讲话后，回到村子里向村民再传达。一位口若悬河，传达得几乎滴水不漏；而另一位却支支吾吾，连基本要点都讲不清楚。这就是能力的差异。但过了不久，县长的讲话被宣布为错误的，不符合中央的精神。而那位支支吾吾的村干部也在此前向有关部门反映了自己的不同意见，得到肯定。之所以支支吾吾，就是因为他有不同看法因而传达不能清楚、顺畅。于是，人们说，这后一位村干部虽然没有突出的记忆能力和表达能力，却有突出的认识能力和鉴别能力。

两位村干部的接受能力各自趋向一个方面，这充分说明接受能力存在着差异。不能因此判定他们二人谁的接受能力强，谁的接受能力弱。人们只能由此得出接受能力的差异是一种客观存在的结论。

2. 差异的基本类型

①感觉。感觉是对直接作用于感觉器官的客观事物的个别属性的反映。

接受者必须具备感觉的能力才能接受发送者的发送。感觉能力的构成，主要是听觉——由听觉器官耳朵接收发送者传递的信息，包括音量、音色、音调、音准等。如果接受者没有听觉或听觉很差，接受就很困难。接受很困难不是说不能接受，因为感觉能力除了听觉外，还有视觉——用眼睛观察发送者的表达，甚至还有嗅觉——用鼻子闻发送者的气味和触觉——用手触摸发送者。

一个感觉能力强的接受者，就比感觉能力弱的接受者易于接受。如有人仅听声音就能知道发送者是谁，有人可以听出发送者声音中的喜怒哀乐，有人可以在众多发送中排除噪音的干扰而单独接受某一种发送。这些都是感觉能力强的表现。

②知觉。客观事物直接作用于接受者的感觉器官，接受者的脑中就产生了对此事物各个部分和属性的整体反映。这种整体反映称为知觉。

作为接受者，仅有感觉能力而无知觉能力是不行的。感觉只是听到了、看到了，可能并未理解，而知觉则要进一步理解、消化。

接受者知觉的能力表现在三个方面：

一是综合。其特点是富于概括性和整体性，但分析方面较弱。

二是分析。其特点是具有较强的分析性，对细节感知很清晰，但对整体的感知较差。

三是综合分析。这是上述两方面的综合，具有综合与分析的共同特点。

③思维。作为接受者能力的表现，同样存在一个思维问题。思维对接受者来说，是他对客观事物间接的、概括的反映，是他的一种分析、综合、判断、推理的认识活动。

思维有不同的方式，作为接受者，其思维能力主要表现在三个方面：

一是形象思维。其特点是当其接受发送时，头脑中产生诸多形象与情绪的因素。

二是逻辑思维。其特点是当其接受发送时，头脑中产生的诸多因素是概括的、抽象的。

三是综合思维。这是上述两方面的结合，具有形象思维与逻辑思维的共同特点。

以上三种只是从客体能力差异的基本类型上说的。要研究接受者，还得认识、了解其作为言语交际活动客体所必须具备的最基本的能力。

二、客体能力的基础

（一）听解能力

在前面"主体的能力"中，谈到主体应当具备听解的能力。而作为言语交际活动客体的接受者，其主要活动是接受，因此，其听解能力比起发送主体来，就显得更为重要。

1. 听解的特点

①被动性。接受者的主要任务是听。他要先听见了、听清了，才能去理解、去思索，才能作出相应的反馈。如果发送者不说，或者声音过小、吐字不清，或者方言土语、口吃结巴，或者胡言乱语、不知所云，或者言此意彼、故弄玄虚，或者词不达意、语无伦次，或者藏头露尾、闪烁其词，那么，接受者就会无从听解或无效听解。如果发送现场环境恶劣、气氛紧张，即使发送者进行了很好的发送，接受者的听解也不可能都有效。如果发送者对接受者构成某种有意、无意的压力，接受者也不可能有效地听解。

尽管实用口才学对发送者的发送条件和能力都有明确的要求，为了交际的顺利和成功，发送者应当努力按要求去做。但是，世界如此博大，我国的地域也如此广阔，发送者形形色色，千差万别，任何一个接受者都不可能指望与自己形成沟通交流关系的发送者的发送，都是合乎要求的。就拿方言土语来说吧，早在两千多年前，孔子就注意到了这个问题。他是鲁国人（今山东曲阜），在周游列国时就碰到过影响听解的各国、各地的方言土语的问题。他就主张在诵读《诗经》、《尚书》等古籍及赞礼、官方往来中，不要用本地语言，而要用"雅言"、"正音"，也就是周王朝所在地的语言、语音。后来，荀子也提出过这样的主张。明清时，朝廷推行"官话"；民国时，又流行"京片子"；新中国成立后则推广"普通话"。这些都是为了接受者听解的需要所作的努力。但是，时至今日，在人们的言语交际中，大多仍然是以方言土语进行的。如果彼此都是同一地方的人，当然好办。可是随着社会的发展，人们交往日渐频繁，地域所涉越来越广，这就带来了接受的麻烦，听解就成了接受者在交际中的一个问题。

所以，接受者的听解带有很大的被动性。其听解能力的强弱，取决于发送者的发送状况以及发送环境的状况。

177

②能动性。接受者的听解虽然有很大的被动性，但也不是说他就完全处于"你不说，我就不听，你怎么说，我就怎么听"的消极地位。在言语交际活动中，接受者与发送者是相辅相成的；被动与主动，是一组矛盾的两个方面，需要相互配合才能实现交际目的。接受者要有效地听解发送者的发送，完全可以发挥自己的主观能动性，自觉努力，积极活动，变不利为有利，化难为易。

据《说苑·权谋篇》载：春秋时，齐桓公欲攻打莒国。一天早朝后，他单独留下宰相管仲，同他秘密商量此事。可是兵还未发，国人就都知道了。齐桓公很恼火，此事只有自己与管仲二人知道，于是把管仲叫来，问他是怎么回事。管仲发誓说，自己绝对没有向任何人透露。齐桓公也说，自己绝对未向任何人透露。问题出在哪里呢？齐桓公想了想说："对了，那天咱俩商量伐莒时，有几个大臣还站在宫殿门口，是不是他们偷听到了？"管仲说："这不可能。宫殿门口离我们商量的地方那么远，我们又是悄声商量的，怎么听得见呢？"齐桓公说："还是把他们叫来问问再说吧。"于是传那天站在宫殿门口的几个大臣进宫询问。大夫东郭牙爽快地承认是自己向外传播齐国要伐莒国的消息的。齐桓公责问他是怎么偷听的。他说："我并未偷听，而是私下会意出来的。"管仲问他凭什么？他说："我并不是瞎猜测。我的根据有四点：一是那天齐侯把你留下来，我远远望见你在齐侯面前表现出自傲自信的神色，这同你以往要对外用兵时是一样的。二是你向齐侯说话时，嘴形是撮口，所发之音应是撮口的'莒（jǔ）'音。三是你在发'莒'音时，手又指向南边的莒国的方向。四是现在诸侯中不听咱们齐国的，也只有这个莒国。所以，我断定要伐莒国。"

姑且不论东郭牙传播机密的行为正确与否，但由此可以看出他听解的能动性。尽管当时他听不见齐桓公与管仲的谈话，可是其思维却自觉地、积极地在活动，努力分析、理解齐桓公与管仲发送的内容。这当然是可取的。它说明：一个接受者，不能完全消极被动，而应能动地听解发送者的发送。

③互动性。互动性是指接受者的听解与发送者的发送，彼此之间存在着一种相互活动的关系。发送者在进行发送活动时，其接受者也同时在进行听解活动。这时，发送者期待着接受者的听解反应：认同、排斥，还是冷漠？接受者的听解反应反过来又会促使发送者发送活动的行止：继续进行、变换内容或方式，还是停止发送？如果没有互动性，发送者的发送要么不能展开，要么效果不佳，要么毫无效果。反之，接受者也同样。

比如一位向职工作报告的领导，他在台上的发送是悬河泻水，滔滔不绝。而台下听众却交头接耳，沸反盈天，或者看书报、织毛衣、打瞌睡、随意走动。职工根本不去听解领导的发送，这种发送还有什么意义呢？

听解的互动性，在接受者处于被动接受的位置时，表现得较为隐蔽、含蓄；在接受者处于半被动接受的位置时，表现得较为公开、直接；在接受者处于主动接受的位置时，表现得尤其明朗、强烈。

④引动性。引动性指的是接受者对发送者发送的听解，是在发送者的刺激、触发下才有所活动或顺利活动的。

在现实生活中有这样的情况：接受者对发送者的发送本来不打算去听解，或者虽愿意听解却难以听解，或者听解错误，或者只是按自己的思路、认识去听解。可是当发送者发送的内容或方式一下刺激、触发了接受者的神经，引起兴奋反应，拨动思维细胞，接受者就会由不打算听解转为愿意听解，由难以听解转化为顺利听解，由听解错误转化为听解正确，由只按自己的思路、认识去听解转化为按照接受现场的情况去随机听解。

1927 年 4 月，张作霖逮捕审讯中共创始人李大钊。李大钊已做好了听解反动派诬蔑共产党的谰言后予以驳斥的准备。可是开庭时主审法官何丰林却这样说："李大钊你听着：你自小缺少教育，青少年时期就不老实。天生一副反骨，处处与政府作对。踏上社会之后，你一天也没有消停过……"李大钊的听解迅速为之转向，针对此发送说道："法官大人，你说的都是些虚夸不实的词儿。什么反骨啦、消停啦，这算什么犯罪事案？我要审问你们，可有根据：你，主审官何丰林，曾伙同张作霖，一次就谋杀 376 人，犯有十恶不赦的杀人罪……"何丰林大叫道："在军法会审的法庭，哪有犯人反过来问法官的道理！"他不明白，李大钊之所以如此，正是其听解受他的触动才引发的。

2. 听解的方略

①注意倾听。接受者要对发送者有所反应，首先要注意细心地听取发送者的发送。没听清楚，就无从理解，更谈不上反应；要有反应，也不会恰当。

言语交往不像文字交往那样有稳定性。对发送者的发送，一不留神就过去了；如果恰好是关键之处，影响就很大。假如是双方私下里交谈，接受者没听清楚还可追问，可其他情况的言语交往，一般都是很难追问的，过了就过了。这就使彼此间的交往难以顺利、成功。

有个连队搞拉练。行进中，走在前面的连长回头对身后的一位战士说："传下去：加速前进！"如此一个个往后传。不想传到中间时变成了："传下去：轻装前进！"后面的战士听后就纷纷扔掉被包、衣物。连长发现后追查，原来是接受者没听清楚而传递失误。

②认真理解。对发送者的发送光听清楚还不行，还得认真地去理解它，琢磨其内涵与外延。不可满足于一知半解或想当然，更不能捞到半截就开跑。特别是对那些运用了某种逻辑、修辞等手段的发送（如含蓄、委婉、影射、双

关、反语、借代、排中、矛盾、同一等)，更要认真理解。

《事林广记》中讲了这么一件事：有个人到朋友家做客，住了很长一段时间也没有要走的打算。主人实在招待不起，可又不便明说。一天，主人见院中树上有只鸟久久地蹲在树桠上，便对客人说："等我拿斧来把树砍倒，捉住这只鸟，好给你下饭。"客人笑道："树一倒，鸟不飞了吗?"主人说："你不知道，这是只呆鸟，蹲在那里好久好久了。我看，就是树倒了，它也不知道飞。"客人竟惊喜道："真的呀? 那快拿斧头来，我们一起砍吧!"主人哭笑不得。

③观色察态。听解主要是靠耳朵所获取的信息来识别、分析。但有时却需要用眼睛等器官的活动来审视、体味发送者的神色，察验其姿态，从而达到听解的目的。

发送者的发送活动并不完全是用口并通过有声的言辞来实现的。其行为、动作、表情、神态，都可能传递其思想、意图。而且有时出于某种考虑，或受环境的制约，发送者还会有意不用有声的言辞，而改用其他方式来表达情感，传递信息。这就要求接受者学会观色察态，从中作出判断，前举东郭牙准确判断出齐国将要伐莒之例即此。

（二）记忆能力

记忆能力指的是过去经验在接受者脑中是否能够反映，以及反映强弱的能力。它包括识记、保持和回忆三个过程。

南唐画家顾闳中是一个记忆能力特强的人。后主李煜派他潜入失势重臣韩熙载府中，偷偷观察其夜生活。他目识、耳听，回来后默画成举世闻名的《韩熙载夜宴图》，他所画出的五个场面——静听琵琶、击鼓观舞、夜间小憩、倩女清歌、酒阑人散，涉及46个不同人物，无一不形象逼真、生动传神。特别是韩熙载那虽听而思、心不在焉、忧郁沉醉、苦闷无聊的神态，令人拍案叫绝。观此画者，无不惊叹画家超群的记忆能力。

作为言语交际活动中的接受者，要使交际得以顺利、成功，必须具备一定的记忆能力。

1. 记忆能力的体现

①识记发送者的发送。识记就是识别和记住。它分为无意识记和有意识记两种。无意识记是事前无确定目的，也无须用任何方法的识记；有意识记是事前有明确的目的，并运用一定方法的识记。

接受者对发送者的发送，可能是无意识记——本不想去识别、记住其某种发送，却不知不觉地识别了、记住了；也可能是有意识记——为了达到与发送者沟通交流中的某种目的，用心于其某种发送，非识别、记住不可。

在与发送者的交往中，如果接受者不具备识记发送者所发送内容的能力，或者这种能力很低，接受者就无法确定自己的态度、行为；盲目确定，就会造成失误。尤其像在谈判、论辩这类主动接受之中，不能识记，交流就根本不能继续下去。

②回忆自己积累的经验。接受者听取了发送者的发送，必然要产生接受反应。这种反应向哪个方向运行，如何运行，需要接受者去回忆自己在生活中积累的经验，从中找到借鉴。年龄越大、文化程度越高、生活经历越丰富的接受者，其可供回忆的经验就越多，就越能应对发送者的发送。

回忆分为无意回忆和有意回忆。无意回忆是事前没有预定目的的偶然回忆，是在听取了发送者的发送后才油然忆起的。有意回忆是在明确的目的支配下，有意识地去追忆。通常情况下，被动接受和半被动接受大多是无意回忆，主动接受则多为有意回忆。

③展开联想。接受者在感知发送者的发送以及回忆自己积累的经验时，常常要展开联想：由当前事物想起有关的另一事物，由想起的这一件事物又生发到另一件事物。

联想有多种形式——接近联想、相似联想、对比联想、关系联想。无论何种，都与接受者的素质有关。一个人文化修养很低，他就无法联想到涉及文化知识方面的事物；一个人阅世很浅，他就很难联想到纷繁复杂的大千世界。

善于展开联想的接受者，说明其知识较丰富、记忆力较强；反之则弱。

2. 记忆能力的类型

①形象性记忆。这种记忆能力侧重于人物、事物的形象性。对诸如生动活泼、活灵活现、斑驳陆离、绘声绘色之类的发送，记得特别牢固，入耳不忘。

鲁迅在《朝花夕拾》中谈到幼时他家的保姆长妈妈给他的教诲很多。比如说：人死了不能说死掉，必须说"老掉了"；晒裤子的竹竿底下，万不可钻过去……这类发送太多，鲁迅大都忘却了。但对长妈妈发送中形象性的人和事，几十年后还记得清清楚楚。像《山海经》中的什么人面兽、九头蛇、三脚鸟、生着翅膀的人、没有头而以两乳当做眼睛的怪物……在他脑海里留下极其深刻而鲜明的印象。对长妈妈所讲的太平天国"长毛"的故事，甚至连每一句话他都记得异常分明。

②抽象性记忆。这种记忆能力侧重于不能具体经验到的、笼统的抽象事物。对概念、判断、推理、议论、典籍、定义、公式、数据、定律、格言、名句等发送，记得很牢。

上例中鲁迅幼时记不住长妈妈的诸多教诲，说明其记忆尚未向抽象性发展。但到后来他有了抽象性记忆的能力，对形象性的事物记得不再那么牢，而对理念性的事物反倒记得更牢了。他在《无长》中谈到，幼时他所看的一出戏，现在对主人公的履历及演员的表演都记不清楚了，可对其中的一段抽象道白却记得很清楚，连是什么语调都记得很分明。

③中和性记忆。这种记忆能力是形象性与抽象性的中和，具有二者的特点。

接受者在与发送者的交流中，可能需要启动形象性记忆，也可能需要启动抽象性记忆。一般来说，这两方面的记忆能力对同一个接受者，应当是有所侧重的，不可能都十分突出。就算是都十分突出的接受者，对发送者的发送，也不可能都记得住，总会遗忘掉一些。而被遗忘的，往往是自己记忆所未能侧重的那个方面。

鲁迅在左联五烈士被害两周年后所写的《为了忘却的记念》中，对五位青年作家的回忆，就是如此。他回忆说，白莽第一次到他的寓所来，是为一篇德文译稿《彼得斐传》。其他还谈了什么，"我已忘却，只记得他自说姓徐，象山人；我问他为什么代你收信的女士是这么一个怪名字（怎么怪法，现在也忘却了）"。他又回忆与柔石的初次相见说："我也忘记了在上海怎么来往起来，总之，他那时住在景云里，离我的寓所不过四五家门面，不知怎么一来，就来往起来了。"而鲁迅却牢固地记住了柔石告诉他的一件很小的小事："大约最初的一回就告诉我是姓赵，名平复。但他又曾谈起他家乡的豪绅的气焰之势，说是有一个绅士，以为他的名字好，要给儿子用，叫他不要用这名字了。"

（三）审美能力

接受者接受发送者发送的过程，也是一个审美的过程。当发送者的发送为接受者所感知后，接受者必然会依据自己的认识和经验对其进行审察、鉴别、领会，以确定其美丑。能够准确确定的，说明他的审美能力强；反之则弱。

1. 审美能力的构成

①对发送言语的审美。对发送者的发送，接受者首先感知的是他的言语表象。言语表象包括音量（声音的大小）、音色（声音的区别）、音调（说话的腔调）、声速（说话的快慢）、语准（吐字的准确程度）等方面。接受者在进入接受角色时，要对这些方面进行审察领会才谈得上引发思维的回应。

比方说音量，如果发送者老是粗声大气地吼叫，接受者不会有美感产生；反过来，发送者声音细微得如蚊子在嗡嗡，接受者听起来很吃力，也不会产生美感。再如声速，如果发送者只要一开口便像打机关枪似的，噼噼啪啪一阵急速扫射，使接受者既来不及领会，又觉得紧迫压抑，他怎么会有美感产生呢？

②对发送内容的审美。发送者发送的内容涉及面是相当广泛的，并且，一般说来，接受者往往不能预知发送者将要发送什么内容。接受者对发送者发送内容的审美是随风转舵，便宜行事的。如果接受者认为发送者所发送的，是自己喜欢的、需要的、赞成的、追求的，便会产生美感；如果接受者认为发送者所发送的，是自己无兴趣的、厌烦的、憎恶的、反对的，便会产生丑感。美感使接受者心情愉悦、舒畅，注意力集中，会积极配合发送者完成交际的任务。丑感使接受者心情灰暗、抑郁，注意力分散、游移，会消极应付发送者的发送，乃至使发送无法进行。

③对发送技巧的审美。发送技巧有多种多样。言语相同，内容相同，而技巧不同，接受者获得的美感效果就不同。接受者对发送者的发送，即使在言语上和内容上并无异议，但如发送者发送不讲技巧，接受者也是不舒服的，难以产生美感反应。

如美国影片《维多利亚女王烈史》中的维多利亚女王在办完公事后深夜回到卧房，见房门紧闭，便使劲敲门。房内的丈夫阿尔伯特公爵问："谁？"她习惯地答道："我是女王！"房门未开。她又用力敲门，房内又问："谁？"她愠怒地答道："维多利亚！"房门还是未开。她迟疑片刻，又轻轻叩门，房内又问："谁？"她柔声答道："你的妻子。"门开了，丈夫一把将她拥到怀里。

183

2. 影响审美能力的因素

①接受者因素。接受者由于各种条件的不同而对审美的感受也不同。对同一发送，有的接受者会感到美，而有的接受者会感到丑。

比如一位一贯说话较为粗俗的男士，嘴里老爱带一些不太干净的词儿。他在对其圈内好友发送时，接受者会感到亲切、够味儿；而他若对圈外人士（尤其是女性）发送时，接受者就会觉得刺耳、难堪。

②发送者因素。发送者由于发送的条件与能力的不同，其发送会对接受者的审美能力造成影响。如发送者吞吞吐吐、语无伦次、错字错音、含混模糊，或者使用方言土语对非本方言区的接受者发送，就会使接受者的审美活动受到障碍，以致偏差。

一个台湾考察团到大陆的宁波市考察。他们对宁波近几年突飞猛进的发展很感兴趣，便问当地一位负责人是靠什么取得如此成就的。那位负责人用宁波话回答说："一靠政策，二靠机遇。"台湾客人听了无不惊骇！因为宁波话的"政策"，与普通话的"警察"相似，"机遇"与"妓女"相似。他们听解为："一靠警察，二靠妓女。"审美发生如此偏差！这当然是发送者所造成的。

③环境因素。接受者对发送的审美能力，是受接受环境的影响的。如噪音

的干扰、旁人言行的左右等。详细阐述，将在下一章"实用口才的实施环境"中进行。

第四节　客体的反馈

一、客体反馈的认识

（一）客体反馈的定义和作用

1. 定义

反馈本来指的是电子管或晶体管电路中，把输出端信号能量的一部分，输送给同一电路的输入端的过程。在人们的言语交际活动中，由于这一过程正好同发送者、接受者之间信息的沟通交流过程相似，因而借用此概念来指代。

那么，究竟应当怎样来表述客体的反馈呢？

所谓客体反馈，就是在言语交际活动中，接受者感知发送者所发送的信息后，将自己的态度、认识反过来传递给发送者的行为过程。

如汉朝史官司马谈在弥留之际对儿子司马迁说："我们的祖先是周代的太史，你再做太史，就是继承我们祖先的光荣事业了。我死后，你不要忘记我所要写作的史书啊！"司马迁哭着说："小子虽然不敏，一定完成先人的志愿！"司马迁所说，就是其作为接受客体对作为发送主体的司马谈所发送的信息的反馈。

2. 作用

①对发送者的作用。客体反馈，一方面可以使发送者获得自己所发送信息的反应，知晓接受者的态度、评价，了解接受者的愿望、要求；另一方面，发送者也可根据接受者的反应，及时调整自己的发送，使发送有的放矢、巧发奇中，收到理想的效果。

比如一位教师，他必须知道学生对自己所讲内容、方式的反应，了解他们有什么疑难和要求。当有学生提出不理解的问题时，教师就获得了客体反馈的信息，然后给予解答。如果听课的学生老是交头接耳、没精打采、打瞌睡、东张西望，教师就应该明白：自己所讲，并不能吸引学生的注意力——要么内容不当，要么方法有误。这时，他就应改进教学内容和方式，使自己的教学活动能够收到预期的效果。

②对接受者的作用。接受者在感知发送者的发送后，必然本能地作出反应：认同、排斥或是冷漠。接受者为了与发送者沟通交流，或者为了阐述自己的主张、维护自己的利益，必须将自己的态度反馈给发送者。如果接受者处于

被动接受的地位，一般是采用表情、姿态、动作来反馈；如果接受者处于半被动和主动接受的地位，除了可以用表情、姿态、动作来反馈外，主要是以有声的言辞来反馈。要是没有客体的这些反馈，发送者就会认为接受者完全接受了自己的发送，而使言语交际活动完全按照发送者的意图进行。这样，接受者的要求、愿望、态度、意见就不能表达了。

方志敏被国民党反动派逮捕后，赣绥靖公署军法处副处长钱协民对他说："你何必作傻子呢？人生在世，识时务者为俊杰，随风转舵，是做人必要的本领……"不待其说完，方志敏即向其反馈如下信息："行了！你不要再讲下去了！我觉得我是不能做没有气节的人的！"这一反馈，明确宣告了钱协民诱降发送的失败。

（二）客体反馈的性质和特点

1. 性质

客体反馈是言语交际活动的要求所决定的。只要存在主体的发送，就必然存在客体的反馈；没有发送，也就没有反馈。当主体和客体构成了发送与接受的关系时，只要发送能被客体感知，无论是主体还是客体，都不能单方面改变彼此间存在的这种关系。作为主体，不能要求或指望客体不反馈；作为客体，不能强制自己不反馈。

就拿表面看来似乎接受者没有反馈的沉默来说吧，其实它反馈的信息不见得比开口发送所反馈的信息少。俗话说："沉默是金，开口是银。"就是认为在某些场合不开口比开口好。比如，一个被反动派审讯的革命者，无论审讯者怎样发送言辞，甚至动刑，他始终都不开口。由此，审讯者便获得该被审讯者是一个不屈的硬汉子的信息。又如，一个领导对单位的职工讲了半天话后，问大家有什么意见，反复再三，全场仍然鸦雀无声。尽管谁也没有开口，但实际上已经向领导反馈了"有意见"的信息。

2. 特点

①直接性。接受者对发送者的发送，无论是被动的、半被动的，还是主动的，内心的反应都可以立即直接表现出来。如被动接受中，听课的学生对老师照本宣科的讲授不感兴趣时，会表现出东张西望、窃窃私语、看课外书籍等行为；半被动接受中，被采访者不愿回答时，会以"无可奉告"之类拒绝；主动接受中，论辩对手不同意你的观点，会予以反驳。

②间接性。间接性与直接性是相对而言的。由于客体反馈的直接性必须是主体与客体处于同一交际现场时才能体现，而非此情况就不可能直接了。像广播、电视中的播音员、主持人与听众，电化教学中的老师与学生，发表电视讲

话的领导与群众等，主体要获得客体反馈的信息，就直接不了，只能间接。作为听广播、看电视、接受电化教育的客体，在感知主体的发送后，必然有所反应。比如播音员读错了音，主持人有知识性错误，客体都会予以指责。但是对于这种反馈，主体却不能直接感受到，只能通过间接的渠道才能获得。像设立听众信箱、寄送调查问卷、刊登征询启事、委托专门机构等等。

③滞后性。客体反馈的滞后性指的是客体在感知主体的发送后，不是立即作出反应，而要经过一定的时间才能将自己的反应传递给主体。这一特点，在主体与客体没有处于同一交际现场的情况下，当然是很明显的。就是在主体与客体处于同一交际现场的情况下，有时主体要获得客体反馈的信息，也需要等待一定的时间。比如主体向客体询问某件事，客体说："这事让我想想，待会儿再告诉你。"尽管这一回答本身也是一种反馈，但毕竟不是主体发送所要达到的目的。主体希望得到的信息，还得待客体"想想"之后的一段时间。再如领导当面要下属去做某事，但做得怎样，还得待下属去做了之后才能知晓。

④超前性。客体反馈的超前性指的是客体还未感知主体的发送就已有所反应，主体同样可以获得客体反馈的信息。从客体反馈的性质已经知道，在一般情况下，没有发送是没有反馈的。但是在实际的言语交往中，又确实存在着主体还未发送而客体就有反馈的现象。比如一位领导很喜欢作报告，可他的报告每次都像裹脚布又长又臭。这天，办公室又通知全体职工去大礼堂听报告。到大礼堂后，职工一见台上坐着的又是这位领导，有的便悄悄溜走了，有的便闭目打起瞌睡，有的则拿出书报看起来……职工们的这些反应，都产生于该领导发送之前，明确向其反馈出厌烦、不满的信息。

二、客体反馈的类型

客体的反馈多种多样。由于依据的标准不同，可划分为不同的类型。

（一）以反馈效果为依据

1. 正反馈

正反馈就是客体在感知主体的发送后，产生兴趣，呈现愉悦、兴奋、愿意、满足、追求、企望等心理状态；认同主体的发送，而作出与主体趋向一致的反馈。如孟子一次与齐宣王交谈，在得知齐宣王爱好流行音乐后，孟子说："只要您非常爱好音乐，那齐国便会很不错了。无论是现在流行的音乐，或者古代音乐，都是一样。"齐宣王兴奋不已，立即作出渴求的反馈："这个道理，您可以说给我听听吗？"

2. 负反馈

负反馈就是客体在感知主体的发送后，产生厌烦、不快、反感、愤慨、怨恨、抵触等心理状态；排斥主体的发送，而作出与主体趋向相反的反应。如上例中，当孟子问到"假若一个国家治理得很不好应该怎样办"时，齐宣王很是不快，不耐烦地调过头去，把话题引向其他。这就是齐宣王对孟子所作的负反馈。

(二) 以反馈性质为依据

1. 真反馈

真反馈就是客体在感知主体的发送后，毫不掩饰地将内心真实的反应传递给主体。如孔子的学生陈亢问孔子的儿子伯鱼："你在老师那里，得到的是不同于一般人的传授吗？"伯鱼说："没有。我和大家一样，向父亲学'诗'，学'礼'。"

2. 假反馈

假反馈就是客体在感知主体的发送后，掩饰内心的真实反应，而向主体传递与事实不符的虚假信息。如孔子获知季康子准备攻打颛臾，便召见他的两个在季康子手下工作而又积极主张攻打颛臾的学生冉有和子路。孔子责问他们为什么要这样做？冉有回答说："是季氏要这么干的，我俩都不同意。"这一假反馈被孔子识破，遭到了严厉的批驳。

(三) 以反馈数量为依据

1. 整体反馈

整体反馈就是客体在感知主体的发送后，毫无保留地将自己内心的全部反应传递给主体。如孟子一次谒见梁惠王，梁惠王说："老先生！您不辞千里长途的辛苦前来，那对我国会有很大利益吧？"孟子便一股脑儿地将自己关于"仁义"的主张、看法倾泻出来，并运用设喻、举例的方法进行详细论证。

2. 分散反馈

分散反馈就是客体在感知主体的发送后，零碎地、点滴地逐步将自己内心的反应传递给主体。如果说整体反馈是"竹筒倒豆子"的话，分散反馈则是"挤牙膏"。比如孔子与孟武伯谈"仁"的问题。对此问题，孔子有一套完整的主张，常以此教育其弟子，至于他最得意的弟子的仁与不仁，他当然是很清楚的。可当孟武伯问他"仲由仁不仁"时，他却说："不知道。"孟武伯不解，继续追问，他才说："仲由，一个具有千辆兵车的中等国家，可以叫他负责军队征召、训练和作战等工作。他仁不仁，我不知道。"孟武伯又问："冉求怎么样？"孔子说："冉求，一千户人家的地方，可以要他做县长；一千辆兵车的卿大夫的世袭领土，可以要他做总管。他仁不仁，我不知道。"孟武伯又问："公西赤怎么样？"孔子说："公西赤呀，穿着礼服，立于朝廷，可以叫他和外宾会谈。他仁不仁，我不知道。"

（四）以反馈表现为依据

1. 内向反馈

内向反馈就是客体在感知主体的发送后，对内心的反应予以竭力抑制、消化，不使其有丝毫外露。如宋时契丹兵大举进攻澶州，宰相寇准听到此报告后，不动声色，照常饮酒、下棋。一夜之间，有关官员五次向他报警，他都装作毫不在乎，若无其事。其实他内心的反应异常激烈，并认真思虑着应对之策。只不过为了安定人心，他才抑制情绪，使强烈的反馈消化于内心。无怪乎在皇帝闻知而责怪他时，他从容答道："陛下想要了结此事，不出五天定见分晓。"

2. 外向反馈

外向反馈就是客体在感知主体的发送后，将自己内心的反应毫无抑制地外露宣泄。如宰我对孔子说："对仁德的人，就告诉他：'井里掉下一位仁人，'他会跟着下井吗？"孔子当即快人快语地斥责道："为什么要这么干呢？对君子，可以叫他远远走开，不再回头，却不可以陷害他；可以欺骗他，却不可以愚弄他！"

三、客体反馈的形式

（一）言辞反馈

言辞反馈是客体反馈中最常见的形式，尤其在半被动接受和主动接受中表现更明显。这种反馈，客体必须以言辞向主体传递自己接受其发送后的内心反应信息。在言辞的运用上，有如下几种情况：

1. 以虚词简单表示听取

虚词中的语气词、感叹词（如哇、喔、嗯、呀、哪、嗨、哼、嘘、嘿、啊、唉、哈、嘻、哎呀、啊哟等），常被客体用以表示自己的情态。这种反馈并未对主体的发送表达出自己认同、排斥或冷漠的态度，仅仅是让主体知道：我在听，我听到了。如魏国的范雎遭人陷害受辱，后在秦国人帮助下逃到秦国。秦昭王知他是难得的人才，在宫里召见他。秦昭王跪着进前向他请教说：

"先生用什么指教我呢？"范雎只是说："喔，喔。"秦昭王再虔诚地向他请教，他还是只说："喔，喔。"如是者三。

2．以判断词明确表示态度

判断词中的是、行、好、对、可以、不、不行、不能、不对、不如、要不得、去你的等，常被客体用来表示肯定或是否定的态度。这种反馈，倘若是正向的，就会鼓励主体继续发送；倘若是负向的，就会阻止主体继续发送或者引发新的交锋。如子贡对孔子说："贫穷而不巴结，富裕却不骄傲，这种人怎么样？"孔子说："可以啊！"

3．以疑问句追询释疑

客体对主体的发送未听清楚，或者尚有不明确、疑惑之处，常常会以疑问的语句进行追问。像"是吗"、"什么"、"真的呀"、"你讲清楚点好吗"、"怎么会这样"等等。这种反馈，并不一定就是客体心中有疑才追问，有时反唇相讥、明知故问，也会用此。如某人到失物招领处，一口咬定桌上的那个钱包是他丢失的。由于其所言钱数与包内不符，工作人员便追问："这包真是你的吗？"

4．以清词丽句阐述见解

①正向反馈时。倘若客体对主体的发送呈正向反馈，他就可能在认同心理的支配下同主体作进一步的探讨、交流，或者受主体发送内容的启发、触动，而联想到其他问题。这类反馈运用言语不再是简单的表态，而是娓娓而谈，丽句清词，头头是道。如孟子谒见梁惠王，梁惠王站在池塘边一面顾盼着鸟兽一面说："有道德的人也乐于享受这种愉快吗？"这正是孟子所想的，于是说："只有有道德的人才能享受这种愉快，没有道德的人纵使有这种愉快也无法享受。"接着他便旁征博引，举出周文王和夏桀的史实及《诗经》中的句子来充分证明自己的说法。

②负向反馈时。倘若客体对主体的发送呈负向反馈时，他可能就会通过摆事实、讲道理来否定主体的观点，或者岔开话题，转而述它。这类反馈，在言语表现上是侃侃而谈，言之凿凿。如当孔子听到有人说"管仲懂得规矩礼节"时，他坚决地予以否定说："国君在大门口立一个阻隔内外视线的照壁，管仲也立一个照壁；国君为了和别国国君友好交往，宴会时在堂上设置一个放空酒杯的反坫，管仲也设置反坫。管仲若是懂礼，谁还不懂礼呢？"

（二）神情反馈

神情反馈是指客体在感知主体的发送后，不以言语而以脸上所显露的内心活动向主体传递自己的反应信息。在很多情况下，客体的反馈都可以通过其神情表现。所谓察言观色，察言是听其言语，观色就是观其神情。

由于神情反馈不像言辞反馈那样有明白可感的传递，它需要审度、鉴别才能获得准确、可靠的信息。因此，客体的神情反馈远比言辞反馈复杂得多。

比如《论语·先进》中，子路、曾皙、冉有、公西华陪孔子坐着，孔子问他们有什么志向，子路不假思索地谈了自己的志向。孔子听后的反馈只是微微一笑。这微微一笑表现了孔子怎样的内心活动，就很难说。因此，曾皙特意问孔子："你为什么对子路微笑呢？"如果孔子不明说，大家就只能根据自己的认识去理解了。因为笑在客体的神情反馈中是很普遍的：赞成可以笑，反对也可以笑；讽刺可以笑，奉承也可以笑。发送主体只能依据现场情况去忖度是一种什么样的反馈。像鲁迅《狂人日记》中那狂人，早上出门，见有七八个人在交头接耳地议论，他便凑过去问议论什么。那些人啥也没说，而"其中最凶的一个人张着嘴，对我笑了笑，我便从头直冷到脚跟，晓得他们布置，都已妥当了"。这是狂人自己忖度获得的信息反馈。

（三）行动反馈

行动反馈是反映客体在感知主体的发送后，既不以言辞，也不以神情，而以行为、动作向主体传递自己内心的反应信息。

人的行动是受思想、感情支配的。作为接受客体，其行动所反馈的信息，并不亚于言辞、神情的反馈。有时，在不便以言辞、神情反馈的情况下，行动反馈收到的效果还会更好。恩格斯曾说："我觉得一个人物的性格，不仅表现在他做什么，而且表现在他怎样做。"[①]"做什么"，反馈的是客体行动的结果；"怎样做"，反馈的是客体行动的过程。主体可以从客体的这两方面的反馈，获得自己发送效果的信息。

前举子路、曾皙等人陪孔子坐，孔子问子路、冉有、公西华三人的志向，他们都仅以言辞作出反馈。而当问到曾皙时，正在弹琴的他，"铿"的一声把琴放下，慢慢地站起来，然后才以言辞作答。其反馈，与前面三位都不同，正是其独特的行动。该行动传递的信息，至少可以让人感到他比前三位都郑重其事，都更尊重老师孔子。

（四）全面反馈

全面反馈是指客体在感知主体的发送后，言辞、神情、行动三者同时并

---

① 《马克思恩格斯选集》（第四卷），第 344 页。

举，全方位地向主体传递自己内心反应的信息。

　　全面反馈蕴涵着最丰富的信息量，客体可以通过每一个方面的表现，向主体传递全面的信息，使主体清楚、明晰地获得其发送内容、形式的接受反应。

　　《左传·秦晋殽之战》中，晋国在殽大败秦军，并俘获秦主将孟明视等三人。晋主将先轸上朝时询问怎样处置秦主将，晋襄公说："先王夫人求情，我已把他们放了。"先轸听后，顿时变貌失色，大怒道："武夫在战场上拼了命才抓住他们，妇人一下子就从国内把他们放走了。这简直是毁坏自己军队的战绩而助长敌人的气焰！亡国用不了多久了哪！"说罢，在襄公面前"啪"地吐了一口唾沫，一甩衣袖，愤然离去。其内心的愤怒与失望，通过言辞、神情、动作一齐表现出来，使信息得以充分、全面地反馈。

　　上述四种反馈形式的体现，是由言语交际现场的具体情况而定的。客体在感知主体的发送后，以何种形式反馈，应考虑发送者的情况、发送的内容、发送的方式、发送的时间、发送的环境等因素随机而定，不可墨守成规，千篇一律。

第六章　实用口才的实施环境

　　人们的言语交际是在一定的环境中进行的。这种环境，是伴随着发送者的发送和接受者的接受活动而产生、发展的。它由一定的时间、空间、情景、气氛、文化、习惯等因素构成，制约和影响着发送者的发送及接受者的接受。无论发送者还是接受者，都要正视环境，使自己的发送或接受符合环境的需要，与环境同步。如果对环境置之不顾，势必影响交际的效果，甚至遭受环境的惩罚。因此，充分正视环境，着意创造、控制、选择和利用环境，是实用口才实施的一大要件。

第一节　环境对言语交际的制约和影响

一、制约和影响的必然性

《孟子·滕文公下》中讲了一件楚人学齐语的事：孟子对宋国的大夫戴不胜说："如果在这里有个楚国大夫，想叫他的儿子说齐国话，是让齐国人教他呢，还是让楚国人教他呢？"戴不胜说："当然是让齐国人教他了。"孟子又说："一个齐国人在楚国教他，许许多多的楚国人干扰他，即使天天打他，希望他早日学好齐国话，也是不可能的。如果把他带到齐国的街巷里住上几年，即使天天打他，要他说楚国话，也是不可能的了。"从这件事，人们不难明白一个道理：环境对人的言语的影响和制约，是一种客观存在。

（一）对发送者的制约和影响

1. 发送内容

孔子说："可与言而不与之言，失人；不可与言而与之言，失言。""察言观色，虑以下人。""言未及之而言，谓之躁；言及之而不言，谓之隐；未见颜色而言，谓之瞽。"[①] 他的意思就是告诫言语交际中的发送者：说话要看说话时的环境，在该说的环境，就应当及时地说；在不该说的环境硬要说，就是浪费言语，不明事理。

发送者在进入发送角色时，发送什么样的内容，是受发送环境的制约和影响的。就是说，发送者要发送什么，不完全凭自己主观的愿望而确定，要考虑发送现场客观存在的环境，以之作为自己选择发送内容的先决条件。这样，自己的发送才会有效，交际才能进行。不顾客观环境，张口就说，这是没有起码的识别能力的表现。

例如，一位县机关的普通干部被抽到农村蹲点，可他迟迟未能成行。其领导便到他家，准备对他进行批评，晓以大义，使其尽快动身。可当领导到他家后，才发现其妻已生病住院，年幼的孩子无人照料，远在省外的岳母正在赶来。这位领导原来准备发送的内容就已完全不适于眼前的环境了。于是，这位领导迅速将原准备发送的内容改为对那位干部的安慰，嘱咐他好好照顾生病的妻子和年幼的孩子，并关切地询问还有哪些困难，需要什么帮助，至于下乡的事，不要考虑，由组织另外抽调其他同志，等等。

---

① 见《论语》：卫灵公、颜渊、季氏。

193

2. 发送形式

发送者就同一内容的发送，可以采用多种多样的形式。但是，并非任何形式都适宜于任何一种环境。置身于一定环境的发送者，要采用哪一种发送形式才能使交际顺利进行，才能收到预期的效果，往往受到他所处环境的制约和影响。他只能根据环境的需要，选择、调整自己的发送形式。

一位应邀到某大学对大学生作《理想·人生·追求》演讲的青年企业家、全国劳模，一跨进校园，热情的同学们就围上来问这问那。本来，校方是让劳模上大礼堂的讲台去演讲的，面对围着不散的同学们，这位劳模只好改变表达的形式，说道："干脆，我还是和同学们一道座谈吧。彼此探讨交流，我更能了解同学们，同学们也更能了解我，我也好向同学们学习。"博得同学们的一片欢呼。由单向发送的上台演讲，变成了双向交流的台下座谈，是由于环境影响所致。

（二）对接受者的制约和影响

1. 听解效果

接受者对发送者的发送，首先要能听解。而听解的效果如何，也不是单凭接受者主观的愿望和努力就能决定的，它常常受到环境的制约和影响。

比如，一位学生本欲专心听老师讲课，可同桌老在他耳边唧唧喳喳，他再想专心，也无法听解老师的讲授。又如，盛夏，在闷热的大礼堂挥汗听领导作报告的职工，其对领导发送信息的听解，效果就会大大受到影响。

1997年11月1日，在美国访问的江泽民主席应邀到哈佛大学作演讲。在40分钟的演讲中，大多与会者凝神倾听，不时发出会心的笑声。可是，由于演讲采取的是同步翻译的方式，江泽民讲得又较快，致使一些听众不能很好听解。工作人员递上纸条，江泽民看后便停了下来，用英语笑着对大家说："我讲得太快了，翻译有点儿跟不上。"接着，他便改用英语，放慢速度直接演讲。听众纷纷放下耳机，听得津津有味。会后，许多听众反映说，江主席略带美国口音的英语，吐字清晰、节奏适中，都能听清，都能理解。

2. 反馈趋向

接受者在有效听解发送者的发送之后，必然作出相应的反馈。而反馈的趋向——认同、排斥、冷漠，也并非全由接受者的主观意愿来决定，也常常会受到环境的制约和影响。

比如，张三问李四："你觉得王二这个人怎么样？推选他为'先进工作者'，行吗？"李四当然有自己的看法，但刚要开口说出自己不同意推选王二的意见，一眼瞥见身为本部门领导的王二的妻子正好走了过来。于是，反馈趋向迅速改变——或者表示"还可以"，或者岔开话题。一般说来，在这种环境之下，李四犯不着为此当面得罪本部门领导。这就使得李四不能够在听解张三的发送之后，按照内心的本来想法而作出反馈。

二、制约和影响的要素

（一）主观要素

1. 情绪

情绪是人对客观事物是否符合人的需要而产生的体验。在言语交际活动中，无论是发送者还是接受者，其发送或接受，往往受到自己情绪的支配。当外界事物作用于人时，人对待事物就会有一定的态度。根据是否符合主观的需要，可能采取肯定的态度，也可能采取否定的态度，还可能既不肯定又不否定。这一切，都与其情绪有关。倘若采取肯定的态度，其情绪是亢奋的，表现为喜爱、满意、愉悦、尊敬等；倘若采取否定的态度，其情绪是消沉的，表现为不满、憎恶、痛苦、忧愁等；倘若采取既不肯定又不否定的态度，其情绪是漠然的，表现为冷淡、沉默、寡言等。

比如，一位正要去教室给学生讲课的教师，被校长叫住并没头没脑地批评了一通。其情绪必然愤怒、激动，难以平静。在这种情况下，他再去给学生讲课，就很难做到娓娓动听、孜孜不倦。

1978 年 12 月 15 日晚 9 时，美国总统卡特在电视上向全世界宣布：美国将于 1979 年 1 月 1 日与中华人民共和国建立外交关系。卡特神采飞扬，声若洪钟。"卡特结束谈话时，电视台的麦克风还开着，他不知道这一点，电视观众这时都听到他自言自语地说：'现在全国响起一片掌声！'显然他非常满意他刚带给大家作为圣诞假期礼物的'好消息'。"①

发送者是如此。作为接受者，台湾驻美"大使"沈剑虹也深深地被情绪所支配。他回忆说，他在凤凰城看到电视后，沮丧不已，"新闻记者，包括驻华盛顿记者，查到我的下落后，电话就不断打进我房间来，都要我发表声明。我一概拒绝了"②。他之所以"一概拒绝"，就在于其情绪十分低落，什么也不想说，什么也说不出。

2. 意志

意志是人自觉地确定目的并支配其行动以实现预定目的的心理过程。言语

---

① 《使美八年纪要》，第 183 页。
② 《使美八年纪要》，第 187 页。

交际活动中的发送者也好，接受者也好，其发送或接受也要受到意志的支配。

意志对行动的调节有两个方面：一是发动，二是抑制。发动表现为推动交际者去从事达到一定目标所必需的行动。如对发送者来说的克服困难、排除干扰、顶住压力也要发送自己所要发送的信息；对接受者来说的创造条件、积极适应、排除干扰、顶住压力也要接受自己所要听解、反馈的信息。如 1600 年罗马宗教裁判所判处坚持哥白尼太阳中心学说的意大利思想家布鲁诺死刑。行刑前，红衣主教再三问他是否反悔，收回"异端学说"。他毅然回答道："不，我不反悔！哪怕像塞尔维特一样被他们烧死。我认为胜利是可以得到的，而且要勇敢地为它奋斗！"当行刑的火焰点燃，烈火、浓烟已将他紧紧包裹，在咽下最后一口气之前，他还这样回答刽子手们："火并不能把我征服，未来的世界会了解我，知道我的价值的！"

抑制表现为制止与预定目的相矛盾的愿望和行动。如对发送者来说的本来应当发送、很想发送，或者本要发送某方面的内容，但因条件不宜或情况变化，而强止内心的发送欲望；对接受者来说的本来不愿接受，或者本来不打算作某种趋向的反馈，但因形势所迫或情况变化，而强压内心的意愿，去接受或作出某种趋向的反馈。如三国时刘备放纵自己的情绪，起全国之兵东征吴国，以报义弟关羽被杀之仇。诸葛亮等一班重臣苦苦相劝，可刘备完全不能抑制，竟意气用事地说："朕不为弟报仇，虽有万里江山，何足为贵？"而吴主孙权却善于抑制。面对压境的数十万大军，他一方面上表向魏称臣；一方面向刘备请罪：归还荆州、送回夫人、囚交杀害张飞的凶手，愿与蜀国永结盟好，共图灭魏。至此，刘备仍然不能抑制，一意孤行，遂有猇亭之惨败，全军覆没，狼狈逃至白帝城一命呜呼。

意志调节的这两方面，在言语交际活动中不是互相排斥的，而是统一的。为了实现交际目的，发送者和接受者都既可以发动自己的意志，又可以抑制自己的意志。正是通过发动和抑制这两种作用，意志实现着对交际者言语交际活动的支配和调节。

3. 气质

气质是交际者典型的、稳定的心理特点。这些心理特点以同样的方式表现在言语交际活动中的心理活动的动力上；而且不以交际活动的内容、目的和动机为转移。因此，气质对交际活动中的发送和接受，都有着制约和影响的力量。

从传统的气质表现上看，其制约和影响大体有如下情况：

①多血质。反应敏捷、灵活多变、活泼机巧、情绪兴奋、极善言谈、兴趣广泛、喜欢交往、外露明显。

②胆汁质。反应迅速、缺少灵活、情绪激越、脾气暴躁、易于冲动、不善抑制、有话必吐、心境多变。

③黏液质。反应舒缓、持重安详、情绪稳定、言语不多、处事泰然、声色不露、执著不移、内向明显。

④抑郁质。反应迟钝、刻板木讷、情绪低落、沉默寡言、孤僻冷淡、兴味索然、不喜交往、严重内向。

上述四种气质，并无好坏之分，也不能就此判定交际者表达能力的高低；它仅仅是人们言语交际中的一种行为方式。说不定抑郁质类型的人，平时沉默寡言，而一旦时逢良机，打开话匣，就会滔滔不绝。比如，爱因斯坦3岁还不会说话，6岁时被老师叫到名字竟呆若木鸡，8岁时仍沉默寡言。可当其父母给他一个罗盘时，他竟从罗盘指针中连珠炮似的一口气提出30个问题，使父母无法对答。

4. 性格

性格是交际者在个体生活过程中所形成的对现实稳固的态度，以及与之相适应的、习惯了的行为方式方面的个性心理特征。在言语交际活动中，发送者和接受者的行为表现，受着其性格的制约和影响。

性格的个别差异很大，也就是所谓个性。个性具有一定的意识倾向性，充分体现进入言语交际角色的个体的信念、理想、世界观、情趣。这种倾向性越强，在交际活动中的行为反应就越稳定。所以，无论发送者还是接受者中的任何性格特征都不是面临交际现场时才临时形成的。它是交际者自懂事起经过社会生活的不断实践、磨炼而造就的。任何一个交际者的性格一旦形成，就具有较为稳固的特性，不会轻易改变。

在言语交际活动中，发送者的发送方式、技巧会因不同情况的需要而不同。但绝不能认为这是其性格的特征或其性格的改变。比如，一个性格历来温顺、轻柔，谈吐文雅的人，偶尔被某种外力刺激而勃然大怒，口出恶言，这只能是其忍无可忍时的生理反应，而不是其性格暴躁的体现。鲁迅笔下的阿Q，再三欺侮小尼姑，不能认为是阿Q性格的勇武、顽强；施耐庵笔下的潘金莲，挑逗武松，不能认为是潘金莲性格的热情、开朗。

（二）客观要素

1. 交际场合

交际场合对发送者和接受者双方都产生制约和影响。在国际上，各国解决彼此之间存在的分歧而举行的谈判，就十分注意选择谈判的场合：要么在各方领域对等地轮流进行，要么到双方都能接受的第三方进行。这就避免了单纯在某一方进行时，可能产生的地理优势，不致给对方造成一种无形的压力。比如，中美建交前的 20 余年，双方的 100 多次大使级谈判就是在波兰首都华沙举行的。

交际场合的制约和影响是多种多样的。

①公众场合。公众场合是一个人数众多、形色各异的场合。对发送者来说，如果不借助麦克风（而在很多情况下是没有的），音量不足，就难以为接受者所接受；发送内容不当，就会在公众中造成不良影响；发送方式不佳，就会引起公众的反感。对接受者来说，发送者音量小，自己接受困难；周围有人讲话，自己接受也困难；自己对发送者不同的看法，由于顾及各种关系，又不便站出陈述、反驳。

②单独场合。单独场合是发送者与接受者单独的交际，双方都可以敞开思想发送或接受。在内容上，什么都可以涉及；在形式上也不必拘泥，只要彼此的交际能够进行即可。但是，这种场合由于没有第三者的见证作用，双方不是亲密无间的关系，彼此都会有所顾忌。特别是在政治气氛险恶的时代，更是这样。如文化大革命时期，常常有人将单独场合的闲谈"揭发"出来，置对方于困境或死地。即使政治气氛良好，有些涉及彼此利害关系的内容，利用单独场合的交谈，也会带来一些意想不到的麻烦。如双方达成的所谓君子协定之类，一旦情况有变，其中一方就可能矢口否认。

③正式场合。正式场合是为特定的目的而设置的、有一定条件和规范的场合。例如，商贸洽谈及外事谈判的会谈处，举行会议的会场，发表演讲的礼堂，开业及庆典的现场，教师讲课的课堂，等等。这类场合，无论是发送者还是接受者，都不能随心所欲、马虎从事；必须遵从该场合规定的要求，按特定的目的规范自己的行为。发送，除要注意慎重、准确、端庄、典雅、集中外，还得考虑音质、音量，并且要引人入胜，吸引听众。比如教师，一旦踏上讲台，就要对自己的发送负责，绝不能对学生乱发送一通。教室、讲台、学生，共同构成对教师发送的环境制约因素。而接受，则要求端正态度、专心致志、注意倾听、积极理解。比如学生，一旦坐进教室，上课开始，教师、桌椅，共同构成对学生接受的环境制约因素。

④非正式场合。非正式场合是事前没有特别规定，也无条件限制的自由的场合。如纳凉的树下，购物的商场，散步的街头，闲聊的茶馆，看戏的剧院，跳舞的舞池，串门的家庭等等。这类场合，无论发送者还是接受者都显得轻松自如，交谈随便。所涉内容多为寒暄应酬的生活琐事，而且在这种场合说的，大多不用认真，哪里说，哪里丢，姑妄言之，姑妄听之。像小道消息、飞语流言之类，也往往在这种场合滋生。若恰遇有心者，又往往由此产生争执、口

角，或者诱发搬弄是非的因素。

⑤肃穆场合。肃穆场合是一种严肃、安静的场合。如追悼会会场、住院病人的病房、举行升旗仪式的现场、展览厅等等。置身这类场合的每一个交际者，都会无形中受到约束，不高声、不打闹、不嬉笑、不逗趣。心情或沉郁，或严肃，或庄重。如果这时处于发送者地位，其发送的内容、形式都是十分稳沉、慎重的。如果这时处于接受者地位，一般都缄口不言；即使要言，所言也极为有限，而且只不过应景式地顺着发送者的趋向简单表表态而已。

⑥愉悦场合。愉悦场合是交际者逢喜事时出现的热闹场合。如假日出游、参加婚礼、出席晚会、庆祝生日、庆功表彰、晋升、中奖等等。置身于这类场合的交际者，心境是舒畅、愉快的，情绪兴奋，意气昂扬。作为发送者，往往畅所欲言，谈笑风生。作为接受者，也乐于接受发送者的发送，顺势祝贺，弹冠相庆；即使发送有所出格，也不在乎。

2. 实施对象

在言语交际活动中，发送者和接受者互为实施对象。由于对象的千差万别，必然制约和影响彼此的交际，主要体现为：

①年龄。交际双方处于同一个年龄段，彼此阅历大体一致，进行日常交际，一般不会有什么困难，交际也会显得自然、随和。如果双方不是同一个年龄段，彼此阅历有差距，交际中就会产生一种年龄障碍而受到制约。比如，一位60岁的老人与一位20岁的青年构成言语交际关系，老人就可能倚老卖老，自认为"我过的桥比你走的路还多"，而在言语中显出轻视青年的成分。而青年也可能初生牛犊不怕虎，自认为"你老迈过时，思想守旧"，而在言语中显出对老人不尊重的成分。当然，不排除有忘年交的情况。但忘年交毕竟只是在某种情趣、观点上的一致而产生的，并不能涵盖彼此之间在任何言语交际中的差异性。

②性别。性别不同也会制约和影响彼此言语交际的效果。因为有些话，只能在同性间沟通交流，换了异性，就会产生一种性别障碍。比如，两个小伙子在一起，可以为某事开启心扉，开诚布公，有啥说啥，无所忌讳，甚至争得面红耳赤，甚至带些脏话、丑语，对方不会以为你是在侮辱他。但若换成一个小伙子与一个姑娘，而二人又并非恋人或夫妻关系，那么彼此交谈就会字斟句酌，文质彬彬；即便话不投机，也能各自克制，不会带出脏话、丑语。万一某一方不慎带出脏话、丑语，对方会认为你太没教养，侮辱人，非与你辩个分明不可。作为男性，更要克制自己。

③地位。言语交际中，双方的地位不同对交际效果的制约和影响是很明显的。比如一个家庭中，父亲与儿子之间，父亲会有意无意地居高临下、主宰、

支配儿子的言行，儿子往往不能随意地与父亲对等地沟通交流。地位不一定就是指其官职的高低，有的人官职并不高，甚至根本就没有官职，他也可能在交际对象面前显得很有地位。比如人们常说的"财大气粗"、"仗势欺人"就是这样。

④教养。教养是指人的文化品德修养。言语交际中，双方教养不同，交际效果就会受到影响。电影《人生》中，知识青年高加林与不识字的农村姑娘巧珍相爱颇深，可后来高加林还是抛弃了巧珍。这除了他思想感情上的变化之外，一个直接原因就是彼此教养的差别。巧珍大老远地从乡下赶进城里与高加林相会，一见面就是："家里的老母猪下了五个崽。"这令高加林皱眉不已，不愿与之交谈下去。相反，县广播站的女编辑黄亚萍同他在一起时，谈的是理想、事业、志趣，两人越谈越有劲，越谈越投入，无怪高加林爱情的天平要向黄亚萍倾斜了。巧珍的父亲在得知高加林抛弃了自己的女儿后，先是气得不得了，后来还是想通了，认识到高加林"不是同咱一股道的人"，反过来安慰、劝导女儿了。

第二节 实施环境的范围

一、自然环境

自然环境是指在进行言语交际活动时，与交际者发生直接联系的那些外界自然条件。其中包括天象、气候、地貌、江河、时序、节令、园林、花草、动物等等。

马克思、恩格斯说："人创造环境，同样，环境也创造人。"① 人们的言语交际活动当然不能避开自然环境的影响。我国南北朝学者刘勰也说过："岁有其物，物有其容；情以物迁，辞以情发。"② 就是说交际者的言语表达是受自然环境的制约和影响的。自然环境优美，交际者的心绪受其感染，会滋生愉悦、畅快的成分；发送者就会愿说、多说、说得得体，接受者就会愿听、想听、听得舒畅。自然环境恶劣，交际者的心绪也会受其感染，会滋生悲凉、局促的成分；发送者就会不说、不多说、说得欠当，接受者就会不听、不多听、听得厌烦。比如，处在青山绿水、花香鸟语、春光融融、月色依依环境之下，无论是发送者还是接受者，都会感到心绪要好于处在险山恶水、冰天雪地、朔风怒号、野店荒村的环境。二者的交际效果会大不一样。

---

① 《马克思恩格斯选集》（第一卷），第43页。
② 《文心雕龙·物色》。

汤显祖《牡丹亭》中的杜丽娘，在父亲的严格管束下，在官衙里住了三年，连后花园都没去过。单调、孤寂、刻板的环境使一个正在成长的青春少女成天苦闷无语。后来她在丫头春香的诱导下，第一次偷偷地来到后花园。那精巧的园林、盛开的百花、成对的莺燕，使其心绪大悦，倏地打开了这个少女的心扉，使她在长期闺禁里的沉郁心绪，一下倾箱倒箧而出：

> 原来姹紫嫣红开遍，似这般都付与断井颓垣。良辰美景奈何天，赏心乐事谁家院！恁般景致，我老爷和奶奶再不提起。朝飞暮卷，云霞翠轩；雨丝风片，烟波画船。——锦屏人忒看的这韶光贱。

优美的自然环境的感召，使她青春觉醒，发送欲异常强烈。不仅大讲古诗文中的才子佳人，而且悲叹自己青春的虚度："我生于宦族，长在名门，年已负笈，不得早成佳配，诚为虚度青春，光阴如过隙尔，可惜妾身颜色如花，岂料命如一叶乎！"

鲁迅在其《故乡》中则有这样的说法：

> 我冒了严寒，回到相隔二千余里，别了二十余年的故乡去。时候既然是深冬，渐近故乡时，天气又阴晦了，冷风吹进船舱中，呜呜的响，从篷隙向外一望，苍黄的天底下，远近横着几个萧索的荒村，没有一些活气。我的心禁不住悲凉起来了。啊！这不是我二十年来时时记得的故乡？我所记得的故乡全不如此。我的故乡好得多了。但要我记起他的美丽，说出他的佳处来，却又没有影像，没有言辞了。

"我"回到故乡，本有许多话要说，但何以"没有言辞"？原来是自然环境使"我的心禁不住悲凉起来了"！

自然环境对言语交际的制约和影响，还不仅仅间接体现在人的心理上，而且直接体现在人的生理上也是常有的。夏天，让听众站在烈日下听演讲，在寒冷的冬夜将学生叫出户外谈心，都不会有好的效果。就算自然环境较好，但天有不测风云，人们在进行言语交际时，是不能完全预测和主宰自然环境的变幻的。比如因会场所限，不得不在露天召开的群众大会。领导、英模、名人正在主席台上振振有词地讲，群众正在台下津津有味地听。突然，一阵震耳欲聋的惊雷在头顶上空炸响，旋即瓢泼大雨倾盆而下，秩序会顿时大乱。这时，听者就无法再听，讲者就无法再讲了。

二、社会环境

社会环境指的是一定历史时期和空间范围内的社会生活、社会关系。在言语交际活动中，它涉及交际者交际活动的具体背景、氛围、行为准则、文化规范和人与人之间的关系。

社会环境远比自然环境的范围宽广，对言语交际的制约和影响也远比自然环境大得多。任何人都不是生活在真空里，都是社会中的一分子，其任何活动都离不开一定的社会生活、社会关系，都需要一定的活动背景与氛围，都要遵守一定的行为规范和道德准则，处理好人与人之间的各种关系。无论是喧闹繁华的都市，还是偏僻贫瘠的山村；无论是马达轰鸣的工厂，还是硝烟弥漫的战场；无论是隆隆飞驰的列车，还是讨价还价的市场；无论是书声琅琅的校园，还是温情脉脉的家庭……这些，都构成人们言语交际的社会环境。这些社会环境既为交际者提供了必要的舞台，又决定着交际者的认识、兴趣、习惯、作风，甚至性格、情绪、气质、意志。从而对彼此的交际行为产生制约和影响作用。"环境也创造人"，在这里就表现得十分明显。一位处在战火纷飞的前线士兵，其对言语的发送或接受，与其复员后回到安谧恬适的山村的发送或接受，就会大相径庭。置身于书声琅琅的校园与莘莘学子之间，同置身于觥筹交错的宴席与朦胧酒客之间，无论是发送者还是接受者，其行为表现就会截然不同。一位平时一毛不拔的吝啬者，置身在人人争相解囊捐款资助因洪水受灾群众的氛围，他也许会毫不犹豫地掏出钱来，甚至慷慨激昂地抒发自己心系灾区人民之情。

唐朝诗人刘禹锡说："常恨言语浅，不如人意深。"[①] 就是看到了言语交际中，社会环境的重要制约与影响作用。他还进一步认为："五刃之伤，药之可平；一言成痾，智不能明。"[②] 告诫交际者：说话不注意社会环境而造成的恶果是无药可救的。因此，对发送者来说，对谁发送、发送什么、怎样发送，要看所处社会环境如何。一位教师平日里与亲友、同事说什么、怎样说，关系不是很大。可他一旦站到讲台上，面对孜孜求学的学生，他就不能随意乱说了。而对接受者来说，也是相应的：接受谁的、接受什么、怎样接受，也要看自己所处的社会环境如何。那些患病的法轮功练习者之所以会盲目接受大骗子李洪志所说的"有病不用吃药，不用打针，练功就行"而招致身心的严重伤害，就在于他们不顾当今这个讲科学、讲文明、讲进步的社会环境。从这件事，也

---

① 《视刀环歌》。
② 《口兵诫》。

充分说明：交际者如果无视社会环境的制约与影响，盲目发送和接受，不仅会阻碍交际的进行，而且会招致惩罚！

社会环境虽然与自然环境是两种不同的环境概念，但有时它们却并无严格的界限。自然环境倘若赋予了某种社会关系，属于社会生活的范畴，它就成了社会环境。比如《红楼梦》中的大观园，那是一处"白石崚嶒、曲径通幽"，"佳木茏葱、奇花炯灼"，"清溪泻雪、石磴穿云"，"绕堤翠柳、隔岸花香"，"翠竹遮掩、梨花带雨"的极其优美的自然环境。但这一自然环境又分明是一个多人相处的、充满了社会生活色彩与矛盾的、错综复杂的社会环境。处于其间的形形色色的人们，在此演出了几多言语交际的纷繁活剧！那同时生活在这一环境中的佳丽、公子们，居于稻香村的李纨，与居于怡红院的宝玉、居于蘅芜苑的宝钗、居于潇湘馆的黛玉、居于缀锦楼的迎春、居于秋爽斋的探春、居于蓼风轩的惜春，在言语的发送和接受上，表现出了多么惊人的差别！那稻香村的环境是："一带黄泥筑就矮墙，墙头皆用稻茎掩护。有几百株杏花，如喷火蒸霞一般。里面数楹茅屋。外面却是桑、榆、槿、柘，各色树稚新条，随其曲折，编就两溜青篱。篱外山坡之下，有一土井，旁有桔槔辘轳之属。下面分畦列亩，佳蔬菜花，漫然无际。"院内还有一群鹅鸭鸡。而那怡红院的环境呢？"粉墙环护，绿柳周垂，游廊相接"。屋内"四面都是雕空玲珑木板，或'流云百蝠'，或'岁寒三友'，或山水人物，或翎毛花卉，或集锦，或博古，各种花样皆是名手雕镂，五彩销金嵌宝的。……花团锦簇，剔透玲珑。"二者何其相差乃尔！处在这两种判若云泥的环境中的人，其思想、认识、性格、情趣、习惯，怎么会相同？他们在言语交际中，无论是发送还是接受，又怎么能一致？

三、时间环境

时间环境有两方面的含义：一方面是指言语交际时，双方同时所处的时间区段，诸如清晨、中午、傍晚、深夜，春天、夏天、秋天、冬天，双休日、纪念日、节日、生日等等。另一方面是指交际过程中，发送方把握的发送时机。交际中，交际者在很多时候对于发送和接受，都要受到时间环境的制约和影响。

言语交际并不是任何时间都可以进行的。拿发送者来说吧，《礼记·坊记》中说："君子约言，小人先言。"就指出了作为君子的发送者，应当选择发送的时间；而作为小人的发送者，就不管时间不时间，总是抢先发言。《礼记·曾子立事》又强调："行必先人，言必后人。"尽管此说并不尽然，但至少提醒交际者：发送应当注意时间环境，把握一个恰当的发送时机，不要动不动就开口抢先。

从接受的角度说，也是如此。比如对大众传媒的新闻听取，有人喜欢听早间的，有人喜爱听午间的，有人喜欢听晚间的。再如学校的学生，在每天的上午就容易接受老师的讲授，而在下午就不太容易接受。所以，由老师传授知识的课程大都安排在上午进行；而将体育、音乐、美术、实验、计算机操作等多由学生动手的课程安排在下午进行。如果某天正值某人的生日或他的什么纪念日，其接受兴趣就比平时浓厚。如果双方对等交谈，对方礼让地请你先谈，那么你就可能对对方产生某种好感，从而增强接受时的接受效果。反之，如果对方老是抢先，那么你就可能对对方产生某种不快，从而降低接受时的接受效果。

既然接受者的接受对时间有选择性，那么作为发送者，把握什么样的时间发送就显得至关重要了。水到渠成、瓜熟蒂落，就是对发送时间的制约。

时间环境对发送者的制约和影响，还体现在发送时间的长短上。哪怕是一个十分高明的发送者，无论其发送的内容多么精彩，发送的技巧多么高超，倘若全然不顾时间环境，口若悬河，滔滔不绝，毅力再强的接受者也会疲惫、厌倦。即使耐着性子听下去，也往往是魂不守舍。这种发送，还有什么意义呢？所以，发送者在进入发送角色时，应当考虑时间环境对自己发送的制约和影响，以使自己的发送收到预期的效果。比如当教师的，一节课 50 分钟，你就得把握好这 50 分钟的制约环境。

当今，"时间就是金钱"的口号喊得山响；鲁迅甚至认为，无端占用别人的时间，无异于谋财害命。发送者在发送时不考虑时间环境的因素，是难以进行正常的发送和实现交际目的的。为此，在很多地方和场合就明确限定发送者发送的时间。如大专院校辩论赛就规定每位辩手每次发言不能超过 3 分钟。联合国的一些会议，也规定每位发言者的发言以 15 分钟为限。

有的场合，不用硬性规定，发送者也应自觉考虑发送时间的限制。诸如紧急、危险时刻，那是容不得你去长篇大论的。像 1998 年 8 月长江发生特大洪灾，国家防汛总指挥部决定荆江分洪区内的 36 万人必须在 8 小时内全部撤离。决定下达后，分洪区内的各级组织、各级干部立即奔往各家各户，以最简洁、最明晰、最迅速的发送，动员 36 万人在限期内安全撤离。

四、话题环境

话题环境是指言语交际活动中，交际各方共同涉及的谈话中心。

任何言语交际活动都离不开一定的话题，发送者要围绕它去发送，接受者也要围绕它去听解。这在一方说、另一方听的单向发送和被动接受中，自然不用说；就是彼此互为发送者和接受者的双向发送和主动接受，也如此。像茶余饭后、街头巷尾的闲聊、胡侃，在每一个阶段、每一个回合，也是围绕一个明确的话题展开的，因而话题环境成为交际活动之必需。它既为交际的各方界定了发送的范围、走向，又为交际的各方开启了听解的渠道、目标。这样，在交际中，无论哪一方发送，其他方都能领会，都能参与，并作出相应的反馈。

基于此，在交际活动中，各方在一定的时间内就应当受一定的话题环境的制约，承认话题环境对自己发送或接受产生的影响，从而按照话题环境的界定，把握自己的发送和接受。如果某一方不顾话题环境，交际就会出现偏差，乃至不能进行。

例如，某机关两位男同事正在走廊里闲聊时，一位刚分配来的女大学生从他俩身边走过。甲目不转睛地盯着女大学生看，情不自禁地赞叹道："啊，真是太漂亮了！"乙不满地嘲讽道："噫，都40岁了！"甲立即反驳："胡说！绝不可能！"乙愣了愣，指着甲说："我是说你！"甲莫名其妙："我怎么了？"很显然，这是由于二人的话题不相同而造成的。

因此，话题环境要求交际各方针对共同的中心展开交谈，无论是发送还是接受，都只能在话题界定的范围内进行。比如在课堂上讲课的教师，每节课的话题都必须限制在规定的教学计划之中，绝不允许随心所欲地乱说乱讲。一位向职工进行计划生育宣传的干部，其话题只能围绕计划生育的方方面面展开；要是刚开了头就偏离此话题而去讲自来水管的安装、办公大楼的修建之类，就是无效宣传了。即使像邻里、朋友聚在一起聊天这样的交际活动，当众人都在围绕某一话题抒发、探讨之时，你突然冒出一句与此话题毫不相干的话来，这多杀风景！一来使人莫名其妙，二来打断了众人的谈兴，三来也给人留下"不礼貌"、"冲头"的印象。假若你非要利用这种场合与众人沟通交流不可，也只能情随势行，先就众人的话题发表自己的看法，然后再伺机巧妙、恰当地切入自己的话题。

话题环境有时又是受自然环境、社会环境、时间环境的制约和影响的。这时，自然环境、社会环境和时间环境是大环境，而话题环境则成了小环境。小环境要服从大环境。比如在"文革"时期，人们的话题常常被限制在政治、革命、造反、夺权、走资派、红卫兵、大树特树、最最伟大、无限忠诚、无比热爱等内容上。轻易超出这类话题，就可能招致不测。就是十一届三中全会以后，社会环境虽然有很大的改变，但人们的话题仍然离不开社会环境的制约和影响。诸如改革开放、反腐倡廉、扫黄打非、三讲教育、下岗分流、竞争上岗、抗洪救灾等等，无论是大众传媒的宣传，还是人们私下里的交谈，话题总与当时的社会环境相关。

话题环境并非固定划一，可塑性是较大的，在许多场合下都因大环境而异。比如别人在办丧事，你无意中去碰到了，这时你心中纵有天大的喜悦与兴奋，也不能抒发。你的话题只能围绕吊唁活动展开，对死者表示哀悼，对其亲属表示安慰；就是同在场的其他吊唁者的言语交往，话题也要在吊唁的前提下进行。

五、言辞环境

言辞环境指的是交际各方在沟通、交流中，彼此涉及、运用的言辞给他方的发送或接受营造的条件。

言辞环境由于是在彼此的沟通交流中才形成的，因而它具有临时性、突发性和不可预测性的特点。从发送者的角度说，自己要发送什么，怎样发送，要依据他方的言辞来决定。在听解他方的前言、后语之后，随其言辞所涉而发送，即所谓话赶话。从接受者的角度说，自己要接受什么，怎样接受，也要依据他方的言辞来决定。在听解他方的前言、后语之后，才能予以取舍，作出相应反馈。言辞环境的这种制约和影响作用，导引着各方交际活动的进行。无论哪一方，要是对他方的言辞所涉不予理睬，就会出现听解的差错而影响交际的进行。

在实际交往中，有时自己的言辞也会制约和影响自己的发送和接受。比如自己一时不慎说漏了嘴，为着消除不良后果，挽回颓局，自己就得瞻前顾后、谨小慎微，努力去缩小失言与正言所产生的距离，以重新获得接受者的信任。

一贯主张仁政，反对讨伐别国的孟子，一次在与沈同交谈时，沈同冷不丁地问他："燕国可以讨伐吗？"他脱口答道："可以。"于是齐国果然去讨伐燕国。事后有人问他："你曾主张讨伐燕国是吗？"他矢口否认道："没有！"那人举出他与沈同的谈话，他始知自己说漏了嘴，只好自圆其说道："沈同是以他个人的身份问我的，并且他只问可不可以讨伐，而未问谁可以讨伐。假若他再问谁可以讨伐，那我就会说，'只有天吏才可以去讨伐'。这不就是不可以讨伐燕国了吗？"

言辞环境的制约与影响性，还表现在接受者的反应方面。俗话说，话不投机半句多，发送者才刚刚开口，接受者就已经不耐烦了，不愿再接受下去了。这就是因为发送者的言辞是接受者不感兴趣的、不能认同的。要是发送者并不愿放弃这一交际的机会，就必须找寻另外的言辞，营造出能够沟通交流的新的言辞环境。

一次，孟子的学生公孙丑问孟子："从前我曾听说过，子夏、子游、子张都各有孔子的一部分长处；冉有、闵子、颜渊大体接近于孔子，却不如他那样博大精深。请问老师，您居于哪一种人？"孟子非常干脆地表示了自己的不快："暂且不谈这个。"这就使公孙丑的交际落了空。为了不失去与老师交际的机会，公孙丑转而问道："伯夷和伊尹怎么样呢？"孟子一下来了劲，滔滔不绝地一口气讲了一大串，不仅有对伯夷、伊尹的评价，而且还借此生发演绎。

第三节　环境的创造与控制

一、环境的创造

人们的言语交际活动需要在一定的环境下进行，但环境对人们的言语交际并不是起着绝对的支配作用的。人们不会完全听命于环境的摆布，而可以充分发挥人的主观能动性，根据不同情况，创造出于交际有利的环境来，即如马克思、恩格斯所说的那样——人创造环境。

（一）环境创造的条件

1. 服从交际的主旨

言语交际活动中的发送主体可以创造环境，但这种创造并非随心所欲。环境不是像面团那样可以任意揉捏，它只能服从于一定的交际主旨。由于发送者之所以要创造环境是为了有利于自己的发送，因而，发送者必须在明确的主旨指向下去创造环境，让其合理地成为自己发送的引线，使得自己的发送顺理成章、合于时宜，为客体所接受。

春秋时期，自以为是的吴王要攻打楚国。从吴国当时的实力以及各国间的政治形势看，此举是很危险的。大臣们都竭力劝阻。可吴王非但不听，还警告说："有再敢谏阻的，我就处死他！"这样，大臣们再也不敢说话了。吴王手下有位年轻的门客深感吴王如此一意孤行必将带来巨大灾难，不忍看到恶果的产生。可是环境如此险恶，他又不敢劝谏。于是带着弹弓，清晨在吴王的后花园里徘徊。接连三个早晨，终于让吴王看到了他，问起何故后，他便趁机讲了"螳螂捕蝉，黄雀在后"的故事，使吴王恍然大悟，放弃了攻打楚国的意图。

2. 吻合交际的话题

任何一次言语交际活动都是围绕一定的话题进行的。环境既然要为交际服务，那么发送主体在创造环境时，就要从交际的话题出发，与之吻合。如果所创造的环境与交际的话题不相吻合，形成环境、话题两张皮，这种创造就没有意义。

前例中，假如吴王不是要攻打楚国，而是要与楚国修好，那么，那位门客所创造的环境就与"修好"的话题不相吻合了，其所讲故事也驴唇不对马嘴了。

3. 适应接受客体的心态

发送主体之创造环境，为的是要让接受客体能够接受自己的发送。因而，其在创造环境时，要充分考虑接受客体的接受需要，针对接受客体彼时彼情最容易接受的心理状态去创造，使创造出的环境为接受客体所理解、所认同。继而对发送主体的发送产生思想的共鸣，由是达到交际的目的。

《西游记》第三十一回中，唐僧、沙僧被黄袍怪捉了去，猪八戒无奈，只好到花果山求助于因三打白骨精而被唐僧赶走的孙悟空。他开头怎么央求孙悟空，孙悟空都无动于衷。后来，他抓住孙悟空心高气傲、疾恶如仇的心态，刺激他说，那黄袍怪骂孙悟空"是个甚么孙行者，我可怕他？他若来，我剥了他皮，抽了他筋，啃了他骨，吃了他心！——饶他猴子瘦，我也把他剁鲊着油烹"！果然激起了孙悟空的义愤，随即前去搭救唐僧。

（二）环境创造的类型

1. 利用型

对客观存在的环境，当人们无力去改变它、逃避它时，不妨去利用它，即努力地去发掘客观环境中的有利因素，捕捉其有助于自己交际的有效成分，使之成为自己发送或接受的契机，从而实现交际的目的。

一个在露天对兴修水利的广大民工作鼓动宣传的领导，当其谈兴正酣之时，天空突然淅淅沥沥地洒起雨点来，听众中有些骚动。这时，那领导便利用这一客观环境的自然现象，因势利导，对民工们讲道："同志们，看来我们要在明年春汛之前治理好水患的决心，是一定能够实现的了！不是吗？你们看，老天都被我们感动得洒下了眼泪。难道我们还不应当加倍努力、奋发图强吗？"民工们不但没有走散躲避，反而更加注意聆听。

2. 适应型

按照"适者生存"的原理，当环境是一种存在而对己又有所不利之时，无论发送主体还是接受客体，只要认为交际仍需进行下去，不妨采取积极的态度，努力地去适应它。这种适应，并非放弃原则，卑躬屈膝，迁就附和，而是一种交际策略——适应是为了更好地交际。《周易·系辞下》有云："尺蠖之屈，以求伸也；龙蛇之蛰，以存身也。"列宁也说过，退一步是为了进两步。面对客观环境，先去适应它，然后在适应中去调适、磨合，从而保证交际的顺利进行。

一位到一个课堂秩序一向较差的初中班上课的教师，当他走进教室，站到讲台上后，发现讲课的环境十分不利：学生仍然唧唧喳喳，甚至串动不停。这时，教师愤然离去，当然不妥；勃然大怒，亦属欠佳。怎么办呢？可以静静地站一会儿。过不多久，那些唧唧喳喳的声音和串动的行为便会打住，呈现出适于教学的良好环境；也可以用一两句诙谐的话语加进去："嗬哟，什么事情让你们这么兴奋呀？说出来听听，让我也乐乐啊！"同学们会在一阵"哈哈"之后立即安静下来。

3. 改造型

当客观环境不能很好地适应自己的发送或接受时，可以充分发挥自己的主观能动性，对客观环境加以改造，使之成为发送和接受的有利因素，促成交际目的的实现。当然，这种改造不能矫揉造作、生拉硬扯，需要改造者根据实际情况，合情合理地把握，做到自然浑成，恰如其分。

4. 选择型

有时发送者的发送和接受者的接受所面临的环境可能不止一种。而哪一种是自己的发送和接受所需要的，这就给发送者和接受者提供了选择的余地。当两种或两种以上环境同时存在时，无论是发送者还是接受者，总要选择那种对自己的发送和接受最为有利的、最能实现交际目的的；而对那种不利的环境，则要理所当然地排斥。

比如，你在参加一个朋友的婚礼时，突然看到你已多年不见又有许多话要向其叙说的另一位朋友，你会立即凑过去，将其邀到隔壁、阳台、走廊等处，让其能够不受干扰地聆听你的发送。因为在你看来，婚礼现场的那种闹哄哄的环境是不利于你的发送和对方的接受的，所以你对环境作了另外的选择。

二、环境的控制

交际者不是被环境牵着鼻子走的机械物，为了交际的顺利进行，不仅可以创造环境，而且可以控制环境。控制，就是掌握住不使任意活动或超出范围。环境控制，就是指交际者在交际活动中，按照一定的意图和标准去把握各种环境状况。发现偏差，找出原因，并根据不断变化的情况，采取有效措施，调整交际活动，使其按照预定的目标、计划进行。

（一）环境控制的要求

1. 把握控制的实质

环境控制的实质，是使交际活动按照预定的目标、计划进行。因为任何一种言语交际活动，都不可能是盲目的、无序的。正确的环境控制，就是要通过控制措施排斥不符合预定交际目标和计划的环境因素，把偏离的交际活动拉回到正常的环境轨道上来。如果把握不住控制的实质，交际就无法按预定目标和计划进行。

2. 控制要自觉进行

交际者对环境的控制，不是外力强加的被动应付，而是一种有意识的、能动的自觉行为。它要求投入交际活动的各方，根据交际的需要去发现各种变化情况，有针对性地、积极地、主动地采取相关措施来加以调整。对有利的环境，充分把握，合理利用；对不利的环境，化害为利，为己所用。

3. 控制要不断接受各方面的信息

控制虽然是按照预定的目标和计划而进行的，但并不等于说，任何言语交际活动都是完全按照预定的目标和计划而进行的。在交际过程中，会临时出现一些意想不到的情况。自然的环境、社会的环境、时间的环境、话题的环境、言辞的环境，其现状怎样，交际者当然知晓。可是它们不是孤立的、静止的，随时都可能发生变化。而怎样变化，谁也无法作出准确的预测和判断，全凭交际者在交际之中去察言、观色、听解、琢磨。因而，要想对环境进行有效控制，就要注意随时地接受各方面的信息。

"不断地接受各方面的信息"的要求与"把握控制的实质"的要求并不矛盾，它们的方向是完全一致的。不断地接受各方面的信息之后，就要根据所接受的信息及时调整自己的活动，这就可能导致确立新目标、新计划的行为。这时，按照新目标、新计划去进行交际，同样也是把握控制的实质。

4. 控制必须具有客观性

控制既然是一种有意识的能动的自觉行为，目的又在于对交际环境进行检查、衡量和评价，这就难免出现主观性，仅凭自己一时的认识来臆断环境状况。出现这种情况的控制，就不可能是合理的、有效的。导致的交际结果，必然不符合预定的目标和计划。为使控制合理、有效，就必须讲究客观，以实事求是的态度，依据客观的事实进行准确、公正的控制。无视客观事实，随意编造环境，掩盖环境真相，都是失控的表现，不仅不能实现交际目的，甚至弄巧成拙，贻害于己。

（二）环境控制的类型

1. 前馈控制

前馈控制又叫预先控制。它指的是在某项交际活动开始之前所进行的控制。这种控制，一般是建立在预测基础之上，在交际活动的准备阶段就进行的。比如一个应邀到一乡村学校作革命传统教育报告的领导干部，在接受邀请后，就应实施前馈控制的措施：报告场所是室内还是室外、是否有音响设备、听报告的人数有多少、听众除了学生外是不是还有其他成人、听众以前是否听过这类报告、如听过这类报告又是哪些方面的内容、报告的时间安排是否恰当、自己应当讲什么内容、采用什么方式讲、自己是否要拟讲话提纲或写讲话稿、讲完后需不需要提出问题让听众讨论等等。这些涉及了环境的各个方面，如果不加以前馈控制，仓促上阵，交际效果必然不佳。

如果是去参加论辩，进行谈判，接受咨询，讨个说法，出席记者招待会，其前馈控制则显得更加重要。即使是像出席宴会、参加文体活动、走亲访友之类，必要的前馈控制也是应当的。必要的前馈控制，可以使这些交际活动中的一些可能失控的情况得以事前消除，至少可以有一个心理上的准备。同时，也最大限度地减少了交际中的无效活动，收到言简意赅、事半功倍的功效。

2．实时控制

实时控制又叫同步控制。它指的是言语交际活动在运行过程中进行的控制。在实际交往中，有很多情况是无法实施前馈控制的，特别是双向交流。这就要求交际者自己在交际活动的运行中采取实时控制的措施。

实时控制的特点，就是交际过程与控制过程同步：交际不断，控制不止；伴随着交际的深入，控制也与之齐头并进；交际中穿插控制，控制中融合交际。这种控制，要求交际者头脑清醒、信息灵敏、反应迅捷、应对自如，始终把握交际的实质。一旦出现偏差，及时采取调控措施，将交际活动拉回到控制轨道上来。即使失控的苗头显露，也不可惊慌失措，而要沉着镇定，迅速加以调控，亦可转危为安，绝处逢生。

3．反馈控制

反馈控制又叫事后控制。它指的是在某次言语交际活动告一段落之后的控制。这种控制是以这次交际活动的目标、计划，去检验、衡量交际的效果。从交际效果反馈的信息中去总结经验和教训，发现偏差，找出原因，迅速调整，为下一阶段或下一次的交际提供决策依据。

反馈控制需要注意的是，对交际效果的检验、衡量，必须坚持实事求是的客观标准。交际效果反馈回来的信息是一个什么情况，就是什么情况。不能凭主观的意气、好恶去改变信息的成分，去判定效果的好坏。真要失控了，有了偏差、失误，应设法补救，努力消除偏差、失误造成的不良后果。如此，再次交际才会成为可能，也才能够在再次交际中获得成功。

反馈控制虽然是事后进行的控制，但由于很多交际并非一次即可完成，其控制对下一步的交际起着重要的调整作用，可以防止下一步交际的失误。因此，反馈控制同样具有一定的预防性。

第四节　环境的选择与利用

一、环境的选择

　　人们的任何言语交际活动都离不开一定的环境，而环境又对人们的言语交际活动产生着制约和影响作用。但是，在通常情况下，言语交际活动是人们的一种在主观意识支配下的自觉活动，无论是发送者还是接受者，为了实现自己的交际目的，都可能对交际的环境加以选择。譬如对发送者来说，他可以考虑在什么时间说或不能说，在什么地点说或不能说，在什么情况下说或不能说，哪些话可以说或不可以说。反之，对接受者来说，也要考虑听或不能听的环境条件。因此，环境选择在人们的言语交际活动中是十分必要的。

（一）环境选择的方略

1. 选择对自己有利的环境

　　任何交际者都希望自己的交际收到效果、获得成功。环境既然可以制约和影响交际活动，那么在选择环境时，就应当努力去选择那些能够产生好的影响、对自己的交际行为有利、能够促进自己的交际目的实现的环境。而要竭力避开那些制约自己的交际行为，对自己的交际活动产生不利影响的环境因素。

　　战国时，一心想称霸天下的秦昭襄王广纳四海人才。死里逃生的奇才、魏人范雎被渴慕已久的秦王召见。可范雎老是不说话，只以"唔、唔"相应，并以目示左右。秦王喝退左右，他还是不讲。秦王跪在他面前诚恳地说："事无大小，上及太后，下至大臣，愿先生悉以教我，不要有任何顾虑。"这时，他才吐露了一点点。因为他觉得交际环境于己是不利的，担心"左右皆窃听者；未敢言内，先言外事，以观秦王之俯仰"。直到秦王拜其为客卿，参与军国大事，后又屡建奇功，在秦国的地位相当稳固之后，他才向秦王指出：秦国的心腹之患不在外而在内；亲贵把持朝政、扰乱朝纲，天下只知有太后、穰侯、华阳君而不知有秦王。秦王这时已完全信赖范雎，对其所说奉为圣明。于是驱逐了穰侯和华阳君，让太后退政，自己牢牢地掌握了中央政权，遂成帝业。

　　在选择环境时，如果可供选择的诸环境都不理想，那么，两权相害取其轻。如果自己被置于无法选择、不容选择的环境之中，那么，就应如前面"环境的创造与控制"一节中所说的那样，要么去创造环境，然后再作选择；要么对现存客观环境进行控制。这些都不失为一种有利于己的环境选择。

2. 选择适于对方接受或发送的环境

　　言语交际活动需要发送者和接受者双方的配合才能进行。而发送者总是希望自己的发送能被接受者很好地接受，以使自己的发送收到预期的效果；接受者也总是希望发送者的发送能为自己很好地接受，以使自己从发送者那里获得需要的信息。因此，交际活动中的任何一方在对环境进行选择时，都不能仅从自己的角度出发，而要考虑对方的需要。对方能够很好地接受或发送，事实上对自己也是有利的。

拿发送者来说，比如，一位顺手拿了同学钱包的学生，班主任同其谈话，就不能选择人多嘴杂的教室或有人进进出出的寝室这样的环境。而要选择没有其他人的、僻静的环境，像单人的办公室、校园的林荫道、池塘边的石凳等等。只有在这样的环境下，拿同学钱包的学生才有接受老师教育、批评的可能，才会滋生承认错误的勇气。

拿接受者来说，比如，一位厂长与一位熟人邂逅街头，那熟人告诉厂长，他厂需要的那批材料已经有了眉目。厂长马上说："这里不是谈话的地方，走，到咖啡厅去找个座儿，你好好谈谈。"可见接受者也要考虑对方的发送环境。

一位下岗女工好不容易找到一份在金饰店当售货员的工作。这天一早，刚开店门，一位中年男顾客走进店堂。电话铃突然响起，正在摆放金戒指盒的女工忙去接电话，一不小心，将盒子碰翻，盒中的八枚金戒指全部撒落地上。女工慌忙地捡起其中的七枚，但另一枚却怎么也找不到。这时，那位唯一的顾客正在向门口走去。当他将揣在衣袋里的一只手伸出去拉门柄时，女工叫住了他："对不起，先生！"那男子迟疑地回过头来："什么事？"两人四目相视，足足有一分钟。终于，女工开口说道："我不小心，把一枚金戒指掉在地上了……"那男子愤然道："你在怀疑我？"女工赶紧说："不，不是的。先生，我是说我的眼神不好，看不清楚。我想请您帮我找找。"女工态度十分诚挚。旋即又不无忧伤地补充道："先生，这是我下岗一年后才头一天上班，现在找个事做真难，你说是不是呀？"那男子注目审视着她，又足足有一分钟。终于，一丝微笑出现在他脸上："是的，的确如此。我帮你找找看。"他俯下身，在地上胡乱摸索了一会儿后，起身将手伸给了女工，诡谲地一笑："嗬，还是我眼神好啊！"女工兴奋地说："谢谢您了！"男子微笑道："不用谢了！"

在这一言语交际中，双方都考虑了对方接受的社会环境、时间环境、话题环境与言辞环境。女工巧妙地搭好梯子，男子则就势顺梯下台。可谓两全其美。

3. 选择可以促进交际效果的环境

在交际活动中，有的环境固然对自己有利，或者适合于对方的接受与发送，但是其影响面较小，不能使交际的效果突出、显著。而任何交际者都是希望交际的效果越突出、越显著越好的，因而，选择环境应力求达到这一目的。

在 1998 年夏季长江特大洪水肆虐最凶的期间，除百万军民日夜奋战在长江大堤上外，全国人民都在热切地关注着大堤上抗洪抢险的情景。这时，中共中央总书记、国家主席江泽民亲临第一线，站在长江大堤上，手持话筒，面对成千上万的抗洪军民发出了"万众一心，严防死守"的战斗号召，对广大抗洪军民的英雄气概予以高度赞扬和极大鼓舞。既极大地调动了抗洪军民的积极性，又让全国上下知道了党和政府战胜洪魔的坚强决心。本来，江泽民完全可以在电视上发表讲话，也可以召集有关领导人开会，可是他却选择了最关键的时间、最直接的地点、最迫切的话题、最铿锵的言辞这些重要的环境因素。原因就在于这一选择能最大限度地扩大影响，交际效果最为显著。

（二）环境选择的要求

1. 所选环境要为自己的主旨服务

环境不能孤立地存在，必须服务于自己交际的主旨。任何人投入交际，都是有自己明确的主旨的，绝不会稀里糊涂。因此，所选择的环境应当成为自己交际活动的催化剂。如果所选择的环境与自己交际的主旨脱节，这无异于瞎子点灯——白费蜡。有时甚至还会适得其反。

比如经人介绍，男青年小王与女青年小张相识。在彼此并无多少了解时，小王邀小张出来见面。小王选择约会的环境，既不能十分喧闹，又不能过于僻静。如果小王是住集体宿舍，当然不能选此环境；如果小王是住单身宿舍，也不能选此环境。他可以选择闹中取静的咖啡厅、街心花园、河滨道旁等处。这种环境，既可窃窃私语，又不致令小张害羞。如此，小王交际的目的，庶几可达。要是当时冰天雪地、寒风刺骨，小王选择户外环境与小张约会，也不太合适。这说明选择的环境一般要服务于交际的主旨。

2. 所选环境要合情合理

环境为交际服务，但不能为了服务而去机械地选择，管它有理无理，生硬地将环境与交际拉到一块。所选环境，应当是对当时的交际来说，是合情的、合理的，顺理成章，恰到好处。否则不仅影响交际效果，甚至自讨苦吃。

一天，有位懒汉偶然路过一户人家，见里面正在办丧事，觉得这是一个骗吃骗喝的好环境，便走进院门来到灵柩前一头趴下号啕大哭。众人都不认识他，问他是谁。他边哭边说："你们不知道呀，逝去的这位是我最好的朋友，过去，我俩是形影不离的呀，怎么一下就离我而去了呢？"主人对他很是感激，热情地款待了他。过了几天，懒汉又路过另外一个村子，又见到一户人家在办丧事，他又如法炮制。不料却引来一顿拳脚，并要扭送他到派出所。原来，这家的死者是个年轻媳妇。懒汉的吃亏，就在于他生搬硬套环境，所选环境不合情理。

合情合理强调的是"情"与"理"。言语交际中，所选环境只要在这两点上站得住脚，能够达到交际的目的就行，而不一定非要选择出一种实实在在的、确凿无疑的环境因素来不可。《世说新语·假谲》中所载的那个"望梅止渴"的故事，就是如此。在士兵干渴难忍之时，曹操虚拟出前面有一大片梅林的情况，让官兵口中流出口水，暂时缓解一下以便继续前进，这在彼时彼地是合情合理的。

3．所选环境不能对他方造成压力

交际各方在选择环境时，当然首先要考虑对自己有利的环境。但是，交际活动不是一相情愿的事情。如果自己的有利恰恰是他方的不利，给他方造成了一种交际的压力的话，他方或者可能拒绝与你交际，或者勉强交际而不与你合作，那么你的交际目的不是就落空了吗？

比如一个习惯夜生活的老板，子夜时分，精力十分旺盛。这时，他突然想起一桩生意，打电话将一位客户从梦中惊醒，要其到一酒吧洽谈。该老板选择如此时间环境，会让客户疑窦顿生，很可能找借口而不去。

这种不给他方造成压力的环境，在双向、对等的交际活动中尤其要注意。当今大凡正式的双向、对等的交际活动，都采取在参与交际的各方的领土或控制区轮流进行的方法。中国所谓"天时不如地利，地利不如人和"的道理谁都明白。如果在各方轮流进行，那么某一方所凭借的环境优势都相互抵消，谁也不能借环境的选择来给他方造成压力。如果说这种轮流进行的方式尚有不尽如人意之处的话，还可以彼此都不选择，而共同选择第三方，这样会更加超脱、更加公平。像 1999 年 2 月 7 日至 23 日，为解决科索沃问题，南斯拉夫、科索沃解放军之间的谈判就选择了法国的一个小镇朗布依埃进行。

二、环境的利用

在言语交际活动中，人们不仅可以选择环境，而且可以利用环境。选择与利用，在目标上是一致的，但又不是同一回事。选择的前提是有多种环境因素的存在，实施者是从中找到一种最为有利的因素为己所用。而利用的前提是实施者面临的只有一种环境因素，没有选择的可能。他只有承认现实环境，在此基础上去发掘它、透视它，从中找到有利的因素而为己用。

（一）环境利用的原则

1．紧扣面临的环境

环境的利用既然是针对参与言语交际活动者所面临的环境而言的，因此，

215

要使其为己所用，就必须紧紧扣住面临环境的话题，或者从面临的环境说开去。而不能为着自身的需要，置面临的环境于不顾，别出心裁去另外创造或选择出一种与交际现实不吻合的环境。另外，创造或选择出的环境尽管有可能是有效的，但对与你同时置身于同一环境的交际他方来说，就失去了共同的氛围，难以达成共识。

1936年西安事变，张学良、杨虎城抓了蒋介石，迫其抗日。但张、杨的部下纷纷要求杀蒋。张、杨请周恩来协助做做工作。当周恩来走进军官集会的会场时，那些军官激愤无比，言辞激烈，一片喊杀之声。面对如此环境，周恩来平静地说："杀他还不容易？一句话就行了！"待军官们静下来后，周恩来又厉声问道："杀了他，以后又怎么办？局势又会怎样？日本人又会怎样？国家和民族的前途又会怎样？各位想过吗？"这一连串紧扣"杀蒋"的话题，使军官们陷入沉思，形成了共同的氛围。这时，周恩来才乘机因势利导，使军官们心悦诚服。

2. 抓住环境因素中的契机

所谓契机，就是事物转化的关键。交际者在言语交际活动中有时会感到自己面临的环境，并无可供利用之处，但也并非束手无策。因为客观存在的环境并不是绝对不变的。只要加以仔细的分析、认真的琢磨，说不定其中可能存在可供利用的因素亦未可知。这就需要发挥主观能动性，多视角、多方位、多层次地去看待它，捕捉住其契机。如此，该环境同样也是可以为己所用的。

1926年7月26日是闻名于世的英国剧作家萧伯纳70岁生日，伦敦各界人士准备为他举行隆重的庆祝活动。萧伯纳一贯坚持正义，对英国政府的许多非正义行为多有不满，常常利用各种机会批评政府。这次，英国政府很早就跟萧伯纳打招呼，阻止他利用生日庆祝活动发表反政府的演说。为了争取主动权，国家劳工党主动为他举行庆祝宴会，并由政府首相担任主席。英国政府满以为这下牢牢控制了环境，萧伯纳再也不可能有什么可以利用的环境因素，发难不得了。谁知，庆祝宴会开始，当首相以私人的交情代表社会向萧伯纳祝寿，称他为"伟大国家的伟大文学家"时，萧伯纳迅即将此契机捕捉住，借题发挥："世上根本就没有什么伟大，也没有什么伟大的国家。你们都知道，我在工作上虽是个绝对聪明的人，但我却没有'伟大'的感觉。我想，你们也不会有。"接着对为什么"你们也不会有"进行证明，有力地谴责了英国政府的种种不正义行为。

3. 灵活应变，见机而用

环境的可利用性，不是机械死板的。可利用则用，不可利用就不要勉强去用。交际者原本打算利用面临的某种环境因素，但审时度势，却发现这种环境因素并不能利用时，就应当灵活地处置。先顺应面临环境的现实，赢得等待此环境转换、变化的时间，见机而行，从中捕捉可供利用的环境契机，从而获得新的可利用点。

《水浒传》第二十一回中，宋江杀死阎婆惜后，阎母闻讯上楼，她本应抓住宋江去报官，但她却淡淡地说："这贱人果是不好，押司不错杀了。只是老身无人养赡。"由是稳住宋江。宋江果然不防："这个不妨。既是你如此说明，你却不用忧心。我家岂无珍馐百味？只教你丰衣足食便了，快活半世。"阎母乘机邀宋江立马上街去买棺材来收殓女儿，已被稳住的宋江大大咧咧地随其前往。待走到县衙前，阎母突然一把抓住宋江，大喊道："有杀人贼在此！"吓得宋江乱了方寸，被衙前几个公差捉住。

（二）环境利用的手段

1. 利用对方的话题环境

双方在投入交际活动时，一方本来对环境并无明确的利用指向，但对方发送的话题却触动了自己利用的兴奋点，由是加以利用：或就此阐明自己的见解，或以此非难对方的观点。这种利用，由于是从对方的话题而获得的，因而要求利用者在交际过程中注意倾听，并予以恰当的解析。如此才能产生利用的效果，否则利用就会失当。

美国第 28 任总统威尔逊在任新泽西州州长时，一天，他接到一个电话，报称：新泽西州的一位参议员在华盛顿去世了。去世的这位参议员是威尔逊的好友，因此他感到非常悲哀。过了不久，他又接到一个电话，是本州一位富翁打来的。富翁在对死者哀悼后，话题一转，向州长提出："我希望我能代替那位参议员的位置。"还沉浸在悲哀中的威尔逊对迫不及待的富翁十分反感，接过其话题说："好的。如果殡仪馆同意的话，我本人也是完全同意的。"

2. 利用共同的情景环境

交际中，有时双方会同时处在一种共同的情景环境之中。这种情景既可能对双方都有利，也可能对双方都有害。如果某一方能够巧妙地抓住它，予以合理的利用，那么这种利与害的关系就可能各自走向一方。至少，两利之时，一方得大利；两害之时，一方受小害。自然，有益的一方就是能够利用共同的情景环境的一方。

战国时，秦昭襄王约赵惠文王在两国边界渑池相会。秦王自恃强大而对赵王施以非礼，要赵王为己鼓瑟，并让秦御史记载此事。当即，与赵王同行的蔺相如也捧着一个盛酒的盆瓿上前要求秦王为赵王击缶，秦王怒而不允。蔺相如高举盆瓿，怒不可遏地对秦王说："我距离大王不过五步，现在，我同你拼命，让我颈上的鲜血溅到你身上吧！"说着就要动手。秦王吓得大惊失色，赶紧答应击缶。蔺相如就是利用自己与秦王共同处在一种性命攸关的危险情景环境这一要素，来维护赵国的尊严，制服秦王的。他知道，在这一情景环境中，自己与秦王都可能死。然而，自己不过为赵国一大夫罢了，而秦王却是企图吞并天下的一国之君。二者相较，自是死不足惜的，所以，这种环境是可以利用的。

3. 利用现场的人际环境

当言语交际不仅仅是"你"与"我"这种两人对等的关系时，交际的现场必然形成一种由其他人构成的环境。这种环境，称之为人际环境。人际环境谁都可以利用，问题是该谁用，怎样用。"当局者迷，旁观者清"，这是很多人都懂得的道理。当交际双方为某一问题争执不下时，往往会求助于那旁观者，亦即人际环境。一般说来，旁观者只要不是昧着良心有意偏袒某一方，其意见应当是较为公正的。况且，人际环境中的旁观者有时还并不止一个、两个，旁观者越多，其公正性就越大。因而，现实生活中那些有理但又势弱的交际者，往往利用这种人际环境来实现自己交际的目的。

一天，有位王女士正漫步街头，见一小贩在高声吆喝兜售一种看去似乎尚可的皮马夹，不禁驻足。小贩立即异常热情地递过一件来："大姐，地道真皮，质量上乘，包你满意。"王接过，觉得手感并不好。再一细看，果然不是真皮，顿时兴味索然，准备退还给小贩。但小贩却再三劝其试试看，声称："要不要没关系，试试看嘛。"王勉为其难，试穿了一下，顺口问道："多少钱？"小贩答："本来400元，你要，就350元吧。"王脱下马夹笑道："你这并非真皮，乱喊价。"说罢将马夹递还给小贩。岂料小贩一下翻了脸："嘿，你想要就要，想不要就不要呀！我今天还没开张，这不触我的霉头吗？不行，今天说啥你也得要！"王一听，知道遇到了强买强卖的无赖。但以自己的力量，是制服不了他的。于是她提高嗓门对围观的人群嚷道："啊哟，你想强买强卖呀！你懂不懂'消法'，讲不讲生意道德？我不信没有公理可讲，我相信群众判别是非的能力。请大家评评这个理！"果然，围观者你一言，我一语，无不指责小贩。小贩见势不妙，只得溜走了。

4. 利用彼此的言辞环境

在交际过程中，发送者与接受者彼此沟通交流的言辞，有时会形成某种关系，构成一种特殊的言辞环境。任何一方只要认识到这种关系的存在性与可能性，就可加以利用，辅以相应的言辞，使关系显现、昭然，从而获得理想的交际效果。

某乡计划生育工作一直搞得不好，一个重要原因是该乡党委书记和乡长都未亲自抓这项工作。这天，县委书记到该乡检查工作，对该乡落后的计划生育工作提出了批评。乡党委书记诉苦说："这是我们乡的老大难哪！"县委书记抓住其"老大难"的言辞，捕捉到其中存在的某种关系，于是加以利用："老大难，老大难，老大去抓就不难！"一针见血地指出了问题的症结所在。

5．利用形成的心理环境

任何环境都可能在交际活动的参与者的心理上产生某种作用。心理环境，就是自然、社会、时间、话题、言辞等环境在交际者心中引起反应而形成的环境。月色溶溶夜，花荫寂寂春，可以在交际者心中形成温馨、和谐、愉悦、热烈的环境反应。恋人利用此种心理环境谈情说爱，无论是发送还是接受，都会感到韵味深长、心心念念。叮当的刑具，凄厉的惨叫，暗淡的灯光，可以在被审讯的犯人心中形成震慑、恐惧的环境反应。审讯者利用此种心理环境，易于让犯人说出自己所需要的情况。

唐代武则天当政时，有人密告尚书省官员周兴与丘神勣合谋不轨。武则天命来俊臣审问此案。来俊臣将尚不知就里的周兴请来，设酒宴相待。席间，来俊臣问周兴："有些犯人死也不认罪，究竟有什么办法呢？"周兴信口答道："这还不容易吗？取一个大瓮来，用炭火在其四周烧烤，再把犯人放到瓮中，他还会有什么事情不承认！"来俊臣令人如法炮制。待大瓮被烧烤得透红之时，他起身对周兴说："有人密告老兄谋反，现在，请老兄进此瓮中去吧！"周兴一下吓得要死，赶忙叩头认罪。来俊臣是利用炭火烧烤大瓮这一社会环境对周兴形成的恐怖的环境心理反应来达到自己言语交际的目的的。

第七章　实用口才的言语风格

　　投入言语交际的人是形形色色的，他们的言辞及形体语言的表达，也不可能千篇一律。由于各人的性别、年龄、民族、职业、地位、文化、修养、情趣、性格、气质等的差异，其表达必然带有区别于他人的特点。这些特点，就构成其言语的风格，主要体现在音量、音调、音准、语气、用字、遣词、造句、辞格以及神情、姿态、动作等方面。中国自古便有"文如其人"之说，那是指文字表达，意为文章的风格恰与作者的为人相似。而在言辞及形体语言的表达中，同样也认为"言如其人"。"言如其人"就是说，一个人的言谈、举止、神态，也体现着这个人的风格。因此，法国著名评论家布封认为："风格就是本人。"① 我国的《文子·符言》中也说："言者，所以通己于人也；闻者，所以通人于己也。"就是指出了发送者必然体现出自己的风格，而接受者也由其发送了解其风格。

---

　　① 《论风格》，载《译文》1957 年 9 月。

第一节　言语风格的认识

一、言语风格的含义

风格原本是指一个时代、一个民族、一个流派或一个人的艺术作品所表现的主要的思想特点和艺术特点。习惯上称艺术风格。"艺术风格作为一种表现形态，有如人的风度一样，它是从艺术作品的整体上所呈现出来的代表性特点，是由独特的内容与形式相统一，艺术家的主观方面的特点和题材的客观特征相统一所造成的一种难于说明却不难感觉的独特面貌。"[1]

实用口才的言辞固然不是艺术作品，但其表达是不能不讲艺术性的。更何况许多言辞都不是只言片语，而是以"话篇"的面貌出现的，这与艺术作品在事实上并无本质的区别。因此，实用口才的交际言语仍然存在风格的问题。

那么，究竟什么是交际的言语风格呢？

风，就是风貌；格，就是格调。言语风格，指的就是交际者在交际活动中逐步形成的以稳定、鲜明而独特的表达手段和表现方法展现出一种个性十足的风貌、格调。

这里需要明确的是：风格是交际者个性的体现。个性是有别于他人的特性。人们对某人个性的了解，可以通过其发送的言语来获得，但不能仅据自己感受到的发送来断定某人的言语风格。发送者的言语风格是由其一系列发送来体现的，不能仅仅依据其只言片语或一两次发送，便认定其具有某种言语风格。

《红楼梦》第三回中，林黛玉初进贾府，正在堂上与众亲戚围坐贾母身旁听贾母叙谈之时，忽听后院有人高声大气地笑道："我来迟了，不曾迎接远客！"黛玉当时就觉得十分纳罕："这些人个个皆敛声屏气，恭肃严整如此；这来者是谁，这样放诞无礼？"这只是黛玉及读者对其个性的了解。后来贾母向黛玉介绍说："她是我们这里有名的一个泼皮破落户儿，南省俗谓作'辣子'，你只叫她'凤辣子'就是了。"黛玉及读者也仍然只是了解了王熙凤的泼辣个性而已。直到以后王熙凤的多次与人交际，黛玉及读者才认识了她那骄横、恣肆、刁钻、刚愎、尖刻，而又圆滑、乖巧的言语风格。

美国第16任总统林肯，就具有极其突出的言语风格——诙谐发噱，幽默风趣。《林肯传》中，他的好友比尔·格林等人这样评价他的言语风格说："他活像个从儿童图画中钻出来的人物。""他的严密的说理与诙谐滑稽，很少

221

有人能同他并驾齐驱。""他讲起笑话来，简直会使人笑破肚皮。我从来没见过一个真正的滑稽演员，而林肯肯定算得上一个。""哪怕是一些严肃的事情，经他一调侃、谐谑，每每致人掩口发噱、拊掌大笑。"比如，林肯在与戴顿竞选第15任总统布坎南的副总统时，由于当时蓄奴主义的影响在美国较为强大，主张废奴的林肯以悬殊的票数败于戴顿。当人们将选举结果告诉他时，他竟眨眨眼，一本正经地说："啊，那败下去的家伙一定是另一个叫林肯的人！"其神情引得人们哑然失笑。

其他著名人物，其言语风格也很突出。如我国春秋诸子中，孔子的深沉精辟，孟子的浅显生动，墨子的严谨质朴，庄子的幽默机智，荀子的周密恣扬，老子的厚重激越。又如领袖人物中，马克思的严肃深刻，恩格斯的典雅周密，列宁的尖锐炽烈，斯大林的厚重凌厉，毛泽东的机智风趣，周恩来的亲切细腻，陈毅的粗犷酣畅，邓小平的坚毅果敢，等等。

二、言语风格的形成

交际者的言语风格并非天生，而是多种因素使然。

222

（一）客观因素

1．时代背景

任何一个交际者都是生活在一定的时代背景之中的。一个时代的政治、经济、文化、伦理、观念、思潮、习俗、情趣，会给交际者以厚重的熏陶和深沉的影响。不管交际者是否有意，其发送的言语都不可避免地打上那个时代的烙印。俗话说"什么时代说什么话"，原因就在这里。

我国早期典籍《国语》中记载的公元前800多年的周厉王时期，"国人莫敢言，道路以目"，就是那个专制政治时代的反映。人们都不敢说话，路上相遇，只以眼睛示意而已。即使非说不可，也只能歌功颂德。

而到公元前300多年后的春秋时期，政治开放，经济发展，文化丰富，观念递进，人们不仅敢说，而且百花齐放，百家争鸣，涌现一大批风格迥异的能言善辩之士。

从汉末到东晋，由于社会的动荡，政治的险恶，在士族门阀中则形成一种清谈风格。

南宋时期，由于北方长期沦陷，人们又多慷慨激昂，奋勇炽热。

清时，康熙、雍正、乾隆三朝由于严厉镇压反满活动，在大兴"文字狱"的同时，又严防民口，禁绝一切有碍其统治的言论，造成人们的言语大多唯唯诺诺、阿谀奉承。

太平天国时期，洪秀全就下过一道《戒浮文巧言谕》，告诫人们："言贵从心，巧言由来当禁。"于是有平实俚俗的风格。太平天国运动被镇压下去后，巧言丽语的风格又盛行起来，反对平实质朴的大白话。林纾就公开提出："白话鄙俚浅陋，不值识者一哂之者也。"

"五四"时期由于新思想、新文化运动的兴起，那种咬文嚼字、陈腐铺张的言语风格被人们唾弃，而致俗语白话再度兴起。

新中国成立后，讴歌共产党，赞美新社会成为时尚。后来的一场反右斗争，又使人三缄其口。到了"文化大革命"时期，更是登峰造极，彼此交际要么不谈，要么只谈天气。这时还有什么风格可言？

2. 社会环境

每个人都是生活在一定的社会环境中的。马克思、恩格斯所说的"环境创造人"，就明显地体现在言语风格上。

长期在校园里生活的教师，与长期在工场劳动的工人其言语风格就会有明显的差别。一个家庭，父母脾性火暴，一贯粗声大气、吵吵嚷嚷，其子女就会耳濡目染，滋生类似的言语风格。

《红楼梦》中的王熙凤的言语风格在很大程度上就是其所处环境造成的。在娘家时，她是当时四大家族中王家的宠女，趾高气扬、颐指气使惯了。出嫁后，又是嫁到同是四大家族之一的贾家。并且，深得贾母喜爱，年纪轻轻便成了当家的二奶奶。又由于她毕竟是一个女人，上面有重重叠叠的长辈，左右有许许多多的亲戚，这就使得她在骄横、恣肆之中，不能不有一些圆滑、乖巧。

3. 民族特点

各个民族的生活习俗、审美情趣、文化心态、思维方式存在着差别，他们的言语也体现着自己民族的风格。有人说："世界上有四类人，一类讲了就干，如美国人；一类干了再讲，如日本人；一类干了也不讲，如德国人；还有一类讲了不干，不少中国人就属于这一类。"[1] 这也可以说是不同的民族特点在言语风格上的不同性。

拿日本人与欧洲人来说吧：日本人在谈话时常常爱笑，这使欧洲人莫名其妙，误认为是不尊重自己而不高兴。其实，这是日本民族言语交际的一种风格，就像欧洲民族在说话时喜欢故作惊疑、眉飞色舞、指手画脚一样。日本民族的笑，并无任何不尊重的成分。还有，日本主人向来客介绍自己的妻子时往往这样说："这是我妻子，她笨得很，做事无条理，饭菜也做得不好吃。"而向来客介绍自己时，也说："鄙人没受过什么教育，也没什么本事。"如果来

---

① 何博传：《山坳上的中国》，贵州人民出版社1988年版，第17页。

客果真这样认为，那就糟了。须知，这仅仅是日本人的一种自谦的言语风格。欧洲人就不同，他们向来客介绍自己的妻子时，总是自豪、夸耀："这是我心爱的妻子，她聪明伶俐，烹调技术非常好，今天可以让我们饱饱口福了!"还有，日本人向客人赠送礼物时，往往说："这东西不好，给你做个纪念吧!"如果客人是欧洲人，听了会很不舒服："既然不是好东西，干吗要送给我?"日本人对客人赠送礼物给自己时明明心里很喜欢，很想要，可嘴里却说："不要，不要，您带回去吧!"如送礼者是欧洲人，就会感到很难堪："是不是这东西太不值钱了?"或者："是不是认为我在向你行贿了?"而欧洲人在客人赠送给自己礼物时，往往是兴奋不已："啊!太好了，我非常喜欢。谢谢您!"

4. 学习对象

一个人，尤其在他的启蒙阶段，往往将与自己接触得最多的、自己最感兴趣的、给自己留下深刻印象的其他发送者，作为自己言语风格的学习对象。有意、无意地模仿、借鉴他人发送时的方方面面，或对他人发送的不足加以改进。久而久之，也就形成了自己的风格。有不少家庭，子女的言语风格会与其父母有惊人的相似，原因就在于此。还有像学校的学生，对自己所崇拜的老师的言语风格，也会加以学习。广播、电视中的主持人、播音员、演员，其言语风格也会成为听众、观众的学习对象。

极有口才的林肯，其滑稽、幽默的风格，就是从学习对象那里获得的。据《林肯传》记载：17岁时，"他徒步30英里，到一个法院里去听律师们的辩护词，看他们如何辩论，如何做手势。他一边倾听那些政治演说家慷慨激昂的演说，一边模仿他们。他听了那些云游四方的福音传教士挥舞手臂、声震长空的布道，回来后也学他们的样子。他会扮各种鬼脸，会讲滑稽故事。他用读书的那股劲来研究各种人物"。在林肯长大后，这种学习一直没有停止过。他在纽萨勒姆碰到一个医生约翰·艾伦，这位医生"能心平气和地同人辩论，显示出他是一个诚恳而顽强的人，他是一个很值得林肯研究的北方佬"。

（二）主观因素

1. 个性气质

个性气质是最能体现交际者言语风格的因素。具备什么样的个性气质，就会有什么样的言语风格。"风格即其人"在这方面表现最为明显。个性是开朗、宽厚、坦率的人，与个性是阴郁、刻薄、隐讳的人，二者在言语风格上就会有天壤之别。梁山上的好汉108人，可以说时代、环境、民族等客观因素都相同，但许多人的言语都有自己独特的风格，比如那个李逵，语多粗顽率直，这是其个性气质所致。同时生活在大观园里的姑娘林黛玉和薛宝钗，由于林黛玉的个性气质比薛宝钗显得伤感、孤傲，所以林黛玉的言语风格就同薛宝钗有异。

2. 生活阅历

生活阅历的深浅，可以造就和影响交际者言语的风格。生活阅历深，其言语风格往往深沉、稳健；生活阅历浅，其言语风格大多外露、游移。一位饱经风霜的老人的谈吐，就与一位初涉人世的青年在风格上大相径庭。

鲁迅的《祝福》中，"我"一到故乡鲁镇，便在河边碰到已沦为乞丐的祥林嫂。"我"满以为祥林嫂是要向自己讨钱，却万万没料到她却说出这样的话来："你是识字的人，又是出门人，见识得多。我正要问你一件事——就是——一个人死了之后，究竟有没有魂灵的?""我"很悚然，比在学校里遇到不及预防的临时考，教师又偏是站在身旁的时候，惶急得多了。实在无法作答，只好吞吞吐吐，敷衍塞责："也许有罢，——我想。"不料那祥林嫂竟又问道："那么，也就有地狱了?""我"又大吃一惊，仍然是作答不得，仍然只有支吾。谁知祥林嫂仍然在追问："那么，死掉的一家的人，都能见面的?""我"委实说不清楚，只好匆匆逃离。

一个无名无姓，大字不识一个的乡下女人，竟有如此深沉的言语表达，是什么造成的? 就是生活阅历!

她是一个不幸的女人，其生活阅历令人心酸:

丈夫死后，便决心守寡，从一而终。在婆婆逼她再嫁时，只身逃到鲁镇做了鲁四老爷家的女佣。不幸被婆婆侦知，带人将她抢走，强行嫁给深山中的贺老六。她寻死觅活不得，只好认命，生了儿子。然而又不幸的是贺老六不久又病死，更惨的是儿子又被狼吃了。在她痛不欲生之时，贺家的大伯又来夺去了贺老六的房子，将她赶了出来。她走投无路，只好再回到鲁四老爷家做女佣。可是鲁家以及鲁镇的人都认为她是一个不吉利的肮脏女人，不仅嘲笑、奚落她，而且不准她触摸祭祀的物品。尽管她千辛万苦凑够钱到土地庙里捐了一条门槛，赎了自己的"罪孽"，但仍然不能改变人们对她的鄙视与侮辱。这给了她毁灭性的一击，从此变得木然，最后被鲁家赶走。

如此坎坷、悲惨的生活的折磨，也就使她不能不产生那样的言语风格。

3. 文化修养

文化修养对交际者言语风格的形成有着重要的作用。文化修养高，受知识的熏陶深，言语交际中无论在内容上还是在形式上，往往表现出高层次的品位。一般说来，一个目不识丁的农民，其言语风格是质朴、俚俗的；一个满腹经纶的学者，其言语风格是凝重、典雅的。

鲁迅《孔乙己》中的孔乙己，对人说话总是满口之乎者也，教人半懂不

225

懂的。他偷了何家的书，在酒店被人奚落时，他竟争辩道："窃书不能算偷……窃书！……读书人的事，能算偷么？"接连便是难懂的话，什么"君子固穷"，什么"者乎"之类，引得众人都哄笑起来；店内充满了快活的空气。

孔乙己的言语风格可谓鲜明至极！何以至此？原来他是一个写得一手好字的读书人。在20世纪初的那个年代和鲁镇那个地方，像他这样的人，算是有较高的文化修养了。他虽然贫困潦倒，只能与扛活的短衣主顾们为伍，可言语却总要流露出颇有文化修养的读书人的风格。人们听其说话，之所以会哄笑，这就说明他的言语风格实在特别，不同凡响。

文化修养固然可以影响言语风格，但并不是说，文化修养高的人就必然说话艰深、晦涩，让人半懂不懂以显其风格。一个人说话的言语风格当然是较为稳定的，如果与文化修养高的人进行言语交际的对象是一个文化修养很差，甚至没有文化的人，那么文化修养高的人就应当把握自己风格的分寸，注意接受者的接受能力。对此，列宁就明确指出："善于用简单、明了、群众易懂的语言讲话，应当坚决抛弃晦涩难懂的术语和外来的字眼，抛弃记得烂熟的、现成的但是群众还不懂的、还不熟悉的口号、决定和结论。"① 作为无产阶级革命的导师，列宁的文化修养是很高的，其言语风格也很突出。

4. 职业地位

一个人从事什么职业，在社会上处于什么地位，也是促成其言语风格形成的因素。拿职业来说吧，当一个人长期从事某种职业时，他的所作所为总是会有意无意地围绕其职业而展开。他的思维，他的注意，也会集中在从事的职业上。潜移默化，耳濡目染，久而久之，其言语也就明显带着职业的色彩，从而显现出区别于其他职业的独特风格。像教师的言语风格就不同于商人的言语风格，政工干部的言语风格就不同于打工仔的言语风格。所谓近朱者赤，近墨者黑，就是这种现象的反映。

我国著名小品演员黄宏，世人无不公认其言语风格充满了幽默、戏谑的色彩，这是因为他的职业所致。他成天就在琢磨如何逗笑他人，给他人创造欢乐。在舞台上，他当然是有充分准备的发送，着眼点是表演，还不能显现实用口才的言语风格。但由于职业的原因，就在非舞台表演的日常生活中，他的言语也表现出明显的幽默、戏谑的风格特色。试看几例：

黄宏刚出生不久，一天，比他大三岁的二哥黄小枫从窗台上跳向床上的被垛，不想一下落在黄宏身上，压得黄宏口吐白沫，不省人事。多年后，黄小枫成了一名优秀的舞蹈家，黄宏对人谈起此事时说："我是青年舞蹈家黄小枫艺

---

① 《列宁全集》（第11卷），第274、275页。

术道路上的第一块铺路石。"

黄宏刚学会走路时，一次嘴里含着筷子跌了一跤，筷子刺破了咽壁，鲜血直流，几天滴水不能进。他成名后，一次唱歌跑了调，他自嘲道："可能是那次筷子扎了。幸亏是我们的老祖宗留下的使用筷子的习惯，不然像西方那样使刀、叉，那就不是跑调的事了。冲这一点，就得爱国呀！"

黄宏职业上的搭档宋丹丹，与英达离婚后，一天碰到黄宏，满眼含泪地说："黄宏，我成了独身了！"黄宏安慰道："别难过，你和英达离婚，就像香港回归一样，你终于从英租地回到了祖国的怀抱！"

黄宏的如此言语风格，不能不说是受了其小品演员的职业的影响。

5. 爱好情趣

一个人有什么样的爱好情趣，他的言语指向会自觉不自觉地倾注于其爱好情趣之中。这虽然与职业取向有共同之处，但又不等同于职业取向。如果说职业取向还有着一定被动的客观制约性的话，那么爱好情趣则完全出于个人主观的因素。它是一种主动的、有意识的倾向。比如一位医生，他的职业是治病救人，成天要与病人或药品打交道。但是，如果这位医生是一个体育爱好者，而对足球又特别情有独钟，那么，体育，尤其是足球，就会对他的言语风格产生影响。他就可能在治病救人的过程中，以及日常生活内，于言语表达上流露出体育、足球味很浓的风格色彩来。

一位观众去电影院看电影，进场时电影已开演了。他的眼睛一时不能适应，眼前一片漆黑，不小心被前面一位观众稍稍伸出的脚绊了一跤，额头碰在椅子上，起了包，渗出了血。影院工作人员立即将他扶出，到附近一家诊所诊治。该诊所的医生一边为他治疗，一边自语道："嗨，那个人也真是，铲球也要铲到点子上嘛，不该铲时硬铲，看把别人铲的！"接着调头问那影院工作人员："将他红牌罚下没有？"之后，又安慰伤者道："不要紧，你上去一个点球，狠狠地给他射进门去！"说得伤者和工作人员都忍不住要笑。

（三）语词因素

1. 语词惯用

语词惯用是指有的交际者在言语表达中习惯使用某些语词。不管这种使用是否合适、贴切，反正习惯了，每每挂在嘴边，因而形成自己的一种独特言语风格。孔乙己的"满口之乎者也"，可以说也是一种由语词的惯用形成的风格。

《镜花缘》第二十三回，唐敖、林之洋、多九公三人在君子国走进一家酒楼，酒保上来招呼道："三位先生光顾者，莫非饮酒乎？抑用菜乎？"林之洋骂他酸臭不堪，催促他："有酒有菜，只管快快拿来!"酒保不气不恼，陪笑道："酒要一壶乎，两壶乎？菜要一碟乎，两碟乎?"林之洋不禁拍桌吼道："什么'乎'不'乎'的! 你只管取来就是了!"不想酒保却给他们错端了醋来。林之洋不觉大怒。邻座的一位驼背老者劝他道："先生听之: 今以酒醋论之，酒价贱之，醋价贵之。因何贱之？为甚贵之？其所分之，在其味之。酒味淡之，故尔贱之；醋味厚之，所以贵之。人皆买之，谁不知之。他之错之，必无心之。先生得之，乐何如之!"唐敖、多九公听了，惟有发笑。林之洋道："你这几个'之'字，尽是一派酸文，句句犯俺名字，把俺名字也弄酸了。"他不知道，这就是君子国的言语风格。

2. 语词善用

语词善用是指有的交际者在言语表达中十分善于运用各种语词来丰富自己的表达内容，从而形成独特的言语风格。在这方面，毛泽东堪称典范。他十分善于将各种语词巧妙地融进他的报告谈话之中，往往是信手拈来，贴切自然，成为一种非常突出的言语风格。

毛泽东的善用语词，涉及面很广，但大致有这样几个方面。

①中国古代思想家言论。如孔子的"欲速则不达"（1944年10月30日在陕甘宁边区文教工作者会议上的讲演），孟子的"心之官则思"（1944年4月12日在延安高级干部会议上的讲演），老子的"鸡犬之声相闻，老死不相往来"（1949年3月13日在中共七届二中全会上的讲话），庄子的"飞鸟之景，未尝动也"（1956年11月15日在中共八届二中全会上的讲话）。

②中国古代文学中的典故。如《列子·汤问》中的"愚公移山"（1945年6月11日在中共七大上作的闭幕词），《西游记》中的"孙悟空七十二变"（1937年8月在延安抗大的讲演），《水浒传》中的"三打祝家庄"（同前），《红楼梦》中的"苏州姑娘林黛玉"（在中共八届三中全会上的讲话），京剧《法门寺》中的"贾桂的故事"（1958年5月8日在中共八大二次会议上的第一次讲话），《西厢记》中"张生和惠明的故事"（1958年3月22日在成都会议上的第三次讲话）。

③成语典故。如"坐井观天"（1935年12月27日在陕北瓦窑堡党的活动分子会议上的报告），"一叶障目，不见泰山"（1938年5月26日在延安抗日战争研究会上的讲演），"亡羊补牢，犹未为晚"（1941年1月22日对新华社记者的谈话），"以邻为壑"（1942年2月1日在中共中央党校开学典礼上的演说），"纸上谈兵"（1936年12月在陕北红军大学的讲演）。

④诗词曲联名句。如《元曲·争报恩》中的"路遥知马力，日久见人心"（1938年6月3日在延安抗日战争研究会上的讲演）。《诗经·小雅伐木》中的

"嘤其鸣矣，求其友声"（1939 年 12 月 26 日在斯大林 60 岁生日庆祝会上的讲话）。明朝解缙的对联"墙上芦苇，头重脚轻根底浅；山间竹笋，嘴尖皮厚腹中空"（1941 年 5 月在延安干部会议上的报告）。鲁迅的诗《自嘲》中的"横眉冷对千夫指，俯首甘为孺子牛"（同前）。元朝萨都剌的词《登石头城》中的"天低吴楚，眼空无物"（1949 年 2 月 15 日时局的评论）。

⑤俗言谚语。如"老鼠过街，人人喊打"（1942 年 2 月 8 日在延安干部会上的讲演）。"懒婆娘的裹脚，又长又臭"（同前）。"自吹自擂，称王称霸"（1941 年 11 月 21 日陕甘宁边区参议会的演说）。"三个臭皮匠，合成一个诸葛亮"（1943 年 11 月 29 日在招待陕甘宁边区劳动英雄大会上的讲话）。"眉头一皱，计上心来"（1944 年 4 月 12 日在延安高级干部会议上的讲演）。"人怕出名猪怕壮"（1958 年 5 月 8 日在中共八大二次会议上的第一次讲话）。"铁拐李走路，一条腿长，一条腿短"（1958 年 11 月 2 日在郑州会议上的第四次讲话）。

第二节　言语风格的表现

一、言语风格表现的形式

人们对交际者的言语风格的了解，要通过其表现来获得。如果没有发送者的发送表现，谁也不可能知道他的言语风格是什么。只有当投入交际的发送者明白发送了，并且这种发送又为自己的接受者感受到了，才谈得上风格的问题。

接受者的感受，首先是从其表现形式开始的。表现形式主要有这些方面：

（一）语词选择

汉语言的语词是极其丰富的：

从词的构成上说，有单音词（人）、双音词（人民）、多音词（人民委员会）；有单纯词（看、葡萄、闪闪）、合成词（言语、说话、口才）。从词的读音上说，有同音异字词（暗箭—案件）、同音异义词（别——分别、插挂、不要）。从词的意义上说，有等义词（爸爸—父亲）、近义词（请求—恳求）、反义词（真—假、伟大—渺小）。从词的感情上说，有褒义词（团结）、贬义词（勾结）、中性词（结合）。

另外，还有古语词（阁下、败北、令尊）、方言词（侃大山、龙门阵、瘪三、盖了帽）、外来词（舍利、卡片、尼龙、布尔什维克）；以及行业语（码洋—书店、临床—医院、本金—银行、祈祷—宗教、税则—外贸）、成语（苟延残喘)、俗语（恭敬不如从命）、谚语（吃饱的鸭儿不下水）、歇后语（石灰店里买眼药-——找错了对象）等等。

如此纷繁多彩的语词，为言语交际的发送者提供了充分自由选择而显其独特风格的天地。一个意思，可以用这个语词，也可以用那个语词；一个表达，可以这里用这个语词，可以那里用那个语词。如何用，这就是各人的风格所致。

前面我们已经谈到毛泽东突出的言语风格。这里不妨集中摘出1942年2月8日他在延安干部会上所作并不长的《反对党八股》的讲演中一些言语，来体会他语词选择所体现的风格：

> 如果我们连党八股也打倒了，那就算对于主观主义和宗派主义最后地"将一军"，弄得这两个怪物原形毕露，"老鼠过街，人人喊打"，这两个怪物也就容易消灭了。

> 说理的首先一个方法，就是重重地给患者一个刺激，向他们大喝一声，说："你有病呀!"使患者为之一惊，出一身汗，然后好好地叫他们治疗。

> 我们有些同志喜欢写长文章，但是没有什么内容，真是"懒婆娘的裹脚，又长又臭"。

我们从这足以看出毛泽东语词选择中所体现的那种生动、风趣、幽默、明快的风格。

（二）语句操作

汉语言的语句有多种多样，按照不同的分类有：单句、复句；长句、短句；陈述句、疑问句、祈使句、感叹句；主谓句、非主谓句；联合复句、偏正复句、多重复句、紧缩复句；"把"字句、"被"字句、"像"字句；肯定句、否定句，等等。同一个意思，可以用不同的语句来表达；相同的意思，也可以用不同的语句来表达。由此，言语交际中的发送者便可根据发送时的客观情况和自己的主观条件进行操作，从而体现出自己言语的风格来。

《战国策·邹忌讽齐王纳谏》中，邹忌为了弄清自己与城北徐公究竟谁长得漂亮，他问妻子是："吾孰与城北徐公美?"他问小妾是："吾孰与徐公美?"他问客人是："吾与徐公孰美?"三句话都是同一个意思，却呈现出三种不同的语句形式。而他得到的答复呢？妻子这样答："君美甚，徐公何能及君也!"小妾这样答："徐公何能及君也!"客人这样答："徐公不若君之美也!"三人的回答也都是同一个意思，但也呈现出三种不同的语句形式。这说明语句是可以由人操作的。邹忌之所以对三个人用了三种不同的问法，是因为他了解三个人的言语风格而区别对待，对症下药。而三个人的不同回答，正是他们不同言语风格的体现：

妻子是邹忌的正室，有名分、有地位，对丈夫感情也深，信任也重，因此以诚挚、浓烈的肺腑之言作答；小妾无名分、地位，甚至还可能受气、受辱，对邹忌的惧怕多于情爱，因此其回答显得平淡、无奈，客人对邹忌无所谓感情，既来做客，主人询问，当然只能顺竿而爬，因此所答显得客套、应付。

如果说邹忌之事还不足以表现出语句操作而显风格的话，那么《唐宋八大家丛话》中所记的黄犬奔马之事，就完全可以说明了：

一天，北宋的沈括、穆修、张景、陈善、欧阳修、欧阳修的同事以及《丛话》的作者七人一道出游，见一匹狂奔而来的马将路上的一只黄犬踩死了。欧阳修提议大家各自对此加以表述。沈括说："适见有奔马践死一犬。"穆修说："马逸，有黄犬遇蹄而毙。"张景说："有犬死奔马之下。"陈善说："适有奔马践死一犬。"《丛话》的作者说："有奔马毙犬于道。"欧阳修的同事说："有犬卧通衢，逸马蹄而死之。"欧阳修说："逸马杀犬于道。"

这样，同一个意思就有了七种句式，甚至还可以举出更多，如"有犬被奔马践死"、"一犬被奔马践死于道"、"奔马将犬践死于道中"、"逸马毙杀卧犬"等等。要说究竟哪一种句式好，这是没法说清的。

当时，沈括就认为穆修、张景的表达不清；欧阳修又认为其同事的表达太啰唆。后人对此也多有争论，像鲁迅在《做文章》中，陈望道在《修辞学发凡》中，唐弢在《繁弦集》中，都有所涉，但迄无定论。如历来大多认为欧阳修的表达最佳，但唐弢却认为他过简而害意。

其实，这只不过是各人操作语句的风格不同罢了。就像欧洲人习惯的所谓"欧式句"一样，将汉语中的"我不知所措"，用"不知所措的我"这种句式表达出来，也是显示其操作语句的风格与汉语的不同。就是在我们中国，很多少数民族在表达同一个意思时，也有各自语句操作的不同而见不同的风格。

（三）方式运用

一个意思，可以用各种方法和形式表达出来。运用什么样的方法和形式来表达自己的意思，这也表现出一个人言语运用的风格。

两千多年前，古希腊最好谈论的哲学家苏格拉底，每与人谈论，总是先不涉及彼此分歧的观点，而着重强调彼此共同的地方，逐步引导对方认同、趋向自己的见解。待取得完全一致以后，再水到渠成地引出自己的主张。其具体做法是：根据对方的认识水平，不断提出一些问题，让对方不断认可；努力避免让对方不能接受的因素。由此表现出一种独特的言语风格——明明是要对方认同自己的主张，却偏不从要求对方认同入手。这种方式的运用，后人将其称为"苏格拉底"谈论法。

在现实生活中，人们随时都可以感受到言语交际活动中的发送者运用自己独特的方式而显出的言语风格：

一位卖枇杷的果农，见两位女主顾将一束中不很成熟的、小颗的一一摘下，他没有粗声制止，而是平和地说："大姐、大嫂，请你们小心点，别把颗粒绊落了，我不好卖。"两位女主顾赶紧打住。这时，一位称好了枇杷的老妇趁人多拥挤，未付钱就挤出了人群。果农也没有粗声嚷嚷，依旧是平和地说："这位婆婆，你老是不是忘记给钱了？"老妇脸一红，回头道："啊哟，真是呐！"这里，果农运用自己的方式表现了言语的谦和、质朴的风格。

（四）语调把握

语调指的是一个人说话时在言语中蕴涵的停顿、速度、升降、长短、轻重等显出抑扬顿挫的调子。

汉语本就是有声调的语言，音节之间有高低的不同，音节内部有升降的变化。外国人学说汉语，最难把握的就是语调，往往表达出来的是平板、直线式的，让中国人听起来别扭。中国人当然懂得语调，但各人把握语调的能力、方法、技巧是不同的。正因为这种不同性，在言语表达中就表现出了不同的风格特色。如在大会上发言时说"我们衷心地祝愿我们伟大的祖国繁荣昌盛"一句，要是不注意语调或语调把握不好，平铺直叙地说出来，犹如和尚念经，听众就难以产生共鸣。要是注意了语调，并把握得好，效果就大不一样："我们（停顿）衷心地祝愿（停顿）我们伟大的祖国（停顿、升调）繁荣昌盛（音重、慢速）！"

在当代中国领导人中，江泽民的言语表达对于语调的把握是非常好的。无论是大会演讲、小会发言，还是与人交谈，其语调都极有分寸。他在中共十五大上作的政治报告、在邓小平追悼大会上致的悼词、在长江大堤上的演说、在北大考察时的座谈，无不体现出他在语调把握方面展示的风格。例如：

今天（慢速、停顿）我们（停顿）在首都人民大会堂（中速、停顿）隆重举行追悼大会（升调、停顿）极其沉痛地（音重、停顿）悼念（慢速）敬爱的（停顿）邓小平同志（降调）……邓小平同志（停顿）和我们（停顿）永别了（音轻、降调）他的英名（停顿、

升调）业绩（停顿）思想（停顿）风范（停顿）将（停顿）永载史
册（升调、慢速）世世（停顿）代代（停顿）铭刻在（停顿）人民
的心中（音重）……邓小平同志（中速、停顿）永垂不朽（音重、
慢速）！①

当然，这个悼词的文字很可能是由别人所起草，但江泽民在致悼词时，语
调则完全凭自己的把握。而像 1998 年夏天长江大洪水期间，江泽民站在荆江
大堤上，手拿话筒，面对抗洪军民发表的气壮山河的演说，就完全是即兴的
了。其语调的慷慨激越，令听者热血沸腾，力量倍增。

就是在少数听众的即兴座谈中，江泽民的言语表达也很能体现出语调的风
格。如北京大学建校百年庆典前夕，江泽民到北京大学考察工作。在与师生代
表座谈时，他说：

十年树木，百年树人。全国许许多多的教师，忠诚于党和人民的
教育事业，为培养祖国和人民需要的合格人才，日日夜夜地辛勤工
作，默默奉献。教师的工作是无上光荣的。尊师重教是中华民族的优
良传统。在这里，我要向全国的广大教师们表示崇高的敬意！②

233

在座的北大师生代表听后，感到无比振奋。这种效果的产生，当然首先是江泽
民讲话的内容，但如果离开了他那铿锵和谐的语调的表现形式，是绝不可
能的。

（五）修辞点染

修辞作为一种修饰言辞以增强表达效果的艺术手段，具有独特的表现力。
言语交际中，发送者善于用此，这当然体现出其发送能力、技巧的高低。同
时，发送者的习惯及善于以此修饰自己的发送，也可充分表现出其言语的
风格。

修辞的种类是很多的，在第三章的第三节已经谈及。但作为一种风格的表
现形式，并非任何发送者都具备。只有习惯和善于运用修辞手段来丰富自己的
发送的发送者，才能认为其具有修辞点染的风格。人们也正是从其点染的方
式、方法的表现形式上，获得对其风格的认识的。

---

① 原文见《人民日报》1997 年 2 月 26 日。
② 《中国教育报》1998 年 4 月 30 日。

　　鲁迅在言语交际中表现出的修辞点染风格，十分突出。人们之所以感到他的言语隽永、锋利、辛辣，而又形象、飘逸，主要是从他的修辞点染功力上获得的。仅以 1924 年 1 月 17 日他在北京师范大学附属中学校友会上的讲话为例。这篇题为"未有天才之前"的讲话，是鲁迅针对当时胡适等人在提出"整理国故"的口号后，借口创作需要"天才"，要青年学生放弃社会实践，埋头窗下死读书本的观点而发的，号召青年学生不要误入歧途，而要甘心做培植花木的泥土。整个讲话总共才 1 000 多字，但通篇融满了修辞的点染，极富说服力。试依次摘出几则：

　　天才究竟有没有？也许有着罢，然而我们和别人都没有见。（设问——有意提问）

　　天才并不是自生自长在深林荒野里的怪物，是由可以使天才生长的民众产生，长育出来的。（拟物——把人当做物）

　　譬如想有乔木，想看好花，一定要有好土；没有土，便没有花木了；所以土实在比花木还重要。花木非有土不可，正同拿破仑非有好兵不可一样。（明喻——明显地比喻，本体、喻体和比喻词全都出现。）

　　抬出祖宗来说法，那自然是极威严的，然而我总不信在旧马褂未曾洗净叠好之前，便不能做一件新马褂。（借喻——本体不出现，只出现喻体，也无比喻词。）

　　作者和读者互相为因果，排斥异流，抬上国粹，那里会有天才产生？（反问——以问句加强语气表示肯定。）

　　这样的风气的民众是灰尘，不是泥土，在他这里长不出好花和乔木来！（暗喻——暗中进行比喻，本体、喻体都出现，比喻词为"是"。）

　　到目下就出现了许多批评家。可惜他们之中很有不少是不平家，不像批评家。（仿词——仿照上下文中的某一词语组成一个临时性的新词语。）

　　我亲见几个作者，都被他们骂得寒噤了。（夸张——艺术地扩展某种感受。）

　　恶意的批评家在嫩苗的地上驰马，那当然是十分快意的事；然而遭殃的嫩苗——平常的苗和天才的苗。（衬托——为突出某情况，而用相关事物来陪衬、烘托。）

　　幼稚对于老成，有如孩子对于老人，决没有什么耻辱；作品也一

样，起初幼稚，不算耻辱的。（对比——把两个相对立的事物或两种
情况放在一起相互比较。）

做土要扩大了精神，就是收纳新潮，脱离旧套，能够容纳，了解
那将来产生的天才。（排比——三个或三个以上意义相关、句法相
同、字数相等的语言片段排列在一起。）

除了上述这些，还可举出不少，从中不能不感受到鲁迅言语中表现出的那
种浓厚的修辞点染风格。

二、言语风格表现的内容

言语交际活动中，接受者对发送者言语风格的感受，除来自其表现形式
外，还有其表现内容。如果说，对表现形式的感受只是外在的、表露的，那
么，对表现内容的感受就是内在的、蕴蓄的。

发送者的言语在内容上表现出自己的风格，主要有以下这些方面：

（一）情调

情调是人的思想感情所表现出来的格调。发送者在投入交际时，总要注入
自己的思想感情于言语之中，并通过言语的表现，将其传递给接受者。1941
年5月毛泽东在延安干部会议上作《改造我们的学习》的报告时，曾经批评
说："许多马克思列宁主义的学者也是言必称希腊。"这些人为什么会"言必
称希腊"？就因为他们在思想感情上看不起祖宗，看不起中国，对历史和现状
都不屑一顾。因此他们言语的风格必然是洋味十足的。

有一则关于咏雪的掌故说：

一个大雪纷飞的冬天，一位秀才在山神庙里避雪时与一位商人、一位地
主、一位樵夫不期而遇。秀才提议每人说一句话以作纪念。秀才先说："大雪
纷纷落地。"地主接着说："这是皇家瑞气。"然后商人说："再下三年何妨？"
最后樵夫说："放你妈的狗屁！"

四个人都因自己的身份、地位不同而表现出不同的言语风格：秀才是回家
过年的，心情很好，当然不乏咏叹飞雪的闲情逸致。地主是下乡催收租米的，
深感今年农民丰收，是皇恩浩荡所致。商人是赴店盘货的，觉得雪下的时间越
长，他的存货就越能涨价，囤积可以居奇。樵夫是进山打柴的，家里早已揭不
开锅，正等他卖柴买米解困。

（二）角度

角度就是看待事物或问题的出发点。现实生活中，事物也好，问题也罢，都是一种客观存在。言语交际活动中，发送者在涉及某一事物或问题时，可以从不同的角度去看待。角度不同，认识就不一样，发为言语，则表现出不同的风格。苏东坡在《题西林壁》中说："横看成岭侧成峰，远近高低各不同。"说的就是这个意思。在第一章第一节"突出的个性化"中所举的几个中学教师向新分来的女教师求爱的事例，都是各自从自己的职业角度出发来组织言辞的。

发送者可以因为角度的不同而使言语表现出不同的风格，但人们并不能据此判定其发送的正确与否或技能的高低。上例中六位男教师的发送，孰优？孰劣？无法定论。那位新来的女教师究竟要选择谁，是不可能由其言语来确定的。因为它仅仅表现了一种言语的风格而已。言语风格是无所谓是非的。

就像一位求知者，他想搞清楚"人"的定义到底该怎样下一样。古希腊哲学家柏拉图当年曾经定义说："人是双脚直立的，没有羽毛的动物。"结果遭到人们的强烈反对。那么人是什么呢？这位求知者去向一些学者请教。物理学家告诉他："人是熵的减少者。"化学家告诉他："人是碳原子的产物。"生物学家告诉他："人是细胞的聚集体。"考古学家告诉他："人是文化的积累者，城市的建设者，陶器的制造者，农作物的播种者，书写的发明者。"社会学家告诉他："人是他所归属的社会的依次更替的塑造者。"神学家告诉他："人是犯罪和赎恶这出大闹剧中恭顺的参与者。"文学家告诉他："人是唯一知道羞耻或者需要羞耻的动物。"

如此众多的定义，都是发送者从自己的角度来表现的，各执一词，莫衷一是。求知者只能从中感受到一种言语风格，而并不能获得准确的答案。

（三）功力

功力指的是发送者言语中所蕴涵的功夫和力量。言语交际活动中，人们都会有这样的感觉：有的人很爱说、很能说，可并不能在接受者中产生什么反应，或其期望的效果不能实现。而有的人平时并不爱说，可一旦开口，说出来的话却言简意赅、一语破的，掷地作金石声，在接受者中产生很大影响。这就是其言语功力的体现。

东晋丞相谢安极善清谈。有年冬天，他与侄儿侄女围着炉火谈起了窗外纷纷扬扬的大雪。他问道："白雪纷纷何所似？"其侄儿谢朗脱口答道："撒盐空中差可拟。"谢安摇头说："不妥！谁有那么大的力气把盐撒得满天都是？况且，即使撒盐在空中，它很快就会落下来，这根本没有大雪漫天飞舞的动态。"这时，其侄女谢道蕴不慌不忙地说道："未若柳絮因风起。"谢安听了，拍手称赞道："太好了！风吹柳絮上云霄，正像雪花漫天舞。絮白似雪，雪轻若絮。真是准确、贴切而又形象生动！"这是谢道蕴言语功力的体现。由此，谢道蕴被后人誉为"咏絮之才"。

（四）分寸

分寸指的是说话的适应限度。言语交际中，发送者的发送虽然受情调、角度、功力的支配，但并不等于说发送者可以为着在这些方面表现出自己的风格特色而随心所欲，高兴怎么说就怎么说，说深、说浅、说多、说少，都无所谓。这就有一个分寸的掌握问题。分寸掌握得好，也是一个人言语风格的表现。有时可以义正词严，有时可以点到为止；有时可以不厌其详，有时可以只言片语；有时可以说理透彻，有时可以轻描淡写；有时可以直截了当，有时可以转弯抹角；有时可以语重心长，有时可以旁敲侧击……如何掌握，全凭交际时的客观、主观条件而定。说话没有分寸，或者常没分寸，当然是一个人言语风格的表现，却难以获得交际的效果。

孔子周游列国时，有一回他马车的马吃了农民的庄稼。愤怒的农民就将马给扣下。孔子叫他最得意的学生子贡去向农民讨回马来。孔子的马车夫说，让我去试试。结果，马车夫两句话一说，农民就痛快地把马还给他了。对此，孔子十分感慨地说："用没有分寸的话去说服别人，好比用最高级的祭品去供奉野兽，用最美妙的音乐去取悦飞鸟，说得再多，又有什么用呢？"

分寸掌握对于社会上有地位、有影响的人来说，尤其显得重要。善于掌握的人，也往往在这方面表现出言语风格的色彩。比如 1999 年 3 月 15 日朱镕基总理在九届人大二次会议举行的记者招待会上的答记者问，就是如此。仅举一例：

当有记者问人民币能否成为世界货币时，朱镕基说："人民币能否成为世界货币，这个问题不应该由我来回答，而且现在还言之过早。但是我可以说一句：现在人民币非常坚挺，不会贬值。"

第三节　言语风格的类型

一、言语风格的多样性要求

在探讨艺术作品的时候，很早就出现了风格多样性的问题。如刘勰的《文心雕龙·体性》中，就提出了典雅、远奥、精约、显附、繁缛、壮丽、新

237

奇、轻靡等八种风格;司空图的《诗品》,就列了诗歌风格二十四品。实用口才当然与艺术作品不同,然而同样存在一个言语风格的多样性问题。

生活在现实社会中的人,个个都要交际;只要不是哑巴,个个都要借言语的媒介向他人传递信息。仅仅是有的传递得多,有的传递得少;有的善于传递,有的不善于传递而已。在这些传递中,绝不可能个个都使用同一的方式和同一的手段;他总要表现出自己的风格。这就出现了言语交际中风格的千姿百态、形形色色。如此,接受者才能区分出"这一个"和"那一个",才能感受到发送者每一次发送的独特魅力。倘若没了风格的多样性,那么交际言语就失去了生命的活力,这于交际是十分不利的。

言语风格的多样性包含了两个方面的内容:

(一)每个发送者都具有自己相对稳定的言语风格

，这是从发送者人数众多的角度来说的。在众多的发送者中,某个人的某种言语风格一旦形成,就不会飘忽不定,而呈现出一种相对稳定的状态。我们说某个人具有某种言语风格,不是从他的只言片语或一两次发送中获得,而是从他一系列发送中感受到的。这"一系列",就是他风格稳定性的表现。由此产生了风格的多样性问题。

《林肯传》中记录了林肯一生的言语发送。他从 17 岁开始奠定幽默、风趣、滑稽的言语风格,一直到他 56 岁被刺身亡,这种风格都没有改变过。尽管其间他当过小店铺的伙计、商店的小老板、律师、州议会小党领袖、共和党议员、总统,经历过许许多多的事,接触过许许多多的人,在其无法计数的言语发送中,风格始终依旧。就在他遇刺的前两个小时,他还以幽默的口吻对身边的克鲁克说:"克鲁克,我相信有人想要杀害我,你知道吗?"据克鲁克回忆,当时,"他风趣横溢,谈笑风生"。

(二)一个发送者的言语风格不是呆板凝固的

我们在强调言语风格的稳定性时,使用了"相对"的概念。就是说,稳定并不是绝对的。一个发送者在具有某种较为稳定的言语风格的同时,不排除他也可能在某些时候具有其他风格的色彩。这正如戏剧舞台上有主角,也有配角一样。从这个角度上说,也产生了风格的多样性问题。

恩格斯有很高的言语天赋与才能,他的典雅、严密、犀利,世人皆知。可在海因里希·格姆科夫等人的《恩格斯传》[①] 中,却记载了他许多"快活爽朗

① 生活·读书·新知三联书店 1975 年版。

和十分幽默"的言语。他们回忆说："恩格斯是一个愉快的哲学家，他喜欢有声有色地谈自己战斗生活中有趣的插曲，讲轶事和笑话。""在几十年后还记得他的富有感染力的爽朗的笑声。"他们认为，"听他谈话是很有趣的"。并且，他们还谈到，"当恩格斯激动和说话很快时偶尔有点口吃"。为使自己的言语具备多种风格色彩，"恩格斯特别喜爱研究比较语言学的问题"，"他乐于利用一切机会同别人谈话"，"以便他能够'按原样'学习重音和语调"。

　　风格的多样性，是一种客观的社会存在，是丰富多彩的社会生活所赋予的要求。它并非人的主观意志，也不受人的主观意志的支配。这就需要交际者在交际活动中予以充分的注意，并能有效地把握。

二、言语风格的类型划分

　　要把多种多样的风格纳入某些有限的类型，这是很困难的，也未见科学。但如依据一定标准，概括地指出一些言语的发送具有某种风格倾向，这也未尝不可。由此，我们只能对言语风格的类型大体作出如下划分：

（一）明快平实

　　明快平实就是怎么想就怎么说，不隐瞒闪烁，不矫饰做作，不华艳渲染，朴实自然，直截了当。

239

　　这种风格的言语，是发送者真实思想的反映，其传递的信息明确清晰，通俗易懂，有最广泛的接受者。无论哪个阶层、哪种地位、哪种教养，都能很好地听解。故俗谚有"话须通俗方传远，语必关风始动人"之说。在交际活动中，这种风格最适宜于没文化或文化低的接受者。

　　明代赵南星在《笑赞》中说：有个秀才，平日说话总爱矫饰做作，用上些文绉绉的字眼。有一次，他到集市上去买柴，看见一个挑柴的，就喊道："荷薪者来也！"卖柴的见他招手，便把柴挑到他面前。秀才问："其价几何？"卖柴的听明白了一个"价"字，就说了价钱。秀才摇着头说："外实而内虚，烟多而焰少，请损之。"卖柴的莫名其妙，白了他两眼，挑起柴担转身走了。结果，秀才买了一天柴，还是空手而归。

　　秀才的发送，就非质朴平实。对卖柴者来说，就难以听解，交际当然不能成功。如果他这样说，就是质朴平实的了，交际才有成功的可能："挑柴的，过来！""这担柴要多少价钱？""你这担柴，外头看来挺实在，可是里头却是空的，并且柴又湿，烧起来没什么火焰，光冒烟，请你减减价钱。"

　　彭德怀是深受中国人民爱戴的老一辈无产阶级革命家，他一贯明快平实的言语风格，给人留下很深的印象。试举其《彭德怀自述》中的例子：

1959 年庐山会议上，时任国防部长的彭德怀针对当时"总路线、大跃进、人民公社"、"三面红旗"中出现的一些问题向中央主席毛泽东写了一封信，结果被指责为"右倾机会主义的纲领"，是"阴谋篡党"。一位同志劝他认错，他说："是非曲直由人断，事久自然明吧。"那位同志又劝他写份书面发言，他说："现在很疲劳，一时写不出来，也写不清楚。"那位同志又说："你讲意思，叫秘书记录并加以整理，然后自己再去斟酌，这样比较严密，也比较深刻些。"他说："没带秘书，只带来一个管军事电报的大尉参谋，他写不了这类文章！"

明快平实的言语风格，绝不可视为浅薄单调、不懂技巧。其实，没有丰富的阅历和修养，是很难如此的。现实生活中，往往善说话者，语言更明快朴实。苏东坡就说过："凡文字，少小时须令气象峥嵘，彩色绚烂，渐老渐熟，乃造平淡；其实不是平淡，乃绚烂之极也。"① 老舍在他的《学生腔》中也谈到："字没有高低贵贱之分，全看用的恰当与否。连着用几个'伟大'，并不是使文章伟大。一个很俗的字，正如一个很雅的字，用在恰当的地方便起好作用。""文字不怕朴实，朴实也会生动，也会有色彩。"他虽说的是写文章，说话又何尝不是如此？

（二）简洁干脆

简洁干脆就是用最少的言语传递最明晰的信息。说话不啰唆，干干脆脆，可以一句话说清楚的，就不必说第二句。宋朝苏洵在《策略第一》中说："有意而言，意尽而言止者，天下之至言也。"强调的就是这个意思。

这种风格的言语，既节省了发送者的时间，又给接受者以听解的便利，可以很快获得反应，收到效果。

《红楼梦》第三十四回中，宝玉被父亲贾政打得遍体鳞伤之后，有三个与他有关的女人去探视他。先是袭人说："我的娘！怎么下这般的狠手！——你但凡听我一句话，也不到这个分儿。幸而没动筋骨，倘或打出个残疾来，可叫人怎么样呢？"接着宝钗说："早听人一句话，也不至有今日！别说老太太、太太心疼，就是我们看着，心里也……你们也不必怨这个，怨那个，据我想，到底宝兄弟素日肯和那些人来往老爷才生气。"最后黛玉说："你可都改了罢！"

三人中，黛玉的话就显出简洁干脆的风格，彼时彼情，仅此足矣。而袭人和宝钗就显得啰唆些。故而，在袭人和宝钗说了之后，宝玉都懒得搭腔。可当

---

① 转引自《修辞鉴衡》（下卷），中华书局 1958 年版，第 15 页。

黛玉刚一说罢，宝玉马上有了反应，长叹一声道："你放心。别说这样话。我便为这些人死了，也是情愿的。"可见简洁干脆的言语更富交际效果。

美国作家马克·吐温讲过一件他的趣事：

> 一个礼拜天，我到礼拜堂去。适逢一位传教士在那里用哀怜的语言讲述非洲传教士的苦难生活，向人募捐。当他说了5分钟后，我决定捐50元；当他接着又讲了10分钟后，我决定将捐款数减至25元；当他滔滔不绝地讲了半个小时后，我决定只捐5元；最后，他又讲了一个小时方停止，拿起钵子向人求助。当从我面前走过时，我却反而从钵子里偷走了两元。

可见，不简洁干脆的发送，会让接受者感到多么厌烦与痛恨！

有一位教师，学问是高的，讲课也很生动、风趣，可就是说话不简洁干脆。他每讲一个问题都生怕学生不懂而翻来覆去。比如，有个学生请他解释一下究竟什么是"啰唆"，他说："啰唆嘛，这个问题是很好理解的，很容易清楚的，一说就明白的。啰唆，就是啰里啰唆，就是说话太多，没完没了，拖泥带水，颠来倒去，唠唠叨叨，绕山绕水，绵绵不断，一点都不简洁，一点都不干脆，一点都不利索，一点都不痛快。"这真是不说倒还明白，越说反倒越不清楚了。

在我国领导人中，陈云的言语就具有非常简洁干脆的风格。《陈云文集》（1926—1949）中，收入了他的讲演、报告、讲话、发言16篇，没有哪一篇不显出简洁干脆的风格。比如，他在担任中共中央组织部部长时，于1939年9月给延安抗日军政大学的学生作《论干部政策》的讲演，就很有这个特点。一开头，他就开门见山地说："干部政策，拿俗话来讲，就是用人之道。"接着讲道："我现在来讲干部政策，只想用十二个字，分成四个问题来解释：第一，了解人；第二，气量大；第三，用得好；第四，爱护人。"以下便紧紧围绕这十二个字，简明扼要，干净利落地讲得清清楚楚。最后他说："我的讲演完了。"① 毫不拖泥带水。

与明快平实一样，简洁干脆并非发送者积累不足，而是发送者极善言语的表现，是其丰厚的生活、知识积累的精选。如果一个发送者胸中没有充足的事实、现象、语词的蕴蓄，他主观上再想简洁、再想干脆，也不可能。

---

① 《陈云文集》，第44页。

（三）锦心绣口

锦心绣口就是辞藻丰润、语句多姿、浓墨重彩、绘声绘色。

这种言语风格，融信息传递于柔美愉快之中，增强了表达的效果，使接受者在获取信息的同时也得到美的享受，从而勃发认同、倾心的情趣，使言语交际更能达到目的。所以《左传》中说："言之无文，行而不远。"

郭沫若在这方面是一位身体力行者。他说过："语言除掉意义之外，应该要追求它的色彩、声调、感触。同样的语言或字面有明暗、硬软、响亮与沉抑的区别。要在适当的地方用有适当感触的字。"① 1978 年 3 月 30 日，他在全国科学大会上抱病所作的闭幕词，充分体现了这种风格。全篇总共才 1 000 多字，但美词丽句却比比皆是。例如，"仁人志士，满腔悲愤，万种辛酸"，"颠沛流离，含辛茹苦"，"百般摧残，横加迫害"，"嫦娥奔月，龙宫探宝"，"勇于探索，勇于创造，勇于革命"，"打破陈规，披荆斩棘"，"在无穷的宇宙长河中探索无穷的真理"。其结尾是："春分刚刚过去，清明即将到来。'日出江花红胜火，春来江水绿如蓝'。这是革命的春天，这是人民的春天，这是科学的春天！让我们张开双臂，热烈地拥抱这个春天吧！"②

这些铿锵有力、节奏强烈的言语，使人听了情绪激昂，热血沸腾。

锦心绣口的前提是表意必须恰当。在意思恰当之后，可尽量增加文采，即如宋朝程颐在《程氏粹言》中所说："言不贵文，贵于当而已；当则文。"

（四）曲径通幽

曲径通幽就是不直接吐露本意，而采取其他方式曲折婉转地加以表达，从而实现交际的目的。

这种言语风格，对发送者来说，可以将一些当面难以启齿而又不能不说的话说出来；对接受者来说，可以免除尴尬、受窘的状态。因此，交际中如遇需批评、拒绝、说服、劝谏、嘲讽等场合，多有此表现形式。墨子在《修身》中说："谮慝之言，无人之耳；批扞之声，无出之口；杀伤人之孩，无存之心。""言无务为多而务为智，无务为文而务为察。"其意就在这里。

杨家将逸事中有一则佘太君拒婚的故事：佘太君女儿杨八姐一次春游时被天子看中，天子降旨要杨八姐入宫为妃。佘太君不敢抗旨，便针对传旨太监所说的"要任何聘礼均可满足"，对太监说："我要一两星星二两月，三两清风

---

① 《沫若文集》（第 13 卷），人民文学出版社 1961 年版，第 25 页。
② 《人民日报》1978 年 3 月 31 日。

四两云，五两炭烟六两气，七两火苗八两光，火烧龙须要九两，冰溜子烧炭要一斤。"这些聘礼，都是不存在的或不可能弄到的，自然也就拒绝了天子的求婚。

宋时，王祈写了一首《竹诗》，他最得意的是"叶攒千口剑，茎耸万条枪"两句。他把这两句抄给苏东坡看，希望得到苏的称赞。苏看了后说："我想请教一下：你这竹是何品种？干吗十条竹竿才长一片叶子呀？"苏东坡没有直接批评诗句的不真实，而换了请教的口吻，让王祈自己感到了自己的失误。

蓬皮杜担任法国总统时，一次，一位朋友向他抱怨说：近来常常跟妻子吵架。蓬皮杜了解了这位朋友夫妻吵架的原因是这位朋友事无巨细都要由自己做主后，轻松地说："噢，我可从来没有和我的妻子吵过架。因为任何重要的事情都由她决定，比如出门旅行，买什么样的东西，吃什么菜，还有购家具、买书、看电影之类，都由我妻子决定，我只决定一些细小琐碎的事情。"朋友问他："是哪些细小琐碎的事呢？"蓬皮杜一本正经地说："噢，不过是肉和蔬菜的价格，工人的工资，武器的出口，法郎贬值什么的。"朋友这才恍然大悟。这里，蓬皮杜没有正面劝谏朋友放弃对一些家务小事的专断独行，应让位于妻子，只需在重大事情上留意就行了。他采取的是曲径通幽的办法，以自己的行为处事来提醒朋友。

曲径通幽的风格不能理解为圆滑取巧，因为发送者有非常清晰的发送意识，交际目的是完全明确的。只不过是出于对方接受的需要才为之。有时，则是为了礼貌或缓和矛盾而用此表达。

（五）典雅持重

典雅持重就是文明礼貌，规范端庄，不粗不俗，沉稳厚重。

这种言语风格可以体现发送者的地位修养、性格、气质。对接受者来说，又有一种平等、尊重的感觉，因此交际效果是较好的。在正式、庄重的场合，常有表现。

我国自古就有"雅言"之说，提倡言语的典雅持重。《礼记·祭义》提出："恶言不出于口，忿言不反于身。"告诫人们不要说粗鄙、轻浮的话。荀子在《非粗》中则认为："言而非仁之中也，则其言不若其默也，其辩不若其讷也。"也是提醒人们说话要文明、稳慎。如说了不文明、不稳慎的话，还不如不说的好。当今，国家之间、组织之间、人与人之间的交往日渐频繁，在各种交往中，是离不开典雅持重的风格的。即使是两国、两组织、两个人已成为互相对立的因素，这种风格也是需要的。《战国策·燕策》中说的"君子交绝，不出恶声"即为此理。

《左传·秦晋殽之战》中，郑穆公在获知住在本国客馆的秦人杞子、逢孙、扬孙三人是为偷袭郑国的秦军做内应后，派人对他们说道："先生们在我国停留得很久了，因此使得我国的干肉、食粮、牲畜都光了。现在你们可以猎取我国的麋鹿而去，给我国一个休息的机会好吗？"以此赶跑了秦人。后来，晋夫人私自放了被晋军活捉的秦将孟明视等人，晋君派人追至黄河边。追者引诱已在舟中的秦将上岸，孟明视作揖道："感谢晋君不杀我们，放我们回国去受惩罚，这个大恩死也不会忘记！倘若我国尊重晋君的好意把我们赦免了，三年后定来拜谢晋君的恩赏！"明明是对打败并活捉自己的晋君恨之入骨，并发誓要来报仇，可却说得那么好听，其典雅持重可见。

1999 年伊始，美国一些人无中生有地编造了中国盗窃美国军事机密的谎言，在朝野中掀起了一股反华的逆流。对此，中国方面义愤填膺。在 3 月 15 日的记者招待会上，美国《时代》周刊记者向朱镕基总理提起此事。朱镕基颇有风度地予以答道：

　　　　刚才，你要我说明关于所谓中国盗窃美国军事机密的问题。我认为，在这个问题上美国方面的人士犯了两个"过低估计"的错误，第一，过低估计了美国自己的保密能力。据我所知，美国洛斯阿拉莫斯实验室里的保密措施十分严密，根本就不可能泄露什么机密，所以直到现在他们没有能够找出那位李文和博士泄露机密的证据，没法起诉他，只好把他解雇了。我们不要忘记历史，历史上曾经有过这种草木皆兵、人人自危的时期，在美国有过这种时期，在中国也有过这种时期。第二，过低估计了中国开发军事技术的能力。中国人是很聪明、很勤奋的，许多华裔美国人的成就就证明了这一点；中国独立自主地开发"两弹一星"也证明了这一点。中国完全有能力开发任何的军事技术，这仅仅是个时间问题。但是请记住，中国是最早声明不首先使用核武器的国家。我们已经停止了核试验，我们和美国已经签订了导弹互不瞄准的协议。我们为什么还要冒政治上和道德上的风险去盗窃什么人的军事机密呢？所以，所谓中国盗窃美国的军事机密的问题，可以认为是一种天方夜谭。

这个回答，可谓典雅持重，既义正词严地驳斥谣言，阐明了观点，又不失美国人的面子。

（六）亲切细腻

亲切细腻就是温和亲热，关心体贴，语重心长，细致入微。

这种言语风格可以体现发送者的品性、风姿。对接受者来说，想听、听得进，容易从心底产生顺意反馈。此即《荀子·非相》中所说的"赠人以言，重于金石珠玉；听人以言，乐于钟鼓琴瑟"。

周恩来的言语就很有这种风格。仅据《冀朝铸外交生涯中的周恩来》一文记载，便可举出数例：

1959 年 9 月 26 日，周恩来宴请来访的尼泊尔首相阿查里雅夫妇。首次担任周恩来英语翻译的冀朝铸拿着已事先写好的周恩来的讲话稿，可他不知道周恩来有个独特的习惯：他在照讲稿致词时，如发现有未尽如人意之处，就会临时自行增补删节。当周恩来即席补充了一段十分重要的内容时，冀朝铸依然照本宣科。谙熟英语的周恩来察觉后，果断地挥手制止了翻译，却语调温和地对冀朝铸说："小冀，你太紧张了。你去休息一下，换一位！"冀朝铸羞愧地退下，认为这下全"砸"了。谁知第三天北京市市长彭真主持欢迎阿查里雅的大会，周恩来又让他担任翻译。结果，他又没有将彭真的话翻译完全。周恩来轻声地批评他，可语调不无亲切："小冀，你没有翻出原话啊！"

冀朝铸结婚 7 年都未生孩子，周恩来除请吴阶平博士为其全面检查外，又温馨地安慰他道："小冀啊！你没孩子，我也没有孩子，咱们一起干革命！"

1964 年，冀朝铸随周恩来出访巴基斯坦。在卡拉奇中国大使馆，他收到妻子从北京寄来的信，告诉他已有了身孕。风尘仆仆、席不暇暖的周恩来闻讯特地赶来向他祝贺。"这样吧，因为正好在我们出访的时候你爱人有喜了，我们或许可以用巴基斯坦来命名。我们新中国需要很好的劳动者。我看到非洲女人非常勤劳，男人却懒得很，老闲在家里喝茶聊天。如果生个女孩，就用非洲来命名；如果生个男孩，就用巴基斯坦来命名。在巴基斯坦，多半是男人干活，女人待在家里。"

1973 年，冀朝铸 40 岁了。一天，周恩来送走外宾后，语重心长地对冀朝铸说："小冀，不能一辈子当翻译啊！40 岁的年纪是转行的时候了！"不久，冀朝铸出任中国驻美国联络处 4 位对内参赞之一。周恩来在为赴美人员送行时，满含深情地说："你们也有白头发了……"

周恩来的这种亲切细腻的言语风格是稳定的、一贯的，绝非仅仅体现在对身边工作人员的发送中。比如收入《周恩来选集》中的 1943 年 8 月 2 日在延安欢迎会上的演说、1946 年 10 月 19 日在上海鲁迅逝世十周年纪念会上的演说、1949 年 4 月 22 日在中国新民主主义青年团第一次全国代表大会上的报

245

告、1950年8月24日在全国自然科学工作者代表会议上的讲话、1953年12月31日同印度政府代表团的谈话、1954年2月10日在中共七届四中全会上的发言、1966年9月1日对首都"红卫兵"的讲话、1972年2月21日在欢迎尼克松宴会上的致词、1973年2月26日在国家计委汇报会上的谈话等等。

（七）严肃深刻

严肃深刻就是谨慎、认真、不马虎和精辟、透彻、不肤浅。

这种言语风格很能反映发送者的思想力度。其不发送则已，一旦发送，往往具有感染、震撼、发人深省的力量，即如扬雄在《法言·君子》中所说："君子不言，言必有中。"我国成语所谓"一言九鼎"，指的也是这种风格。

马克思的论敌巴枯宁在长期同马克思进行激烈的论辩之后，颇为感触地说："马克思是一位极其深刻的经济思想家。"[①] 这确是公允而中肯的。作为一位科学社会主义创始人，马克思在他的一系列言语中，突出地表现了他严肃深刻的风格色彩。这不仅在当时，就是现在以及今后，都给人以深切的感染与震撼，启迪着人们的思绪。如1848年1月9日他在布鲁塞尔民主协会的公众大会上的演说，随便摘出一段：

246

> 在现代的社会条件下，到底什么是自由贸易呢？这就是资本的自由。排除一些仍然阻碍着资本前进的民族障碍，只不过是让资本能充分地自由活动罢了。不管一种商品交换另一种商品的条件如何有利，只要雇佣劳动和资本的关系继续存在，就永远会有剥削阶级和被剥削阶级存在。[②]

如果说这段话是在他成熟以后，并且又是正式场合的发送，理应严肃深刻的话，那么，他在未成年以前，以及日常生活中的言语又是怎样的呢？

《马克思传》的作者弗·梅林在记叙了马克思中学时代的一些言语后写道："可见，还在少年马克思的头脑中，就已闪现着一种思想的火花；这种思想的全面发挥，就是他在成年时期的不朽贡献。"[③] 这说明马克思在青少年时期就奠定了严肃深刻的言语风格。

马克思在病中写作《资本论》时，担心完不成这部著作，因此时常说：

---

① 《巴枯宁传记材料》（第三卷），1928年俄文版，第137页。
② 《马克思恩格斯选集》（第一卷），人民出版社1972年版，第207页。
③ 《马克思传》，人民出版社1965年版，第10页。

"我应该训练好在我死后继续共产主义宣传的人。""《资本论》甚至将不够偿付我写作它时所吸的雪茄烟烟钱。"马克思很爱看书,常随意折叠书角、画线,用笔在页边空白上作满记号,拉法格提醒他要爱护书籍,他说:"它们是我的奴隶,一定要服从我的意旨!"每当马克思学习外语时,他总是说:"外国语是人生斗争的一种武器!"拉法格说:"我常听到他引用他青年时代的哲学导师黑格尔的一句话:'即令是一个恶徒的犯罪思想,也要比天堂里的奇迹更伟大更崇高。'"马克思出国时,他说:"我是世界的公民,我走到哪儿,就在哪儿工作。"马克思的《资本论》写完后,人们问他书中为啥引用许多最不知名的作家的话,他说:"我执行历史的裁判,给每个人以应得的奖励。"马克思与女儿们在一起谈话时,他说:"孩子们必须教育他们的父母。"

(八) 幽默风趣

幽默风趣就是有趣、可笑而又意味深长。

这种风格体现出一种轻松、活泼的氛围,可使接受者在愉悦、放松的状态中,通过笑的媒介产生思想的共鸣,感受到发送者传递的信息,领悟其旨趣和哲理。这真可谓"言有穷而情不可终"①。

幽默风趣的适用范围很广,一切言语交际活动都可体现。其表现形式也是多种多样,如一语双关、先抑后扬、节外生枝、巧设喻体、反唇相讥、夸张渲染、引譬类比、借题发挥、对象转移、模棱两可、假痴不癫、避重就轻、正话反说、旁敲侧击等等。我们说一个人具有某种言语风格,是从他一系列言语发送中得出的。但这并不排除当某个人在言语发送中,借上述表现形式而使言语蕴涵可笑、有趣而又意味深长的成分时,具有幽默风趣风格的色彩。例如:

一次,郭沫若与茅盾相遇时谈起鲁迅。郭沫若说:"鲁迅先生'俯首甘为孺子牛',我呢,俯首甘为牛尾巴吧。"茅盾说:"那我就俯首甘为牛尾毛啰。做牛尾巴上的毛,可以帮助牛把吸血的苍蝇、蚊子扫掉!"——这是以引譬类比形式表现的幽默风趣。

幽默风趣的风格,是发送者智慧、教养的闪现。一个知识贫乏、智能低下的人,是幽默风趣不起来的。

_247_

---

① 韩愈:《祭十二郎文》。

第八章　实用口才运用的辅助手段

在社会生活中，人与人之间的交往，除了用语言来沟通、交流外，还可以用非语言的手段来传递信息，达到彼此交往的目的。诸如行为、动作、表情、眼神、语调、语速、口气、音重等等。这些手段，不是以言语、词句的形式表现出来的，我们称之为非言语手段。非言语手段可以单独运用，也可以配合言语手段运用。无论哪种表现，其接受者都可以从中获取信息，领会发送者的思想意图，从而决定自己的态度。因而，这种非言语手段同样属于实用口才研究的范畴。其地位，尽管有人认为它所传递的信息效果远远超过言语手段，但从"口才"的角度说，仍然只是言语手段的辅助手段。

第一节 辅助手段的认识

一、辅助手段的心理支配

(一) 心理支配概说

言语交际中，辅助手段的是否运用以及怎样运用，是受心理支配的。宋宗泽说："眼中形势胸中策。"[①] 就是告诉我们：一个人通过眼睛表达出的情感，传递出的信息，是在这个人心理支配下的反应。而《国语》所说的"观其容而知其心"[②]，则告诉我们：看一个人的外形表现，就知道这个人的心理活动。

1067 年，摩洛哥王国著名学者贝克利来到加纳王国的首都昆比。他看到，加纳国王出巡时，老百姓不是像其他国家那样，朝国王欢呼、颂祝，而是一齐下跪，抓起地上的尘土撒在自己的头上，以此来表达对国王的敬意。他又来到市场，看到商人们把一件件商品陈列在地上，并不叫卖，而是走出市场很远敲起手鼓。人们听到鼓声就出来购买。购买者在自己需要的商品旁放上一些金子就走开，并不拿走商品。这时商人才走过来，把放在可以成交的商品旁的黄金拿走，而对那些认为不能成交的商品旁的黄金则不管。待商人拿走黄金之后，购买者再过来把收走黄金的商品拿走，而对那些未收走黄金的商品旁再增放一些金子。等购买者离开后，商人再过来拿走黄金。购买者才又过来把商品拿走。整个市场都没有任何人讲任何一句话，买卖双方始终互不见面。贝克利感到昆比的这种不用有声的言辞来传递信息、形成沟通的现象很新奇，特意写进了他的《非洲见闻》之中。

加纳昆比的这种现象，就是辅助手段的运用。而之所以会如此运用，就在于其心理的支配。当时昆比的人们具有一种淳朴、诚信的心态。他们认为以国王统治下的尘土撒在头上，就是对国王的最大尊重与祝福；而买卖双方面对面地讨价还价有失风雅，显得庸俗。这种心理状态，在我国改革开放以前的一些偏远的少数民族地区，也存在过。比如某家有多余的鸡蛋，他不是拿到集市上去卖，而是将鸡蛋用篮子装好挂在村头的某棵树枝上，自己则去干活。到一定时间他才来到树前，将交换者取走鸡蛋后放进篮子里的其他物品，诸如油、米、烟叶、辣椒等拿回家去。他们认为，既然对于自己是多余的，别人需要就应当给别人；别人也不会白白地拿走，也应该以相当的物品来交换。而做买卖

① 《早发》。
② 《国语下》。

是丢人现眼的事，彼此见面讨价还价更觉可耻。有了这种心理支配，当然也就不需有声的言辞了，只要能够达到目的，用辅助手段不是更好？我国宋代的苏轼在密州任知州时，因思念亡妻，晚来梦中与妻相会，是"相顾无言，惟有泪千行"①。夫妻俩"十年生死两茫茫，不思量，自难忘"。一旦相见，纵有千言万语，也无从说起，所以才"惟有泪千行"。

可见，有什么样的心理，就会产生什么样的辅助手段的运用，也就是说，心理支配行为。

言语交际活动是一种较为复杂的精神活动，交际者千差万别，其心理也各有特点。由于交际是发送者和接受者共同构成的关系，因此，交际效果的好坏，与发送者和接受者的心理状态都有关系。

对发送者来说，心理状态好，他在发送中就会眉开眼笑、手舞足蹈、声音洪亮、语气坚毅、伶牙俐齿、行云流水；心理状态不好，他在发送中就会无精打采、手足无措、声音低沉、语气颓丧、吞吞吐吐、期期艾艾。对接受者来说，心理状态好，他在接受中就会延颈企踵、喜笑颜开、专心致志、会心会意、心驰神往、随波逐流；心理状态不好，他在接受中就会愁眉苦脸、坐立不安、抓耳挠腮、七上八下、神思恍惚、心不在焉。

投入言语交际的双方，无论是发送者，还是接受者，心理状态并不是固定的、一成不变的。交际的环境、对象、时间、内容的不同与变化，也会造成交际者心理的不同与变化。比如一个应邀去演讲的人，半路上被他人无端纠缠并吵了一架，其心情一定不会好，只想去应付一下便罢了。可他到了演讲会场后，听众对他热烈欢迎的那种氛围使他受到感染，心情便一下好转起来。演讲开始后，听众又是那样专注，反馈给他的信息是那样良好，他的心情就更加向着好的方向发展，其演讲就愈加生动活泼起来：春风满面，慷慨激昂。反过来，也是一样。一个本来心情很好、准备充分的人，到演讲会场后一看，稀稀拉拉地只来了几个人，情绪会受到影响。而演讲中，多种干扰不断、主持者借故溜走、台下吵闹不已、麦克风发出怪声，其情绪就会更糟，若硬要演讲下去的话，照念讲稿已属不错，哪还有心思运用辅助手段？

还有一种情况：一个人心理状态很不好时，在言语交际活动中他也会运用很突出的辅助手段。比如一个震怒的人，情绪十分激动，有人欲与之沟通交流，他当然不允，不仅脸色难看，而且在大喝一声"滚"之时，手会自然指向门外，或者直接将欲与之沟通交流者推出门去。这同样是受其心理支配而产生的对辅助手段的运用反应。

①《江城子》。

（二）支配因素

1．本能反应

心理对辅助手段的支配，首先来源于人的本能反应因素。本能是人的一种不需学习，天生就会的性能。婴儿不会说话，虽没有足以交际的言辞，可饥饿、疼痛时，他会哭；稍大时，他会伸出手来要大人抱。因此，人们在言语交际中有辅助手段的运用，很多情况下是一种本能反应。如发送者讲到高兴的事情，会情不自禁地面带喜悦或者笑出声来；接受者在听到悲哀的事情会不由自主地脸色沉重或眼眶湿润。

鲁迅的《祝福》中，祥林嫂的儿子阿毛被狼吃了，她给四婶和卫老婆子讲起这件事，还未说完，便"但是呜咽，说不出成句的话来。四婶起初还踌躇，待到听完她自己的话，眼圈就有些红了"。"卫老婆子仿佛卸了一肩重担似的嘘一口气"。

2．学习结果

丰富多彩的社会是一个学习的大课堂。交际者对于辅助手段的运用，许多又是在这个大课堂中学习来的。

一位从山里出来、从未乘过汽车的老农站在喧闹的公路边准备搭车去城里。当汽车飞驰而来时，他朝汽车喊道："停车，我要去城里！"司机并未停车，径自飞驰而去。因为司机听不见他的喊声，也就无法获得他要搭车的信息。一会儿，又一辆汽车飞驰而来，老农看见前方不远处站着的一个人朝汽车扬起手臂，汽车便停了下来，那人上了车。于是，待汽车开到他面前时，他也学那人的样扬起了手臂。果然，汽车也在他面前停下了，他终于搭上了车。这下他明白了：扬起手臂，就是让汽车停下；而朝汽车喊叫，是无济于事的。至此，在以后的每次搭车中，他都如此。他的这一辅助手段的运用，就是学习结果的因素所致。

而这种学习，往往是无意的，渠道也很宽泛：日常观察、与人交往、阅读书刊、观看影视，都可以在不知不觉中学到。比如，我国本没有伸出一只手的食指和中指作为交际的辅助手段的行为，但电视中经常可以看到西方人常常以此表示"胜利"，于是中国人也开始用此手段来作为辅助自己交际的行为了。

3．有意展示

交际者为了增强表达的效果，有时也会有意展示出自己的辅助手段，向接受者传递更为明确的信息。如一位因违规而被扣发了奖金的工人心里不服，气冲冲地来到车间主任的办公室。主任知道他是无理取闹，便头也不抬，板着脸道："你还有什么可说的？"自顾翻弄着桌上的什物。工人说："我要上告！"

251

主任抬起头来，笑嘻嘻地盯着他："你告去吧，我巴不得哩。"说罢轻轻地端起茶来喝，并很响亮地咂着嘴。这些辅助手段显然都是车间主任有意展示给那工人看的，无疑是让那工人更加清楚地获得自己所要传递的信息。

方纪的《挥手之间》，记载了1945年8月28日毛泽东主席赴重庆与国民党谈判时，在延安机场登上飞机后的一个令人难忘的动作：

> 主席站在飞机舱口，取下头上的帽子，注视着送行的人们……人们拼命地一齐挥手……主席也举起手来，举起那顶深灰色的盔式帽；但是举得很慢很慢，像是在举起一件十分沉重的东西。一点一点的，一点一点的，举起来，举起来；等到举过了头顶，忽然用力一挥，便停止在空中，一动不动了。

方纪认为，毛泽东的这个动作表明了一个思索的过程，然后作出了断然的决定。当时，毛泽东完全明白送行的人们那种挂念不舍的心情，因而有意运用了这么一个动作来表达自己无比坚毅的决心。

二、辅助手段的作用

（一）补充作用

言语交际中的信息传递当然主要是靠有声的言辞，但有声的言辞不一定能够很好地表达发送者的意图和态度，而辅助手段的运用正好补充了有声言辞表达的不足。接受者可以通过发送者的身姿、手势、眼神、语调、音重等更为准确、清晰地获得自己所接受信息的分量、力度。

如一个人在拒绝别人的要求时，他在以有声言辞发送出"不行"的信息后，又将手有力地一挥，这就比单纯的有声言辞表现得坚决。一个人要澄清别人对他的诬蔑，他找到诬蔑者后，以拇指指着自己的面孔，瞪着大眼高声说："你好好看清楚，昨天骑单车撞倒人的，究竟是不是我？"在讲到"究竟"两字时，特别放慢了语速、加重了语气。这就让诬蔑者感到了一种强硬的压力，不得不仔细加以辨认。

1999年3月15日，朱镕基总理在九届人大二次会议的记者招待会上谈到：他不久前访问俄罗斯，与普里马科夫总理进行第四次中俄总理会晤。叶利钦总统在与他会见时，将他的手拉过去贴在自己胸口说："我们是您最可信赖的朋友。"会谈结束，叶利钦走过来和朱镕基紧紧拥抱在一起。他们两人的辅助手段，都对他们所发送的"友好、信赖"的信息作了很好的补充。

（二）代替作用

人们在交际中，有时不用发送言辞声音，也可以形成彼此的沟通交流。发送者运用辅助手段来代替声音的发送，同样能够明确地向接受者传递信息。如两位骑自行车的熟人在狭窄的街道上迎面而过，彼此不必说话，只朝对方点点头或扬扬手，就达到了传递问候信息的目的。一个小伙子正式向一个姑娘求爱，他要姑娘表态究竟愿不愿意。腼腆的姑娘心里愿意，但又不好意思以有声的言辞表达自己的态度，只含情脉脉地朝小伙子娇羞地一笑，随即羞红了脸，将头偏向一旁。小伙子就全明白了。姑娘的辅助手段代替了有声言辞的发送。

茅盾在《故乡杂记》中谈到：

1932 年他回故乡，坐在内河小火轮上听见人们在议论时局。一个三十多岁的瘦长老乡说，松江以下一连有四道战壕已经掘好，东洋兵打不过来。说罢眼睛盯着茅盾，要茅盾证实他的军事发现。茅盾"只是微笑"。因为那儿戏般的战壕，茅盾是亲眼见过的，本就"怀疑于那样短短而简陋的壕沟能有多大防御能力"。茅盾以微笑代替自己所要表达的看法，同样明确地传递了信息。果然，茅盾说："坐在我旁边的第三位老乡，五十多岁的小商人，觉得我的微笑里有骨头，就很注意地望了我一眼，同时他摸着下巴很苦闷地自言自语着。"茅盾的"只是微笑"清晰地让人感到了国民党军队根本无心抵抗日寇的侵略，胡乱掏一点壕沟来障人眼目的行径。因而不能不"很苦闷"了。

（三）暗示作用

人们在交际中，有时自己的看法、态度不便以有声言辞直接向对方或旁人表露出来，可以借辅助手段作出某种含蓄的示意举动，让对方或旁人从中领会自己的意图。如一位不速之客到自己家中胡侃瞎吹、久坐不去，自己又有事要办，不愿同其再扯下去，可又不能下逐客令，于是便伸出手腕看表，或者伸懒腰、打哈欠。至此，客人就不能不起身告辞了。如果客人是来借钱，且该客人素有借钱不还的习惯，当客人提出借钱的要求，你在回答了他"我不管钱，不知太太手头有没有"后，侧脸向太太眨眨眼睛，或歪歪嘴，太太便明白了你的意图，随便找个借口即可拒绝其要求。

东汉的乐羊子在外求学，其家贫，妻子含辛茹苦，既要辛勤劳动又要侍奉婆婆，把身体拖垮了。一天，不知是谁家的鸡跑进她家院子，至夜不去。婆婆心疼儿媳，便悄悄将鸡杀了，炖好让儿媳滋补一下。心里暖融融的儿媳一边拿起筷子夹给婆婆吃，一边随口问起鸡的来历。当婆婆告诉她后，她立即放下筷子，掩面失声痛哭起来。婆婆觉得奇怪，忙问何故。她哭得更加伤心。联系儿

253

媳一贯的优良品德，婆婆似乎明白了，愧赧地说："是我不好，我不该这样做。"于是将鸡倒掉。儿媳这才止住哭泣，内疚地对婆婆说："我是为我无能，不能给婆婆弄点好吃的才伤心啊！"在那个社会，作为儿媳，当然不便直接批评婆婆的行为，况且婆婆还是为自己好。于是借伤心哭泣的暗示作用来表达自己的意思。

（四）示态作用

在言语交际中，向对方或他人展示出自己的某种形态，也能表达自己所要传递的信息，实现交际的目的。如双方谈判，一方衣冠齐整、举止端庄、神色严峻，就会使对方感到一种无形的压力，不能小视自己的对手。反之，如果一方衣冠不整、举止轻佻、神色浮躁，对方就可能不把你当回事。一个坚毅的革命者，被敌人逮捕而受审讯时，他或者昂首挺胸，以不屈的目光逼视敌人，或者对敌人发出爽朗的嘲笑，或者紧闭牙关，或者掉过头去，不予理睬。其展示的形态，无疑都向审讯者明确地传递出不屈不挠、视死如归的信息。

齐怀的《刑场上的婚礼》中，1927年广州起义行动委员会负责人周文雍与中共两广区委妇女委员陈铁军，为了革命，顾不上谈情说爱。后被叛徒出卖，他俩同时被国民党反动派逮捕，受尽酷刑。当他俩被押上刑场后，他们当众宣布举行婚礼。这时，他俩展示的形态是：

> 他们手挽手、肩并肩地站立着。红花岗，是他们的刑场，是他们的战场，也是他们举行那庄严而高尚的婚礼的礼堂。他们昂起头，蔑视敌人的死刑，带着希望的微笑，把那扑不灭的火种留给后来的人们。

这一示态，给人们留下了极深刻的印象，比那慷慨激昂的有声的言辞发送，毫不逊色。

（五）传情作用

交际中，一方的某种情感通过辅助手段传递给他方，形成彼此间的沟通交流。这就是辅助手段的传情作用。成语中的眉目传情、颐指气使、搔首弄姿、温情脉脉、暗送秋波等，都是这种作用的表现。它们都没有发送者的有声言辞的发送，但接受者完全可以从这些手段中感受得到发送者的情感。

郭沫若在《请看今日之蒋介石》一文中谈到：

1927年3月23日蒋介石策动安庆大屠杀的前一刻，不知险情的郭沫若到北伐军总司令部去见蒋介石。蒋介石正在内室与他人密谋大屠杀之事。郭沫若的突然到来，使总司令部的人都大吃一惊；可谁也不敢对他讲，他正是被杀的对象。这时，安庆电报局的斜眼局长奉蒋介石之召，也来到总司令部，因与郭沫若相识，两人便寒暄起来。周围的人都为郭沫若捏着一把汗。全然不知的郭沫若回忆当时的情景说："我和斜眼局长谈话的时候，杨虎、姚觉吾诸人惶惶然如将赴猎的鹰犬，时出时入，并不断注视我。"这时郭沫若恍然大悟，于是借故赶紧溜走。郭沫若得以保全性命，就在于他察觉到了杨虎、姚觉吾等人的神色举动所传递出的那种险情，才赶快作出了逃命的反应。

（六）调节作用

交际过程中，交际者运用某些辅助手段来调节自己的情绪和交际的气氛，这就是辅助手段的调节作用。

如在大会上作报告的人，或喝两口茶水，或拉拉领带，或"嗯嗯"两声；一对恋人谈情说爱，女方会不住地摆弄手绢；生意交涉中出现僵局，谈判者就会点燃香烟及给对方递上香烟；与客人交谈中，主人会时不时地请客人喝茶及给客人冲上开水。白居易的《琵琶行》中，那位"千呼万唤始出来"的歌女，出来后之所以"犹抱琵琶半遮面"，也是对自己羞涩、难堪情绪的调节。

据《列宁传》的作者回忆：

列宁被刺后，身体刚刚恢复便去一个军营看望红军士兵。当时士兵们正在开会，会场的主席便请列宁讲话。士兵们全部站起来不断鼓掌。于是"列宁快步上讲台，头向前伸，手里拿着笔记。他把表和笔记向讲台上一放，然后习惯地用两手摸头，好像在理一下头发……列宁不站在讲台上讲话，却总是马上走到台边的右侧更靠近听众的地方"。列宁的这一系列辅助手段，一方面是自己激昂情绪的调节，另一方面也是演讲现场气氛的调节。

三、辅助手段运用的条件

（一）约定俗成

每一种辅助手段代表什么意思，蕴涵何种寓意，应当是广大交际者经过长期的社会实践共同认定的或共同形成的，为大家习惯上一致遵守和沿用。

如中国人的伸出大拇指表示夸奖、赞扬，翘起小指头表示鄙视、斥责；点头表示赞同、肯定，摇头表示反对、否定；伸懒腰、打哈欠、叹气，表示不耐烦、不想听；跷起二郎腿，既可显出轻松、随便，又可表现傲慢、自负；同时伸出大拇指和小手指，表示数字"6"；同时伸出大拇指和食指，表示数字"8"；

255

伸出弯曲的食指，表示数字"7"；伸出五指分开的手掌，表示数字"5"；睁大眼睛，表示吃惊、气愤；对人不住地眨眼睛，表示另有他意，等等。

（二）环境选择

约定俗成的，并非是普遍的，它只能适应一定的环境。不同的地域、不同的民族，对辅助手段含义的理解，是不一定相同的。在运用辅助手段时，要选择不同的环境。

比如，前面提到的点头表示赞同、肯定，摇头表示反对、否定，它一般只适宜于中国，而且是汉民族。在国外以及中国的某些地区、某些民族中，就恰恰相反。比如，保加利亚人就是以点头表示反对、否定，以摇头表示赞同、肯定。一个世纪前，沙皇俄国的军队入侵保加利亚，因语言不通，便以辅助手段表达意图。可当他们按照俄罗斯人点头表示赞同、肯定，摇头表示反对、否定的认识同保加利亚人沟通交流时，却得到了适得其反的结果，闹出了许多误会。这种情况，在印度、斯里兰卡、尼泊尔、阿尔巴尼亚、希腊等国家，也是如此。又如，中国人要汽车停下，是将手臂高举；而欧洲人却是握住拳头竖起拇指，这在中国，又会误认为是称赞、夸奖汽车或驾驶员了。英美人表示"好"、"赞同"等，是用拇指和中指合成一个圆圈；而法国人则以此表示"零"、"没有价值"等。在中国的汉族中，熟人、朋友相见，拍拍对方、摸摸肩头表示亲热，而德昂族则认为这是最不礼貌的行为。

中国的少数民族，很多都以辅助手段表示独特的意义。如藏族人做客，在饭前和接受主人奉上的酒或茶后，用手指沾酒或茶轻弹两下，以此表示供佛和回敬对方。独龙族遇见生人时，双手搁在胸前，脸转向右边发出"咯咯"的笑声，以此表示客气、问候；当客人来家，全家人都自然站起，并弯腰发出"咯咯"笑声，以表示欢迎，客人也要"咯咯"发出笑声以示答谢。

（三）氛围恰当

在运用辅助手段传递信息时，应注意现场的气氛和情调。只有在恰当的氛围中才能运用辅助手段。

比如，当朋友悲戚地向你谈起他的亲人去世的情况时，你发出了笑声；当你倾心的恋人柔情地向你倾吐衷肠时，你的目光却在看另一个异性；当老师在讲课，同学们都听得津津有味时，你突然站起来伸懒腰、打哈欠；当你在一个庄重、肃穆的会场讲演或致词时，你嬉笑轻佻、手舞足蹈；当你作为嘉宾坐在主席台上时，却打起了瞌睡……这些，都是氛围不恰当的表现。赫鲁晓夫在联合国大会上发言时，为了表示他的激愤之情，竟脱下皮鞋来狠狠敲击讲台，就给世界留下了永远抹不去的笑柄。

《史记》"鸿门宴"中，项王本来对沛公刘邦驻军灞上是有意见的，但刘邦到鸿门后即主动请罪，对项王恭顺不已。项王便打消了惩处刘邦的念头，并设宴招待刘邦。可项王的军师范增却想趁机将刘邦杀掉，席间，"范增数目项王，举所佩玉玦以示之者三"。范增的意图不是以有声的言辞表达出来，而是多次向项王递眼色，又三次举起所佩的玉玦来暗示项王赶快下决心杀掉沛公。然而，"项王默然不应"。项王为什么默然不应？原因就在于范增没有在恰当的氛围运用辅助手段。项王已经没有杀掉沛公的意思了，大家都高高兴兴地喝酒，范增的辅助手段再怎么明显都没用。这就是氛围的限制条件。

（四）自然得体

运用辅助手段的目的是更好地传递信息与沟通交流，而绝不是表演。什么场合、什么时间、什么情况用什么手段，不能凭事前的设计安排，只能顺其自然，水到渠成。即使有意识地要运用某些辅助手段，也要把握分寸，不勉强、不局促、不呆板，自然和谐，恰到好处。勿给人以装腔作势、矫揉造作、故弄玄虚之感。

比如，有的年轻教师为了赢得学生的敬重，故意摆出老成的姿态，动作、语气都显得老气横秋；有的演讲者在台上手忙脚乱地做大动作；有的人在与人交谈中，在本不该笑时，做作地发出皮笑肉不笑的声音等。

普列汉诺夫以口才出名，但《列宁传》中将他与列宁作比较说："作为一个演说家，普列汉诺夫是以才华横溢、辞藻华丽而出名的，但是他的辩才却带有做作的热情与戏剧式的姿态，而缺乏内在的热情。"这说明普列汉诺夫的辅助手段运用还欠自然得体。而列宁呢？"他的演说中绝对没有夸张的话或演戏一样的动作。""列宁的演说不是为了追求戏剧效果，而是要使他的听众信服，向工人们解释布尔什维克的路线。他并不追求夸张的词句或机智。""开始时，他很少做什么手势，只是不时把大拇指插到背心里去。但是再讲下去，他就开始越来越多地用两只手做动作。这些并不是'演说家'那种做作的手势，而是一个指挥官指向敌人，发出战斗号召的急速有力的动作。"可以看出，列宁对辅助手段的运用，是多么自然得体。

257

第二节 形体语手段（上）

一、形体语概说

（一）形体语的含义

形体指的是人的形迹和体势；形迹包括神色和动作，体势包括姿态和服饰。形体语就是人们在交际中，通过神色、动作和姿态、服饰这些非有声的言辞手段来传递信息，形成彼此的沟通交流。

（二）形体语的价值

有研究表明，在现实生活中，除了专门的信息传递者（如教师、播音员、讲解员、主持人、宣传员等）外，其他的交际者平均每人每天用于讲话的时间是 11 分钟，平均每句话占有的时间是 2.5 秒。而这一交际中，有声言辞部分传递的信息量只约占 35%，非有声言辞部分传递的信息量则约占 65%。这就是说，发送者的信息传递和接受者的信息获取，主要是依靠形体语来实现的。心理学家经过多次实验后得出过一个公式：信息的传递与获取 = 7% 的有声言辞 + 38% 的语音 + 55% 的形体语。这个公式概括得是否完全准确，我们不必去深究，但我们至少可以获得这样一个认识：形体语是人们交际中的一个不容忽视的重要辅助手段，具有超过有声言辞信息量的价值。

在人类出现初期还没有有声的言辞以供交际，却有可供交际的形体语。发送者通过自己形体的展示来表情达意，接受者则通过对发送者展示的形体的视觉的印象来感知发送者的情感和意图。到了语言出现以后，形体语不仅没有稍减，而且愈加发展、丰富，其交际效果有时远比有声的言辞更具风采。

对于接受者来说，通过视觉所获取的信息不仅在量上大大超过听觉，而且在质上也远非听觉可比。发送者只凭借有声言辞发送信息时，如果音量不足、吐字不清、错说漏讲，都会给接受者的信息获取造成障碍，势必影响交际的效果。而发送者再加上形体语的辅助来发送信息时，接受者通过视觉的帮助，就能够清晰地、准确地获取发送者的信息传递。比如听广播与看电视，对播音员播送的同一条消息，接受者的感觉就不一样，看电视的印象就比听广播深得多。而看电视，又不如发送者面对面地向接受者传递。为什么在抗洪前线牺牲的"新时期英雄战士"李向群事迹报告团，要不辞辛劳地在全国各地巡回作报告，而不将磁带、录像带发行全国而自行听、看？原因就在这里。

二、形体语的运用（上）

（一）神色语

1．眼神

人们常说："眼睛是心灵的窗户。"一个人的内心世界是个什么模样，都可以通过这扇窗户透露出来。交际中，用不着开口说话，发送者的喜、怒、哀、愁、乐，只凭眼睛的神态就能传递出内心的这些情感；接受者也不一定要听发送者说话才能获取其传递的信息，只需看看发送者眼睛的神态，就能领悟其内心的活动，知道他究竟想表达什么意思。眼神所传达的感情，往往超过有声言辞的发送。所谓"会说话的眼睛"，就是由此而得。

《祝福》中的祥林嫂，开口说话极少，可是眼睛说话却不少：祥林嫂初到鲁四老爷家帮工时，眼睛尚有神采；再到鲁四老爷家时，因丈夫死了，儿子被狼吃了，便是"没有神采的眼睛"了，"眼光也没有那样精神了"。她碰到人时，"直着眼睛看他们"；"孩子看见她的眼光就吃惊，牵着母亲的衣襟催她走"。当别人嘲笑她时，她"总是瞪着眼睛，不说一句话"。她沦为乞丐后，"我"碰见她时，"只有那眼珠间或一轮，还可以表示她是一个活物"。她向"我"打听有没有魂灵、地狱之事时，"那没有神采的眼睛忽然发光了"；"我很悚然，一见她的眼盯着我的，背上也就遭了芒刺一般"。祥林嫂的眼睛，充分表达了她内心的悲苦之情。

无产阶级革命导师马克思、恩格斯、列宁，都十分善于运用眼神语。

保尔·拉法格回忆马克思说："当某一个人在谈话中夹入几句俏皮话或机敏的答辩时，他的黑眼睛便在浓密的眉毛下快活地嘲弄地闪动起来。"

李卜克内西回忆恩格斯说："他在观察人们和事物的时候，不是用玫瑰色眼镜或黑色眼镜，而是用明察秋毫的目力。他的目光从不停留在事物的表面，而总是要洞悉底蕴。这种明察秋毫的目力，这种'慧眼'，这种自然之母只赋予少数人的洞察力，都是恩格斯所有的。这一点我在第一次会见他的时候就觉察到了。"

普·凯尔任采夫回忆列宁说："他演说时的姿态，他的纯朴，而首先是他的一双目光炯炯能看到人们内心深处的眼睛——都使我觉得是非凡的。"

交际中，眼神的运用是通过目光注视来形成彼此间的沟通交流的。对发送者来说，他在发送过程中，目光要注视着他的接受者。如果接受者是单一的个体，这种注视的指向是集中的，发送者的目光只在该个体的身上。而身上，又只能是腹部以上，可以是眼睛、面部、胸膛。如果接受者是几个，这种注视的指向是移动的。发送者的目光应根据自己表达时的主旨、倾向，在兼顾众人之时，不时地分别指向其中的某一个体。如果接受者是一个较大的群体，像教师讲课、领导作报告、登台演讲之类，这种注视由于视域广阔，指向则是发散的。发送者的目光不能只盯着某一个或某几个，而要扫视、虚视整个群体。对接受者来说，他在接受过程中，目光也要注视着发送者。以便从发送者的眼神语中获得更准确、更丰富的信号，从而确定自己的交际对策。

比如，发送者的眼神暗淡无光，表明其内心有忧伤，自己就不要神采飞扬；发送者眼神突然明亮，表明其对自己或自己的表现产生兴趣，自己就应趁机表达自己的思想；发送者眼神游移躲闪，表明其慌乱心虚，自己就应穷追猛击；发送者眼神沉静坚毅，表明其成竹在胸，自己就不可轻率表态。

总之，无论是发送者还是接受者，都可以根据对方的眼神来构建交际的桥梁。因为任何一种眼神——正视、斜视、傲视、逼视、鄙视、仇视、俯视、仰视、蔑视、窥视，都包含着明确的意义，传递出清晰的信息。根据这些信息，交际各方就可以及时作出调整，采取相应的措施。如此，交际才会收到良好的效果，交际的目的也才能得以实现。

有的交际者在交际中不注意目光注视，往往因此影响交际。如无论是发送还是接受时，低头看脚、抬头看天、左顾右盼、目光该指向甲时却指向乙。这种交际者要是处于发送位置，接受者会感到你心不在焉，根本无心交际，只不过应付、敷衍罢了；要是处于接受位置，发送者会感到你不懂礼貌、藐视自己。那么，这种交际还会有什么好结果呢？当然，如果真出现这种情况，交际双方也可以从中明白：交际已不能再进行下去。

目光注视并不是说在交际中要一直盯着对方的眼睛。英国学者莫里斯说过："眼睛对眼睛的注视，只在强烈的爱或强烈的恨之时才发生；其他人在通常情况都不喜欢被人一直注视。"确实，现实生活中我们看到，一对恋人，彼此都会深情地注视对方的眼睛；两位情敌，彼此也会狠狠地注视对方的眼睛。美国学者迈克经过试验认为，双方交谈中，如果彼此注视的时间超过交谈时间的60%，那就说明彼此互感兴趣超过了交谈本身。因此，交际中，如果不是强烈的爱或强烈的恨，注视对方眼睛的时间应控制在60%以内。无论是发送者还是接受者，在整个交际过程中一直盯着对方的眼睛，会使对方感到局促、难堪，甚至会产生被挑衅、侮辱的感觉。为了避免一直盯着对方的眼睛以及一点不盯对方的眼睛，可以将注视的视域稍加拓展：既注视眼睛，又注视面部表情，还注视手势、姿态、动作等等。

2. 脸色

脸色，就是脸上的表情。一个人的内心活动，想说什么，是可以通过脸色来表达的。《左传》中说："人心之不同，如其面焉。"别人要知道某人的内心活动，也可通过观其脸色来获得。俗话说："出门看天色，进门看脸色。"这就提醒人们：在交际中应当留心别人通过脸色传递出来的信息。时下，老百姓形容一些党政机关是"门难进、脸难看、事难办"。批评他们高高在上，不为或不热心为老百姓办事。当有老百姓找上门去时，在他们的脸上表现出冷漠、厌烦、鄙夷、傲慢、拒绝等情绪，使人望而却步，可见脸色在交际中的影响。

脸色的构成，除了眼睛之外，还有眉毛、鼻子、嘴巴、肌肉、须发等。人的情感都可以通过这些构件表达出来。

比如眉毛：鲁迅说是"横眉冷对千夫指"，其横眉，既表示对敌人的轻蔑，又表示自己的无畏，传递情感是非常准确的。如果换成"扬眉"、"皱眉"、"竖眉"之类，就不恰当了。扬眉表示的是兴奋、愉悦，皱眉表示的是讨厌、为难，竖眉表示的是气愤、恼怒，展眉表示的是舒畅、宽慰，锁眉表示的是忧愁、哀伤，低眉表示的是羞涩、顺从，垂眉表示的是不愿、不快，挤眉表示的是挑逗、嬉戏，等等。

中国的成语、俗谚中，有不少就是表现脸色而使人获得其传递的信息的。如满面春风、喜笑颜开，表达内心的喜悦与兴奋；和颜悦色、笑容可掬，表达出对人的热情与友好；道貌岸然、冷若冰霜，表达出对人的高傲与冷淡；羞羞答答、面红耳赤，表达出内心的羞怯与激动；面如死灰、目瞪口呆，表达出内心的惊悸、恐惧；疾言厉色、凶神恶煞，表达出对人的威压与要挟；涕泪滂沱、向隅而泣，表达出内心的痛苦与悲伤；须发倒竖、鼻翼开合，表达出内心的震怒与愤然。

在脸色中，最能体现传递信息、表情达意作用的，是笑与不笑。不笑，较为简单，传递的信息是很明确的。如痛苦、悲伤、忧愁、苦闷、愤怒、激动、恐惧、惊讶、厌烦、仇恨、斥责、声讨等情绪支配时，就不会笑，也不必笑。而笑，则较为复杂，传递的信息不很明确。一个人喜欢某人某事时，他会笑；可他不喜欢某人某事时，也会笑，一个人心里高兴时，他会笑；可他不高兴时，也会笑，甚至有时一个人在本不该笑时，他也要笑。

在人际交往中，任何人都会有笑，而笑所传递的信息又不很明确。如果一个人交际甚少，涉世不深，就难以把握得住别人笑的准确含义，从而造成交际的失误，甚至给自己带来不良后果。就是交际较多，涉世颇深的人，也应当注意体会不同的笑。如欢笑、昵笑、讥笑、憨笑、冷笑、干笑、皮笑肉不笑、狞笑、奸笑、苦笑、谄笑、嬉笑、调笑等等。兴奋喜悦，是欢笑；亲密友爱，是昵笑；讥刺嘲讽，是讥笑；天真憨厚，是憨笑；鄙夷轻蔑，是冷笑；勉强做作，是干笑；痛苦哀伤，是惨笑；忧郁不快，是苦笑；情不自禁，是失笑；巴

261

结奉承，是谄笑；逗闹取乐，是嬉笑；戏谑打趣，是调笑；凶恶狠毒，是狞笑；阴险狡猾，是奸笑；得意忘形，是狂笑……只要把握住这种种的笑，也就把握了发笑者的内心世界。无疑，也就明白了其笑所传递的信息。

交际中，最能促成彼此沟通交流的笑，是微笑。微笑是不出声音，通过面部略带的笑容来传递信息的一种脸色。这种脸色好似和煦的春风，使人感到温暖、亲切和愉快，营造出一种融洽和谐的交际氛围。《诗经·卫风·硕人》中的"巧笑倩兮，美目盼兮"，就揭示了这种作用。

微笑脸色的语意十分丰富：高兴、愉悦、满足、乐意、友好、热情、亲密、欢迎、敬佩、赞同、鼓励、领悟，还有希望、企盼、请求，甚至还有自谦、内疚、致歉、否定、拒绝。有人说，微笑是交际的灵魂，这是一点都不假的。

达·芬奇的名画《蒙娜丽莎》画了一位几个世纪以来都令世人为之倾倒的女人，成为人们心目中最美好的形象。按照我们东方民族的审美观，蒙娜丽莎算不上漂亮，而且多少还显得有些臃肿。可她的惊人之处，正在她那永恒的微笑。使人看去，总觉得心里舒畅、愉悦，产生好感。中国的商界很早就有句"人无笑脸莫经商"和"不会笑脸迎人，没有生意上门"的说法。老百姓中也有"拳头不打笑脸人"的俗谚。这些所指，就是微笑。在当今激烈的市场经济的竞争中，各行各业都在大力提倡"微笑服务"，所看中的就是微笑所蕴涵的交际魅力。

（二）动作语

1. 头动

头动，就是用头部的活动来传递信息，表达内心的情感。在表现形式上，有点头、摇头、偏头、回头、仰头、低头、垂头七种，所含意思各不相同。在特定的交际环境中，点头，表示赞同、肯定、鼓励；摇头，表示反对、否定、怀疑；偏头，表示岔移、犹豫、不解；回头，表示欣赏、拒绝、回避；仰头，表示景仰、傲慢、坚强；低头，表示娇羞、顺从、沉思；垂头，表示无奈、沮丧。

头是人身体上最突出的部位，其表达情感、传递信息的作用非常明显。如何动，对发送者来说，是情感的表达；对接受者来说，则可由此获得信息。唐代诗人李白那首脍炙人口的小诗《静夜思》："床前明月光，疑是地上霜。举头望明月，低头思故乡。"没有奇特想象，没有华美辞藻，一个"举头"，一个"低头"，就把诗人旅思的秋怀表现得淋漓尽致。"举头"，触发了遐思；"低头"，陷入了沉思。一"举"一"低"的两个头动，深刻地表达了诗人内心的思想感情。

　　1924 年 7 月，现代诗人徐志摩随印度诗人泰戈尔访问日本，临别回国时，日本侍女的一个低头动作，给他留下了极深的印象，他感到这一低头，传递给他的是无比的温柔与娇羞："最是那一低头的温柔，像一朵水莲花不胜凉风的娇羞。"[①] 日本侍女的动人之处，他感受到的，不是明亮的眼睛、红润的嘴唇、雪白的肌肤、纤巧的手臂、婀娜的身姿、艳丽的和服，而单单感受到了夺人心魄的温柔的低头。我们今天读起这首诗时，打开形象思维的窗户，展开想象生发的翅膀，也会为那"一低头"而感触万端。

　　头动中，以点头和摇头最为多见。它们所代表的意义也很宽泛。尤其是点头，除了前面所提到的赞同、肯定、鼓励外，还可表示问候、致意、感谢、满意、理解、舒畅、表扬、拥护、放心、尊敬、佩服等等。交际中，可以根据现场的情景加以运用和予以理解。

　　比如，甲、乙二人相遇，谈起第二天将要开幕的博览会。甲问乙："明天你要参加开幕式吗？"乙点点头，甲知道乙是在肯定，他要参加开幕式。甲又问乙："老张要在开幕式上发言，你觉得怎么样？"乙又点点头，甲知道乙是赞同老张发言的。甲接着说："对这事，我有点看法，不知……"甲抬眼望着乙，乙朝他点点头，甲知道乙是愿意听的、鼓励他讲下去。于是甲便打开话匣子，谈了起来。甲在谈的过程中，他注意到乙频频地点头。这样，甲便谈兴大增，他知道，乙对自己所谈是感兴趣的、是理解的。甲谈完自己的看法后，又补上一句："这只是我个人的一点不成熟的意见，希望不要让老张知道。"乙朝他点点头，甲知道，乙是让自己放心。至此，甲便满意地挥挥手向乙告辞，乙朝他点点头，甲知道，乙在向自己致意。整个交际过程，乙都没有讲一句话，仅仅是点头，便把自己的意图清晰地传达给了甲，使交际得以完成，并收到满意的效果。

　　摇头虽然在含意上不像点头那样十分宽泛，但有时摇头所指是并不确定的。在双方交际中，一方被另一方问及某人、某事、某问题时，他要表示反对、否定、拒绝，可以摇头；而他要表示不知道、回答不了，或者表示此时此地不宜回答、不宜谈此事，也可以摇头。这就需要交际者根据现场的情况及自己的经验去加以判断了。

　　2. 手动

　　手动，就是用手（包括手指、手掌、手臂）的活动来表达情感，传递信息，亦即所谓的手势。

[①] 《沙扬娜拉》。

263

　　手动是人的所有动作中运用最频繁而且表情达意作用最突出的动作。在人的所有形体语，甚至整个辅助手段中，都占有最重要的地位。手动除了孔夫子在《礼记·乐记》中所指出的"言之不足"和"嗟叹之不足"则"手之舞之"外，在不言和不嗟叹的情况下，也常常用到，其表情达意效果甚至超过言之和嗟叹之。

　　《孔雀东南飞》中，刘兰芝被婆婆强逼与丈夫焦仲卿分离，悲苦的丈夫送哀伤的妻子上路，分别时是"举手长劳劳，二情同依依"。夫妻俩久久地举着手，怅惘若失，依依不舍之情溢于言表。宋代的柳永，长期寓居汴京，后要去各地漂泊，在与他心爱的歌妓告别时："执手相看泪眼，竟无语凝噎。"①

　　手动的部位不同，动作的方向、形式不同，表示的意义也不同。有时，就是同一个部位、同一个方向、同一种形式，表示的意义也不同。这里按部位分述如下：

　　①手指。人手掌上的五根指头，都可用以表情达意、传递信息。篮球场上的裁判，以手指的比画表示其裁判的决定；毛泽东在延安窑洞前掰着手指向战士演说的照片，令人难以忘怀。在现实生活中，将十指交错，两手钳在一起，显露出沮丧和局促；分开一手的五指一反一正摆动，表示数字"10"或全部；伸出一手的拇指和小指靠近耳边，表示打电话；两手的手指尖贴在一起，掌心分开，状如尖塔，显示出自傲和自信。

　　手指用得最多的是拇指和食指：拇指与食指构成一个圆圈，伸出其余三指，可表示很好、顺利；竖起拇指，伸出食指，既可表示数字"8"，又是手枪的象形。

　　拇指、食指在单独运用时，含义甚多。例如：

　　拇指，上竖，表示优秀和称赞；下竖，表示停下和就在此地；指向自己，表示"我"，而且显得粗骄；指向身后，示意在后面或留心后面；指向侧面，表明具体方向；将上竖的拇指对人频频弯曲，作点头状，表示致意、再见；伸出两手的拇指，靠近频频作相碰状，示意交锋、接触。食指在运用中的意义，比拇指还要丰富：上竖，用于发誓、诅咒以及引起注意；下竖，表示现在、此地；指向自己，表示"我"；指向对方，含有斥责、鄙夷之意；指向前方，提醒注意、观察；指向事物，则是明确告示。还有如将食指竖在嘴唇上，暗示别人不要说话、不要吵闹；弯曲食指朝自己方向摆动，是叫别人靠近自己；在别人给自己倒茶、斟酒时，以食指轻叩桌面，可表达对别人的感谢之意；在背后议论他人时的指指戳戳，用的也是食指。将两手的食指钩在一起，则表示团

---

　　① 《雨霖铃》。

结、同心。

手指所具有的象形、暗示、指向、指示等作用，历来为人所重。秦时，赵高指鹿为马，其指，是对事物的具体指点；鲁迅"横眉冷对千夫指"，其指，是敌人的指头、指责。成语中，与手指的运用有关的，随便就可以举出很多，如指不胜屈、指顾之际、指桑骂槐、指手画脚、指天誓日、指瑕造隙等等。

②手掌。手掌在交际中的辅助作用，主要体现在友好的沟通方面。比如摊开手掌，表示真切、诚恳、坦露。在运用中有三种情况：

首先是握手。

握手运用的场合较多、含义较广：与人相见，不管是生人还是熟人，与之握手，表示欢迎、问候；别人做出了成绩，与之握手，表示祝贺、道喜；别人帮助了自己，与之握手，表示感谢、道乏；别人有忧愁、悲伤，与之握手，表示安慰、理解；与人分别，与之握手，表示留恋、祝福；确定共同目标后，彼此握手，表达信心、期盼；矛盾的双方握手，表示释嫌、化解。在握手的方式上，稍微碰碰就松手，或用力过轻，会显得冷淡、应付；而紧紧握住又长时间不放，又会让人感到难堪。因此，在握手的时间和轻重上应有分寸。握手一般只伸出右手与对方相握，表示特别亲热、特别诚挚时，可以伸出双手与对方相握，或者以右手相握，以左手搭其臂、肩。

其次是鼓掌。

鼓掌表达的意思主要是欢迎、鼓励、感谢、肯定、同意、赞扬、拥护及振奋。在《毛泽东选集》中，我们看到在毛泽东的一些报告、演说中，多有以括号标明的"鼓掌"、"热烈鼓掌"、"长时间热烈鼓掌"等字眼，这是听讲者以掌声表达的赞扬、拥护的心意。

1999年3月召开的九届全国人大二次会议，朱镕基作政府工作报告时，据代表统计，台下代表的鼓掌次数达24次之多，而且都是非常热烈的，长时间的。这充分表达了代表们对朱镕基报告的肯定与振奋。

再次是手拍。

手拍与鼓掌不是同一个概念。手拍所表达的意思，是以手拍击了他物。

手拍主要体现在这样一些方面：两人相见时，彼此手掌拍一下，这在表示问候上，比握手要亲近、密切些；两人分别时，彼此手掌拍一下，这在表示祝福上，也比握手亲近、密切些。双方要达成某种协议，或达成协议后，彼此手掌拍一下，表示守信和态度坚决，甚至还表示绝交。如汉代卓文君不遵父命，硬要嫁给穷困落泊的司马相如，而与其父三击掌断绝父女之情的故事。在欣赏音乐时，用手和着节奏拍打，表达出自己的投入之情。人在对某人某事突然表示感叹时，也会使劲拍一下手。有时作为一种暗号，也用手拍来表示。

手拍除了这些手与手的接触之外，还可以是手与人体其他部位或与其他物体的接触。如朋友相见，拍拍对方肩膀或手臂，表示亲热；长者拍拍孩子的脸蛋、屁股，表示溺爱；自己叹气，会拍自己的大腿；恍然大悟，会拍拍自己的脑袋；人懊悔，会连连轻拍桌案；人发怒，则会狠狠重拍桌案。毛泽东在《别了，司徒雷登》一文中说："闻一多拍案而起，横眉冷对国民党的手枪，宁可倒下去，不愿屈服。"就是闻一多对国民党倒行逆施愤慨已极的情感表达。

③手臂。手臂动作比手指和手掌都大得多，也更容易引起别人注意。列宁演说中留下的那幅左手插入坎肩，右手伸向前方的照片，显示出列宁的无限风采。

手臂的含义是很丰富的：高举手臂，表示赞成、同意；屈肘握拳上举，表明决心、态度；握拳挥动，意为鼓劲、用力；握拳前伸，表示抗议、谴责；伸手向前上方，表示希望、信念；伸手向正前，是请客人先举步，伸手向屋内及座位，是请客人到屋内就座；手往下挥，表示坚决；双手下伸，表示无奈、无法；挥动右手，表示招呼、再见；对人摇手，表示拒绝、否定；双手朝两边分开，表示完了、没了；双手背在后面，有一种居高临下、不容置疑之感；双臂抱在一起，显出一种自信与傲慢；一手撑着下巴，是在思索，或有疑惑；双手托起脑袋，则是不安、无奈的表现；十指交叉往后抱住后脑，显出轻松、闲适；双手叉腰，表示自豪和挑战。

手臂动作主要是情感的宣泄，表达者为了引起注意，加重语气，强调内容，突出思想往往有手臂动作的运用。而接受者也往往在这些手臂的动作中获得深刻印象，受到深切感染。

3．身动

身动是整个身体的动作。交际中，人的情感表达和信息传递，可以由整个身体的动作来展现。

1954年，川剧名家周慕莲在重庆北温泉休假时看到一对夫妻吵架，她对那位妻子的身体动作很有兴趣。她对同行的人说："我发现那个女人很有表演才能。她有一个很好看的动作：她哭的时候，肩膀耸得很厉害；就在耸肩的同时，我看到她的颈项是伸直了的，头微微朝下，腮腭之间有颤动，表示出'忍泣吞声'的情状，这就既有'外在'，又有'内在'了。"周慕莲说的这位女人，就是以身动来表情达意的。

身动在人际交往中，主要运用于礼节场合。我国古代的下跪、磕头就是这种整个身体的动作。

清末，吴趼人在其《二十年目睹之怪现状》中说了这么一件事：

　　清政府的一个总兵要到停泊在长江边的英国军舰上拜会舰长。他来到江边，对着军舰便屈膝跪下，磕起头来，且边磕边喊："下官前来拜会舰长大人!"英舰长莫名其妙，问道："他这是干什么?"通事告诉他，这是中国人的礼节，他还满怀狐疑与不解。

　　现在，下跪、磕头的礼节一般已不用了，只在一些特定场合和特定地域，还有所见。如 1999 年 4 月 13 日，李鹏委员长访问泰国清迈市。在清迈机场的欢迎仪式上，泰国群众就双手合十跪在地上，表达热烈欢迎之情。如晚辈给长者祝寿、过年给祖宗烧香、清明给死者上坟、晚辈给长辈吊孝，以及对别人恳求、对别人谢恩等。

　　现实生活中，身动主要有以下形式：

　　①鞠躬。一般表示敬意是上身向前倾斜 15 度左右，特别恭敬，则弯曲 90 度。日常交际中，鞠躬只用于晚辈对长辈、学生对老师、年轻的下级对年长的上级；同辈、同事之间，只在表示极深的谢意之时才用。非日常交际，如演员上台演出、演讲者上台演讲，他们也对观众、听众鞠躬，这是对公众的尊重，意思是谢谢公众前来捧场。又如吊唁死者，追悼英烈，人们也对其遗像、遗体、陵墓、纪念碑鞠躬，这是表达缅怀之情。除这些外，鞠躬还有请求和致歉的意思。我们经常看到，抗战时期侵略中国的日本军人，再次来到解放后的中国时，面对当年的受害者深深鞠躬，请求宽恕、虔诚道歉的情景。

　　②拥抱。这本是西方用以表达亲密、友爱情感的身体动作。现随着各国交往的频繁、人民间接触的增多，中国人也渐渐接受了这种方式。不仅在与外国人交往时用此，就是国人之间，也在一些地方流行。拥抱和紧紧握手一样，传递的都是热烈的情绪，仅仅是表现的方式不同罢了。朱镕基总理在九届二次人大会议的记者招待会上回答记者关于中俄、中美关系时谈到叶利钦总统同他的会见。"会谈结束时，叶利钦总统走过来和我紧紧拥抱。我想这无非说明我们是真诚的朋友。"[①]

　　③合十。合十就是两只手臂均弯曲于胸前，伸直手掌，十个指头紧紧合在一起，不动或前后摇动，闭目，身体略前倾，微微低头。这是佛教徒表达虔诚、友好的动作，在南亚、东南亚和我国西藏以及其他佛教地区流行。甚至道教以及非信教徒中，也有此动作。按照入乡随俗的观点，即使平时不用此动作的人，到了运用此动作的地方和与用此动作的人交往，也应运用。如《汪东兴日记》中，汪东兴回忆 1947 年 10 月 19 日毛泽东在陕北逛白云观，"道长出来迎接我们这些施主，主席双手合十，闭目低头与道长行过礼"。

267

――――――――――――

　　① 《人民日报》1999 年 3 月 16 日。

除了上述三种形式的身动外，各个国家、各个民族、各个地域还以一些独特的身动形式来表达友好、亲密的感情。如维吾尔族亲友相见，先握手，口说"撒拉木"（您好），然后右手扶胸，躬身后退半步。蒙古族接受长者的东西，要稍屈身子，或跪下一腿，伸出右手去接。青海、甘肃藏族互相见面，伸出双手，掌心向上，弯腰躬身。满族久别重逢，以拥抱为礼，平时相见，则要稍稍弯曲身体，作下蹲状。塔吉克族久别相见，相互吻手，妇女相见，则相互接吻；告别时，男子右手扪胸、躬身，女子则双手扪胸、躬身。鄂温克族年轻人见长者要屈膝、侧身、拱手作揖。柯尔克孜族平时彼此见面均要以手抚胸、躬腰。锡伯族晚辈见长辈要"打千"——左腿前走半步，双腿下曲，双手扶左膝盖。

第三节　形体语手段（下）

一、形体语的运用（下）

（一）姿态语

1. 立态

立态就是站立时的姿态。古人强调"站如松"，我们也常说"站有站相"，指的就是人在交际活动中，凡站立之时，应当有一个得体的姿态。这在面对较多公众的场合，尤其如此。如上课时的教师、演讲时的演讲者、作报告时的领导、主持节目时的主持人、指挥交通的警察、宾馆的礼仪小姐、拍卖行的拍卖师等。这些交际者处于发送者的位置，其站立的姿态，本身就是一种信息源，接受者通过视觉，而获取该发送者精神面貌、身体状况以及内心活动的信息。

所谓得体的姿态，并不是一个个都要像仪仗队队员那样站得笔直，这要根据各自所处的交际环境并辅以适当的表情、手势等而定。上课的教师的立态与执勤的警察的立态就有很大的不同。但总的立态原则应当是：全身直立，头正颈端，胸挺腹收，腿直脚稳。给人以振作端庄、稳沉有力的感觉，犹如挺拔的苍松。这样，你的接受者才会产生愉悦与信赖的情绪，积极地同你沟通交流。与公众打交道的交际者，如果不注意自己的立姿，从工作职责来说，有违职业规范的要求；从交际角度来说，效果就会大打折扣。就是非与公众打交道的交际者，在日常的交际活动中，也是要注意自己的立态的。

2. 坐态

坐态就是坐着时的姿态。古人强调"坐如钟"，我们也常说"坐有坐相"，指的就是人在交际活动中，凡坐着时，应当有一个得体的姿态。这在同众多公众的交际中，尤其如此。

得体的坐态根据交际的环境来确定：

在严肃、庄重的场合，在自己处于引人注目的位置，在自己所敬仰、尊重的对象面前，坐态要端正稳沉，眼正视，腰伸直，脚并拢或稍分开（女性可脚踝交叉），即所谓正襟危坐。正襟危坐也不是说要像庙里的菩萨一样一动不动，它指的是那些有损形象的坐姿，如仰面朝天、低头看地、东张西望、左偏右倒、趴伏桌上、以手抱头、以肘撑腮、跷二郎腿等等。

《史记·日者列传》中记了这么一件事：

中大夫宋忠、博士贾谊皆饱学之士。一日二人一同上街，见楚之卜者司马季主在一卜肆讲学。二人便入肆中随便坐下，姑妄听之。只听司马季主"分别天地之始终，日月星辰之纪，差次仁义之际，列吉凶之符，语数千言，莫不顺理"。至此，"宋忠、贾谊瞿然而悟，猎缨正襟危坐"。本来是随便坐下的他俩，为什么惊恐地回顾而有所悟后，迅即束紧帽子上散乱的缨带，整理好衣服端端正正地坐好？就因为听了司马季主的讲学，感到他的博大精深，不能有随便的坐态。在现实社会中，那些有身份、地位的人，那些被邀坐在主席台上的人，那些参加各种庄严活动的人，他们的坐态，就不能随便，就应当是端正稳沉的正襟危坐。

在一般的场合，自己又不是处于为人所注目的位置，自己的交际对象与自己平等或低下，坐态就可放松一些：头可以自由活动，可以左右旁视，腰可以有所弯缩，腿可以相互交叉或跷起二郎腿，手可以放在桌上或扶手上。至于与那些亲密、极熟的人交际，坐态还可以更加宽松，只要不失起码的礼貌就行。

3．行态

行态就是行走时的姿态。古人强调"行如风"，我们也常说"走有走相"，指的就是人在交际活动中，凡行走时，应当有一个得体的姿态。

在古代，当官的在官场上行走，迈的是所谓方步，或八字步，现在的领导或身份、地位较高者当然不能再如此。但在有公众注视的场合，还是要注意自己的行态：头要昂，胸要挺，步要大，速要缓，即所谓昂首阔步。给人的感觉是自信、沉稳、庄重，从而产生信赖与尊敬。从事礼仪活动的人，行态要端庄大方，身挺、腿直、步履适中，边走边以手势等向交际对象示意。如秘书、公关人员、接待人员，当客人来访，在引导其去见领导时，就要以行态展示自己所代表的单位、组织：在走廊上，自己应行走在客人左前方数步，转弯或上楼，要回头以手示意，乘电梯，如有专人服务，应示意客人先进，出应请客人先出（如无专人服务，则应自己先进，出请客人先出）。非引导而是自己陪客人行走，应请客人走右，自己在左；如自己作为领导的属员陪同客人行走，自

269

己要落后客人与领导一两步，不能并排喧宾夺主，也不能拖得太后不便插话答题。

在日常的一般交往中，行态则较随便，如散步、逛街、游园、逛商场时，可以全身放松，步轻速慢，给人以轻松安详之感，给无拘无束的闲谈造成一种和谐的气氛。

现实生活中，以姿态语表情达意、传递信息的，除了立态、坐态和行态外，还有其他一些，如卧态、俯态、仰态、蹲态、跪态等。这些姿态虽不及立态、坐态和行态在交际中的影响，但也不能对它们毫不注意。

（二）服饰语

1. 衣着

衣着就是人的衣服穿着。它虽然不是人体自身，但它一经附着于交际者，就与交际者融为一体，成为表情达意、传递信息的手段。

根据心理学的"第一印象效应"，人们在交际中的第一印象是很深刻的。而第一印象，只能从衣着开始。因为还没有交际，彼此对各自的个性、气质、品德、修养等一概不知，彼此看到对方、认识对方的特征，就只有那一目了然的衣着。俗话说："佛要金装，人要衣装"；"人靠衣裳马靠鞍"。都强调了衣着在交际中的重要作用。

对发送者来说，衣着得体，会产生良好的自我感觉，增强信心，促成交际的成功。对接受者来说，发送者的衣着得体，会获得视觉的愉悦，产生对发送者的好感和信赖。日本松下集团流行一句名言："服装整洁，就是最好的介绍信。"他们对员工衣着的要求是十分严格的，衣着不整者，连厂也不准进。

不重衣着，随随便便，会影响交际的进行。管子说过："衣冠不正，则宾者不肃。"① 不肃就是不恭敬。与你交往的人为什么对你不恭敬？因为你的衣冠不正。这里的"不正"，就是我们平时所批评的一些现象：歪戴帽子斜穿衣，衣服式样不合时宜、颜色不太协调、大小不合身，衣服脏或破，趿拉着鞋，只穿背心或裤衩。这些现象，给人造成视觉的不快，从而产生轻视、鄙夷情绪，哪里还谈得上什么交际效果？《左传》更是说得严重："服之不衷，身之灾也。"② 把衣服穿得不恰当当成一种灾难。

还在 20 世纪 30 年代，鲁迅就曾经说过：有的人在上海生活，宁愿居斗室、喂臭虫，一条洋服裤子必须每晚压在枕头底下，让它上面有折痕。这虽含有

---

① 《形势解》。
② 《僖公二十四年》。

270

嘲讽之意，却说明一个事实——衣着的交际作用不可忽视，至少，装点门面是可以的。在他的《孔乙己》中，那个穷困潦倒的孔乙己，一件长衫"又脏又破，似乎十多年没有补，也没有洗"，可偏偏就是不能脱下来，成为鲁镇非常特别的"站着喝酒而穿长衫的唯一的人"。孔乙己如此看重衣着，是因为衣着蕴涵了一种表明身份与追求的交际作用。

衣着具有明显的时代性与地域性。时代不同，衣着不同；地域不同，衣着有别。像孔乙己舍不得脱的长衫，目前只有一些少数民族和一些年事较高的人还有保留。中东阿拉伯人的白布长袍与我国西藏同胞的藏袍都有十分突出的风格。

随着社会的发展，人民生活水平的提高，人们的衣着越来越多样，越来越完美。而穿衣戴帽，又各有所好，不能说哪种衣着好，哪种衣着不好。但是，如果用之于人际交往，置身于大庭广众，就应当重视衣着的交际作用。在电视中我们看到，江泽民主席在参加军队的会议、视察部队、接见军方人士时，穿的是没有军衔和徽记的军装；在会见外宾、出席正式会议时，穿的是西装；在到全国各地考察时，穿的是夹克衫。1999 年 4 月中旬朱镕基在美国访问，同样是出席会议，有时是穿西装，而有时则穿中山装。这些都不能看做是随便的穿戴，而是根据不同情况有意选择来为交际的需要服务的。

过去，我国的大多执法机构没有统一的衣着，既损形象，又给执法带来诸多不便。如法庭上的法官，巡视市场的工商干部，收税的税务人员，穿得五花八门。而后来统一着装后，他们在执法中，既可约束自己的言行，又给被执法人员以清晰的执法暗示。

还有一些单位、组织，虽然不是国家的执法机构，但为了树立组织的形象，约束员工的言行，便于公众的识别，也有统一的着装。如商场的营业员、工厂的工人、学校的学生、群众体育活动的队员等等。这些无一不是着重于它的交际作用的。

衣着不管是哪种款式、哪种颜色，只要于交际有用就行，因此须得体。所谓得体，包括大方、整洁、合体、适度四个方面。这是它的基本要求。大方，就是自然、不俗；整洁，就是整齐、干净；合体，就是不大、不小；适度，就是恰当、适宜。具体如何穿着，要看实际的场合和交际的对象。比如你身穿 T 恤衫在家里、在商场、在公园与人交谈，这是可以的，但若上台演讲、作报告，就不得体了。你身穿红花衣裙出席宴会、参加舞会，这是可以的，但若上门吊唁、参加追悼会，就不得体了。

当今社会，具有普遍交际作用的衣着，对男士来说，是西装。穿着得体的西装，显得有精神、有信心、有力量。一般在正式、大型的交际场合，以西装

271

为佳。气氛庄严肃穆，颜色宜深；气氛轻松、活泼，颜色可浅。西装要配衬衣和领带。衬衣以白色见多，袖口应略长于西装。领带应与西装及衬衣的颜色谐调，打的长度，略超过裤腰的皮带。如气温低，衬衣外可加毛衣、背心，领带要压在毛衣、背心后面，只露出领结，切不可将领带打在毛衣、背心之外。单排扣西装不要扣纽扣。西装袖口处的小布条是厂家的出厂标识，穿时要除掉，不可保留在袖口。西装只能配皮鞋穿，在庄重场合，皮鞋以黑色为宜。另外，穿西装不能戴帽子。至于女士，交际的衣着较宽泛，套装、套裙、连衣裙、春秋衫、旗袍，只要符合得体的基本要求，均可自由选择。

要注意，得体的衣着，并非豪华奢丽。一般说来，着装不能超过三种颜色。颜色过多，让人感到杂乱、浮躁。有些很一般的衣着，也不乏交际的魅力。安娜·卡列尼娜穿一身非常普通的黑色晚礼服出席舞会，就如鹤立鸡群，令全场为之倾倒。如果是单位、组织统一制作的厂服、校服，其交际意义较有个性，则当别论。

2. 装饰

装饰就是人的修饰打扮。装饰与衣着有关联，但二者并非同一回事。《诗经》中说的"衣裳楚楚"，① 指的就是衣着与装饰两个方面。认为衣裳要穿，但要整齐漂亮、鲜明动人。可见，衣着仅仅是将衣服穿在身上罢了，而装饰则是使衣着和容貌突出，充分展示其特点，给人以更多的美感，从而获得更为理想的交际效果。墨子说："食必常饱，然后求美；衣必常暖，然后求丽；居必常安，然后求乐。"② 他所强调的就是装饰。《孔雀东南飞》中那个刘兰芝，被婆婆赶出家门，临走前，她还不忘装饰自己："鸡鸣外欲曙，新妇起严妆。著我绣夹裙，事事四五通。足下蹑丝履，头上玳瑁光。腰若流丸素，耳著明月珰。指如削葱根，口如含朱丹。"

本来，爱美之心，人皆有之；以美示人，总比示丑为好。过去人们为解决自己的温饱而奔波、操劳尚且无暇，是谈不上什么装饰的。今天，人们的生活水平大大提高，绝大多数人已不再为解决温饱而奔波、操劳，开始"求美"、"求丽"了。随着思想的解放，人际交往的日渐频繁，装饰也成为人们生活中的一项重要内容。人们发现，恰当的装饰，不仅使自己保持美好的状态，增强自己交际的信心与力量，而且能给人以愉悦，缩短沟通交流的距离。汉代的扬雄说："貌重则有威。"③ 元杂剧《冻苏秦》中也说："风尘落落谁怜悯，衣冠

① 《曹风·蜉蝣》。
② 《间诂》。
③ 《法言·修身》。

楚楚争亲近。"这确实不无道理。不修边幅，不讲装饰，就不利于交际。

装饰一般认为只是女性的事，其实男性也然。只不过男性没有女性那么普遍与繁多而已。在装饰的内容上，无论男女都应根据自己的特点去着力，但总的应注意这些方面：

①头发。只要不是特别寒冷或其他特殊原因，在交际中都不宜戴帽子、裹头巾，而要显露出自己的头发来。头发在一个人身上处于最高部位，最容易被别人注意。俗话说："有吃无吃，发型保持。"强调的就是交际中头发的重要视觉作用。战国时的宋玉攻击登徒子好色，开口第一句话就说"其妻蓬头挛耳"。宋玉的视觉首先所及的，就是登徒子妻子那颇伤大雅的乱蓬蓬的头发，以此作为攻击登徒子的口实，可见头发的不可忽视。现代社会，各人喜欢什么发型，那是各人的爱好、兴趣，但保持清洁、梳理整齐却是必要的。按照中国人的审美习惯，一般说来，时下男士长发披肩，不太适宜；女士头发过短，甚至光头，亦非适当。另外，与头发有些关联的胡须，对非高龄者来说，亦不很谐调。我们知道，周恩来本是络腮胡，三天不刮就长得很长，可是每当他出现在公众面前时，都是刮得干干净净的。

②脸面。与蓬头相连的，是垢面。垢面就是脸很脏，不仅脸上沾有污迹，甚至还有眼屎、鼻涕。别人看了，只会恶心，哪里还有心思与你交际？是以，古人批评说："君子整其衣冠，尊其瞻视，何必蓬头垢面，然后为贤。"① 交际者要"尊其瞻视"，在脸面上就要加以注意。洗脸是必需的，而洗后照照镜子也是必要的。女性在日常交际中，可化妆，但宜淡雅；夜晚或参加晚宴、舞会等，可稍着浓妆。化妆切忌过分，眼睑涂得像个熊猫眼眶，口红抹得像在流血，香粉搽得直往下掉，给人的感觉只是俗气、做作。有的人天生丽质，更不宜浓妆艳抹。须知，朴素也是一种美。俗话说："好吃不过茶泡饭，好看不过素打扮。"庄子认为："朴素而天下莫能与之争美。"② 《淮南子·说林训》中也说："白玉不雕，美珠不久，质有余也。"本身就是美好的，何必再去装饰？即如唐人张祜所主张的那样："却嫌脂粉污颜色，淡扫蛾眉朝至尊。"③

③饰物。佩戴饰物，既可增加美感，又可显示身份、名誉、财富，还可表明志趣。如今的饰物，当然不是像旧时那样珠光宝气、翠绕玉围、环佩叮当。但根据交际的环境与需要，适当佩戴一些，仍属必要。"文化大革命"时期，十分盛行在胸前佩戴一枚毛泽东的像章。那时的像章层出不穷，佩戴哪一种，

273

---

① 《魏书·封轨传》。
② 《天道》。
③ 《集灵台之二》。

均有选择。如周恩来一直佩戴一枚长条形，红底上刻有毛泽东头像和其手迹"为人民服务"字样的像章。这是周恩来以"为人民服务"为自己座右铭的心迹表现。几年前，一些人又开始佩戴毛泽东像章了。还有一些人则佩戴长条形、蓝底上刻有孙中山手迹"天下为公"白字的徽章。有的英模在一些公开场合将自己所获得的功勋章别在胸前，令人肃然起敬。其他饰物多见于女性的首饰，如簪子、发箍、耳环、耳坠、项链、手镯、手链、钻戒、脚链、胸针等等。少数民族的饰物较为独特，如藏族、门巴族、阿昌族的男子常在胸间挂刀；纳西族男女都戴手镯和戒指；羌族妇女除戴大耳环外，身上还挂银牌；苗族妇女头上、身上常佩戴各种银制品。佩戴饰物是交际的需要，不能单从展示的角度出发。因此，佩戴要合适。有的人所有手指都戴满金戒指，伸手与人相握，反使人感到别扭。

④指甲。现代的人际交往中，一般不宜留长指甲，应时常修剪。即使有留长指甲的爱好，也不宜过长，像慈禧太后那样长得须做专门的指甲套套上，怎么与人交际？留长指甲者，要随时清洗，勿显污垢之色。男士指甲不宜染红；女士虽可染，但若过分，也使人感到可怕。

二、形体语运用的原则

形体语在言语交际活动中具有不可忽视的重要作用，其特殊的表情达意功能不可替代。但是，它毕竟只是言辞发送的辅助手段，其着眼点是交际所要达到的最终目的，而绝不是舞台演员的形体表演。虽然有时形体语可以单独表情达意，可那只是在一定的环境和氛围中才能实现的。脱离了整个言辞发送活动，超然于实用口才的范畴，它就没有价值。因此，形体语的运用应当遵循以下原则：

（一）立足于交际的目的

任何言语交际都是有明确的目的的。交际者要运用何种形体语，什么时机运用，要由自己交际的目的来决定。

冯玉祥一贯提倡艰苦朴素，曾明令部下不得穿着绸缎。一天，他在街头看见一个士兵穿了一双漂亮的缎鞋，他立即跨上前去深深地作了一个揖，然后又弯腰行了一个90度的鞠躬礼。那士兵茫然惊惶，不知所措。冯玉祥说："你看，你穿了这么一双漂亮无比的缎鞋，我哪能不恭敬下拜呢？"士兵慌忙认错。冯玉祥作揖、鞠躬的形体语，就是为自己批评士兵违反规定这一交际目的服务的。作为一个统兵大帅，当然不可能在街头遇见一个士兵时要向他作揖、鞠躬。冯玉祥这样做，很好地达到了自己的目的。

形体语的运用如果不从交际目的出发，仅仅是展示的话，那就要闹笑话，或者被认为神经不正常。

以前有位乡绅给儿子请了一位家庭教师。乡绅对儿子说，一言一行都要好好向老师学。开课这天，乡绅摆了酒席，宴请陪客，给老师接风。席间，学生见老师抖抖手巾擦汗，他也抖抖手巾擦汗；见老师将筷子在桌上一敲然后伸手夹菜，他也如法炮制；见老师将菜夹进口里后，将筷子放在桌上，慢慢咀嚼菜肴，他也照样动作。老师感到这学生很好笑，实在忍不住，便偏头、侧身、弯腰，一个喷嚏将嘴里的菜一下喷到地上。学生急了，赶紧对老师作揖说："老师，你这妙处，学生实在难学到手呀！"满座哄堂大笑。老师的动作，并非出于交际目的的需要的形体语，学生则以交际目的的需要视之，机械地去模仿，当然要引得哄堂大笑了。

（二）服从于内容的需要

形体语是为交际内容服务的外在表现形式。它的运用与否，应由交际内容来支配。我们强调它的交际作用，而并非认为在任何场合都必须用。交际中，发送者应当考虑某种形体语是否是自己交际的内容所必需的。如果必需，当然应当运用；如果并非必需，就不必多此一举。

马克·吐温与《汤姆叔叔的小屋》的作者斯陀夫人是邻居。因两人都是知名作家，创作意趣又相投，所以很谈得来，彼此友谊很深。一天，马克·吐温按惯例饭后到斯陀夫人家去聊天，回来后，妻子非常吃惊地问他："你怎么没佩戴领带就去做客呢？斯陀夫人是有身份的人，她一定会觉得你不懂礼貌、不拘小节。怎么样？她是不是很不高兴了？"马克·吐温心里觉得好笑，但又懒得去费口舌。于是写了一封信，连同领带一起，让妻子给斯陀夫人送去：

斯陀夫人：

　　给您送去一条领带，请您务必好好看一下。因为我刚才到您那里聊天，忘了佩戴领带，妻子对我好一顿指责。请您看过后马上还给我，因为我只有这一条领带啊！

马克·吐温

斯陀夫人大笑不已。她告诉马克·吐温的妻子道："我同马克·吐温是常来常往的老朋友，彼此茶余饭后聊聊天，并不需要注重穿戴，又何必非要那么郑重其事地佩戴领带不可呢？"

（三）吻合于感情的表达

古人说，情动于中而形于外。有了感情，才会手之舞之，足之蹈之。形体语应当是发送者思想感情的自然表露。思想感情不到位，却硬要以形体语展现，则给人以矫揉造作、装模作样之感，反倒影响交际。

《庄子·天运》中有个"东施效颦"的故事：美女西施因患心病而捧心皱眉，同村丑女东施以为这很美，也模仿捧心皱眉，与人交际。谁知，富人见了，坚闭门而不出；穷人见了，赶紧携妻子躲开。其交际完全失败。庄子评论说："彼知颦美，而不知颦所以美。"东施的失误，就在于她不懂得西施捧心、皱眉的形体语是由于心痛而自然流露的；自己心并不痛，无此感情，硬要装相，怎么成呢？

（四）适宜于接受的心理

发送者运用形体语，是在视觉上给接受者传递自己的情感、意向。从接受心理来说，那种丑陋的、不雅的形体语，只会让接受者看了反感、恶心、不快，还有什么交际效果可言？因此，发送者在交际中要根据交际场合选择那些不致给接受者造成接受心理障碍的形体语。

一位正在台上振振有词地作报告的领导，麦克风突然发出一阵刺耳的怪叫，台下一片骚动。他瞪着眼，板起脸，火冒三丈地拍着桌子。气氛顿显紧张，职工都在心里嘀咕这领导的失态与无能。对他所讲的内容，根本无心去领会了。如果他是一个聪明的领导，对此突发情况，他会微笑着耸耸肩、摊摊手，以此表示自己无可奈何的心情，职工会报之以同情和理解，不一会儿就会安静下来继续听取他的发送。

第四节　附加语手段

一、附加语概说

（一）附加语的含义

附加，就是附带的、额外的。附加语，指的就是人际交往活动中，在运用有声的言辞和无声的形体语过程中，附带出现的，或额外加上的一种交际辅助手段。这种辅助手段以一种独特的声音形式发送出来，涉及面很广，诸如语调、语速、拟音、语气、口气，以及笑声、哭声、叹息、感慨、呻吟、喊叫、咳嗽、口哨、鼻音、舌音等等。

在言语交际活动中，附加语既体现于发送者，又体现于接受者。鲁迅的《肥皂》中，四铭下班后在街上盘桓许久，买了块肥皂，回到家里太太问他："上了街？……"他不置可否，只"唔唔"哼了两声鼻音。太太称赞他："唉唉，这实在是好肥皂。"他仍然只是"唔唔"两声鼻音。他的朋友道统来家拜访，与他谈起第十八届征文题目，他才恍然道："哦！今天十六？"他向道统讲述了他在街上看到有人围着一个要饭的少女寻开心，说"买两块肥皂来咯吱咯吱遍身洗一洗，好得很"的事。道统的反应是："哈哈哈！两块肥皂！你买，哈哈，哈哈！"他慌忙阻止，可道统又是："呵呵，洗一洗，咯吱……唏唏……"在这些交际过程中，发送者和接受者都是以附加语表情达意的。《毛泽东选集》中，在毛泽东的演说、报告中，也有多处以括号标明"笑声"、"大笑"等字样，这也是听众对毛泽东言辞发送的反应的体现。

（二）附加语的作用

附加语的运用较广，不同的表现形式，在不同的场合所起的作用不同；相同的表现形式，在不同的场合所起的作用也不同。如前面讲到的笑，它既是一种形体语——脸色（主要表现为无声），又是一种附加语（表现为有声）。其含义就很宽泛。又如口哨，它可能是接受者对发送者的不满与抗议，也可能是接受者在获得了某种满足后的轻松。还有像"哼哼"喉音，既可能是对发送者发送内容不能苟同的表示，也可能是对某人的某种暗示，还可能是自己要准备发送的前奏。不管是在哪种情况，也不管是运用哪种附加语，其根本目的都是表情达意、传递信息。但在具体的作用上，其运用大致体现在这些方面：

1. 在言辞和形体表达均有不便时，用以提醒或暗示

如甲、乙、丙三人碰到一起。甲问乙："下午要讨论应聘处长的候聘人。你觉得丁这个人怎么样？"乙刚要开口，丙在旁边"嗯嗯"发出两声喉音或干咳两声，乙便马上转移了话题。因为丙知道乙对丁很不满，可又知道甲与丁关系很好。如果乙毫无顾忌地讲出自己对丁的不满，可能会带来一些不良的后果。但是，当着甲的面，又不便直接阻止，于是以附加语暗示乙：此时此刻，不要发表自己的看法。

2. 在不能以言辞或形体表达之时，用以传递信息

如一个人夜间行进在僻静的深巷，突遭歹人洗劫时，他会大声叫喊，以将信息四散传递。同样，他正走着，前方突然传来一声女子凄厉的尖叫，他虽然看不见前方发生了什么，可他却获得了这尖叫声传递的信息——有人遭难了。

277

3. 改变交际关系的方向

如张山捡了一个大公文包，正要交到派出所去。这时，过来一个拾荒者模样的人说："这公文包是我的。"张山看那样儿，不像拥有这种公文包的人，便接过话头说："这公文包，是你的?"他在反问中，对"这"，加重了音量，并略停顿，使那人欲与自己构成交际关系的方向朝另外的目标发展。

4. 加强表达的感情色彩

如郭沫若的历史剧《屈原》中有一句婵娟斥责宋玉的话："宋玉，我特别的恨你，你辜负了先生的教训，你是没有骨气的文人。"演出时，郭沫若听了总觉得不够味，没有把婵娟的感情充分表现出来。翌日，他来到后台同饰演婵娟的张瑞芳商量。在旁的张逸生插口道："'你是'，不如改成'你这'。'你这没骨气的文人!'那就够味了。"郭沫若大喜，称张逸生为"一字师"。这句话中，用"你是"，是陈述语气；而用"你这"，语气就加重了，陈述变为感叹，感情色彩得以充分表现。

5. 表达真挚的思想感情

如孙犁的《嘱咐》中，水生参军在外，八年未回过家。当部队路过家乡，他突然出现在妻子面前时，"女人一怔，睁开大眼睛，咧开嘴笑了笑，就转过身子去抽抽打打地哭了"。妻子什么也没有说，只以一笑、一哭这两种附加语，便将八年来对丈夫的殷切思念之情倾吐得淋漓尽致。

二、附加语的运用（上）

（一）语调

言语交际中，发送者的发送，不仅要字音准确、内容清晰，而且还得有个轻重缓急，抑扬顿挫。有的地方要发送得轻一些，有的地方要发送得重一些；有的地方要发送得缓一些，有的地方要发送得急一些；有的地方可一口气发送完毕，有的地方则顿一顿再往下发送；有的地方音高逐渐上升，有的地方音高逐渐下降。所有这些变化，与发送的言辞本身是没有什么关系的，却与发送者的思想感情、态度立场紧紧相连。由此，便导致发送内容在意义上的不同与改变。这种用来表达发送者感情态度和发送内容的轻重缓急、抑扬顿挫的调子，就是语调。

语调包括的范围较广，主要有这些方面：

1. 升降

①平直。发送的调子始终保持相同的水平，既不升高，也不降低，运行方向是"→"，显得严肃、平稳、淡漠。其常用于对事理的陈述、交代。例如：

我是重庆人，家住长江边。

这个问题我们以后再谈吧。

他出门后就把门反锁上了。

②升高。在原发送的水平上提高调子，运行方向或者是"↗"，或者是"↑"。其除常用于疑问、反问外，还用于惊异、号召。例如：

我曾经说过这样的话？

不叫他去，难道叫你去吗？

那篇文章原来是你写的呀！

让我们对他的成功表示热烈的祝贺！

③降低。在原发送的水平上下降调子，运行方向或者是"↘"，或者是"↓"。其常用于感叹、祈使和肯定、强调。例如：

真想不到啊！

不用吵了，让他去吧！

他的目的一定不能达到。

我知道，你别再说了。

④弯曲。在原发送的水平上升高再降或降低再升，运行方向是"↑↓"或"↓↑"。其常用于讥讽、不满，或者表示委婉、意在言外。例如：

你说的是他呀！（↑↓）

我尊重他，可他尊重我吗？（↓↑）

2. 停顿

①层段停顿。一个人一次发送的内容较多、时间较长，应在告一个层次或段落时，适当地作一下间隙，调节一下情感和呼吸，然后再接着发送，这叫层段停顿。层段停顿一是有利于自己发送，二是给接受者一个思索、回旋的余地，以便更好地听解。一口气讲到底，于己于人都是不利的。如林肯在葛底斯堡的演说，虽仅两分多钟，全部不足300字，却有7次层段停顿。最短的层段只有17个字，最长的层段也才180字。1950年周恩来在政协一届十八次常委会上作题为"抗美援朝，保卫和平"的报告，总共2 000多字，层段停顿18

次，有的层段就是一句话，十多个字。

②词句停顿。词句停顿是比层段停顿稍短的停顿。这种停顿基本上是按发送一句话的标点符号的安排来进行停顿的。停顿的时间，按句号（叹号、问号）、分号、冒号、逗号、顿号的顺序，依次递减。在发送过程中，如果写了讲话稿，照讲话稿所标的符号停顿即可；如果是没有讲话稿的即兴发送，则要注意把握句式，在该停顿处及时停顿。

③字词停顿。有的词句较长，按语法要求，其间又不必或不能标示标点符号；为使接受者能够很好地听解，发送者在发送时就要根据字、词的结构方式加以停顿。这种停顿比词句停顿还短，只要接受者能够听解就行。例如：

> 中国共产党‖在不断纠正｜"左"的｜和"右"的｜错误之后，‖‖取得了‖人民革命｜在全国的胜利，‖‖建立了‖中华人民共和国‖‖开始了‖社会主义建设。（邓小平会见匈牙利卡达尔时的谈话：《我们干的事业是全新的事业》）

这句话中"｜"表示短促停顿，"‖"表示稍长停顿，"‖‖"表示更长停顿。有了这些停顿，听起来就感到语意特别清楚了。

有些话语，如果没有字词的停顿，就很可能影响听解。比如互相戏谑的二人，一人问："稻粱菽麦黍稷这些杂种不知谁是先生？"另一人答："诗书易礼春秋都是正经何必问及老子？"二人所言中，前者应停顿为："稻｜粱｜菽｜麦｜黍｜稷‖‖这些｜杂种‖不知｜谁是｜先生？‖‖"后者应停顿为："诗｜书｜易｜礼｜春秋‖‖都是｜正经‖何必｜问及｜老子！‖‖"将五种粮食、五种书籍区分开来，这样，听者才会明白。

④意义停顿。在发送中，为了突出、强调某种意义，虽然在语法上并无停顿的需要，而予以停顿，或者虽有停顿需要，却有意延长停顿的时间。这种停顿，就是意义停顿。其停顿的长短，视自己所要突出、强调的那个意义而定。例如：

> 我‖衷心｜祝愿‖在座的｜各位老人‖‖健康｜长寿‖‖

这句话中，"我"作为施事主体，需要突出，停顿稍长些；"衷心祝愿"之间，本无语法停顿需要，但为了强调"衷心"，故略为停顿一下；"衷心祝愿"之后，要强调施事的客体，故停顿稍长；"在座的各位老人"之间，本无语法停顿需要，但为了突出"各位老人"，故略为停顿；"各位老人"之后，要强调的是"健康长寿"，所以停顿更长；健康与长寿是两个方面，所以在其中间略加停顿。这样，发送者发送起来就显得感情更加充分；接受者接受起来就觉得格外亲切。

3．重音

①语法重音。发送中，根据语法结构的特点，加重某个语法成分，把某些字词说得较重一些，这叫语法重音。例如：

　　　　中华民族是勤劳勇敢的民族。（加重主语）

　　　　他的钱包不见了。（加重谓语）

　　　　你们的勇气到哪里去了？（加重定语）

　　　　你到底吃不吃饭？（加重宾语）

　　　　他的文章写得好精彩！（加重补语）

②强调重音。发送中，为了表达某种思想感情或突出某个词语意义，把某些地方说得特别重一些，这叫强调重音。例如：

　　　　这事儿你叫他干？（表示对"他"干这事儿的怀疑）

　　　　这事儿你叫他干。（表示"这事儿"他能够干）

　　　　这事儿你叫他干！（表示应由"你"去叫他干这事儿）

　　　　这事儿你叫他干？（表示不能使用"叫"的口吻，而应用"请"、"求"之类）

4．拖腔

为了传递某种特殊感情，造成某种表达效果，故意将所发送言辞的尾部拖长发送时间，让听者去思索，这就叫拖腔。如十分关心女儿婚事的母亲，见女儿老是不慌不忙，很是着急，便对女儿唠叨道："看你老大不小的了，究竟要拖到哪一天呀——！"其"呀"，就拖得较长。既撒娇又羞涩的女儿只发了一个拖腔的音："妈——！"母女二人均以拖腔将自己的情感传递给了对方。其含义不用多言亦自明了。

（二）语速

语速就是言辞发送的速度。交际中，人不能老是以一种语速说话，有时要说得快，有时要说得慢，有时则不快不慢。这样，就可以真实生动地表达不同的内容和情景。而如何掌握语速，快慢与否，既与发送者的个性相关，又受发送者当时思

281

想感情的支配。

1. 快速

快速就是发送速度快。有的人干脆直爽，说起话来显出快人快语的风格，这是一个人性格的表现。而当一个人处于兴奋、喜悦、坚信、紧张、激动、惊惧、心虚等状况时，也会快速说话。快速大多见于明理、斥责、质问、辩论、狡辩等场合。

如闻一多在李公朴夫人报告李先生死难经过大会上演讲时，讲着讲着，情绪突显激动，便以极快的语速质问国民党反动派："有事实拿出来讲啊！（激动鼓掌）为什么要打要杀，而且不敢光明正大的来打来杀，而偷偷摸摸的来暗杀，（鼓掌）这成什么话？（鼓掌）今天，这里有没有特务？你站出来！是好汉的站出来！你出来讲！凭什么要杀死李先生？"（厉声，热烈鼓掌）

有时，快速的运用是受环境的影响和制约的。如球类比赛中解说员的实况解说，电视广告中的商品介绍，险情发生时的抢险动员，只有两分钟便要下课而有几句话不得不讲完的教师，等等。

2. 慢速

慢速就是发送速度慢。有的人老成持重，说起话来显出慢条斯理的风格，这也是一个人性格的表现。而当一个人处于沉思、平静、凝重、忧虑、哀愁、忧伤、悲痛等状况时，也会慢速说话。慢速大多见于庄严、肃穆、隆重、悲壮等场合或表态、申诉、描述、交代等情况。

如闻一多那天的讲演，一开始，因被悲哀与沉痛所笼罩，速度是很缓慢的："这几天，大家晓得，在昆明出现了历史上最卑污、最无耻的事情！李先生究竟犯了什么罪，竟遭此毒手？他只不过用笔写写文章，用嘴说说话，而他所写的、所说的，都无非是一个没有失掉良心的中国人的话！"

3. 中速

中速是介于快速与慢速之间的发送速度，大致同于新闻联播的播音速度。这种速度在交际中各种性格的人都可运用，多在胸有成竹、坚定自信、情绪平稳、感情无多大变化之时表现。常用于叙述事件、说明真相、发布消息、介绍情况、证明观点等场合。

如闻一多那天的讲演，中间一段就是中速进行的："反动派故意挑拨美苏的矛盾，想利用这矛盾来打内战。任你们怎样挑拨，怎样离间，美苏不一定打呀！现在四外长会议已经圆满闭幕了，这不是说美苏间已没有矛盾，但是可以让步，可以妥协，事情是曲折的，不是直线的。"

三、附加语的运用（下）

（一）拟音

人在发送过程中，有时在叙述某人某事某物时，为了获得真实、生动的效果，增强感染力，需要模拟被叙述的人、事、物的相关声音。这种现象，称之为拟音。如雷声、雨声、风声、河水声、浪涛声、火车声、枪炮声、冲杀声、喊叫声、打斗声以及各种动物的叫声等等。

拟音由于营造、烘托出一种气氛，可使接受者产生身临其境，活灵活现的感觉，与发送者形成思想上的共鸣，从而更好地实现交际的目的。

鲁迅在《从百草园到三味书屋》中回忆说，儿时，他家的保姆长妈妈给他讲了一个故事：从前有个读书人住在古庙里用功，被一条准备要吃他的美女蛇迷住。后来一个老和尚答应救他，给他一个小盒子，让他放在枕边便可高枕而卧。他虽然照办了，可还是提心吊胆，总是睡不着。"到半夜，果然来了，沙沙沙！门外像是风雨声。他正抖作一团时，却听得豁的一声，一道金光从枕边飞出，外面便什么声音也没有了。"长妈妈的拟声，当时就让鲁迅听得毛骨悚然，以致多年仍忘记不得。在《狗·猫·鼠》一文中，鲁迅还回忆了儿时祖母给他讲老鼠数铜钱的故事说："你听到它'咋！咋咋咋'地叫着"，"这声音是表现绝望的惊恐的，虽然遇见猫，还不至于这样叫。"祖母的拟音，也给童年的鲁迅留下深刻的印象。

拟音在我国又是一种源远流长的民间技艺。清人林嗣环写了一篇文章，叫做《口技》，就是言语交际中的拟音在表演艺术上的运用。他记述说，京中有个善口技的人仅凭一桌、一椅、一扇、一抚尺，就模拟出深巷犬吠、妇人梦觉、丈夫呓语、小儿惊啼、夫起大呼、妇亦大呼、两儿齐哭、百千人大呼、百千犬吠、火暴声、风吼声、抢夺声、泼水声，凡所应有，无所不有。令听者无不变貌失色，两股战战。由此可见拟音的特殊传递效果。实用口才虽然着眼于交际，不是表演，但如《口技》中这种高超的拟音技巧，是可以借鉴的。

（二）语气

语气是言辞发送中表示发送者思想感情、信息意义的区别的语法范畴，分为陈述、疑问、感叹和祈使四种。交际中，每一句话都必然有一定的语气；对同一句话的发送，使用的语气不同，表明发送者情感的不同及所含的信息意义不同。例如：

陈述：把门关上。（只讲出了一个关门的事实）

疑问：把门关上？（表示对关门这一行为的怀疑、不解）

感叹：把门关上！（对关上门这件事有所感触而叹息）

祈使：把门关上！（驱使别人做出关门的行为）

以上四种情况，虽然在言辞上都是相同的，但发送者的感情和所表达的意思就完全不一样。现分述如下：

1. 陈述语气

陈述语气用来陈述事实，发送者的感情较平稳，发送的语调是平直调。如用书面形式表示，是句号。这种语气多数情况不用语气助词。例如：

联合政府就是抗日民族统一战线在政权上的最高形式。（周恩来在中共七大上的发言：《论统一战线》①）

有时，陈述语气要用语气助词来表示某种附加意义。语气助词较多，常用的有的、了、呢、吧、嘛、哟、啦、喽、呗、啊、呀、哪、着呢、罢了。例如：

我的主要发言印发给大家了。（周恩来：《在亚非全体会议上的发言》）

2. 疑问语气

疑问语气用来提出问题，发送者的感情较陈述语气高昂，发送的语调是上升调。如用书面形式表示，是问号。这种语气可以用语气词，也可以不用语气词。常用的语气词有吗、吧、呢、啊、呀、哇。从内容上，疑问语气分为三种情况。

①询问。询问语气用来提出问题，是"有疑而问"，需要接受者回答。例如：

四一〇厂取消了检验制度你们是不是知道？报告了没有？你们为什么不敢抓？为什么不敢恢复？（周恩来召集有关部门负责人解决飞机生产质量事故问题时的谈话）

---

① 引自《周恩来选集》，下同。

②疑问。疑问语气用来表示怀疑或猜测，并不一定需要接受者回答。例如：

当时提出争取工人阶级的大多数是对的，并且写在决议上。可是如何去争取？是组织赤色工会去争取工人阶级大多数呢，还是到黄色工会里去工作来争取工人阶级大多数呢？（周恩来在延安中央党校所作的报告：《关于党的"六大"的研究》）

③反诘。反诘语气用来强调所表达的意思，它不需要接受者回答，是"明知故问"。在运用这种语气时，有的在句中加上"岂"、"到底"、"难道"等副词，有的用疑问代词"谁"、"什么"等形成反问，有的用否定句式形成反问。例如：

对亲属，到底是你影响他还是他影响你？（周恩来在中直机关干部会议上的报告：《过好五关》）

3. 感叹语气

感叹语气用来抒发感情，发送者的感情较充沛，发送的语调是下降调。如用书面形式表示，是感叹号。这种语气可以用语气词"啊"、"吧"、"了"、"呀"、"哪"、"哟"，也可以不用。使用中有四种情况：

①语气词单独成立：

嗨，你终于来了！
哟，好大的口气呀！

②不用语气词：

毛泽东同志的方向，就是中国共产党的方向！毛泽东同志的路线，就是中国的布尔什维克的路线！（周恩来：《在延安欢迎会上的演说》）

③语气词用在句末：

不过，我总算是知识分子出身的，对知识分子的改造有一些体会，联系自己来谈这个问题，可能对大家有一点帮助，有一点参考作用，

总不至于成为一种空论吧！（周恩来在北京、天津高等学校教师学习会上的讲话）

④句中加上比较、修饰等成分，强化感叹语气：

这比明枪真火来得毒辣！（周恩来在山西临汾群众大会上的演讲）

4. 祈使语气

祈使语气用来促使或禁止接受者行动，发送者的感情更充沛，发送的语调是下降调。如用书面形式表示，一般是句号，感情较强烈时，是感叹号。这种语气一般不用语气词；如果要用，大致有吧、了、呢、啊、呀。使用中有两种情况：

①肯定。这种祈使语气是在发布命令或提出要求时使用。命令式的，态度坚决，口气强硬，没有商量的余地，语调急速下降，不用语气词；要求式的，态度委婉，口气平稳，可以商量，语调缓降，可以用语气词。例如：

你给我滚出去！（命令式）

站起来说。（命令式）

请慢慢讲。（要求式）

坐下吧！（要求式）

②否定。这种祈使语气是在表示禁止或劝阻时使用。禁止式的，口气较硬，语调下降较快，不用语气词；劝阻式的，口气较软，语调下降较慢，多用语气词。在使用中常有"不能"、"不准"、"不要"、"不得"、"不用"、"别"、"请勿"等词语。例如：

不能容许行贿、欺诈、偷税、漏税、盗窃、引诱等犯法行为继续发生，听其侵蚀人民政权，损害国家财产，腐蚀国家工作人员。（周恩来在政协一届三十四次常委会上的讲话）

（三）口气

口气与语气有关涉，但二者并非同一概念。口气指的是发送者说话的气势，说话时流露出来的感情色彩，以及所发送言辞的言外之意。比如一个革命者斥责一个叛徒，可以这样说："你是无耻的走狗！"也可以这样说："你这无耻的走狗!"两句话的语气是完全一样的,但是口气就大不一样。后一句将前一句的"是"改为"这",革命者对叛徒的无比憎恨之情就充分显露出来了。

我们平时说:"锣鼓听声,听话听音。"这"音",主要指的就是发送者发送时的口气。从中,接受者可以感受出发送者的言辞是称赞还是嘲讽,是强硬还是舒缓,是表扬还是批评,是豪爽还是小气,是友好还是使坏,是亲切还是冷淡,是诚挚还是敷衍,是天真还是做作,是愉悦还是忧愁,是果断还是狐疑,是谨慎还是浮躁,是自信还是掠美,是谦逊还是狂傲,是坦露还是狡辩……

口气的把握,是以适当的语气为前提的。这是口气与语气最直接的关涉。现分别举例说明:

1. 口气与陈述语气的关涉

例如:"这事他去办。"在这个陈述语气中,发送者为了表示自己态度的强硬,就用了坚决的口气:"这事他必须去办。"

又如:"明天的会我不参加了。"在这个陈述语气中,发送者为了表示自己还未最后敲定,还得看情况发展,就用了迟疑的口气:"明天的会我不一定参加了。"

2. 口气与疑问语气的关涉

例如:"这是谁的脏衣服?"在这个疑问语气中,发送者为了表明自己的认真、不马虎,就用了深究的口气:"这究竟是谁的脏衣服?"

又如:"你爸爸可好?"在这个疑问语气中,发送者为了表示自己一贯关心同事家人,就用了更亲切、更近乎的口气:"你爸爸还好吗?"

3. 口气与感叹语气的关涉

例如:"他是个好同志!"在这个感叹语气中,发送者为了表示自己对人评价的高度,就用了深切赞赏的口气:"他是个多么好的同志啊!"

又如:"他什么都不怕!"在这个感叹语气中,发送者为了表示自己对"他"的天不怕地不怕并不怎样,用了揶揄的口气:"他呀,是什么都不会怕的哟!"

4. 口气与祈使语气的关涉

例如:"不能让行贿者逍遥法外。"在这个祈使语气中,发送者为了更加明确自己的态度,用了坚决的口气:"决不能让行贿者逍遥法外!"

又如:"你明天立即到上海去一趟!"在这个祈使语气中,发送者为了避免强制,让下属能够接受,使用了和缓的口气:"我看你明天还是到上海去一趟。"

以上是五种主要附加语的运用。其他如哭笑、叹息、呻吟、咳嗽、气声、鼻音等等,在实际交往中,可视需要而加以运用。

287

第九章 实用口才的信息工作

实用口才的言语交际活动，是由交际的主体和客体来共同实现的。主体和客体之间，存在一种彼此依存的关系。主体的发送，需要客体的接受和反馈。能够使客体接受的因素，是主体通过言辞、形体、附加语等手段传递出的信息；主体能够获知客体的反馈的因素，也是客体通过言辞、形体、附加语等手段传递出的信息。离开了主体与客体之间的这种信息传递，言语交际活动就不能成立。事实上，言语交际活动，就是主体、客体相互之间的信息沟通与交流。信息是这种沟通与交流中的纽带和媒介。在言语交际活动中，能否及时、准确、恰当地把握信息和传递信息，对主体和客体来说，是起决定作用的生命线。

第一节 口才信息的认识

一、口才信息的含义和特征

（一）口才信息的含义

当今的世界，是一个信息的世界，人无时无刻不在同信息打交道。各行、各业、各学科，都有关于信息的含义的解说。但它们都是只从自己行业、学科的角度来认定的，因而出现了几十种不同的阐释。

20世纪40年代，美国控制论的创始人维纳和美国数学家申农是首先提出信息概念的人。他们对信息含义的解说，就已不同。维纳认为："信息是我们用于适应外部世界，并且在使这种适应为外部世界所感知的过程中，同外部世界进行交流的名称。"[①] 而申农则认为："凡是在一种情况下能减少不确定性的任何事物都叫信息。"[②] 以后，世界各国的学者就各有各的说法了。就是我国面对大众的工具书，其解说也有不同。《辞海》说："信息是指对消息接受者来说预先不知道的报道。"《现代汉语词典》"信息"词条注释为"音信、消息"和"用符号传送的报道，报道的内容是接受符号者预先不知道的"。《读报辞典》在指出"信息即音信和消息"时，特别强调"与情报有时是同义词"；要读者"参见'情报'、'情报服务'"。《新闻学简明词典》则说："信息泛指情报、消息、指令、数据、信号等有关周围环境的认识。"这些说法，不管其角度如何，我们研究口才，至少可以获得一个认识：信息是人类物质活动和精神活动的一种反映，是用来表征事物的存在方式、特点功用、运动状态及与其他事物相联系的各种消息、音讯、情况。

289

从实用口才的角度来说，我们不必去深究各种阐释的区别，只需把握它的实质——信息就是交际活动中，构成主体和客体交际关系的有关情况的通知。

在言语交际活动中，口才信息既不是物质，也不是能量。它只是有关情况的通知，只能传递而不能分配。市场上，一个农民有4只鸡要卖，我买了一只，这时农民手里就只剩下3只了。一个锅炉烧出8万卡暖气，平均通到10个房间，在每个房间都得到八千卡后，锅炉自身就没有热量了。鸡是物质，暖气是能量，是可以分配的。但人际交往中的口才信息则不然。如果那位农民不是卖4只鸡，而是要传递给我他所掌握的4条信息。他在告诉给我一条信息

---

① 《控制论和社会》。
② 《通讯的数学理论》。

后，不能说他只剩下 3 条信息了，他将 4 条信息全告诉我后，不能说他就一条信息也没有了，他仍然掌握着先前的那 4 条信息。要是我再把我所获得的这 4 条信息传递给别人，别人再传递给别人，那么信息就会不断地发展，不断地增值，即所谓一传十，十传百。每一个传递者都传递出去了信息，而他自己却仍然掌握着原有的信息。同样，接受者在获得信息的同时，也可能反传递出他所掌握的信息。正是在这种相互间信息传递的过程中，主体和客体实现了沟通，达到了交际的目的。这就是口才信息的真正含义。

（二）口才信息的特征

1. 口才信息的普遍性

任何人都离不开言语交际，即使是没有学习过哑语的聋哑人，都会凭借形体语来表情达意。人只要交际，就一定会有信息的传递。历史的、现实的、外国的、本国的、他人的、自己的，天文地理，鸡毛蒜皮，无所不包，无所不涉。对发送主体来说，没有信息，他就无从发送；对接受者来说，没有信息，接受就不能成立。可以说，口才信息与人类生活共依共存。

2. 口才信息的主观性

本来，按照信息的要求，应当是客观的。但是在人际交往中的口才范围内，信息就不可能做到客观性。由于发送活动是由人的思想感情支配的，传递什么样的信息，要由发送主体当时的动机、情绪、立场、水平、能力来决定。就是发送主体非常想客观，但在事实上也很难完全做得到。更何况人际交往中的复杂性，隐瞒、编造、撒谎、欺骗、蒙蔽、狡辩、饰非等现象就不可能绝对避免。

3. 口才信息的可感知性

在交际活动中，只要主体与客体构成交际关系，发送主体送出信息，接受客体一般都是能够感知的。发送是用声音传递的，接受则以耳朵的听觉感知；发送是以形体传递的，接受就以眼睛的视觉感知。此外，接受还可以用手、脚、皮肤等触觉来感知。如一个因伤而致耳聋、眼瞎的人，别人同他握手，他会感知到对他的慰问、关怀。这里需要说明的是，感知不是听解；感知了，不一定听解了。

4. 口才信息的滞后性

滞后就是一种情况发生在另一种情况之后。口才信息只能产生于发送主体的发送之后。如果一个发送主体有信息要发送，可他最终没有发送（无论是言辞的、形体的、还是附加语的），只隐藏在他心底，那么这就谈不上口才信息。只有当他发送出来，并为其交际客体所感知之后，信息才成为可能。

5. 口才信息的可处理性

对任何信息，发送主体和接受客体都可以按自己的意图和交际的需要进行处理，收集、分析、归纳、综合、概括、选择、取舍以及加工都可以。比如，甲目睹了公路上发生的一起车祸，他在向别人传递这一信息时，可以不厌其详，也可以三言两语；可以绘声绘色，也可以轻描淡写；可以直接告诉，也可以录音广播。而接受客体在感知这一信息时，可以全部听解，也可以部分听解；可以单纯听解，也可以补充丰富；可以直接感知，也可以录下音像。

6. 口才信息的知识性

既然信息是人类物质活动和精神活动的不同反映，发送信息，就是将活动的情况传递给接受客体。接受客体听解了，就意味着他获得了对这种情况的认识，从而减少了对客观事物的不了解、不肯定和持疑义的程度。这在公众传播活动如电视、广播、演讲、讲课等中表现尤为明显。即使发送主体发送的是虚假的信息，接受客体也可以通过对信息的处理，对虚假获得认识。

7. 口才信息的时效性

口才信息虽然不是物质、能量，不会磨损、消耗，但只能限定在一定的时间范畴。因为客观事物是在不断地发展变化的，每次变化都会有新的情况产生，原来发送的信息就不一定能够反映已经发展变化了的客观事物的活动状态了。如甲告诉乙："某地的猪肉10元一公斤。"这确实是真实的。但过了一段时间乙到该地时，已经涨为12元一公斤了。乙就不能认为是甲欺骗了自己。

8. 口才信息的反馈性

发送主体在发送出信息后，接受客体无论是否听解，都会产生对该信息的反应：认可、赞同、否定、反对、漠然。这些反应再反传递给发送主体，发送主体就获得了反馈的信息。因为这种反馈，发送主体就可以及时调整自己的发送，使交际得以完成。

9. 口才信息的扩散性

一个信息经发送主体发送后，其接受客体只要感知了，就可能成为新的发送主体再行向新的接受客体发送。不管这个信息是真实的还是虚假的，都不可避免。大众传播不用说了，即使是个人与个人之间，也是如此。所谓满城风雨，不胫而走，就是这种扩散性的写照。

10. 口才信息的多向性

口才信息的传递方向是多方面的：你传递给我，我传递给你，我传递给他，一个传递给众人，众人传递给一人，组织传递给组织，组织传递给群众，群众传递给组织，组织传递给个人。五花八门，层出不穷，由此呈现出多向的色彩。

291

11．口才信息的实用性

口才信息的传递是以交际为目的的。发送主体之所以要发送信息，接受客体之所以要接受信息，是因为彼此构成了交际的关系。一个人关在屋子里对着墙壁大发议论，他虽然也发送了信息，但由于没有与之构成交际关系的接受客体，那么他发送的信息就没有任何实用的价值。

12．口才信息的现实性

发送主体发送信息和接受客体接受信息，立足的是彼此的现实交往。即使所涉及的信息是历史的、外国的、他人的，也是用以为现实的沟通、交流服务的，所谓古为今用，洋为中用，他为己用，说的就是这个意思。事实上，越是现实的（如新问题、新经验、新消息、新情况），就越能沟通彼此的交际。

13．口才信息的针对性

俗话说："看什么人说什么话，到什么山唱什么歌。"从人际交往的角度看，就是指口才信息的针对性。发送主体要发送什么信息，要考虑自己的接受客体和交际的环境。这样，发送的信息才会被客体接受，至少不致强烈反对。不讲针对性的信息，会影响交际的进行和交际的效果。

二、口才信息的类型

人际交往中涉及口才的信息，包罗万象，不可胜数，由于划分的标准不同，其呈现的类型也有不同。主要有这样几种。

（一）按摄取和感知的方式划分

1．直接信息

从发送主体方面说，他摄取的信息是直接依靠自己的眼、耳、鼻、舌、身等器官从社会生活中具体的人、具体的事那里得到的。如他用眼看到黄河水已经干涸，用耳听到火车的轰鸣，用鼻闻到野花的清香。从接受客体方面说，他感知的信息是直接依靠自己的眼、耳、鼻、舌、身等器官从发送主体那里得到的。如他用眼看到发送主体向他招手，用耳听到发送主体在批评他的行为。

2．间接信息

与直接信息相反，发送主体的摄取和接受客体的感知，都不是直接来自具体的事物，而是经过直接摄取和感知的那个人的加工后再传递给他的。如他获知黄河水的干涸，是从电视新闻中看到的；他获知某人在批评他，是旁边的人告诉他的。

（二）按发送的形式划分

1．有声信息

有声信息主要是指交际中一方向另一方发送的言辞，即所说的话。其次还包括附加语手段，如语调、语速、语气、口气、拟声、哭笑、叹息、感慨等等。

2．无声信息

无声信息指的是发送者对信息的发送不是用声音，而是以形体语向接受者发送信息。如眼神、表情、手势等等。

（三）按信息的状态划分

1．动态信息

动态信息指的是新近发生的、还在发展变化的信息。如电视中报道："今日凌晨，北约对南斯拉夫联盟进行了轰炸。"

2．静态信息

静态信息指的是已成为历史的、比较稳定的信息。如老师对学生说："鸦片战争从1840年6月到1842年8月，前后持续了两年多。"

（四）按信息的时间性划分

1．短期信息

短期信息指的是信息作用的时间较短，往往是一次性的。如课堂上，老师对一位一直在埋头看小说的学生说："请把那本书拿给我。"

2．长期信息

长期信息指的是信息作用的时间较长。如导游向省外游客介绍说："贵州山清水秀，有公园省之称。"

（五）按信息的价值性划分

1．有用信息

有用信息是指发送主体所发送的信息对接受客体来说是有用的。如听老师讲课、听新闻联播、看见恋人传情的眉目、同事告诉你一件你所不知道的事。

2．无用信息

无用信息是指发送主体所发送的信息对接受客体来说是无用的。例如，一个人肚子很饿，口袋里又没钱，同伴告诉他说："我有一个办法可以使肚子不饿。"他急忙问："什么办法？"同伴说："只要吃饱了，肚子就不会饿了。"

（六）按信息的内容性划分

1．意义信息

意义信息是指信息在内容上有实实在在的意义，接受者能够从中获得什么。如甲告诉乙："黄河的含沙量很大。"

2．语法信息

语法信息是指信息在内容上没有实实在在的意义，不能让接受者从内容上获得什么，而仅仅从语法上感知了发送的存在。如甲问乙："黄河的含沙量很大吗？"

（七）按信息的需要性划分

1．追求信息

追求信息是指接受者对发送者发送的信息很感兴趣，不仅愿意接受，而且希望发送者继续发送。如教师对学生精彩的讲课，推销员对用户详尽的产品介绍，恋人之间的娓娓叙谈。

2．排斥信息

排斥信息是指接受者对发送者发送的信息不感兴趣，不仅不愿接受，而且竭力排斥。如找上门来的推销员反反复复、唠唠叨叨地向你推销你根本用不着的商品。

（八）按信息的表现性划分

1．显形信息

显形信息是指发送者的信息是以非常明显的形式发送出来的，接受者一下就能感知并理解。如登台演说者对自己观点、见解的明白阐述，台下听众对演说赞赏的热烈鼓掌。

2．隐形信息

隐形信息是指发送者的信息发送并不明显，而是曲折、隐瞒地表达出来，接受者需要思索才能悟出其信息的含义。如正话反说、一语双关、含沙射影、委婉暗示等情况就是如此。

（九）按信息的针对性划分

1．公众信息

公众信息是指发送者发送的信息是针对公众接受者的，希望被公众所感知。如广播、电视、演讲、作报告、讲课等交际活动中传递的信息。

2．个体信息

个体信息是指发送者发送的信息只针对某一个或少数几个接受者的，只要求这一个或少数几个接受者感知。如谈心、聊天、私下会谈、密谋等交际活动中传递的信息。

（十）按信息的渠道划分

1．正道信息

正道信息是指通过正式渠道发送的信息。如在广播电台、电视台播送新闻，登台演讲、作报告，在课堂上讲课，在展销会上介绍产品，在谈判桌上谈判，在会议上发言。

2．非正道信息

非正道信息就是人们所说的"小道消息"。它不是通过正式渠道对信息进行传递，而是私下的、非正式的沟通。小道消息存在着不确定的因素，但又不完全等同于谣言。有些小道消息是由于某些条件的限制而不能通过正道才不得不走小道的。

三、口才信息的沟通过程

（一）沟通的要素

人际交往活动，就是一个信息的不断沟通的过程。这个过程包括了如下要素：

1．信源

信源就是信息的发送者。任何信息都必须要有发送者，而言语交际中的任何一方、任何一个人，都是信息发送者。从大众传播媒体的播音员、主持人到单位、组织的领导，从同事、朋友到夫妻、父子，从论辩对手到洽商伙伴。只要投入言语交际活动，就有信息发送者的存在。没有信息发送者的存在，就没有信息的产生。

2．编码

信息被接受者感知，必须要有一定的表现形式。编码就是信息的发送者将信息的内容编制成各种符号——或言辞，或形体语，或附加语，以及何种言辞，何种形体语，何种附加语。

3．信道

发送者要使自己发出的信息被接受者感知和理解，要通过一定的途径、媒介、工具和手段。这些途径、媒介、工具和手段是信息传递的通道，简称为信道。如语言、语调、手势、动作以及电台、电视台、电话、讲台、会场、麦克风、话筒等。信道有时不是完全畅通的，存在着各种噪声或其他因素的干扰。噪声，如教师讲课时教室外的喧闹；其他因素，如看电视时突然停电。

4. 解码

接受者感知了发送者发送的信息，并不等于他理解了信息的意义。要理解，必须有一个感知清楚后的分析、综合、消化的过程。这个过程称为解码。接受者如不能解码，发送者发送的信息就不能实现与接受者的真正沟通。

5. 信宿

信源是信息的发端地，信宿是信息的目的地。发送者发出的信息最终要有信息的接受者。这接受者，是信息的归宿，简称为信宿。没有信宿的存在，发送者就不能实现信息的沟通，其发送就没有交际意义。

6. 反馈

发送者对接受者发送出信息，必然会在接受者那里产生反应。不管这种反应是什么性质——赞同、反对、漠然，发送者都能感觉得到。这种从接受者那里反传回来的情况，称之为反馈。反馈也可能出现某种干扰而使发送者不能准确把握。如果发送者对接受者发出了信息而毫无反馈，那就说明其发送根本未能被接受者感知——没听见，没看到。因此，信息沟通的成功与否，主要是通过反馈来检验。

（二）沟通的路线图示

按照对信息沟通的六个要素的分析，我们可以用图形来对单向和双向这两大类的沟通进行表示。

1. 单向沟通

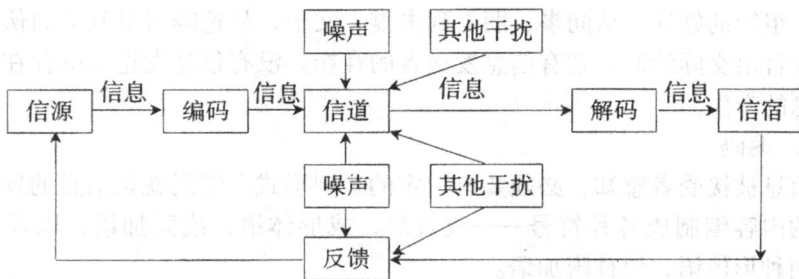

2．双向沟通

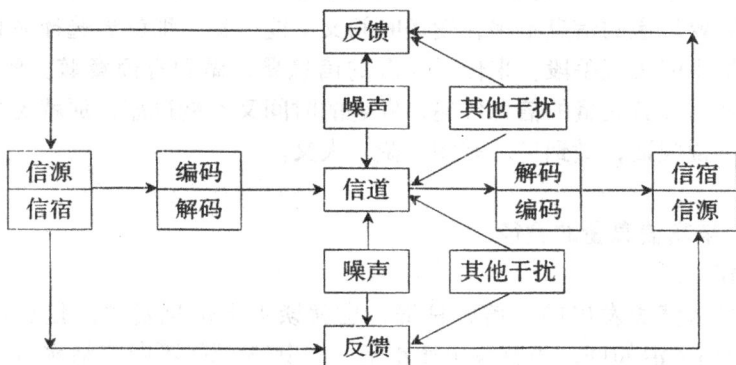

四、口才信息的信息量

（一）信息量的意义

在言语交际活动中，有的发送者口若悬河、滔滔不绝地讲了半天，结果接受者从中获得的信息很少，大多数是无意义的废话。这说明该发送没有多少信息量。信息量指的就是在单位发送中所传递的信息的多少。衡量一个人的发送活动，不是看他说了多少话，而是看他所说话中蕴涵的信息量有多少。

按照申农的观点，信息是用以消除随机不确定性的东西。人投入交际，总是希望通过交际减少或消除自己认识中的不确定性。如果别人的发送不能够减少或消除这种不确定性，甚至反倒增加了这种不确定性，那么他的发送就没有信息量，或者说，他的发送，信息量等于零。

交际中，发送者向接受者传递信息，如果发送者认为自己所传递的信息是可以减少或消除接受者认识的不确定性的，但对接受者来说，这一信息是已经知道、了解了的，那么这种信息的信息量也是等于零的。曾经有人说过，第一个把姑娘比作花朵的是天才，第二个把姑娘比作花朵的是奴才，第三个把姑娘比作花朵的是蠢材。为什么一个比一个糟糕？因为第一个的比喻是别人都不知道的，含有最丰富的信息量。第二个的比喻是有些人不知道的，含有一定的信息量。第三个的比喻是人人都早已知道的，也就没有信息量了。没有信息量的信息，是人人都厌恶的。人们之所以反对言语交际中的那种陈词滥调、冗词赘句，就在于其信息量少，或者等于零。有的领导不管事大事小，作起报告来，一开口总得几个小时，翻来覆去，颠三倒四总是那一套，没有信息量，听报告者怎么可能感兴趣？无怪会场秩序会乱槽槽了。

因此，言语交际中的发送者为了获得最佳的交际效果，就要努力丰富信息量。如果需要传递的信息不多，发送时间又不能过长，那就要选择最必要的信息，利用最少的表现手段，来传递最多的信息量，做到言简意赅，要言不烦。如果发送者需要有大量的信息传递，发送的时间又不能过短，那就要注意增大信息量，不说废话，做到言之有物，微言大义。

（二）丰富信息量的途径

1．信源充足

信息是从信源发出的。信源枯竭，也就谈不上信息发送的信息量。朱熹说："问渠那得清如许，为有源头活水来。"[①] 因为源头不断有活水流入，所以池塘才如此清澈。发送者要肚内有货，口里才有话可说，说出来的才是蕴涵信息量的。现实生活中，我们常见一些领导、名人到了某个地方或参加某种活动，本来并没有要讲话的打算，可临了，他出于某种考虑——身份、地位、面子、盛情——也就"讲几句"起来。由于没有准备，对情况并不那么了解，信源不足，所以往往东拉西扯，不着边际，空洞抽象，高谈阔论。当然，也就无所谓信息量了。

2．信道通畅

信息要通过信道来传递。信道堵塞或干扰严重，信息就无法传递或不能很好传递，有再丰富的信息量，也不能为接受者感知了。1999年3月25日，江泽民主席访问瑞士时，由于一些人的喧闹，致使联邦政府欲举行的欢迎仪式未能举行。对此，他在伯尔尼联邦大厦发表演讲中批评说："中国的孔夫子说过一句话：'有朋自远方来，不亦乐乎？'今天发生的事情，使人难以理解。"[②] 如此庄重的信道都会出现不通畅的现象，确实使人难以理解。人们在现实生活中的交往，信道的不通畅就更加不可避免。因此，要实现有效的信息传递，保持信道的通畅是一个至关重要的环节。

3．手段强化

信道受堵塞和干扰，是一个不可避免的，又十分正常的现象，发送者绝不会因为有此现象的存在而不发送或中止发送信息。一方面，任何信道都不是唯一的；另一方面，发送者可以通过强化发送手段的方式来减少或排除造成信道不通畅的因素。1999年4月22日，北约炸毁了南联盟正在播送新闻的塞尔维

---

① 《观书有感》。
② 中央电视台1999年3月26日《新闻联播》。

亚国家电视台，可它的广播、电讯又接着播送。并且，在电视中断 6 小时以后，又在另一个地方重新开始播送。江泽民主席未能在欢迎仪式上阐述中国的立场、观点，可在联邦大厦的演讲中，他圆满地达到了自己的目的。手段强化的方式是多种多样的，如安装扩音器、提高声音强度、辅以形体语和附加语、重复关键部分、延长传递时间等等。

　　4．热点制造

　　热点就是能够引起接受者兴趣的、为接受者关心的那些信息。人都有求新的欲望。新的东西是最易产生兴趣、最受人关注的。如新情况、新问题、新发现、新知识、新观点、新变化、新发展、新结局。这些信息蕴涵着极其丰富的信息量，能最大限度地减少和消除接受者认识上的不确定性。因此，发送者要善于挖掘信息中的新的东西，制造出一个又一个的热点来。当然，对任何一个信息发送者来说，都不可能时时、事事找到新的东西。问题在于"制造"。有些看上去似乎并不新的东西，由于发送者把握的角度不同，认识的程度不同，表现的手法不同，也可能会给接受者以新的感知。苏东坡说过："横看成岭侧成峰，远近高低各不同。"他看西林寺的一峰，由于角度的不同，就有不同的感知。这对我们信息发送的热点制造，何尝不是一个启迪？

　　5．密度加大

　　密度是单位载体中所含信息量的多少。要使密度加大，就是要最大限度地减少无信息言辞，让信息高度浓缩于所发送的言辞之中，在有限的言辞中蕴涵最多的信息量。比如 1951 年 9 月 29 日周恩来在北京、天津高等学校教师学习会上讲话时提到自己说：

　　　　我小的时候读章太炎先生发表在《国粹学报》上的文章，当时虽读不大懂，却启发了我的爱国的民族思想。中华民国成立以后，袁世凯、北洋军阀的专横卖国，更使我增加了爱国的思想，因而积极参加了反对"二十一条"、反对中日军事协定等爱国活动。①

这段话虽然很短，可包括了诸多人物、事物、事件，表达了多么丰富的爱国情感。其信息密度是高度浓缩的，其信息量当然就多。

---

① 《周恩来选集》（下卷），第 62 页。

第二节　口才信息的控制

一、口才信息的获取

（一）观察

观察是交际者依靠自己的感官认识客观事物的知觉过程。感官包括眼、耳、鼻、舌、身几个方面，其中最主要的是眼睛。有研究表明，人脑中储存的信息 80% 以上是通过眼睛的视觉活动来获取的。观察的目的，主要是了解事物的外部形态和特征，并通过其外部形态和特征透视其本质。观察不是简单的注视，而是与交际者思索、想象、联想紧紧相连的受交际者思维影响的系统知觉活动。

观察总的可分为有意观察和无意观察两种。

有意观察是指在一定的交际目的支配下，对事物所作的有意识的观察。这种观察较为认真、仔细、周密。如《红楼梦》第三回中，林黛玉初进贾府，正与贾母及迎春、探春、惜春等人寒暄，忽听窗外有人高声叫嚷："我来迟了，不曾迎接远客！"黛玉十分纳罕："这些人个个皆敛声屏气，恭肃严整如此，这来者系谁，这样放诞无礼？"于是就要有意识地看看来者究竟是何等人士。她看得格外仔细、周密。

> 这个人打扮与众姑娘不同，彩绣辉煌，恍若神妃仙子：头上戴着金丝八宝攒珠髻，绾着朝阳五凤挂珠钗；项上戴着赤金盘螭璎珞圈；裙边系着豆绿宫绦，双衡比目玫瑰佩；身上穿着缕金百蝶穿花大红洋缎窄裉袄，外罩五彩刻丝石青银鼠褂，下着翡翠撒花洋绉裙。一双丹凤三角眼，两弯柳叶吊梢眉，身量苗条，体格风骚，粉面含春威不露，丹唇未启笑先闻。

在这种有意观察中，林黛玉获得了极为丰富的信息量。不仅认识了来者的衣着、外貌，而且连身份、地位、性格都摸到了，知道不可等闲。于是"连忙起身接见"。在贾母介绍这是凤辣子王熙凤后，黛玉"忙陪笑见礼，以'嫂'呼之"。

无意观察是指在现实生活中，并无一定的交际目的支配，随时随地、不经意地对事物作了观察。这种观察较为随便、粗疏、概略。如林黛玉进贾府时，最先见到的是迎春、探春、惜春三姊妹：

300

　　第一个肌肤微丰，合中身材，腮凝新荔，鼻腻鹅脂，温柔沉默，
观之可亲。第二个削肩细腰，长挑身材，鸭蛋脸面，俊眼修眉，顾盼
神飞，文彩精华，见之忘俗。第三个身量未足，形容尚小。

对此三姊妹，黛玉仅仅是跨进贾府后目光自然所及，完全是无意识的，她并无
与之交际的目的支配，所以只观察了个大体轮廓，获得的信息量是较少的。这
与接下来对王熙凤的有意观察，就判若云泥了。

　　有意观察与无意观察虽是两种观察方式，但二者并无截然分明的界限：有
时互相渗透，有时互相补充，有时互相转化。如托尔斯泰一次与普希金的女儿
邂逅相遇，突然感觉到她的美丽。这是无意的观察。之后，他写作《安娜·
卡列尼娜》，为写出安娜的美艳动人之处，他又特意去接触普希金的女儿，并
作了仔细、周密的观察。于是产生了他笔下安娜那"全部姿态上所显露出来
的端丽和温雅"和"她那迷人的脸上的表情带着几分特别的柔情蜜意"。

　　观察可以获取信息，但并非任何人的任何观察都是有效的，都能获取信息
量。在同一环境中，针对同一事物，有的交际者能一下捕捉住信息，从中获得
信息量；而有的交际者虽然观察了，却熟视无睹，让信息从眼底飞过，最终不
能获得满意的观察效果。这是交际者观察能力和观察方法所致。能力，我们在
前面第四章"主体的能力"一节和第五章"客体的能力"一节，已经讲到。
方法，大体有这些可供选择：

　　1. 总体观察与细节观察

　　总体观察是从宏观上把握观察对象，从中获取事物的总体印象的信息。这
种观察既可防止以偏概全，又容易抓住事物最突出的特征。如郁达夫《故都
的秋》对北京秋天的观察就抓住了北京的秋"来得清，来得静，来得悲凉"
这个总体印象和突出特征。

　　细节观察是从微观上把握观察对象，从中获取事物局部的、细致的印象的
信息。这种观察可以补充总体观察的不足，体现出观察的深度。如《故都的
秋》观察了北京秋色中的小院静观、槐蕊清扫、残蝉闲听、雨后风凉、枣红
佳日五个场景，这就使总体观察中的印象具体化、鲜明化了。

　　2. 单一观察与比较观察

　　单一观察是指只观察一个事物自身，或先把这一事物与其他事物分离开来
观察。这种观察目标明确，焦点集中，能较快把握事物，获得信息。如郁达夫
长期生活在美丽的江南，对江南的秋色自然是感受颇深的。但他到北京后却抛
开江南的秋色，要"饱尝一尝这'秋'，故都的秋味"。接着便集中写出他对
故都这北国的秋的观察印象。

比较观察是指同时或先后观察多个事物，并就其相异、相似、相同之处进行比较。俗话说，不怕不识货，就怕货比货。有比较，就有鉴别，孰优、孰劣，一目了然。如郁达夫在先行对故都这北国的秋作了单一观察之后，又将他熟知的江南之秋拿出来与故都的秋相比较，觉得江南之秋"色彩不浓，回味不永。比起北国的秋来，正像是黄酒之与白干，稀饭之与馍馍，鲈鱼之与大蟹，黄犬之与骆驼"。

3. 动态观察与静态观察

动态观察是从动的角度把握观察对象，从中获取事物在运动状态中的印象的信息。这种观察由于立足于事物的发展变化，因此既显得灵活生动，又容易启迪思绪。如郁达夫观察北京的秋雨，说它"比南方的下得奇，下得有味，下得更像样。在灰沉沉的天底下，忽而来一阵凉风，便息列索落地下起雨来了。一层雨过，云渐渐地卷向了西去，天又晴了，太阳又露出脸来了；著着很厚的青布单衣或夹袄的都市闲人，咬着烟管，在雨后的斜桥影里，上桥头树底下去一立，遇见熟人，便会用了缓慢悠闲的声调，微叹着互答着的说：'唉，天可真凉了——'"

静态观察是在相对静止的状态下把握观察对象，从中获取事物在相对静止状态中的印象的信息。这种观察由于位置、角度、距离都是固定的，可以反复地观察，认真地观察，显得清楚分明，细致入微。如郁达夫观察北京的枣子树，"像橄榄又像鸽蛋似的这枣子颗儿，在小椭圆形的细叶中间，显出淡绿微黄的颜色的时候，正是秋的全盛时期"。

4. 表象观察与表里观察

表象观察是从事物的外在现象把握观察对象，从中获取事物外在印象的信息。这种观察是事物简单进入视野的直接反映，没有观察者的深层思考。如郁达夫生在江南，见惯了"二十四桥的明月，钱塘江的秋潮，普陀山的凉雾，荔枝湾的残荷"。这些印象都只是表象观察所得的外在信息，他没有感觉到它们有什么可以值得回味的地方。

表里观察是由表入里，透过表象看本质，从中获得事物的本质印象的信息。这种观察使表象观察中可能被掩盖的深层的、浑厚的信息得以认识，给观察者以更丰富的信息量。如郁达夫观察北京那极其普遍的槐树，比起他在表象观察中所提及的那些很有些名气的江南秋色来，似乎没有什么可以值得回味的。但是他在通过表里观察之后，感到"北国的槐树，也是一种能使人联想起秋来的点缀。像花而又不是花的那一种落蕊，早晨起来，会铺得满地。脚踏上去，声音也没有，气味也没有，只能感出一点点极微细极柔软的触觉。扫街的在树阴下一阵扫后，灰土上留下来的一条条扫帚的丝纹，看起来既觉得细腻，又觉得清闲，潜意识下并且还觉得有点儿落寞，古人所说的梧桐一叶、天下知秋的遥想，大约也就在这些深沉的地方"。

5．现实观察与联想观察

现实观察是从本事物到本事物的观察。观察者的视野只局限于此，看到了什么，就只是什么，不想其他，也不愿去想其他。他获得的信息，也只是来自该事物本身的印象。如郁达夫观察江南的秋，他认为："一个人夹在苏州上海杭州，或厦门香港广州的市民中间，混混沌沌地过去，只能感到一点点清凉，秋的味，秋的色，秋的意境与姿态，总看不饱，尝不透，玩赏不到十足。"

联想观察是一种由此及彼的观察。观察者在视野所及某一事物时，会由该事物想象到其他事物或其他问题。他获得的信息不仅是视野所及的事物，而更多的则是由联想所生发出来的信息。因此，这种观察所获得的信息量是更为丰富的。如前面"表里观察"中所举郁达夫观察北京的槐树，他就由此联想了许多事物。

（二）体验

交际者有意识地突破个人的生活局限，投入到新的环境中去感受事物，从而获取信息的过程，叫做体验。体验是交际者设身处地全身心的投入，比观察更带有交际者的主观感情色彩。它是一种有意识的信息获取措施，信息量不仅比观察要多，而且比观察要深。

体验不是任何交际者都能做到和做好的。其要求如下：

1．身到心到

交际者要体验什么，就要全身心的投入，不仅身到，更要心到，身到心不到，获得的只能是表象的、非本质的信息。心到了，才能有深层的认识，获得事物本质的信息。毛泽东曾说过，不要走马观花，而要下马看花。走马观花只能是身到，下马看花就是心到了。

2．感情充沛

体验在根本上来说是交际者感情支撑的行为表现。没有充沛的感情，他就不可能去体验，或者是"体"而无"验"。交际者要获得对某事物的真切感受，必须与该事物发生感情上的联系。感情如果淡薄，就会失去联系的动力。只有感情充沛，才会喜则喜，忧则忧，积极、主动地去认识和了解事物。

3．抓住感受

感受是交际者感官受到外界物刺激所产生的一种相应的心理体验活动。感受是在观察、体验的基础上产生的，没有对事物的观察、体验，就谈不上有什么感受。但是，有了观察、体验，也不等于说就一定会有感受。因为感受需要去抓取、去捕捉。否则稍纵即逝，白白地让本该获取的信息从眼前跑掉。有的人对某事物看了就看了，而有的人却从中发现了金子。这就是他抓住了感受。

（三）调查

调查是交际者从事情发生的现场及知情者那里获取信息的一种措施。这种措施是交际者对客观事物的直接感知，是一种有目的、有对象地获取信息的行为。毛泽东说过，没有调查就没有发言权。经过调查后获取的信息，就使得交际者在交际过程中享有充分的发言权。

对交际者来说，调查除了可以使自己享有充分的发言权外，还由于掌握了第一手材料，可以从中获得真实的、可靠的信息。另外，调查还可以验证已经掌握的信息的真实性、可靠性。还有一点，调查可以促成调查者新发现、新观点、新认识的产生。因此，交际者必须重视调查。

调查的方法有这些可供选择：

1. 普遍调查

普遍调查就是在一定的调查总体范围内，针对某个问题，对所有的对象进行调查。如全乡人口素质普查，全校教学质量普查。

2. 重点调查

重点调查就是在一定的调查总体范围内，以某个问题为重点，对涉及该重点的相关对象进行调查。如全乡老年人健康状况调查，中文系学生口语表达能力调查。

3. 典型调查

典型调查就是在一定的调查总体范围内，选择有普遍意义的、有代表性的问题进行调查。如某乡某村农民卖粮难问题的调查，某校某班学生考试作弊现象突出的调查。

4. 抽样调查

抽样调查就是在一定的调查总体范围内，随机抽出部分作为样本来进行调查。如一个村有 200 户，不加选择地随便抽出 10 户、5 户来对他们进行调查，即可推知该村 200 户的大概情况。

由于调查是受调查者主观意图支配的行为，因此要求调查者必须具备正确的指导思想和实事求是的态度。这样，所获得的信息才可能满足真实、可靠的要求。

（四）查阅

查阅就是从现存的古今中外的图书、文献、资料、报刊中获取需要的信息。这是观察、体验、调查几种措施的很好的补充。现实社会中，任何交际者的时间、精力、活动范围都是有限的，都不可能做到对任何事物、问题都去观察、体验和调查。通过查阅，同样可以获取信息。因为写进图书、文献、资料、报刊中的信息，也是别人在观察、体验、调查中获得的，现实社会的交际者完全可以吸取为己所用。比如中国有五千多年的文明史，我们今天之所以能够了解历史、认识历史，就是因为有前人的记载书写。

由于每个交际者的条件不同，查阅也有不同。诸葛亮、陶渊明、朱熹都是查阅的高手，但各有区别：诸葛亮戎马倥偬，所以"但观大略"；陶渊明行为豁达，所以"不求甚解"；朱熹严于考究，所以"不放一字过"。英国哲学家培根在《论学问》中指出："有些书可供一尝，有些书可以吞下，有不多的几部书则应咀嚼消化。"在方法上，培根主张应采取蜜蜂式——遍采百花，精工酿造，吸食蜜汁。他所反对的蚂蚁式（只会一味地搬取堆放）和蜘蛛式（吃了一点就马上吐得一干二净），对我们也是很有启发的。

通过查阅获取信息，也不是那么一帆风顺，也要付出艰辛，也会碰到难题。古人早有"攻书"、"攻读"之说，将查阅当做敌人的堡垒来攻克。叶剑英元帅也有诗云："攻城莫畏坚，攻书莫畏难。"清末学者王国维非常形象地以宋词中的词句来概括治学的三个阶段，用以指导我们在查阅中对于信息的获取，也不是没有意义的。他认为，在开始查阅时是："昨夜西风凋碧树，独上高楼，望尽天涯路。"① 查阅中遇到困难时，应当："衣带渐宽终不悔，为伊消得人憔悴。"② 经过一番艰辛之后，必然有所获得："众里寻他千百度，蓦然回首，那人却在，灯火阑珊处。"③

二、口才信息的储备

（一）储备的意义

获取信息说的是"得到了"，但在实际交往中，任何交际者都不可能一得到了信息就立马付诸运用。什么时间运用，哪种场合运用，运用哪一部分，怎

---

① 晏殊：《蝶恋花》。
② 柳永：《蝶恋花》。
③ 辛弃疾：《青玉案》。

样运用，这一系列问题对于交际者来说，他在获取信息时，一般都是不知道的。只有当他投入具体的交际活动时，才会根据交际的实际需要想起自己曾经获取的信息而加以运用。这就存在一个信息储备的问题。储备，也就是储存起来以备运用。这犹如部队的军火库，不打仗时，要先将枪支、弹药储存起来，一旦战争打响，就要打开军火库，将枪支、弹药源源不断地送上前线。如此才能保证战斗的胜利。倘若军火库空空如也，没有储存，那么这个仗就不消打了，乖乖地举手投降吧。言语交际何尝不像打仗？事不同而理同，概莫能外。

（二）储备的种类

1．随意储备

随意储备指的是在日常生活中，对观察、体验、调查、查阅获取的信息不加选择、不加区别，眉毛胡子一把抓，笼统地储备起来。这种储备，储备者没有明确的目的，对信息的内容和范围也没有限定，获取什么就储备什么。对此，清人魏禧打比方说："譬之富人私财，金玉、布帛、竹头、木屑、粪土之属，无不预贮。初不必有所用之，而当其必须，则粪土之用，有时与金玉同功。"[①] 这确实是比喻得很形象的。

2．系统储备

系统储备指的是储备者在明确的储备目的支配下，对获取的信息有条有理地按照各种信息的门类加以储备——天文、地理、历史、政治、军事、经济、人物、动物、植物、笑话、掌故、俚语等等。这种储备工作量大，时间较长，而且需要力求厚积。广采，博收，然后才有门类可分。茅盾也打一个比方说："要跟奸商一般，只消风闻得何处有门路，有货，便千方百计钻挖，弄到手方肯死心，不管是什么东西，只要是可称为'货'的，便囤积，不厌其多。"[②] 这个比喻对我们也是一个不小的启发。

3．专题储备

专题储备指的是储备者为了某一个具体的交际活动和交际目标，有意识地围绕这个活动和目标作的信息储备。这种储备在信息的内容和范围上都有限定，储的工作量不大，时间也较短，往往储备不久就付诸运用。邓拓曾经风趣地说：很应该向农民学习，随身带个粪筐，见粪就拣，成为习惯。农民的目标是让庄稼长得苗壮，多有收成。因此粪就成为他可使目标实现的储备。而且这种储备又不会很久，季节到了，立马就施到田地里去。

---

① 《答施愚山侍读书》。
② 《有意为之》。

（三）储备的方式

1. 记忆

记忆是人脑对过去经历过的事物的反映痕迹。交际者在观察、体验、调查、查阅中获取的信息，都会在头脑中留下印象，形成经验。将这种印象、经验装进脑子里，就是在储备信息，就是"记"。待以后交际时，再让头脑中储备的"记"跳出来，就是"忆"了。这是一个复杂的心理过程，从"记"到"忆"，包括了识记、保持、再认三个基本环节。识记是识别和记住事物印象的信息，保持是巩固已获取的事物印象的信息，再认是恢复当初事物的印象的信息。比如王二在观察中，通过听觉的感知，获取了张三所说的"李四是个为人十分正直的人"的信息，他将此信息记入了脑海。不久，王二正好有事要与李四交际，当他与李四见面时，就会忆起张三曾经传递给自己的那个信息，于是就放心与李四交际。

记忆分为有意记忆和无意记忆两种。

有意记忆是指在确定的储备目的指导下，凭借一定的方法有意识地去识别、记住事物，并让其保持在头脑中。最为明显的就是背诵。如学生背诵课文、定理、公式，律师背诵法律条文，司机背诵交通规则、演员背诵台词等，都是有意记忆的表现。我们平时说某某人记忆力特别好，主要指的是有意记忆。诸如博闻强记、倒背如流之类。

无意记忆是指没有确定的储备目的，也不用任何有助于识记的方法，而在不经意中对事物有所记忆。交际者只要生活在现实社会中，信息就会自然印入脑海，那些能激起自己情绪活动的事物，用不着特别去记它，它都会很容易地被自己记住，从而成为自己信息的储备。

人的记忆是一个包罗万象的博大仓库，其储备的信息，不可计量。可以说，言语交际中，人们运用的信息，绝大多数都是来自记忆的储备。因此，记忆是信息储备的最基本、最重要的方式。

2. 记录

人的记忆是有限的，任何人都不可能对任何信息都靠记忆来储备。生活琐事倒也罢了，对那些重要的，以及工作和事业中的有关信息，单靠记忆就于交际不利。俗话说，口说无凭，立字为据，就是对记忆的不可靠性的反对。记录一方面弥补了记忆储备的不足，另一方面又为交际提供了可靠的依据。从法律的角度说，用记录储备信息，更有意义。

有的人记忆力很强，也习惯于以记录的方式来储备信息。像笔记、札记、卡片等。就是记录日常生活状况的日记，也是如此。日记是一种非常好的信息储备方式。所谓日记，就是将自己一天中的学习、工作、生活以及所见、所闻、所思、所感择要记录下来。它既可备忘，帮助回忆；又可储备信息，以为后用。鲁迅说："写日记不要摆架子，因为是给自己看的，所以反而看出自己的真面目来，我想这是日记的正宗嫡派。"我们今天翻看鲁迅的日记，虽然大多是三言两语，但可以看出鲁迅以此储备信息的用心。

3．摘录

摘录是指交际者在查阅中看到与自己的研究、学习、工作、生活等方面有关而利于自己交际的信息，抄录下来加以储备。这种方式储备的信息，信息量是比较大的。徐特立曾说："买书不如借书，读书不如抄书，全抄不如摘抄。"他自己就以这种方式储备了大量的信息，受益匪浅。如果需要摘录的部分太长，可以复印。

摘录分为原文摘录与要点摘录两种。原文摘录，就是依样画葫芦地照搬照抄，不作任何变动。它主要是针对文字简短的格言、警句、妙语等。这种摘录由于是原文的照搬，摘录者不用动多大脑筋，而且日后引用的价值较大，有可靠的说服力。要点摘录简称摘要，就是将所查阅的图书、文献、资料、报刊等中的主要内容、观点，用自己的话写出来；有时也可将原文中的一些关键词、语句照抄下来。这种摘录较原文摘录的难度稍大，摘录者需要动动脑筋，经过一番分析、综合、概括、提炼之后，才能写出来。

摘录不管是哪种，都要求做到：

①读懂内容。这是摘录的先决条件。只有读懂了，理解了，才能认识其价值，才会产生摘录的欲望，才会生发概括、综合、提炼的能力。

②认真选择。既然是"摘"，就不能太多、太杂。只能摘那些确有价值、确有必要的内容。因此，摘时要认真思考、仔细选择，以实用为目的，不要花费时间去摘一堆无用的东西。

③准确可靠。这是摘录的必要条件。为着日后利用时不致谬误，一定要忠实于原文、原意。尤其是原文摘录，哪怕一个标点符号，都不能改动。如果发现有明显的错误之处，可用括号批注；如果一段的某些部分不需要，可用省略号表示。

④注明出处。无论摘什么内容，都要注明篇名、作者、书名（资料名、报刊名、文献名）、版本、版次、页码等，一是便于自己查阅、核对，二是自己引用后可供别人查阅、核对。

4．札记

札记是查阅时有了心得、体会和有所校刊、考证，以及在日常生活中有所感想、见闻、随笔予以记录下来的一种信息储备方式。其特点是信息广泛，内容扎实，文字简约，形式不拘。

我国古代很早就开始以札记的方式来储备信息。在纸未发明之前，以小木片写字，谓之"札"；以竹片写字，谓之"劄"。后来，"札"、"劄"相通，所以札记又称劄记。到清代，札记已十分流行。如思想家顾炎武的《日知录》，凡32卷，即为其读书有得，随笔记录，参验亲身见闻，穷极根底，考证得食，积累30余年乃成。还有如藏书家卢文弘的《龙城札记》、文学家姜宸英的《湛园札记》、考据学家阎若璩的《潜邱札记》、史学家赵翼的《廿二史札记》等等。

在现代的信息社会，札记运用更加普遍，涉及的范围日渐宽广：政治、经济、军事、历史、科技、工业、农业、教育、体育以及社会生活中的林林总总，都可记之。如徐特立的《虚心》、《学与用》，是关于思想修养的心得；刘逸生的《宋词小札》，是关于宋词"多绮语"的见解；邓拓、吴晗、廖沫沙的《三家村札记》，则海阔天空，囊括八方。

札记在"记"中没有什么讲究：在内容上，既可以针对所查阅的书文进行评论，又可撇开书文任思想自由驰骋；在表达上，既可叙述、描写，又可议论、抒情，还可说明，还可兼而有之；在语言上，既可严密论证，又可诙谐洒脱，还可嬉笑怒骂，还可隐晦曲折；在篇幅上，既可洋洋万言，又可寥寥数语。一般说来，札记以短小、直白为宜。

三、口才信息的选择

前面提到，信息储备是多多益善，要像商人一样，囤积居奇。但囤积居奇并非目的，目的是待价而沽。一旦市场上有了好价钱，就要及时抛售出去。由于囤积居奇的货物数量和种类都很多，在哪一个市场，针对哪些顾客，抛售哪一种货物，抛售多少，这就有一个选择的问题。

在人际交往中，任何交际者都不可能在每一次交际中都将自己储备的信息铺天盖地地和盘托出，他只能运用自己所储备的信息中的一部分，甚至是微乎其微的一部分。究竟用哪一部分，这就需要选择了。

所谓信息的选择，就是交际者在一定的交际目的的支配下，从自己的信息储备中挑选、拣择出适合的、恰当的信息来供运用。

（一）选择的原则

1. 为交际的目的服务

这是根本的、第一位的原则。任何言语交际，都不是无目的的交际，交际者总有自己的意图。哪怕是胡侃、闲聊，至少可以联络感情，沟通关系；即使是骂街、发火，至少可以宣泄郁愤，出口恶气。因此，选择信息首先一定要考虑自己在具体交际中的目的的需要。凡是能够为这种需要服务的，就选；凡是不能为这种需要服务，甚至有害的，就不选。

2. 把关要严

交际者在储备信息时，犹如储藏食物的蚂蚁，只是一味地堆积，管它是什么大的、小的、粗的、精的、肥的、瘦的，一概搬进仓库。其中必然是鱼龙混杂、泥沙俱下。交际者总是希望不说则已，一说就应当有用，在最少的言辞中蕴涵最多的信息量。因此，在选择时，就要把严关口，不让那些与交际的目的无关或作用不大的信息通过。如都是可用的，就选那好的；都是好的，就选那更好的；都是更好的，就选那特好的。反正储备充足，可供选择的余地是很大的。

茅盾在谈到储备时主张"不厌其多"，在谈到选择时则主张要严。他说："选用的时候，可就要像关卡的税吏似的百般挑剔了。整整一卡车的'货'，全要翻过身来，硬的要敲一敲，软的要扪一把，薄而成片的，还得对着阳光照了又照，———句话，用尽心力，总想找个把柄，便扣下来，不让过卡。"①

3. 具有魅力

能够吸引接受者的信息，就是有魅力的信息。一个人说话，总是希望接受者听得进、愿意听，或能够触动、震慑接受者。要如此，其选择的信息非具有魅力不可。哪些信息是具有魅力的呢？

①新颖的。新颖的有三层意思：一是接受者没有听说过的；二是虽然接受者已有所闻，但不具体的；三是虽然接受者已经知道，但发送者变换了角度、方式的。

②具体的。具体的就是不抽象、不笼统，有实实在在的内容。它要求发送者不要尽选那些官话、套话、大话、空话来讲。那种不显山、不露水的所谓放之四海而皆准的信息，只会使接受者感到厌烦无味。

③现实交际所必需的。再新颖、再具体的信息，如果脱离了现实交际的需要，接受者也不会感兴趣。如两人洽谈一笔服装生意正酣，其中一人突然告诉对方："今天猪肉才卖8元一公斤。"这就十分扫兴了。

④能引起思索的。有些信息虽然平淡，但能在接受者心中产生波动，引起他的思索，这也是一种魅力。如犯罪嫌疑人拒不交代问题，公安人员对他说："我们已经掌握了充分的证据，你要顽抗下去，后果你自己考虑吧。"

4. 真实确切

真实、确切的信息不仅具有充分的说服力量，而且可以赢得接受者的信

310

① 《有意为之》。

赖。虚假的信息，最多只能蒙骗一时，一旦戳穿，那就是"赔了夫人又折兵"了。关于这一点，在前面主体和客体的要求中已经讲到，不再重复。

（二）选择的要求

1．认真鉴别

要选择信息，首先要鉴别信息。鉴别，就是对储备的信息进行识别，辨明其真伪、主次、好坏、轻重、大小、表里。这是一个思考的过程，哪怕只是一瞬间，也要动一下脑筋：我选择这一信息用于自己的交际，它是真还是假，是主还是次。如果该用真的而用了假的，该用主的而用了次的，都于交际不利。只有经过思考，才能从信息中抽出其本质意义，不致将金子视为沙子或将沙子视为金子。

鉴别的方法有多种，如比较、分析、综合、概括、建立因果关系等。

2．注意取舍

某个信息对交际确实有用，能很好地为交际目的服务，才选取；那种可用可不用的，就舍去。比较起来，舍去更难做到。好不容易储备了一个好的信息，弃而不用，往往有些难分难舍，不忍割爱。须知，兵不在多而在精，兵再多，全是老弱病残又有何用？一个人叽里呱啦地说了半天，都是废话、套话、官话，还不如不说的好。有的人不开口则罢，一开口就说到点子上，一句胜过十句，就在于他注意了信息的取舍，该说的才说，不该说的决不说。

3．考虑环境

环境对言语交际有影响和制约作用。有的信息适宜于这种环境却不适宜那种环境。因此，在选择时，所储备的信息即使再佳，但在现实交际的环境中不适宜，也不能选择。比如交际时间很短，就不能选择长篇大论的信息；接受对象文化程度较低，就不能选择深奥凝重的信息；接受对象遭遇不幸，就不能选择愉悦兴奋的信息。

第三节　口才信息的传输

一、传输的类型

（一）传输方向

1．单向传输

单向传输是指交际中只有一方向着另一方发送信息的传输活动。一方是信源，另一方是信宿。从信源到信宿，是单方向的信息运行。发送信息的一方是

311

整个交际过程中的主宰，掌握着全部主动权，发送什么信息，发送的时间多久，以什么样的方式发送，全由其决定和支配。而另一方则处于被动的"听"和"看"的地位，只带耳朵、眼睛，不带嘴巴。即使有反馈，在同一个交际回合中一般都不能命之以口。如电台、电视台的播音，主席台上领导的讲话，演讲台上演讲者的演讲，讲台上教师的讲课等。

单向传输一般都是有准备的传输。其目的明确、对象清楚，传输的信息有所选择，传输的方式有所讲究。即使是没有准备，或不能充分准备（如答记者问），但只要处于"自己讲，别人听"的位置，仍然是单向传输。只不过在信息选择和传输方式上没有有准备的传输完备罢了。

2. 双向传输

双向传输是指交际中双方都可向对方发送信息的传输活动。双方互为信源和信宿，从信源到信宿，是双方向的信息运行。这种传输不存在谁是主宰的问题，一方发送信息时，另一方可以随时提出自己的意见、表明自己的态度。在整个交际活动中，双方都既带耳朵、眼睛，又带嘴巴。任何一方的反馈，都可迅速发为言辞或形体语、附加语。如谈判、论辩、洽商、谈心、争论等。

双向传输也有有准备与无准备之分。有准备的，同样是目的明确、对象清楚，传输的信息有所选择，传输的方式有所讲究。如商贸谈判，与谁谈，要达到什么目的，为达到目的需要哪些信息，要采取哪种方式才合适，任何一个谈判者事前都会有所考虑。无准备的，难度就大一些。因为事前并不知道，彼此都存在许多不确定性。但是，只要处于双向传输的位置，就要正视它，认真地选择信息，积极地把握方式。比较起来，在现实生活中，双向传输中的无准备情况更多一些。

3. 多向传输

多向传输是指交际者不止双方，而是多方时，任何一方都可以向其他方发送信息的传输活动。每一方都是信源，都是信宿。从信源到信宿，是多方向的信息运行。这种传输，同样不存在谁是主宰的问题，一方发送信息时，其他任何一方都可随时提出自己的意见、表明自己的态度。在整个交际活动中，各方都既带耳朵、眼睛，又带嘴巴。任何一方的反馈，都可迅速发为言辞或形体语、附加语。如座谈、讨论、聊天、吵群架等。

多向传输同样有有准备与无准备之分。像座谈、讨论之类，一般都是有准备的，至少在大方向上可以把握。像聊天、吵群架这类，当然不可能有准备，纯粹靠随机而发了。

（二）沟通关系

1．直线传输

直线传输是指信息传输所沟通的关系是直线的，包括自上而下和自下而上两个方面。

自上而下的信息传输，是指交际双方具有上下关系时，处于上者向处于下者传输信息。这种"上"有两种情况：一是指一个组织的代表，如书记、市长、部长、厂长、经理、局长、营长、校长、主任、乡长等。他们在职权范围内向下传输的信息，往往带有强制性。哪怕其传输方式很柔和，其"下"，都不能不认真考虑。在表现形式上，比较正式的，如命令、指令、令、指示等；一般的，如要求、答复、意见、看法等。二是自身地位高于对方，如教师对学生，师傅对徒弟，家长对孩子。他们在工作、教养范围内向下传输信息，一般带有指导性，有时带有强制性。如家里的孩子，做父母者大多以指导性的信息教其如何做人。但孩子很不听话时，父母就会向其传输强制性的信息了。

自下而上的信息传输，是指交际双方具有上下关系时，处于下者向处于上者传输信息。这种"下"有两种情况：一是指单位、组织或地域的普通成员，如市民、职工、战士、工人、办事员、村民、学生等。他们在所服务的单位、组织或所处的地域内，向上传输的信息，往往带有请求性。哪怕心里很不痛快，其传输方式一般都较柔和。在表现形式上，比较正式的如请示、报告、汇报等；一般的，如反映、希望、建议、要求等。

2．横线传输

横线传输是指信息传输所沟通的关系是横线的。这种传输是在同一个单位、组织、地域中的非上下关系的交际者中进行的。如一个公司的员工之间，一个学校的教师之间，一个村子的村民之间。

比起直线传输来，横线传输无论在传输的人数上和传输的信息上，都要多得多。一是因为一般情况下，一个单位的群众总是多于领导的，他们彼此间的交往无论如何要比他们同领导的接触要多。二是因为群众之间说话，可以随便些，尤其是亲密者之间，则无话不谈。而群众与领导接触，往往说话显得很谨慎、拘束。但是，横线传输所传输的信息，比起直线传输来，一是信息量较少，二是可靠性较小。

3．斜线传输

斜线传输指的是信息传输所沟通的关系是斜线的。这种传输是在不同单位、组织、地域的上下关系的交际者中进行的。如这个公司的员工与那个公司的经理之间，这个学校的校长与那个学校的教师之间，这个连队的战士与那个连队的连长之间。

斜线传输比起直线传输和横线传输来，无论在传输的人数上和传输的信息上，都是很少的。一般见于这个单位的员工有问题、有情况需要向那个单位的领导反映、通报，或者那个单位的领导需要找这个单位的员工了解情况。

4. 外线传输

外线传输指的是信息传输所沟通的关系不是内部，而是外部。这种传输打破了单位、组织、地域的界限，走向了社会。可以说，它是横线传输和斜线传输的进一步扩展。其传输的人数和传输的信息都为直线传输、横线传输和斜线传输所不及。并且，直线传输、横线传输和斜线传输所沟通的关系，一般都是对应的。而外线传输所沟通的关系，则往往是网状的，向四面扩散。因此，外线传输的速度快，影响大。

二、传输的渠道

（一）直接渠道和间接渠道

1. 直接渠道

直接渠道就是指发送者在言语交际活动中，不通过任何中间环节或媒介，直接面对面地把所要发送的信息传输给接受者。如甲碰到乙，甲为了向乙传输自己关心其健康状况的信息，便问道："你近来身体可好？"这一信息就是通过直接渠道传输的。

直接渠道是言语交际活动中最基本、最普遍的渠道。其特点是人数多，频率高，反馈迅速。

2. 间接渠道

间接渠道就是指发送者在言语交际活动中，通过中间环节或媒介，间接地把所要发送的信息传输给接受者。如甲碰到乙，甲为了向乙的父亲传输自己关心其身体状况的信息，便对乙说："请转达我对你爸爸的问候，请他多保重。"这一信息就是要通过乙这个媒介的作用来传输给乙的父亲，传输的渠道是间接的。

间接渠道虽然比不上直接渠道普遍，但可以起到直接渠道不能起的作用。有些信息，发送者不能或不便直接传输给接受者，通过间接渠道就能达到目的，而且有时效果比直接渠道更好。

（二）远距渠道和近距渠道

1. 远距渠道

远距渠道是指言语交际活动中，发送者与接受者之间相隔的距离较远，发送者向接受者传输信息是远距离进行的。这种渠道是建立在一定的科技条件之下的，它要凭借科技的某种载体才能得以沟通。如广播、电视、电化教学、电话等。

远距渠道的"远"，是一个伸缩性较大的概念。从中国打电话到美国，是远；从办公大楼的 8 楼打电话到 2 楼，也是远。中央人民广播电台向欧洲广播，是远；一所大学的播音室向全校播音，也是远。总之，只要不是互相视力可及的传输，都属于远距渠道。

2. 近距渠道

近距渠道是指言语交际活动中，发送者与接受者之间相隔的距离很近（或者面对面，或者视力所及），发送者向接受者传输信息是近距离进行的。这种渠道在现实生活中是大大多于远距渠道的。并且，一方面发送者可凭借形体语、附加语的辅助手段来加强传输效果，另一方面发送者还可及时获得接受者的反馈信息。

近距渠道有时也要凭借科技的载体，如有大量接受者的大会场、报告厅，就需要有麦克风才能使所有接受者感受得到。

（三）延续渠道和间断渠道

1. 延续渠道

延续渠道是指言语交际活动中，发送者向接受者传输的信息，可以延长、继续下去。如甲传输给乙，乙传输给丙，丙传输给丁……

延续渠道有正式型和非正式型两种。正式型是有组织、有目的的延续。如党中央召开工作会议，中央领导向各省、市、自治区的负责人传输了某种信息，各省、市、自治区的负责人回去后，又传输给地、市、州的负责人，地、市、州的负责人又传输给县的负责人……最后直至党员和群众。非正式型则是无序的、随意的延续。如甲告诉乙："森林公园里出现一只狗熊。"乙获知后就会将此信息告诉给丙，丙又告诉给丁……这种非正式型的延续，信息可靠性不是很大。并且在延续过程中信息有时会走样，延续越长，走样的可能性就会越大。

2. 间断渠道

间断渠道是指言语交际活动中，发送者向接受者传输的信息，传到为止，隔断不再延续。如甲告诉乙："小张叫你明天到他那里去一趟，他有事要跟你商量。"乙获知这一信息后就到此为止了，他不会再向丙去传输这一信息。

间断渠道有自然型和非自然型两种。自然型是信息传输到位后，就自然间断，如上例。非自然型是信息传输到位后，需要发送者特别嘱咐接受者，才会间断。如甲告诉乙："我通过内线打听到中新商行因遭变故，有一批羊绒衫急于出手，我们去把它倒过来。你千万不要走漏消息。"乙受此嘱咐，也就不会将此信息再传输出去了。

三、传输的要求

（一）基本要求

1. 迅速及时

传输信息是为着减少或消除接受者对客观事物认识的不确定性。在人际交往中，这种不确定性的减少或消除，应当越快越好，越早越好。如此才能形成彼此的沟通、交流，迅速实现交际的目标。再者，信息是具有时效性的，在一方需要某种信息时，不及时迅速地向其传输，很可能时过境迁。雨后送伞便失去了该信息应有的作用。

中国改革开放的总设计师邓小平，总是在中国的革命和建设处于关键、紧急的时刻，迅速及时地传输把握航向的信息。1989 年春夏之交，他于 2 月 26 日传输了《压倒一切的是稳定》的信息；于 3 月 4 日传输了《中国不允许乱》的信息；于 3 月 23 日传输了《保持艰苦奋斗的传统》的信息；于 5 月 16 日传输了《结束过去，开辟未来》的信息；于 5 月 31 日传输了《组成一个实行改革的有希望的领导集体》的信息；于 6 月 16 日传输了《第三代领导集体的当务之急》的信息。

2. 准确对路

准确对路就是说传输的目标要准，要有针对性。传输给什么人，针对什么事、什么问题，不能不着边际，依违两可。尤其是人们普遍关心的，或交际对方需要的信息，更要有针对性。舍此，是不能减少或消除接受者对客观事物认识的不确定性的。否则，传输还有什么意义呢？

3. 适用有效

发送者传输信息，在本质上不是为了使自己获得博学多才的好名声，也不是摆花架子。而是要减少或消除接受者对客观事物认识的不确定性。因此，它必须是适用的、有效的。那种听起来冠冕堂皇，实际上苗而不秀的信息传输，是没有意义的传输。除了可以暂时地哗众取宠以博一时之快之外，最终是会被唾弃的。

（二）技术要求

1. 认清接受信息的对象

认清接受信息的对象是说发送者传输某一信息，事前一定要认清接受对象。接受者是什么状况？接受能力如何？对什么感兴趣，对什么不感兴趣？自己传输的信息是仅仅让接受者感知，还是希望接受者理解？是要接受者理解即可，还是要接受者付诸行动？如此等等。倘若在事前未认清而盲目地传输，就是无效传输。这种无效传输的产生，正如毛泽东所批评的那样："有许多人，'下车伊始'，就哇喇哇喇地发议论，提意见，这也批评，那也指责，其实这种人十个有十个要失败。因为这种议论或批评，没有经过周密调查，不过是无知妄说。"① 前面提到过的《太阳照在桑干河上》中的那位土改工作组组长文采，就是这种无知妄说的人。他传输的失误，根本原因在于没有明确传输信息的目的，没有认清接受信息的对象。

《史记·商君列传》中记载了商鞅向秦孝公四次传输信息的事：

公元前361年，为振兴秦国，秦孝公下令广招天下人才。当时正在魏国谋生的卫人商鞅急忙赶到秦国，经孝公的宠臣景监引荐，孝公便召见了他。商鞅喋喋不休地向孝公灌输他的"帝道"的主张。可孝公听不进去，竟自睡着了。商鞅告退后，孝公大骂景监引荐非人。景监也责备商鞅不会说话。过了几天，商鞅请景监再行引荐，景监告诫他一番后又带他去见孝公。他又是一个劲地讲他的"王道"的观点。这次孝公虽未睡去，但表现得非常不耐烦。景监又被骂了一顿。过了几天，商鞅自行去求见孝公，说这次要讲的，与前两次是不一样的。孝公便召见了他。这次他向孝公讲了"霸道"的看法，孝公甚感兴趣，鼓励商鞅讲下去。商鞅告退后，孝公对景监说："汝客善，可与语矣。"并主动提出再见商鞅。商鞅到后，孝公让他坐在自己面前，与他促膝而谈。这一谈，就谈了几天几夜，孝公毫无厌倦。景监问商鞅：你为什么如此投合国君的心，使他这么喜欢听你讲呢？商鞅说：前两次我以古代五帝之事比至孝公，他认为那太遥远了，要等数十百年才能成帝王，没有那份耐心。后来我摸清了他的思想，他希望在他在世的时候就做出一番事业来显名天下。于是我就改变了我的话题，给他讲见效快的强国之术——"霸道"，要他依法治国。

商鞅第一、二次传输的失败，就在于其未能认清秦孝公的兴趣和需要，盲目地传输。第三次的初见成效，就是在有了第一、二次的试探之后，对秦孝公有所认识才获得的。第四次的大功告成，则是在充分认清秦孝公的思想后才有的结果。

2. 选择信息的内容和接受对象

据《列子·说符》记载：鲁国一户姓施的人家，有两个儿子：老大好学儒家仁义，老二好学军事。老大以儒术去游说齐王，齐王采纳了，并叫他做了

① 《毛泽东选集》（一卷本），第749页。

儿子们的老师。老二以军事去游说楚王，楚王采纳了，叫他担任军事长。施家的邻居孟家也有两个儿子，得知施家的两个儿子发迹的情况后，便仿效施家：老大以儒术去游说秦王，一心要以武力征服天下的秦王根本听不进去，将其阉割了，再赶走。老二以军事去游说卫王，卫王说，我是夹在大国中的一个弱小之国，对大国只有恭奉，哪敢用兵，于是砍掉老二的双脚，再押送回鲁国。孟家这两个倒霉的儿子回到家后指责施家害了他们。施家说："谁叫你们生硬地照搬我们呢？你们这样不顾形势，不选择对象，当然要倒霉了！"这件事告诉我们：传输信息要选择内容和对象。

不同内容的信息，只能适用于不同的对象、不同的时间、不同的地点。只有选择那种适于交际现场的具体的人、具体的事的需要的信息加以传输，传输才会有效。汉时牟融在《理惑论》中谈到："公明仪为牛弹清角之操，伏食如故，非牛不闻，不合其耳矣。"琴声再优美，可牛听不懂，又有什么作用呢？不加选择地随意传输信息，只能是一堆废话而已。

3. 恰当使用信息的媒介

信息都是通过各种媒介来传输的。媒介使用不当，传输就会受阻，或者传输无效。如果以言辞为媒介，要求意义明确，不能含混；内容充实，不能空泛；措词通俗，不能晦涩。如果以形体语为媒介，要求表情真挚，不能虚假；动作合适，不能做作；服饰适度，不能浮泛。

清朝石成金在《笑得好》中讲了这么一件事：有位父亲教导儿子待人接物的方法说："对人说话的时候，要'活脱'一些，不要一句话说得太死。"儿子不明白，便问道："'活脱'是什么意思呀？"父亲说："比如有人来借东西，你不要说有，也不要说没有。只说有在家的，有不在家的。这样说，就'活脱'了。记住，遇事都要这么办！"第二天，一位乡邻有事来找父亲，问儿子道："你父亲在家吗？"儿子答道："父亲有在家的，也有不在家的。"乡邻惊愕不已。父亲向儿子传输信息时言辞媒介的不恰当，导致了儿子的失误。

4. 妥帖把握信息的理性

信息的理性指的是发送者所传输给接受者的信息，在概念、判断、推理等方面的逻辑反映。它是发送者从理智上控制行为的能力表现。交际要获成功，就要求发送者妥帖地把握住传输信息的理性。发送者传输信息不讲理性，任着自己的脾气、兴趣行事，再好的信息，都是无用的。这种传输，实际上是无效传输。

据宋朝吕居仁《轩渠录》的记载：司马光在洛阳闲居时，有一年元宵节妻子要出门去看灯，司马光不允，制止道："家里点得有灯，为啥非出去看不可？"妻子说："出去看灯，也可顺便看看游人。"司马光更加生气："我不是人吗？难道我是鬼不成！"司马光赋闲无事，心里不高兴，偷换"灯"和

"人"的概念，以自己的固有判断进行推理，然后予以传输，这当然不可能是有效的。

（三）正确接受信息

1. 注意信息的反馈

发送者向接受者传输信息，这只是言语交际活动的一个方面；接受者在感知发送者传输的信息后，必然会有信息的反馈，这是言语交际活动的另一个方面。发送者只注意自己传输信息的一面，而忽视接受者反馈信息的一面，传输也是没有好效果的。因此，发送者在向自己的接受者传输信息的同时，一定要注意该信息的反馈，以便及时调整自己的传输内容和形式。

双向发送的信息反馈容易被注意：一方对另一方传输信息有不同意见，或者立即表态，或者义形于色。单向发送的信息反馈则容易被忽视：发送者自认为自己就是来传输信息的，接受者就是来接受信息的，往往居高临下，眼空无物，对接受者的反应熟视无睹，我行我素。尤其是一些喜好长篇大论的领导，空话连篇，东拉西扯。听众唧唧喳喳，极不耐烦，可是他却全然不顾。这种不注意信息反馈的传输，也是无效的传输。

2. 等候和启发接受者的充分信息反馈

发送者注意到了接受者的信息反馈只是第一步，还应当耐心地等候，让接受者能够充分地表达自己的态度，必要时还可启发接受者谈出自己的看法。这样，发送者才能准确了解自己所传输信息的效果，使交际得以发展、深入。如果发送者在向接受者传输信息后，接受者刚刚有所反应，特别是这种反应是与自己相左之时，发送者便迫不及待地制止、辩解、反驳、斥责，那么就不能获得充分的反馈信息，从而影响交际的效果，甚至导致交际中止。

这种现象最容易发生在交际双方中身份、地位、职务处于优势的一方。

319

第十章　实用口才的训练

　　随着社会的开放，人们运用口语进行交际的活动日渐频繁。当今，一个人具有良好的口才，既是社会交际的迫切需要，又是一个人交际能力的重要表现。然而，良好的口才并不是人们生来就有的，它来源于人们在丰富多彩的社会生活中不断地学习和实践。但这也不等于说，一个人学历高或年龄大，就是在口语运用方面学习好、实践多，就一定具有良好的口才。如果他在人际交往中仅仅满足于自己"说了"或"听了"，那么他是很难具备良好的口才的。只有为着提高口语运用的能力，有计划、有步骤地在口语运用方面不断地努力学习和实践的人，才有可能具有良好的口才。这种有计划、有步骤地进行口语运用的学习和实践的行为，我们称之为口才训练。

第一节　口才训练的途径

一、家庭途径

家庭是社会的细胞，是最直接、最普通、最具体的学习和实践口语运用的场所。一个想要在社会的言语交际中具备良好口才的人，首先应当从自己的家庭训练开始。由于家庭成员都是自己的亲人，怎么说，说好，说坏，没有什么顾虑。说得不好，还可以得到家人的指点。

家庭途径尤其对孩子显得重要。在孩子成长的整个过程中，口语能力的发展速度是不均衡的。它在早期阶段变化很快，对以后的口语运用有很大的影响。研究表明，孩子基本的口语表达能力有50%是在5岁时就已具备的，有30%是在5岁至10岁具备的，其余20%才来自10岁至18岁。可见孩子的早期口才训练何等重要。孩子的早期生活环境，当然是家庭，他们接触得最多的是父母。经研究发现，8个月到一岁婴儿的咿呀学语能力的高低，与父母（尤其是母亲）同其交往的时间的多少成正比。交往时间多，婴儿学语的能力就强；交往时间少，婴儿学语的能力就弱。因此，父母应当多与婴儿交往，频繁与之"对话"，这是启蒙孩子口才的先期环节。在以后孩子成长的全过程中，父母都应当多同孩子交往，注意加强同孩子的对话，尽量促使孩子多说。经调查，那些从小失去父母，在儿童福利院或其他无父母的环境中生活的孩子，其口语运用能力一般都明显低于生活在有父母的家庭环境中的孩子。

据李卜克内西回忆：尽管马克思成天异常忙碌，可他非常喜欢同孩子接触，经常"能够像小孩子一样和他的孩子们一起玩上几个钟头。……他同他们一块跑跳，和他们玩各种最热闹最好玩的游戏，总之，他自己也变成了一个孩子"①。

鉴于家庭途径的不可忽视，做父母的应当有意识地发挥其口才训练场所的重要作用。在日常生活中，注意以自己的言语给孩子作出示范，让其明白在哪种情况下，对哪种人应当怎样说，不应当怎样说。如家里电话铃响，孩子拿起电话问："喂，找谁？"这时父母应告诉孩子，这样问是不礼貌的，应当说："请问，您找谁？"以后，孩子再接电话时就知道该怎样说了。又如家里来了客人，父母热情地招呼客人入座，得体地与客人攀谈，客气地送客人出门，这一切，都可给孩子作出良好的示范。

家庭途径的训练，不仅仅是父母对于孩子。有时，孩子的话语也会给父母

---

① 《回忆马克思恩格斯》，第57、58页。

以不小的启迪。美国人克里斯曼特·斯通在《人人都能成功》一文中告诉我们一件事：

一个星期六的早晨，一个牧师在准备第二天的讲道。他的妻子外出不在家，几岁的儿子吵闹不休，使他不能安心准备。他烦躁地抓过一本旧杂志胡乱翻阅，看到杂志中的一页是一幅色彩鲜艳的世界地图。他将此页撕下，再将地图撕成碎片，丢在地上对儿子说："小约翰，如果你能拼合这些碎片，恢复地图的样子，我就给你2角5分钱。"牧师以为，要将地图拼好，儿子非得花一个上午不可，这样，自己就可以安心准备了。可是，没过10分钟，儿子就将拼得完美无缺的地图送到他的面前。他惊愕地问："天啊，你怎么拼得这样快？"儿子说："啊，这很容易。在另一面有一个人的照片。我虽然不知道这个世界的样子，但人我是知道的。我只要把人的照片拼到一起，再翻过来就行了。我想，如果这个人是正确的，那么，这个世界也就是正确的。"牧师兴奋不已，他给了儿子2角5分钱，说："孩子，你已替我准备好了明天的讲道了——一个人是正确的，他的世界也就会是正确的。"

二、学校途径

比起家庭来，学校则是一条更为系统、正规地训练口才的有效途径。学校不仅是传授知识的场所，而且也是训练口才的场所。

长期以来，我们的各级学校实行的都是应试教育。这种教育强调的是学生能以书面形式应付各种考试。即使有些许口语表达的机会，基本也只体现在机械地回答老师的提问上。很少有让学生自如地进行口语运用的训练。因此，学生走出校门，置身社会时，往往在口语表达上显出十足的书呆子气，不懂得怎样以口语来实现社会交际。从素质教育的要求上说，这当然是学校教育的一大失误。

为改变这种现象，学校应当有意识地采取各种方式，加强对学生口语表达能力的训练。除了要求学生学好各门功课外，还应当训练学生具备一定的口才。这种口才训练应当从最基本的内容开始，诸如自我介绍、家庭介绍、主动提问、向人道歉、与人打招呼、彼此交谈、拒绝别人、请求别人、关心别人、争论、求职、迎客、送客、求助、反驳、斥责等等。不同的学校，都应根据学生不同的年龄段，采取不同的内容和方式，对学生进行口才的训练，使之日后跨出学校时，能以良好的口才去适应社会交际的需要。

其实，利用学校的途径对学生进行口才训练，作为教育家的孔子早就注意到了。在《论语·先进》中，孔子就在课堂上启发、鼓励他的学生自如地以口语表达自己的志向。他说："平常你们总说：'不了解我呀！'假若有人了解你们，那你们怎么办呢？"由此可以看出孔子为鼓励学生说话所持的循循善诱的态度。

马克思虽然不是一个专职的学校的教师，但在口才训练方面，他却是以教师的姿态出现的。据李卜克内西回忆说："马克思是一个严厉的教师，他不仅强迫我们学习，而且还检查学习是否踏实。""马克思在语言和风格问题上十分考究，有时到了咬文嚼字的程度。而我的黑森方言仍然牢牢地黏着我（或者是我黏着它），使我遭受了无数的训诫。我提到这件琐事只是为了表明马克思是如何自觉到他是我们'年轻小伙子们'的导师。"李卜克内西还谈到："马克思对现代和古代各种语言都极谙熟"，他在训练中，是"有计划地教育别人"的，他"利用一切机会来试验我们，尤其是我"，"当我产生疑问或完全不懂的时候，在他的高明指导与细心帮助下，便能够顺利地进行。他在教导人的时候多么有耐心，而在别的方面他是那样性急的一个人"。"从各方面来看，他具备了一个优秀教师的一切条件。"①

学校的口语表达能力训练，有两项不容忽视的内容，这就是朗读和背诵。朗读能训练学生的吐字发音能力，背诵能训练学生的记忆能力。并且，朗读和背诵还有利于增长学生的知识，陶冶学生的情操，丰富学生的思想。朗读的材料可以宽泛一些，背诵最好是我国古代的名诗、名词、名句、名篇。1999年2月20日晚，江泽民主席在北京音乐厅欣赏"中国唐宋名篇音乐朗诵会"演出前，接见创作人员时说，中国古典诗词博大精深，有很多传世佳作，它们内涵深刻，意存高远，也包含很多哲理，经常朗诵，大有好处，特别是孩子。

1997年，著名物理学家杨振宁博士在台湾举办的"人文与科学"对话座谈会上曾经建议今后应要求小学生必须会背诵100首唐诗、宋词才能毕业。后来，他到大陆又向教育部提出了这一建议。这确是明智之举。

学校途径的训练，也不完全是教师对于学生。我国自古就有"教学相长"之说。教师在对学生进行口才训练时，学生的话语，也会对教师有所启发，甚至鞭策。某小学三年级学生上口语训练课，老师谈到最近十年来，方方面面都发生了很大变化，每个家庭都有了过去没有的东西。她要求学生说出近十年来自己家里出现的5件新东西。学生平力站起来说："听爸爸妈妈说，我们家近十年来添了彩色电视机、电话、卡拉OK、摩托车。"老师说："还差一件。"平力说："没有了，只有这4件。"老师说："不会的，新东西多着哩，哪里才止4件呢？只要是十年前没有的，都可以。再想想。"平力立刻响亮地答道："还有我！"全班哄堂大笑。老师在笑过之后，猛然所悟，她说："同学们，平

---

① 《回忆马克思恩格斯》，第37、39、40、42页。

力同学所说的并没有错。他今年才9岁，十年前家里当然没有他。这是我的问题没有问好。他答得很聪明，我们都要向他学习。"平力的天真回答，又反映了他的机智。反过来，对老师的口语运用不能不说也是一大鞭策。

三、社会途径

社会是一个大课堂，丰富多彩的社会生活为人们的口才训练提供了最广阔的场所。只要不禁锢自己，任何人都可以在这个广阔天地里得到口语运用的学习和实践。一般说来，与社会接触越多，口才能力越强。不断的人际交往，可以使交际者得到口语运用的锻炼，知道在什么场合，对什么人，应当说什么以及怎样说。从中摸索运用规律，总结成败经验。久而久之，良好的口才也就应运而生。比如，两位教师上同样内容的课：一位初出茅庐的教师所讲，学生听起来会感到比较平淡、枯燥；另一位任教多年的教师所讲，学生听起来会感到重点突出，新颖生动。这是因为后一位教师长期与学生打交道，有丰富的教学经验，知道该怎么讲，不该怎么讲。而这种经验，是他不断地学习、不断地实践的结果。也许，他在刚上讲台时，还不如前一位教师讲得好哩！

324以社会为途径训练口才，要有一个正确的态度，就是竖起耳朵，睁大眼睛，广采博收。不要闭目塞听，更不能自以为是，看不起市井百态，街巷俗语。须知，社会生活中，自己所感知的每一个人的言辞、形体语和附加语，都可能是对自己训练的启迪、感染、帮助、教育。不管他是否与自己构成交际关系，都如此。比如你在乡镇喧闹的集市上走一遭，尽管你什么也不买，同谁也没有构成交际关系。可那抑扬顿挫的吆喝，此起彼伏的叫卖，买卖双方的讨价还价，商贩的产品介绍，顾客的质询，主客的吵骂，顾客之间的招呼，税收人员与商贩的争执……都可以使你从中获得口语运用的教益。孔子说过："三人行，必有我师焉。择其善者而从之，其不善者而改之。"① 我们在口才训练上，理应如此。

革命导师中，列宁是一个善以社会为大课堂的口才探索者。据普·凯尔任采夫在《列宁传》中说，列宁虽然十分繁忙，但他经常外出，主动地去同农民、士兵、工人、商人、地方代表和一般干部一起交谈。而且，每次他都总是让别人先谈。在别人谈时，他非常注意地倾听，留心别人的每一句话，甚至每一个词。那种全神贯注的庄重神情，使人难以忘怀。他回忆说："观察列宁怎样地倾听，这是有意义的事，我没有见过有比弗拉基米尔·伊里奇更优美的面孔了。他的面孔上有一股非凡的力量。当他注视发言人而一字不漏地咀嚼每句话时，

---

① 《论语·述而》。

当他敏捷有力地向发言人提出补充问题时……他的面孔和眼睛中流露出狮子一样的庄严表情。"为了能与社会广泛接触，列宁还抽出大量时间来接见成百上千的工人、士兵、农民和党、苏维埃的工作人员。他常常在克里姆林宫里的办公室中接见来访者，热情而诚恳。"来访者一进门，他便指着桌旁的软垫圈椅请他坐下。他自己则坐在桌旁的一张硬背圈椅上。他轻轻地移近来访者，带着机智的、友谊的微笑开始谈话，并且亲切地注视着他。"① 这些广泛的社会接触，对列宁那明快、简洁而又尖锐、犀利的口才，不能说不是一个很好的帮助。

四、传媒途径

传媒，就是传播媒介。社会生活中，传播媒介包括的范围是很广的。但作为一种相对家庭、学校、社会而独具特色的口才训练的途径，这里所指的是大众传播媒介，诸如广播、电视、电影、录音、录像、因特网、报纸、杂志、图书、资料等等。

按照加拿大著名学者迈克努罕在《传播工具新论——人的延伸》中阐述的"媒介是人的延伸"的观点，上述大众传媒，仍然是人的口才运用的表现。这与家庭途径、学校途径和社会途径并无本质上的区别，只不过运用形式不同罢了。如迈克努罕认为，广播是人的听觉的延伸，书报是人的视觉的延伸，电视是人的听觉和视觉的延伸。因此，口才训练中，收听广播、观看电视、阅读书报等活动，也可以认为是与播音员、主持人、演员、作者等构成了言语交际的关系。从他们的言语表达中，同样可以获得口才运用的启迪、借鉴和帮助。有志于口才提高的人，实在是不能忽视这些大众传媒的训练途径。

当今，大众传媒日益普及，尤其是电视进入千家万户，使它成为人们所能拥有的最亲近、最具体的传播媒介。电视中的人——播音员、主持人、演员、采访者、被采访者、演讲者、报告者、领导者、新闻人物、犯罪嫌疑人等，其表达的内容、方式、神色、姿态、动作，都无不可能地对观看电视的人产生影响作用。只要存心进行口才训练，就可以去琢磨、去分析，从中吸取有益的因素，摒弃不足的成分。就是没有人出现的电视画面，只要有声音体现的言辞，其传媒作用也是存在的。如广告词、风光片、体育比赛解说等。

前几年，某小学教师让三年级学生以"常在"口头造句。一个学生立马脱口而出："新鲜常在香雪海。"老师和同学们都情不自禁地笑了。这句话太熟悉了，因为它是那段时间电视上每天都在播放的苏州电冰箱厂香雪海电冰箱的广告用语。放学后，孩子回到家里，狼吞虎咽地吃着妈妈做的饭菜。妈妈问

---

① 《列宁传》，第283、284页。

孩子："怎么样?"孩子竖起大拇指说:"味道好极了!"妈妈笑得前仰后合。因为这也是电视上天天播放的雀巢咖啡广告用语。

如果说,有些电视节目中人在运用口语时还有所准备的话,那么,电视节目中那些即兴主持、即兴讲话、即兴答问、即兴评说等,则为人们通过电视的媒介进行口才训练,提供了更加灵活自如的表达示范。即兴式言辞表达最能检验一个人口语运用的能力,因为他在事前没有对说什么、怎么说做好准备,全凭临场的发挥。而在现实的人际交往中,人们运用得最为普遍的,还是这种即兴式。因此,电视节目中那些即兴式的言辞表达更加成为人们口才训练关注的热点,以便从中获得启发和借鉴。

中央电视台有一个收视率颇高的《实话实说》节目。无论主持人,还是嘉宾,还是现场听众,都不能事前准备好言辞,到时来背诵一通。如果那样,就失去了《实话实说》的魅力,与其他表演式节目没有区别了。参与这个节目创建的著名社会学家郑也夫曾撰文说,《实话实说》是个即兴型的谈话节目,所有参加者都不能事先有台词。事前所能做的准备,只能是思路,要说什么,怎样说,全靠临场发挥。他认为,在这个节目中所有的说话,都不是人为的,而是"野生"的。他还透露:选择这个节目的嘉宾,很不容易。多数人讲话刻板、干巴、模式化、冗长、没有风趣。在学历高的人群中,这种现象更突出。他十分称赞这个节目的主持人崔永元的机智。郑也夫的这些见解,无疑是中肯的。这也是广大观众欢迎这个节目的原因。可以说,许多观众都从这个节目中学习到了即兴表达的技巧和方法。由此,我们不能忽视电视这种传媒在我们的口才训练中的重要作用。

五、自身途径

良好的口才是一种能力。任何一种能力都需要主观的勤奋努力。前面所说的家庭、学校、社会、传媒等途径,都是外在的因素。外因要通过内因才能最终起作用。一个人要训练自己的口才,归根到底还得靠自身。外因再多、再好,自身不愿去学习和实践,不肯去摸索和钻研,要想有能说会道的好口才,是绝不可能的。

自身途径的关键是要敢于实践,知难而进。越是不善口语表达,就越要爱说、多说;越是难说的,就越要去说。只有这样坚持不懈地努力,良好的口才才有诞生的可能。自己不善口语表达,又羞于启齿,畏首畏尾,就永远也无法提高表达的能力。

在我们所熟知的以口才著称的人物中,有许许多多勤奋苦练才获成功的例子。

326

　　古希腊最著名的演讲家德摩西尼年轻时患有口吃病，说起话来结结巴巴，每每被人奚落、嘲笑。他决心靠自身的努力改变这种现状，刻苦训练说话。他每天口含一块石子，不停地演练。他常跑很远，攀登上高山之顶，迎着呼啸的狂风，一遍又一遍地重复发言。久而久之，他终于成功了。在法庭上，他义正词严、酣畅淋漓地指控监护人对他财产的侵吞，博得满堂喝彩。他因此成为一名律师，每每在激烈的法庭辩论中获胜。后来，他投身于政治活动，到处从事宣传鼓动演说，使他以一个演说家的姿态展现在人们面前。

　　我国早期革命家肖楚女是一位深受毛泽东称赞的极有口才的人。他的口才并非天生，而是得力于他坚持不懈的艰苦训练。他在重庆国立第二女子师范教书时，每天天刚亮就跑到学校后山上僻静之处，将一面镜子挂在树枝上，对着镜子讲话，从镜中观察自己的表情、动作，揣摩说话的语气、语调。经过这样的严格训练，他终于掌握了说话的技巧。不仅给学生讲课时纵横捭阖，得心应手，而且与人交谈总是娓娓动听，应对如流。后来，毛泽东在广州主办农民运动讲习所时，还专门请他去担任教员。那时他才30岁。

　　以《最后一次讲演》而让世人感知其口才的闻一多，一贯注重口才的训练。据他的日记记载，他在清华学校求学时，就曾到钟台下"练演说八遍"。翌日，又"夜外出习演说十二遍"。他经常在严冬之夜到清华园工字厅北面土山上的凉亭里，对着湖水苦练发声。

第二节　口才训练的发声基础

一、发声的要求

（一）增宽音域

　　音域指的是一个人的声音从最低音到最高音之间的宽窄范围。这个范围宽，其声音的音域就宽；这个范围窄，其声音的音域就窄。一个人声音音域的宽窄，制约和影响着其发送效果的优劣。我们用乐器奏出的1（哆）、2（唻）、3（咪）、4（发）、5（嗦）、6（拉）、7（西）、i（哆）八个音作为基准：如果某人的发送只在1～5之间，那么可以认定其音域是较为狭窄的了；超过这个范围，就可以认为其音域较为宽广。一个人要获得较好的发送效果，就应当努力增宽自己的音域，从1到i都能自如发声。

　　当然，言语交际中，并不是所有的发送都需要宽广的音域的。一对恋人在花前月下的谈情说爱，心怀叵测的同党在咖啡厅里的密谋，都只能是窃窃私语。其音域，不过在1～3之间。人际的正常交谈，一般也只在3～5之间。

但是，言语交际中的有些场合，发送者就需要有较为宽广的音域了。如在教室里讲课的教师，在没有麦克风的会场里作报告的领导，在市场吆喝叫卖的商贩，在集会上鼓励宣传的抗议者，在嘈杂声中的辩论者，在旷野、街头的演讲者等等。他们如果音域较窄，势必影响交际效果。

音域窄的人，硬要他在需要音域宽的场合发送，这当然是强人所难。但有时他又不得不面临需要音域宽的场合，不得不发送。这时，为了取得一定的交际效果，他就不得不机械地将自己的音域加宽，直至极限之度。造成一种拼命叫喊，声音嘶哑，力气用尽的局面，即所谓声嘶力竭。这种声音，接受者听起来会觉得毫无美感，板滞、生硬、失之自然。其话不是说出来的，而是喊出来的。试想，听一个人喊话，那有多么别扭！这还谈得上什么言语交流、沟通的效果呢？如果他平时注意了发声的音域训练，使自己具有较宽的音域，那么他在言语交际的任何场合都能够游刃有余。

（二）加重音强

音强指的是一个人所发声音的强弱，表现为响度和力度。它与呼出的气流量的大小有关。一个人说话时呼出的气流量较大，发音也比较用力，发出的声音就较强；反之则较弱。音强较弱的发声，既难于表达发送者的思想感情，又影响接受者的感知。音强与音域不是一回事。一个人发声的音域宽，不等于其声音就强；一个人声音很弱，不等于其音域就窄。如一个音域较宽的人可以发出从 1 到 i 的八个音的宽度，但都很微弱，就不会获得理想的交际效果。尤其是面对众多的接受者讲话，要表达强烈的思想感情时。因此，发声要能很好地表达自己的思想感情，让接受者从中获得感染力，就要使声音响亮、浑厚、有力。

（三）掌握音长

音长指的是一个人所发声音持续时间的长短。发音持续的时间长，声音就长；反之则短。音长同前面第八章第四节"附加语手段"中所说的语速、停顿、拖腔有一定的关系，但又不完全是同一回事。语速强调的是整个发送活动速度的快慢，停顿强调的是发送活动中的间隙，拖腔强调的只是一句话尾部的拖长。而音长则是发送者根据发送现场的需要，对某些声音持续得长一些，对某些声音持续得短一些．以此造成特殊效果。如甲问乙："丙这个人你觉得怎么样？"乙说："哟——，你说的是他——呀！"其"哟"和"他"两个发音，持续的时间就比其他的发音长得多。甲一听乙这发音，就知道乙对丙是有不太好的看法的。

328

音长无所谓优与劣，该长则长，该短则短。至于何时长，何时短，全凭发送者临场掌握。一般说来，需要强调的、感情浓烈的、别有他意的，持续时间应当长一些。这样，既能传达自己的感情，又能引起接受者的注意，促使其产生思想的共鸣。如 1998 年 8 月 14 日江泽民主席在荆江大堤上的那一段讲话中，有好几处就比其他处持续的时间长一些（以加点标示）：

> 这次抗洪抢险，在国际社会上树立了一个良好的形象。这次斗争充分证明，在巨大的灾难面前，我们中华民族具有极大的凝聚力！在任何困难面前，我们中华民族都是不可战胜的！

（四）美化音质

音质指的是一个人所发声音质量的高低。平时我们听到人们评价某人的声音说"他那破锣嗓子"、"他那公鸭嗓子"，就是指出其声音质量低。一面破锣，敲起来让人听了感到沙哑；一架受潮的皮鼓，打起来让人听了感到沉闷。

破锣和湿鼓所发的声音难以打动人心，产生不了良好的传递效果。所发声音质量太低，让人听了感到不是悦耳的乐音，而是逆耳的噪音，那就要影响交际：要么别人不愿听，要么听得很难受。如此，还有什么交际效果可言？俗话说："响鼓不用重锤。"这道出了一个事实：如果发声的质量高，是很容易感染别人的。因此，发送者应当美化自己的音质，传递给接受者清晰圆润、悦耳动听的声音。

清末刘鹗的《老残游记》中有一段写老残在明湖居书馆听说书。当王小玉出来说时，他对她的声音的感觉是："声音初不甚大，只觉人耳说不出来的妙境：五脏六腑里，像熨斗熨过，无一处不伏贴，三万六千个毛孔，像吃了人参果，无一个毛孔不畅快。"可见美化的音质有多么强烈的感染力。

（五）保持音稳

音稳指的是一个人所发声音的稳定性，表现为持续时间的多少。持续的时间多，说明其声音稳定性好；反之，则说明其声音的稳定性差。

在日常交谈中，一个人连续地高声讲话的情况不是很多。总是处于你讲我听，我讲你听；时而高声，时而低声的状态。如此，发送者不会感到嗓子的疲惫，这就谈不上保持声音稳定性的问题。但是，如果发送者从事的是经常要面向公众发送的职业，这就明显地存在一个保持音稳的问题。比如，有的教师能够在一个上午连续讲 4 节课，并且不喝一口茶水，声音保持如常。有的每周只讲几节课，可教了几年书，就出现了音带撕裂的毛病，不得不改行做其他非声

329

音发送的工作。这说明他们不能够保持音稳。

这种保持音稳的情况，在从事艺术表演工作的人员中也很突出。比如，我们今天听一些老年歌唱家、戏剧家、说书家的说、唱，虽然不能完全与他们年轻时相等，但其声音的清脆、响亮、高昂，依然是那样悦耳动听。像骆玉笙、常香玉、郭兰英、才旦卓玛等，都给听众留下了深刻的印象。这是她们很好地保持音稳的体现。还有一些歌唱演员，在观众的热情鼓舞下，能够一曲又一曲地接连唱十多首歌；一些歌剧的主要演员能够每天演出两三场，调门儿不降，声音不哑。这些都说明了保持音稳的重要。演艺界流行的"台上10分钟，台下10年功"，当然应当包括发声的训练。所谓"拳不离手，曲不离口"，正是这种发声训练的反映。

二、发声的要略

（一）呼气吸气

呼气，是将体内的气体吐出体外；吸气，是将体外的气体引入体内。呼气、吸气，都着眼于气的运用。气是发声的根本，会不会用气，关系到能不能按照发声的要求而正确发声。

唐人韩愈在他的学生李翊向他请教写作道理时，就举了一个气与声音的关系的例子。他说："气，水也；言，浮物也。水大而物之浮者大小毕浮。气之与言犹是也，气盛则言之短长与声之高下者皆宜。"[①] 他将气与声音的关系，比作水与水上的漂浮物的依托关系。一个人会用气，其发声就会自如灵活。平时我们说某某人说话"上气不接下气"或"有气无力"，就是指该人不会用气。在日常私下交际中，不会用气倒也罢了，但在公众场合，面对多人发送时，不会用气，不仅仅会显出表达的含混、模糊，而且会让接受者受到负面影响，并产生对发送者的不信任。试想，一个教师在讲台上有气无力或上气不接下气地讲课，学生怎么会产生听课的兴趣？

固然，呼气、吸气是人人都会的。但那只是日常生活中为维持生命的本能行为。从口才的角度说，仅有本能的呼吸行为是不够的。口才学的呼气与吸气，应当成为口才的原动力，在人们交际活动的发声中起到良好的作用。我们在看电视和听广播时，偶尔会听到播音员在播送过程中的呼气或吸气声，严重的甚至每播一句话就有一次明显的呼气或吸气。我们会感觉到特别刺耳，在心里为其难受。这就说明他们是将生存本能的呼吸用到了职业口才的发声上了，

---

① 《答李翊书》。

330

未能加强其职业口才发声的呼气与吸气的训练。因此，有志于口才提高的人，尤其是从事面向公众发声的人，应当在呼气与吸气方面有所训练。如领导者、播音员、主持人、**演讲者、宣传员、解说员、教师、律师、演员**等等。

呼气与吸气在训练方法上各有不同。

1. 呼气训练的方法

①吹物训练，就是用口吹某种物品。如在 1～3 米的距离外吹灭蜡烛，先近后远，吹灭的蜡烛越远，则呼气力越强。还可以吹笛子、吹口哨等。

②持续训练，就是一口气吹出的时间能持续多久。持续的时间越长，则呼气力越强。

③数数训练，就是从 1 数到 40 要一口气数完，而且还必须清晰、昂扬。

④呼唤训练，就是在旷野、山坡、树林等地向着假想的人一口气一口气地高声呼喊。如："小——明——你——在——哪——儿?"

⑤喊嗓训练，与呼唤相似。所不同的是，它是螺旋式的一口气喊出一个声音。如"阿——"、"衣——"。

⑥吊嗓训练，就是戏曲、歌唱演员吊嗓子的方法。它与喊嗓相似，所不同的是，它要在乐器伴奏下进行，唱、念、说均可。

2. 吸气训练的方法

①深吸训练。这与呼气是相配合的，深吸就得深呼。深吸就是深深地吸，每次引入体内的气流可达 1 500～2 000 毫升，比平时的本能呼吸要多 3～4 倍。深吸要用鼻吸，深呼要用口呼。

②嗅闻训练。最好选择那种芬芳馥郁的鲜花为对象，在一定的距离处吸气，使香气徐徐进入体内。没有鲜花的季节或地方，也可以选取其他对象，如草、树、雨后的田塍，朝阳下的山野等。

③猛吸缓呼训练。这就是猛地狠吸一口气，然后缓缓地将气呼出。

④借气训练。有时一次发送的内容较长，语速又较快，会出现体内气流不足以补充的现象，而停止发送来吸气，又有所不便，于是一边发送一边暗中吸气，在瞬间补足体内气流，这叫做"借气"。借气训练最常用的就是朗读或背诵长句子。在何时何处借气，应视实情而定。一般说来，应按节奏去借。这样才不致破坏语意的完整，避免给接受者造成听解的困难。

（二）驾驭共鸣

发送者声音的发出，是体内的气流冲击声带，再经过喉腔、咽腔、口腔、鼻腔的共鸣才能使接受者感知的。有些特殊发音甚至还有颅腔、胸腔和头腔的共鸣辅助。在所有的共鸣腔中，口腔和鼻腔既是最基本的，又是发送者容易驾驭的。比如口腔：发声时，口形可大可小，可撮可展，舌头可高可低，可伸可缩，发送者完全可以根据所发送声音的需要去驾驭之。于是产生不同的声音。

在日常交谈中，共鸣无须驾驭，只要会说话，起码的共鸣就自然产生。但在面向公众的发送中，就需要加以驾驭了。比如在大庭广众中讲话，要使声音高昂一些，就要开放喉腔、胸腔，张大口形，压低舌头，让气流大量地、顺畅地冲出；要使声音低沉一些，就要缩小共鸣腔，让气流小量地、有所控制地冲出。

要能很好地驾驭共鸣，要经过一定的训练。训练的方法是：

1. 口腔共鸣

①发普通话中的7个舌面单元音韵母——a、o、e、ê、i、u、ü，驾驭口形、舌头、气流的运动：

a　口腔大张，舌头伸前，舌面下降，嘴唇自然，气流急冲。

o　口腔半闭，舌头缩后，舌面半升，嘴唇拢圆，气流急冲。

e　口腔半闭，舌头缩后，舌面半升，嘴唇舒展，气流半冲。

ê　口腔半开，舌头伸前，舌面半降，嘴唇舒展，气流半冲。

i　口腔微开，舌头伸前，舌面上升，嘴唇扁平，气流缓冲。

u　口腔微开，舌头缩后，舌面上升，嘴唇撮圆，气流缓冲。

ü　口腔微开，舌头伸前，舌面上升，嘴唇撮圆，气流缓冲。

②发普通话中的13个复元音韵母——ai（哀）、ei（杯，另加声母b）、ao（熬）、ou（欧）、ia（鸦）、ie（耶）、ua（挖）、uo（窝）、üe（约）、iao（腰）、iou（优）、uai（歪）、uei（威），驾驭它们在口腔开闭、声音响度、舌头动作、嘴唇形状、气流冲激等方面的状况。

③发普通话中的21个辅音声母——b（波）、p（坡）、m（摸）、f（佛）、d（得）、t（特）、n（讷）、l（勒）、g（哥）、k（科）、h（喝）、j（基）、q（欺）、x（希）、zh（知）、ch（痴）、sh（诗）、r（日）、z（资）、c（雌）、s（思），驾驭舌头、嘴唇、气流的运动。

2. 鼻腔共鸣

①发普通话中的2个鼻音字母——m（摸）、n（讷）。它们的发音，最明显的特点是：鼻腔通路打开，口腔里形成阻碍的两部分完全闭合，气流不能从口腔通过，转道鼻腔流出，从而发出鼻音。

②发普通话中带舌尖鼻音的8个韵母——an（安）、ian（烟）、uan（弯）、üan（渊）、en（恩）、in（音）、uen（温）、ün（晕），驾驭发音器官由元音的发音状态向舌尖鼻音的发音状态的逐步运动，使之最终发出完全的舌尖鼻音。

③发普通话中带舌根鼻音的 8 个韵母——ang（肮）、iang（央）、uang（汪）、eng（鞥），ing（英）、ueng（翁）、ong（空，另加声母 k）、iong（雍），驾驭发音器官由元音的发音状态向舌根鼻音的发音状态的逐步运动，使之最终发出完全的舌根鼻音。

（三）吐字正音

演艺界对戏曲、歌唱演员历来有"字正腔圆"的要求，唱歌是如此，道白更甚。所谓"七分念白三分唱"、"千斤说白四两唱"，就是这个要求的体现。汉字是音、形、义三者的结合，在口才上，强调的是它的音和义。而在发音上，则讲究吐字正音，就是吐字要准确、圆润、饱满、有力、鲜明，语音要清晰、响亮、纯正、自然、流畅。让接受者听得清楚，听得明白，顺利地把握所发声音的意义。这在日常交谈的双向发送中是如此，在面向公众的单向发送中更是如此。日常交谈时，接受者听得不清不明，还可询问，还可借助发送者的形体语、附加语等表现来揣测。但在接受者处于被动接受的地位时，他就既不能询问，又难以凭借发送者的形体语和附加语来揣测，这就可能造成听解的失误。这类发送者的字不正，腔不圆，不仅损害自身形象，阻碍交际，而且还会误导不明事理的接受者。

一个人要具备口才，首先就得从发声的基础训练开始，在吐字正音上下一些工夫。训练的方法有：

1. 念准读音

①声母读音的辨正。

z、c、s 与 zh、ch、sh：如资与支、疵与吃、私与师。

n 与 l：如南与兰。

f 与 h：如福与胡。

p 与 b：如聘与鬓。

②韵母读音的辨正。

n 与 ng：如赞与葬。

i 与 ü：如矣与雨。

2. 发准声调

现代汉语的阴平（ˉ）、阳平（ˊ）、上声（ˇ）、去声（ˋ）的四声调，区分了不同汉字的音、形、义。即使是声母、韵母完全相同，但声调不同，音、形、义可能完全不同。如买（mǎi）与卖（mài）、理解（lǐjiě）与力戒（lìjiè）。

我国古典诗歌中的律诗和词，都十分讲究四声的平仄协调，读起来抑扬顿挫，朗朗上口。虽然有些字古人的发音与现代有所不同，而且古代的入声，现代已分别归入各声中了，但我们在训练发声的声调时，仍然可以用现代汉语的四声来诵读。

3. 咬字分明

有意识地选择一些在发声的方式、发声的字音、发声的声调上相似而极易产生混淆的词句进行反复诵读，从中体会它们的发声区别。如"裁决—采掘"、"长方—厂房"、"告诉—高速"。

咬字训练中，"绕口令"是一种较好的方法。由于它是将一些声、韵、调相似的字按照一定的意义与语法要求串在一起的，诵读起来，如果语速加快，就很容易出现含混模糊，读者、听者都会忍俊不禁，由此产生一种趣味性，更加促使诵读者去诵读。因此它很适宜于咬字的训练。例如：八百标兵奔北坡，北坡炮兵并排跑；炮兵怕把标兵碰，标兵怕碰炮兵炮。

以绕口令形式训练咬字，应采取循序渐进的方法。起初可选择一些短小的、难度不太大的句段，慢慢地念，以后逐步加快速度。直到烂熟而不咬错字时，再选长一些的、绕的难度大一些的句段。如此反复地念、背，久而久之就会咬字格外分明。

4. 辨析异读

汉字中有不少是一字多音、多义的。同一个字，在这个地方要读这个音，在那个地方又要读那个音。这就需要加以辨析。像有不同声调的"一"在普通话里，它的本调是阴平，但只有在单读和词句末尾时才读本调，其他场合就有异读。如"她和从前一样"，"样"是去声，"一"就要读作阳平；"她一天天地叨念"，"天"是阴平，"一"就要读作去声；"她一年到头都在忙"，"年"是阳平，"一"也要读作去声；"她想看一看再说"，"一"夹在重叠动词中，就要读作轻声。还有像"她十分为难"，"为"（wéi）和"难"（nán）都读阳平；而"她为了避免灾难的发生"，"为"（wèi）和"难"（nàn）则要读去声。

还有一些字则不仅仅是声调的区别，其读音差异很大。自然，意义也各不相同。如苏轼《前赤壁赋》中的"山川相缪，郁乎苍苍"，"缪"，读作 liáo（缭），意为盘绕。在司马迁的《廉颇蔺相如列传》中，蔺相如"为赵宦者令缪贤舍人"，"缪"，读作 miào（庙），是为姓氏。在《礼记·经解》中，"差若毫厘，缪以千里"，"缪"，读作 miù（谬），意为错误。在《诗经·豳风·鸱·鸮》中，"绸缪牖户"，"缪"，读作 móu（谋），意为修补。像这类异读的字音、字义，不加以认真辨析，是难免不出错的。

至于有些人名、地名的特殊读音，当然不可能一一辨析清楚。但对那些常

334

见的、有影响的，还是要加以留意。如"他单方面撕毁协议"中的"单"，读作 dān（丹）；"匈奴大入上郡，……汉以马邑城诱单于"① 中的"单"，读作"chán"（蝉）；"他姓单，山东单县人"中的两个"单"，都读作"shàn"（善）。

第三节　口才训练的内容（上）

一、心理训练

（一）适应心理训练

1．适应心理的社会要求

有一个故事说：一位哲学家搭乘一个渔夫的小船过河。船行之中，哲学家问渔夫："你懂得哲学吗？"渔夫答："不懂。"哲学家再问："你懂得数学吗？"渔夫答："不懂。"哲学家又问："你懂得化学吗？"渔夫答："不懂。"哲学家还问："你懂得物理学吗？"渔夫答："不懂。"哲学家不无轻视地说："哎呀，太遗憾了！这样，你就等于失去一半的生命了。"话音刚落，一个急浪打来，掀翻了小船。哲学家和渔夫都掉进了河里。渔夫向哲学家喊道："你会游泳吗？"哲学家大叫道："不会！"渔夫不无揶揄地说："哎呀，太遗憾了！这样，你就等于要失去整个生命了。"

这个故事告诉我们一个道理：一个人知识再丰富，如果他与自己的生存环境不适应，不具备在人生长河中游泳的基本本领，那么他是不能很好生存下去的。

良好的口才，正是人生长河中游泳的基本本领之一。

当今，科教兴国已成为人们的共识。重科技、重教育，这无疑是十分正确的。但是，如果在重科技、重教育之中，忽视了对人的口才能力的开发，这就未免失之偏颇。一个人科教方面的能力再强，如果他不善于将自己的本领、成果介绍给社会，不善于社会沟通交流，这样的本领、成果就不能产生应有的作用。过去一讲人的知识、一提人的能力，都只是以其在科学、文化、技术等方面的表现为标准，而对其言语交际方面的表现则不予正视。甚至认为那种木讷口迟，成天没有两句话的人是忠厚老实。于是，选拔干部，着眼于这种人；评选先进，着眼于这种人。这种误导，使得一些较有科学、技术、文化等知识的人，缺乏起码的言语交际能力，不能适应社会的需要。在目下社会日益开放，交流日益频繁的环境中，我们不能不重新审视传统的知识观、能力观。必须培

335

---

① 《史记·李将军列传》。

养造就大量的既有科学、技术、文化等知识，又有良好的口才的人。而这种培养，首先就在于适应心理的训练。

众所周知，口才并非天生，也不需要进专门的口才学校学习。良好的口才只需具备一定的口才知识，再加上丰富的社会实践，就能获得。但是，为什么具有良好口才能力的人，在整个社会中却又并不多见呢？社会生活中，许多需要某人在某方面作出恰如其分的口语表达时，又为什么事与愿违呢？关键还在于心理的适应障碍。

经随机抽样调查200人，有86人（占43%）认为口才对自己来说并不很重要。他们觉得：口才是演说家、外交人员、宣传工作者、商贸洽谈者、主持人、播音员、演员、教师、律师的事，其他人没必要去讲究。有97人（占48.5%）认识到口才对自己来说是重要的，但老是觉得自己不会说，羞于启齿，尤其害怕在人多的场合开口，因此往往干脆不说。还有17人（占8.5%）则认为无所谓。他们觉得会说不会说，没啥关系。

以上三种情况，不管他们的动机如何，都表现出一种共同的心理状态——不去主动适应社会对言语交际的要求。第一类人的认识显然是片面的，他们不认为社会生活中，人们彼此间的日常言语交际，也需要讲究口才，因而不必去适应。须知，虽然开口说话人人都会，但说话的时机、说什么话、怎样说，却并不是人人都能把握的。言语交际的效果，会因此受到制约和影响。第二类人是由于自信心不足，自我控制能力薄弱，胆小、怯场，因而不敢去适应。须知，天才出于勤奋，实践才出真知。越是怕，越是不说，就越是不会说。第三类人其实根本没有认识到口才的重要性，将口才等同于一般的说话，得过且过，不得过且不过，因而不愿去适应。须知，这种消极态度，有时固然可以马虎应付，有时就会让你当众出丑，甚至带来意想不到的灾祸——祸从口出，不是有此一说吗？

当然，具有适应心理障碍的大多数人，并不觉得这会给自己的学习、生活和工作带来什么明显的麻烦，照样地吃、喝、拉、撒、睡。但是，人类社会已经进入到一个崭新的时代，人人需要彼此沟通，个个渴望相互了解，以此求得生活的丰富多彩，推动社会文明的不断前进、不断发展。那为什么不应当解除适应心理的障碍，主动地去与自己生存的环境相适应呢？

2. 适应心理的训练目标

①培养自觉性。社会生活的各个方面，都需要口才。无论自己属于哪一个行业，从事哪一种工作，都需要用言语同别人沟通、交流。而言语会用不会用，交际的效果是大不一样的。因此，只要不是有意自我封闭的人，都应努力培育自己主动参与、积极训练的自觉性，通过各种渠道的学习和实践，来提高

自己言语表达的能力。

培育自觉性，首先，要充分认识口才对自己所起的作用。一个人看问题要全面，要客观，不能采取实用主义的态度，只着眼于局部或眼前。口才作为一种知识和能力的体现，也许在一时一事不能让你感到其价值所在，但人的一生又岂止是一时一事的言语交际？其次，要多一些虚怀、谦和的情绪。虚怀、谦和是融洽人际关系，密切人际交往的催化剂。一个人总是板着面孔，冷眼对人，自以为是，就会缺乏与人沟通、交流的助动力。正像林则徐堂联中所说，"海纳百川，有容乃大"。如此，就会产生强烈的沟通、交流欲望。再次，要保持乐观、洒脱的态度。乐观、洒脱是一剂消除烦恼、解脱忧愁、减轻痛苦的良药。一个人在现实生活中不可能没有烦恼、忧愁和痛苦。梁启超在《论毅力》中指出："盖人生历程，大抵逆境居十六七，顺境亦居十三四，而顺逆两境又常相间迭乘。"他认为，人的一生中，烦恼、忧愁和痛苦是远远多于愉悦、快乐和幸福的。问题是要能正确对待。保持乐观、洒脱的态度，对人、对事都看得开，就不会阻碍自己与人沟通、交流的通道，自觉性就不会衰减。

②树立自信心。自信心是自觉性的原动力。口才并不是需要下苦工夫才能具备的高难学问，实在普通得很。那种畏首畏尾，不敢大胆与人进行言语交际，害怕在公众场合讲话、表态的人，实际上是缺乏自信心。既然开口说话，人人都会，那么，"彼人也，我亦人也，彼能是，而我乃不能是？"只不过"彼"自信而敢说罢了。

在现实生活中常有这样的事：开会时，主持人要求与会者发言，但多数人老是沉默不语。转来转去就只那么两三个人在说。主持人为了全面听取意见，再三督促，甚至不惜点名，结果也是"千呼万唤始出来，犹抱琵琶半遮面"，羞羞答答，吞吞吐吐。散会后，走出会场，主持人听见那些沉默不语者都在大发议论。主持人问："为什么在会上不说？"答曰："哎，不好意思。说不好，丢人现眼的。"这就是缺乏自信心的表现。还有的虽然不是让其在公众面前说话，也会有此表现。比如对方是领导、老师、名人、学者，本来，他在事前已想好了说话的内容、方式，甚至语气、语调，可是一旦交谈开始，他事前设计的那一套方案，全部不见了，语塞、支吾。如果对方亲切、谦和还好，要是对方严肃、端庄，甚至气恼，那他就更不知所措了。

自信心的树立，首先来自对自己的正视。要将自己的能力估计足，高了，当然不好；低了亦属不当。对一贯缺乏自信心的人来说，宁可估计高一些，这才会产生胆量。其次来自对环境的分析。公众场合人虽然较多，但一般都是自己熟悉的，说得好与说得差，不会仅仅因此便影响人们对你的评价。在不熟悉的环境中说话更好，谁也不认识谁，完全可以"目中无人"，"我行我素"。再次来自对对方的认识。对方地位再高、名声再大，他也是人。双方一旦构成交际关系，在沟通、交流上就是平等的。

③自我控制力。尽管嘴巴长在自己身上，可以想怎么说就怎么说，但作为口才来要求，就不能随心所欲了。需要有自我控制的能力。如果自己所说，不适应发送的时间、地点、环境、对象、话题等的需要，这种"说"，就不是恰当的，就不能以"我就这块料"之类来解脱。因此，注意自我控制应当作为适应心理训练的目标来规范，来要求。

那种"愿听便听，不听拉倒"的心理，首先就违背了"立足交际"的原则，为实用口才所不容。一个发送者不顾时间、地点、环境、话题等的需要，自顾在那里滔滔不绝，谁还会愿意与他沟通、交流下去呢？没有接受者的发送是无效的发送。同样，一个发送者遇事不冷静，轻率表态，就会带来不良后果或造成不好影响。这种发送，也是不仅没有作用，而且适得其反，又有什么价值可言？

（二）角色心理训练

1. 角色心理的交际要求

《列子·汤问》中有这么一个故事：周穆王到西方游历，返回的路上碰到一个叫偃师的工匠。偃师告诉穆王：自己造了一件东西，想献给大王。穆王让他第二天带到宫里来。第二天，偃师进宫拜见穆王。穆王接见他时，见他身旁还有另外一个人，一举一动都同他一样，一起拜见，便问他："你身边的是什么人？"偃师回答说："这就是我所要献给大王的东西。他是我制造的一个假人。"穆王非常吃惊，他左看右看，都觉得这个假人与真人没有什么两样：会走路、会弯腰、会叩头；轻轻摇一下他的下巴，便唱起歌来，歌声很合旋律；拨弄一下他的手，他便舞蹈起来，舞得很合节拍。他千变万化，你想要干什么，他便可以干什么。穆王兴奋不已，高兴地接受了这件礼物。接着便招呼自己的王后及嫔妃都来观看。那假人卖劲地表演起来，后妃都乐不可支。这时，那假人竟然转动眼珠，向后妃频频传情，不断做出挑逗、勾引的动作。穆王大怒，马上要惩罚偃师。吓得偃师赶紧认罪，并立即把假人拆散，将一堆皮革、木头、树胶、生漆和颜料展示给穆王看，穆王这才悻悻然作罢。

从中我们悟出一个道理：人际交往要注意交际角色定位。那个假人本来是很有本事的。但是，他在交际中没有认清自己所处的角色位置，忽视了自己的身份和交际的对象，在错误心理的支配下作了错误的表达。因此，言语交际者在交际过程中应当充分注意自己的交际角色，在良好的心理支配下，将这个角色扮演好。

　　具体说来，角色心理的交际要求是：

　　①针对需要。任何表达都要针对交际的需要出发。需要包含两方面的内容：一方面是发送者的需要，另一方面是接受者的需要。发送者在表达时，当然不能不考虑自身的需要。但是，如果仅仅考虑自身的需要而忽视接受者的需要，表达就成为无效的。这种行为，是一种一相情愿的心理支配的结果，是实用口才所必须排斥的。因此，言语交际者在进入某个角色时，其表达既要考虑自身的需要，也要考虑接受者的需要，这才是一种健康的心理。前例中那个假人，只顾自己传情的需要，结果落了个被拆散的下场。

　　社会生活中的交际对象千差万别，发送者和接受者的需要也五花八门。表达应当根据交际现场的实际情况，找准自己的角色位置。比如，你因儿子考上了大学，心里十分高兴，急于将此信息传递给自己的朋友。当你到朋友家时，朋友正为儿子名落孙山而气恼。这时朋友需要的是安慰和鼓励，而并不需要同你分享你儿子考上大学的喜悦。那么你就得调整自己的角色位置，改传递喜讯为表达安慰，变心花怒放为忧心忡忡。

　　②明确动机。动机是需要的表现。交际活动中，当需要指向一定的方向，呈现出实现交际目的的可能性时，动机便会形成。形成了动机，也就产生了表达的动力，交际活动由是得以展开。交际者不管处于哪种角色位置，都应有明确的交际动机。动机不明，无所用心的表达，是没有意义的。平时我们批评某些表达说"不知所云"、"不着边际"、"言之无物"、"废话连篇"，指的就是这种没有明确动机的言辞。一个人既然进入交际的角色，就应按角色的要求去表达。否则还不如干脆缄口不言、闭目塞听为好。

　　同需要一样，动机也是形形色色的。但不管是什么动机，只要明确就行。有时在某些交际活动中的交际者，还可能有好几种动机。但是，其中必有一种是主导的动机。主导动机决定着整个交际活动的运行方向和操作技巧，其他动机要为主导动机服务。比如一位年轻漂亮的演讲者，她的主导动机是要向听众阐述自己对某个问题的见解。但她可能还具有表现自己的口才、展示自己的身姿、炫耀自己的服饰、否定他人的观点、招来不同的意见等动机。

　　③选定目标。目标是交际活动所追求的预期结果。它与动机一样，都同需要相联系，都以需要为先导。与动机不同的是：目标是交际者对外在事物的反映，是表达行为的前引力；动机是交际者的内部欲望的宣泄，是表达行为的后推力。一个人有了交际的需要，紧接着的便是找到满足这种需要的目标，目标选定，自己的表达才可能有理、有序地进行，充分调动自己的聪明才智，因利乘便，言必有中，事半功倍，获得理想的交际效果。没有确定的目标，表达就会南辕北辙，事倍功半。

339

在选定目标时，要考虑目标的全局性、时间性、灵活性、可达性。全局性是指该目标是否与交际活动的全局相符。与全局相悖的、无关的目标，不能选。时间性是指一个目标只适应于一定的时间范围，不能够长期存在。灵活性是指目标不是一成不变的，它随着交际的发展变化而变化。可达性是指目标应有达到的可能，不是那种可望而不可即的。

2. 角色心理的训练要略

①决策心理。决策心理是交际者在交际活动中把握要求、动机、目标的心理现象和心理活动。交际能否顺利进行，表达能否起到作用，在什么场合，对什么人有什么样的表达，这些都是来自于决策。决策恰当与否，是交际成功与否的先决条件。

训练决策心理，可以从这几个方面入手：

第一，果断。交际者需要作出决策时，不能犹豫踟蹰，要当机立断。特别是在没有准备的发送场合，其中又以突变为甚。

第二，周密。决策不能单一片面，顾头不顾尾。十全十美当然困难，挂一漏万实属不当，舍本逐末决不应该。

第三，谨慎。眉头一皱，计上心来当然不错，但要建立在稳慎的基础之上。心血来潮，冒冒失失，乱撞乱碰，实非所宜。

第四，适度。胆大包天有时在行为上还有一些可取之处，但以此心理支配决策，失误的可能性就很大。当然，胆小如鼠也不可取。适度的是："胆欲大而心欲小。"

第五，沉着。无论是有准备的交际活动还是无准备的交际活动，都可能在交际过程中突然出现变故。对此绝不可慌乱，必须沉着。只有沉着才能作出恰当的决策。

②参与心理。参与心理是交际者在交际活动中推动力产生和持续的心理。参与有主动参与和被动参与。无论是哪种，交际者都应具备参与的心理。主动参与不用说，其参与心理是明显的。被动参与心理则较隐蔽。所谓"兵来将挡，水来土掩"，其"挡"和"掩"，就是一种被动参与的心理表现。自己本来没有参与的心理准备，既然兵来了，水来了，也就不得不去"挡"、去"掩"了。

训练参与心理，可从两个方面入手：

第一，克服冷漠。参与意识是现代社会对所有人提出的共同要求。从前那种"男女授受不亲"和"鸡犬之声相闻，老死不相往来"之类，早已被抛进了历史的垃圾堆。因此，有志于口才训练的人，要克服冷漠的情绪，积极、主动地投身到言语交际活动中去。

第二，打消顾虑。说得好、说不好是一回事，说不说又是另一回事。任何人一开始都会说不好，但只要没有顾虑，大胆地开口，常说、多说，就一定会说得好。世界上没有天才，任何高明的口才大师，都是在学习和实践中锻炼和提高的。

③激励心理。激励心理是交际者根据需要不断激发交际动机的心理。激励会产生交际的动力。没有激励，交际者的热情难以持续；没有激励，交际的效果难以显现。激励的因素是很多的，但归根到底是刺激。例如，你好端端地坐着，另一个人走过来指着你辱骂。这就是刺激。这种刺激会促使你同他对骂，或与之论理。言语交际中，交际者的激励心理主要是交际者自身去寻找这种刺激的因素，以此促动自己积极交际，并获得预期的交际效果。

训练激励心理，可从三个方面入手：

第一，确立长远目标。自己的表达要达到一个较为长远的什么目标，将它确立好。然后围绕这个长远的目标去训练。随时衡量、检查离这个目标还有多远，这就会不断产生动力。

第二，寻找相似对象。从自己的条件出发，以自己所能感知的，与自己相似的有口才的人物为对象，来激励自己：他能这样，我为什么不能这样？我还应当比他更强！

第三，乐意与人论争。只要不伤感情，划清论争与友情的关系，可以为某件事、某个问题与人争个高低，哪怕面红耳赤。而且自己每次都要抱定必胜的信念，不获全胜，决不收兵。如此就能激励自己去勇敢地战斗。至于最后是不是自己获胜，不必去管。

二、记忆训练

（一）记忆训练的认识

良好的口才，需要信息积累的基础。记忆就是信息积累的最好仓库。口才中的信息运用，当然可以依靠记载的文字材料。但是在言语交际活动中，依靠记载的文字材料的机会、场合是很少的。它主要依靠的还是头脑中的记忆。即使是在依靠记载的文字材料的交际场合，照本宣科地念讲稿，也不是好的办法。如果能够将讲稿的内容输入记忆的仓库，脱离讲稿或基本脱离讲稿，依靠记忆来讲，效果显然比照念讲稿好得多。比如当教师的（尤其是高校教师），要讲好课，当然要备好课，要写教案。但教师如只将教案念一通，学生就不会有学习的兴趣。

日常生活中的言语交际，通常是无须特别准备的，并且还常常有突然袭击的情况，需要你讲话、发言、表态。你之所以能够讲话、发言、表态，是你凭借了记忆仓库中的信息储备。有的人能够在即兴讲话中有的放矢，言之凿凿，引经据典，口若悬河，归根结底是他良好的记忆力的体现。

人的良好记忆力并不是生来就有的，它是长期训练的结果。古今中外有许多表现出惊人记忆力的人，他们都一贯重视记忆力的训练。如东汉末年的大学者蔡邕在他的女儿蔡文姬很小的时候就让她背诵古诗文和他自己写的文章，培养她的记忆力，终于铸就了蔡文姬过目成诵的本领。后来，蔡邕冤死，匈奴入侵，蔡邕的全部文章毁于战火。文姬被掳入匈奴，12年后被曹操以金璧赎归。她将蔡邕的400多篇文章一字无遗地全部背诵给曹操听，使蔡邕的文章得以流传。

记忆的记源主要来自眼睛和耳朵对客观事物的感知。感知包括书面文字材料和社会生活两个方面。书面文字材料靠眼睛去感知，社会生活主要靠眼睛和耳朵去感知。感知越丰富，记忆就越丰富。博闻强识，首先要博文，然后才谈得上强记，然后才谈得上口才的表现。所以司马迁称屈原："博文强志（记），明于治乱，娴于辞令。"①

前述，记忆有无意记忆和有意记忆之分。实用口才的记忆训练，主要指的还是有意记忆。

记忆还有短时记忆和长时记忆之分：短时记忆指的是只在头脑中保存短暂时间的记忆。这种记忆在感知的当时有效，一过了就忘了。长时记忆指的是能在头脑中长期保存，甚至终生不忘的记忆。实用口才的记忆训练，指的是这种记忆。只有这种记忆才能使交际者娴于辞令。

（二）记忆训练的方法

1. 阅读

阅读是一个问题的两层含义：一是用眼睛看文字材料，二是用嘴巴发出声音。研究表明：80%以上的信息，是通过视觉记住的；10%以上的信息，是通过听觉记住的。阅读在最大程度上从视觉和听觉两个方面满足了记忆的要求。经常反复不断地阅读一些优秀的诗文以及其他重要的文字材料，可以使记忆力得到很好的锻炼，很容易地记住所阅读的内容。古人说："书读百遍，其义自见。"就是此理。

林肯是一个很有口才，记忆力又特别强的人。他自己总结他的成功经验，其中最重要的一条就是阅读。他说："当我高声朗读时，有两种功能在发生作用：一是我的眼睛看见了我朗读所涉及的内容是什么，二是我的耳朵听见了我

---

① 《史记·屈原贾生列传》。

朗读所发出的声音是什么。所以，我很容易记住。"

阅读这种视听结合的训练，比单纯的"视"和单纯的"听"，都能提高记忆的效果。经试验，单纯地以视觉识记，识记效果在人的记忆力中只占65%；单纯地以听觉识记，识记效果在人的记忆力中只占55%；而以视觉与听觉相结合的识记，识记效果在人的记忆力中可占85%以上。由此可见阅读这一视听结合的方法，在记忆训练中的重要性。

2. 背诵

一般说来，背诵也是一种视听结合的训练方法。认识文字者，可以自己阅读后背诵；不识文字者，可以由别人口传然后自己心记而背诵。当今社会还是以自己阅读后背诵的情况为多。比起阅读来，背诵的训练难度要大一些，其训练的识记效果却比阅读要明显。一经背诵熟了，就会在大脑里留下深深的印记，终生不忘。

背诵最好选择优秀的古诗、古词、古文。因为古诗、古词、古文内容丰富，语言精美，本身就是一种陶冶。

背诵不能死记硬背。死记硬背即使当时背熟了，过一段时间也容易忘记。正确的背诵应当在理解的基础上，根据诗文的内容和诗文的结构，边想边背。再长的诗文，只要脑子里有一个内容和结构的安排、布局，背了上句、上段，下句、下段就会随即接上来。

至于背诵古诗词，就更容易些。因为古诗词一般篇幅都不很长，加上它们讲究音韵、平仄，律诗还讲对偶，很容易上口。背诵时，除了在理解的基础上按内容发展来背之外，还应当留意它们的结构特点。这样就不会背错句子和词语。

3. 数字

人的大脑对数字有一种独特的敏感性。某种客观事物如与数字连在一起，往往能增强人们对它的记忆。这一方面是数字所表示的，一般都是确切的、不容置疑的概念；另一方面是数字可以将杂乱的语言材料组织得有条不紊；另外，数字能体现出一种风趣感、幽默感。这些都大大解除了人们在对客观事物识记过程中的障碍，从而在头脑里留下深刻的印象。如八大奇迹、十二生肖、二十四史、三十六计、三大纪律八项注意、一个中心两个基本点、五讲四美三热爱等等。人们往往从这些数字去识记其所涉及的人、事、物，不无便利。

4. 复习

孔子说："学而时习之，不亦说乎。"他告诫人们：学得了知识，要按一定的时间去复习。不复习，原来学得的知识就会忘记。人的记忆是一个建立联系和巩固联系的过程。感觉器官感知客观事物后，将其印记在大脑里，这只是建立起与客观事物的联系。仅仅满足于建立，而忽视巩固，联系会逐步松懈，直到消失。为了防止松懈和消失，就必须去巩固所建立的联系。复习，就是巩固联系的体现。

复习有多种方式，主要有：

第一，及时复习。人的大脑在刚刚建立起与某种客观事物的联系时，具有较大的不稳定性，如不及时加以巩固，随时可能松懈乃至消失。明朝朱柏庐"治家格言"中说："宜未雨而绸缪，毋临渴而掘井。"复习要在松懈还没有开始之前就应进行，等到松懈已经形成再来复习，其巩固的难度是相当大的，无异于重新建立联系。那么，原先为建立联系所下的工夫也就白费了。

第二，连续复习。这是一种集中优势兵力打歼灭战的方法。为了巩固联系，集中一些时间对所建立的联系进行"狂轰滥炸"。由于这种复习的力度大，次数多，因此识记效果较好，很容易巩固所建立的联系。当然，这种复习必须具备可以集中时间的条件。如果在需要巩固联系之时，交际者恰好又十分繁忙，或外部环境干扰过大，就不能实施了。

第三，间隔复习。这是一种分散兵力打游击战的方法。多适用于不能连续复习的交际者。在时间难以集中，干扰难以排除之时，交际者可以不必勉强复习，而采取见缝插针的手段，时不时地复习一下。一次复习不完，可以两次、三次，循序渐进，也可达到巩固联系的目的。当然，这种复习的识记效果是不如连续复习的，但在巩固联系上，慢工也是可以出细活的。

第四，默想复习。这种复习指的是在复习时，不要一开始就赶紧翻看记载所学知识的语言材料，满足于简单的视觉需求。而应在进入复习角色时，先将需要复习的知识进行默默地回想，检验一下先前建立的联系是否已经松懈或消失。如果回想得起，那就说明联系已经巩固，既可减少复习的消耗，又可增加复习的动力。如果实在回想不起，再行翻看材料进行复习。这样，复习就会卓有成效。

5. 运用

人在识记了某种知识后，不能将其尘封在记忆的仓库里，而要随时启动记忆的闸门，让识记的知识流泻出来，运用于社会生活之中。这样，记忆才会更加巩固，记忆的效果才会更加突出。人们说，生命在于运动。人头脑中识记的知识，正是因为运用，知识才有价值；正是因为运用，记忆才会深刻。并且，运用复习的次数越多，就会越深刻。

我国著名桥梁专家茅以升，83岁时还能流利地背诵圆周率小数点之后100位的确切数值。人们问他何以有如此记忆力，他回答说："非常简单——重复！重复！再重复！"就是说，他是在不断的运用中巩固自己的记忆力的。

在日常生活中也是如此。那些在头脑中出现的频率高的客观事物，很难忘记；那些只偶尔才出现在头脑中的客观事物，很容易忘记。

第四节 口才训练的内容（下）

一、思维训练

（一）训练的目标

1. 清晰性

言语交际，从现象上看，似乎只是一种言辞的沟通交流。交际效果的优劣，表面看来，似乎也只是交际者对语言材料排列组合能力的高低。其实，它是交际者思维活动的表现。凡是正常的人，在其投入交际活动时，都是由其思维支配进行的。但是，并不是任何一个交际者的思维都是清晰的。之所以有交际中的"不会说话"、"说错了话"、"信口雌黄"、"答非所问"等现象发生，就是其思维不清晰所致。因此，思维训练首先就要从清晰上入手。

思维的清晰性，就是交际者在整个交际活动中头脑都是清醒的。所思，所想，所采取的策略，所编织的言辞，无一不是清楚明白的。不朦胧，不糊涂，不含混，表现出一种精明的色彩。

2. 条理性

条理性是对思维的语法和逻辑的要求。就是说，交际者的思维要遵守语法法则和逻辑规律。表达的言辞，在非特定的环境条件下，语句必须完整、和谐，语意不能违反同一律、排中律和矛盾律。无论怎样表达，都要让人听了感到是有条有理的。交际中，之所以会有"不知所云"、"语无伦次"、"牛头不对马嘴"等现象发生，就在于其思维缺乏条理性。而思维具有条理性，就会左右逢源，措置裕如。

3. 超常性

所谓超常，是相对平常、常规而言的。《孙子兵法》有云："善出奇者，无穷如天地。"超常思维的核心就是出奇。其内容是：打破思维常律的定式，摆脱思考问题的方向，跳出思维逻辑的圈子；不依成法，不按常规，多角度、多方位、多层次、多渠道地跳跃迂回，萌发奇思，滋生怪想。无论是问话还是回答，无论是举证还是反驳，都要使言辞超出常理，出乎常人的意料，给人以新奇、有理、有力之感。交际中，有的人为什么老是被人牵着鼻子团团转，处处挨打，时时受窘，就在于其思维的板滞，不善超常。而善超常者，就能把握主动权，即如孙子所言："善战者，致人而不致于人。"

345

4．敏捷性

敏捷就是灵敏而迅速。灵敏强调的是不死板、不墨守成规，随机应变，灵活自如；迅速强调的是不迟钝、不踟蹰，快速反应，积极应对。言语交际活动中，除了有充分准备的单向发送外，其他条件和场合都需要交际者思维的敏捷，容不得交际者从容不迫、慢条斯理地去思索、考虑。有道是，机不可失，时不再来。等你慢慢地思谋清楚了，早已"过了这个村，没这个店了"。要想挽回，也来不及了。交际中的那种张口结舌、手足无措，就是其思维缺乏敏捷性的表现。而敏捷性的思维，则表现为眼明手快、当机立断。

（二）训练的要求

1．条件反射的心理机制

思维在本质上是一种心理反射活动。反射分为无条件反射和条件反射。无条件反射是先天的、刻板的；而条件反射则是在客观环境中形成的，灵活的，它可以随着客观环境的变化而变化。由于言语交际归根到底是双方思维的交锋，己方不可能事先洞察对方的思维方式、思维走向，无法预料对方将怎样提问、怎样举证、怎样回答、怎样反驳，不可能按预测作出必要的心理准备，因此，其心理机制应当是条件反射的。它不固定、不刻板，张弛急缓完全随着交际现场的环境、气氛、形势以及对手的表现而作出与之适应的反馈。否则，一旦情况有变，则会造成心理的失衡。心理失衡，也就谈不上思维的清晰性、条理性、超常性与敏捷性了。

2．丰厚的信息积累

思维是对客观现实的本质认识，是头脑反映现实的高级形式。它只有在感性认识的基础上才能产生。感性认识是思维活动的源泉和根据，没有感性认识，也就没有思维。按照思维的目标，则更进一步。无论怎样思维，都只能来源于交际者曾经对客观事物有过的深刻感知。也就是说，他在进行思维的时候，调动的是他头脑仓库中的信息积累。由于事先有了这种积累，在交际中，便会因条件反射的心理机制，一触即发。这叫做长期积累，偶然得之。可以说，思维目标的实现与发展，是交际者在现实生活里不断积累信息的过程中实现的。积累越丰富，思维就越能达到目标。反之，没有这种积累，要想达到任何一个目标，都不大可能。

3．高度的有意注意

交际过程是一个口头信息传播过程。这种口头传播，具有模糊性、不稳定性，往往稍纵即逝。因而，交际者需要注意。注意是心理活动对一定事物的指向和集中。由于这种指向和集中，交际者才能够清晰地反馈交际现场的一定事物。注意是由某种客观事物引起的，对交际者来说，这种客观事物就是自己对手的现实表现。当你投入言语交际之时，你要使你的心理具备条件反射的机制，以便调动自己的信息积累，就必须高度注意自己的对手，以期引起自己思维的定向反射，产生目标指向的举措。注意有无意注意与有意注意之分。无意注意是随意的，既没有自觉的目的，也不加任何努力。而在交际中，思维的触发，需要的是有意注意。这种注意是一种自觉的、有预定目的的注意。它要求交际者通过一定的努力，积极、主动、仔细地去洞察对手，及时捕捉住对手传递、反馈的信息，理解它、吃透它，从而触动自己思维的定向反射，向目标飞跃。舍此，目标指向则失去产生的依托。

4. 顽强的意志行为

言语交际中的任何一方，都是以自己的言辞最终打动对手为目的的。交际者在投入交际之时，必然从这个目的来指引自己的行动。除了面向公众的单向发送外，其他交际都具有双向说理性，彼此互为对手，谁也不能凭一时的外在勇武而战胜对方，它靠的是蕴蓄的内在实力。所谓两强相遇勇者胜，这种勇，指的就是意志。意志顽强，就能调节心理状态，支配思维活动。尤其是情况剧变或危急关头，它可以使你保持镇定，使思维避开不利而向着有利的方向反射，迅速组织恰当的言辞以应对。从而化险为夷，转败为胜。否则，遇事就会乱了方寸，思维所要达到的目标就不能实现。

347

（三）训练的形式

1. 信息转换

言语交际受思维的支配，但思维只是人的一种思想活动，要实现交际，它必须转换成交际对象可以感知的信息符号——言辞、形体语、附加语。没有这种信息转换，就不能形成彼此的沟通交流，交际也就不能成立。信息转换训练，就是交际者把自己的所思、所想、所感组合成清晰的、有条理的言辞或形体语、附加语等信息符号表达出来。倘若表达出来的，正是自己所思、所想、所感的，那就证明转换是成功的；否则就是不成功的，还得进一步加强训练，直至转换成功。

信息转换最普遍，又最能达到训练目的的是言辞的转换。言辞转换的方法可以是：

①叙说一件事。自己假设一件事情进行口述。从事情的发生讲起，然后是经过、高潮、结局。要检验讲得是否线索分明、简洁明了。

②介绍一个人。认定一个自己熟悉的人，试着向别人介绍。诸如姓名、年龄、职业、性格、爱好、成就、工作单位、家庭状况等。要检验介绍得是否全

面清楚、公正客观。

③描述一处景。无论是自然风景还是社会环境，选定一处，加以描述。诸如山峦、田野、河流、日月、亭台、街道、会场、校园、市场等。要检验描述是否形象贴切、自然和谐。

④说明一件物。针对日常生活中所接触的任何一件物品，对其进行说明。诸如热水瓶、洗衣机、电饭锅、衣柜、书籍、自行车等。要检验说明是否抓住了特点、揭示了本质。

⑤评价一件事。对自己周围发生的事情选定一件发表自己的看法：是好，是坏？是支持，是反对，还是折中？要检验态度是否明确，理由是否充分，分析是否中肯。

2. 反应速度

交际者在感知客观事物后，思维反应速度的快慢，关系着交际效果的优劣。反应快，效果优；反应慢，效果劣。反应速度训练，就是在规定的时间内，对某个客观事物作出应对的构思和表达。为了促成快速反应，可以有意识地设置一些不容许交际者从容思索的紧急状况，要其迅速作出恰当的应对。如中央电视台正大综艺节目中的"快速抢答"，就是一种反应速度训练的方式。但它只规定答对者加分，如果答错者扣分，那么抢答者就会有一种压力，其紧张性就会加强，训练效果会更好。

时下，全国各地乃至世界都在广泛开展辩论赛活动。这种活动的自由辩论阶段，要求参加辩论的双方都必须快速反应，时间紧迫，气氛紧张，只言暂驳，片语必争。反应稍有迟钝，就可能败北。因此，它是一种训练快速反应思维的好形式。经常参加这类活动，可以很好地促进自己思维的快速反应。即使不直接投入论辩，而只是旁听或收看电视，也是不无裨益的。

3. 契机捕捉

交际者的思维活动不是凭空产生的，而是客观事物在交际者头脑里的反映，是交际者的精神系统和大脑皮层各类细胞在感知了外界信息后的生理表现。没有外界信息的刺激，就不可能引动交际思维活动的萌发。外界信息刺激，是一种引动交际思维活动的契机。

言语交际中的思维活动是从感性到理性的飞跃。这一飞跃充分显示出交际者对外界信息的洞察力和高度的概括力。在整个交际活动中，它是一项艰巨的、创造性的劳动。交际者在萌发交际动机而进入思维状态时，为了编织恰当的表达，需要捕捉住某种契机。这种捕捉，在于心灵的撞击。心灵有领会和认识客观事物的功能。这种功能，首先是见诸生理感官的。当交际者的生理感官触及客观事物，势必在心灵产生反应。假如生理感官的感知达到了最强烈、最醇浓、最深切的程度，则必然造成对心灵的撞击。在这种情况下，心灵也就能够主动地产生出感应力、统合力，从而触发其思维的神经向着交际的目标冲刺。捕捉契机的训练，就是要善于引发心灵的撞击，充分调动想象、思考和记忆的能量，使思维运行畅达，编织出合理的、恰当的信息符号来。

心灵撞击并不是任何时候都可以产生的。现实社会中的点滴生活现象，可以在心灵引起反应，但不一定都能对心灵产生撞击力，因而也不一定都能引动交际者思维活动的开展。只有生活现象深深触动了交际者的生理感官，心灵与这一现象完全吻合、互相渗透之时，才会产生心灵撞击，思维活动才会正常开展，恰当的表达才会呈现。

4. 障碍撤除

交际者思维能力的高低，不能仅仅看其对客观事物的某一方面的认识力度的深浅。交际中，如果交际者的思维只向客观事物表面所折射的方面去运行，心往这一处想，劲往这一处使，势必走向死胡同而不能自拔。造成这种现象的原因，是其思维的障碍性。当其投入交际活动感知客观事物时，其思维注意的焦点只在该事物表面所界定的圈子之内，在一个狭窄的层面绕去绕来，形成思维的短路。这当然不可能作出正确的判断。禅语有云："跳出三界外，不在五行中。"如果跳出了界定，搬掉阻碍思维运行的障碍，让思维走向广阔的空间，就会豁然开朗，恍然大悟。障碍撤除训练所要做的，正是这一工作。

在言语交际活动中，思维的障碍有时是交际对手故意为你设置而造成你思维短路的。只要懂得障碍撤除的道理，应对也就不成问题。比如问你："有一匹马朝南走了几步，又朝右转90度后再朝前走了几步，这时马的尾巴是朝哪里？"要是思维不跳出"马朝某个方向走"的界定，老是去思索马走的方向，那就陷入泥潭了。而不从这个界定去思维，就很简单——朝下。不管马再怎么转向，其尾巴永远是朝下的。

二、听技训练

（一）训练目标

1. 注意能力

在言语交际的过程中，无论是发送者还是接受者，都要具备听的技能。要听，首先就有一个注意能力问题。缺乏注意能力，就不会听。作为发送者，在发送过程中不能一味地只顾发送而不注意听取接受者的反应以及环境状况。尤其是双向交流，一方不注意另一方的表达，就无从确定和组织自己的有效发送。作为接受者，在接受过程中分心走神，不注意发送者的发送，这既白白浪费自己的时间，又是对发送者的不尊重。如果自己处于主动接受的位置，自己在听时也要讲，不注意听，又从何讲起？

注意能力的目标要求是：精力集中，排除干扰，关注对象，不分心，不走神，听清楚，听明白。

2. 理解能力

只注意听了，仍然是不够的，还应当理解听的内容，包括发送者的动机和发送言辞的含义。特别是发送者采取曲折隐晦、旁敲侧击、一语双关、含沙射影等表达方式所作的发送。缺乏理解能力，在被动接受时，就无从接受；在主动接受时，就无从应对，甚至吃亏上当还不知道。

理解能力的目标要求是：听懂，吃透，豁然贯通，了如指掌，不若明若暗，不一知半解。

3. 概括能力

有时发送者发送的言辞内容较多、范围较广，甚至还有一些口水话、题外话，接受者在听时不可能将其全部深深地印进脑海里，只能选择其中主要的、有价值的部分。但哪些是主要的、有价值的？每一个部分又各有什么要点？这就需要具备概括的能力。概括能力的高低，直接影响着接受者的识记和理解。因为概括不当，很可能拣了芝麻，丢了西瓜。

概括能力的目标要求是：统筹兼顾，提纲挈领，不舍本逐末，不畸轻畸重。

4. 识记能力

识记就是识别并记下来。记下来有两种方式：一种是心记，一种是笔记。心记即前面所说的记忆，这里只说说笔记。

人的记忆能力毕竟是有限的，即使是记忆力特强的人，也不可能将言语交际活动中所感知的所有客观事物都记在心里。特别是一些重要的信息，在听清楚之后，必须用笔记录下来。作为单向发送中的被动接受者，笔记可以备忘，可以复习，可以供日后交际所用。作为双向发送中的半主动和主动接受者，笔记则便于答问，便于有针对的发送。

识记能力的目标要求是：听准确，会概括，记得清楚，记得迅速。

（二）训练形式

1. 复述

复述就是在听取发送者发送的言辞后，将其重说一遍。由于发送者所发送的不可能都是只言片语，当其发送的内容多、涉及面广时，接受者也能复述，那就说明复述的能力强。

复述可以是详细复述，也可以是概要复述。详细复述要求基本上照发送者的原样重说，不仅内容上如此，而且形式上也如此。概要复述只要求讲出发送者发送内容的梗概，可以用自己的语言表达方式重新组织内容，但语脉必须清晰、流畅。

对别人进行复述训练，发送者可以先讲一段话，要接受者立即重说出来；也可以让接受者对发送者过去所说过的内容予以复述；还可以要接受者把他所听到的某方面的反映讲出来。

自我进行复述训练，有条件的可以录下一段广播、电视中的讲话，听完之后便予以复述；无条件的可以让自己的家人、亲友、同事、同学作为自己听取某种发送后的复述检验者。

在较多内容的复述中，一般说来，叙说性、描述性言辞材料比议论性、抒情性、说明性言辞材料要容易一些。因为叙说性、描述性的言辞材料可以凭借形象思维手段的帮助，在启迪思路上很有作用。民间一些讲述故事、传说的老人尽管一字不识，但凭借口口相传的听技，却能将故事、传说讲得生动活泼。这就是其复述叙说性、描述性言辞材料的本领。

2. 辩论

辩论是彼此用一定的理由来说明自己对事物或问题的见解，揭露对方的矛盾的一种言语交际活动。辩论必须建立在听取对方见解的基础之上。听技差的人，是很难辩得赢的。经常参加辩论，可以有效地提高听技。因此，辩论也是一种听技训练的好形式。

辩论可以是有组织的、正式的，如辩论会、论辩赛；也可以是非组织的、非正式的，如争执、吵架。有组织的、正式的辩论有明确的主题，彼此的听力围绕一个中心展开，把握要容易些。非组织的、非正式的辩论由于是在交际过程中产生的，随意性较大，彼此的听力只能指向于对方的发送，因而把握要困难些。听得不清、理解不当，就难以树立自己的见解，驳倒对方的观点。

3. 答问

答问是对别人所提问题进行答复。要做到答为所问、答得恰当，答者就必须对问者所提的内容听得明白、理解准确。听技不佳，就难以作答，要么答非所问，要么含糊其辞，要么不得要领。所以，以答问训练听技，同样不失为一种好形式。

答问有公开的和局限的。公开的如记者招待会、新闻发布会、质询会、课堂回答、法庭调查；局限的如接受记者的个别采访，老师将学生叫到办公室的询问，犯罪嫌疑人被预审，同事、朋友间的私下探询。

比起复述和辩论来，答问的训练难度要大一些。因为答问一般都是回答者事前无法预测提问者将怎样提问的，全凭当场听取然后才能作答。一个答问能力强的人，首先必须是一个听技能力强的人。尤其是在提问者自身的提问水平不是很高，所提问题内容多、话语长、表述欠清的情况下，要做到听得明白、理解准确，是很不容易的，非具备较强的听技不可。

4. 询问

询问包括征求意见、打听情况、有疑而问。表面看来，询问是发送而不是接受。但由于询问的本身并非询问者的目的，目的在于被询问者的答复，因此询问仍然是听技的问题。当询问者有了询问的动机之时，其听力就自然指向将要被询问者了。一旦询问，就需要听力的高度注意——听清楚，听明白，听准确。

询问有有意询问和无意询问。有意询问是有所准备的，目的清楚，对象明确，内容考究。如记者出席记者招待会和采访有关人士，老师在课堂提问学生，群众对述职的领导提出质询，公安人员审讯犯罪嫌疑人，下级向上级请示工作，上级对下级的工作检查，旅客向机场、车站、码头工作人员打探消息，外来人向本地人打听亲友住址，政府文件出台向公众征求意见，等等。无意询问是事前并无准备的，无确定目的、确定对象、确定内容的询问。它主要发生在日常生活之中，一般都具有偶然性、随机性。如下班回家时路上遇见个熟人。顺口询问一句："你父亲身体还好吗?"饭后出门散步，与熟人相遇时，顺口询问一声："吃过了吗?"作为一种听技训练，主要还是有意询问。

有意询问为了获得自己所期待的答复，应当尽量使自己的问题简单化、集中化，并且最好一次只询问一个问题。有的出席记者招待会的记者因为轮到自己询问的机会难得，总爱列出一大串问题来试图让被询问者答复，这种效果是不好的。如果被询问者听技不是很强，就难以抓住你最想知道的问题进行答复。即便是听技很强的被询问者，一般也不可能就你所询问的所有问题一一作出答复，往往只针对你所询问的问题中的一个，或一个方面来作答。

听技训练当然还不止这些形式。但作为口才不可缺漏的"听才"的组成部分，把握好这些，亦可措置裕如了。

后 记

写罢最后一字，一种如释重负之感油然而生。

十年前，社会上就流行着"离什么都不要离交际，缺什么都不要缺口才"的说法。在长期从事写作、现代汉语、形式逻辑、传播学、秘书学、公共关系学等课程的教学中，我对此颇有感触。因此，我便在繁忙的教学生涯中挪出很大的一块空间来，潜心于口才学的教学与研究，十年间锲而不舍，竟自成癖。

在广泛的社会调查与多年的教学实践中，我终于悟出了些许关于口才问题的心得与经验。尽管粗陋，我还是择出部分撰成文稿数十篇，陆续发表于专门研讨口才而在国内外很有影响的全国社科优秀期刊《演讲与口才》之上。因此，该期刊除多次评我为"全国优秀撰稿员"外，还授予我"全国十佳作者"的称号。另外，在好些大学的学报和其他报刊上，也时时有我的关于口才方面的论文、杂感、随笔出现。同时，我还常常参加这类社会活动。这可谓兴之所至，乐此不疲。

基于此，很久以来，许多师生、朋友都不断向我建议：何不将这些心得、经验系统化，写成一本书？既给自己多年的教学与研究以总结，又便于人们较为全面的参考、借鉴。我想，这也不无道理，于是萌生跃跃欲试之念。

然而，真要想干，却又并非易事。近几年，我老是穷忙，近于奔命。除了本校数门课程的教学任务外，我还在外校兼有课程，并且经常到外地讲学和参加有关活动。终日役役，心如悬挂；每每把笔，如丘而止。遂致为德不卒。师生、朋友关切问及，自觉愧报无比。

去夏伊始，决心恒定，搁置他事，戮力伏案。一载有余，夙兴夜寐，胼手胝足，终得毕卷！

这本书今天得以面世，仰仗多方面的鼎力支持。在此谨致诚挚谢忱！

这里，我要特别提到我的妻子王晓露。她有自己的工作与事业，但为了我的笔痴，竟也如牛负重了。这些年来，她不仅承担了全部的家务，而且一直为我誊抄、校正文稿。迄今，我所见诸报刊的数百篇文章、作品，基本上都得力于她的誊抄及校正。这本数十万字的《实用口才学》，若没有她工整、清晰的誊抄及校正其中的笔误，那实在是不可能展现在读者面前的。无怪乎，当我的文稿被报刊采用之时，那些素未谋面的编辑在给我的来信中常常要附上"向您的夫人问好"、"请转达对您的助手的谢意"之类的语句。在本书面世之后，如果它对社会还有些作用，尚受读者欢迎的话，那么，我真得套用这句歌词了："军功章啊，有我的一半，也有你的一半……"

　　诚然，此书尚有疏漏讹舛之处，敬祈专家、读者不吝指正。

莫　非
1999 年 9 月